李　轩　主编

反思与重构

——民事诉讼法再修改的律师视角

Rethought and reconstruction

——The lawyer's perspective on the re-modification of the civil procedure law

中国民主法制出版社
全国百佳图书出版单位

2015 · 北京

图书在版编目(CIP)数据

反思与重构:民事诉讼法再修改的律师视角/李轩主编.—北京:中国民主法制出版社,2015.4

ISBN 978-7-5162-0783-3

Ⅰ.①反… Ⅱ.①李… ②中… Ⅲ.①民事诉讼法—研究—中国 Ⅳ.①D925.104

中国版本图书馆 CIP 数据核字(2015)第 071269 号

图书出品人: 刘海涛
文 案 统 筹: 陈晗雨
责 任 编 辑: 逯卫光

书名/反思与重构——民事诉讼法再修改的律师视角
FANSIYUCHONGGOU——MINSHISUSONGFAZAIXIUGAIDELÜSHISHIJIAO
作者/李 轩 主编

出版·发行/中国民主法制出版社
地址/北京市丰台区玉林里 7 号(100069)
电话/63055259(总编室) 63057714(发行部)
传真/63055259
http://www.npcpub.com
E-mail:mzfz@npcpub.com
经销/新华书店
开本/16 开 710 毫米×1000 毫米
印张/25.5 **字数**/393 千字
版本/2015 年 5 月第 1 版 2015 年 5 月第 1 次印刷
印刷/北京盛源印刷有限公司

书号/ISBN 978-7-5162-0783-3
定价/68.00 元

《反思与重构——民事诉讼法再修改的律师视角》编委会

序

江平[①]:律师应以更积极的姿态参与立法

多年前我曾断言:“律师兴则国家兴!”言下之意,律师业的成败关乎国家法治的兴亡。只有律师制度发达了,国家的民主、法治才能够更加完善,中华文明的伟大“复兴”才有希望。我很高兴地看到,这些年,中国律师已经崛起并逐步成长为一种不可替代的社会力量,甚至是民主、法治和宪政人权领域的引领力量。他们或为企事业单位和机关团体的法律顾问,或为诉讼代理人、辩护人,活跃在市场经济前沿阵地,也奋斗在权利保障的各类案件中。尤其是在刑事辩护领域,部分“死磕派”律师的坚守越来越多地赢得了社会各界的尊重;他们不仅致力于个案权利的维护,还参与平反或防范了众多冤假错案,在某种意义上他们依法抗争的“死磕”精神甚至深刻地影响了部分公安司法人员的躬身自省,成为公民社会培育过程中人格转型的开创者和引路人。

但是,毋庸讳言,当前中国律师参与社会政治生活的广度和深度都还远远比不上他们的外国同行,对立法普遍缺乏热情就是一个明证。我曾经呼吁律师应该更多地参与政治;在政治参与的直接途径较为有限的情况下,参与立法不啻一种间接参与政治的有效方式。我认为,律师参与立法至少有以下三个方面的功能:

一是律师参与立法有助于全面反映民意。人们都说,律师是公民权利的代言人。普罗大众对立法有什么需求,希望保护什么、防范什么、惩治什么,律师一般掌握得比较清楚而且全面。律师参与立法无疑有助于将来自民间的权利呼声传达给立法机关和立法工作人员,有助于立法的全面吸收和民意采纳。

① 江平:中国政法大学终身教授,第七届全国人民代表大会法律委员会副主任委员。

二是律师参与立法有助于维护行业利益,促进执业环境好转。作为法律的最直接消费者,立法质量的高低直接影响到律师的执业环境和执业效果。现实中,无论是诉讼业务还是非诉讼业务,中国律师都还面临这样或那样的困难和障碍。基于执业过程中的切身体会,律师对相关法律的立、改、废,及时提出自己的意见和建议,无疑有助于创造更好的职业环境,促进行业发展。

三是律师参与立法有助于加强立法的民主监督。我注意到,十八届四中全会决定强调要健全立法起草、论证、协调、审议机制,提高立法质量,防止地方保护和部门利益法制化。作为一种相对中立的民间力量,律师通过多种途径和方式参与立法的规划、起草、论证、协调、审议诸环节,无疑有助于加强立法的民主监督,促进立法机关择善而从,从而更好地完善法律体系,优化法治环境。

我们知道,立法是多方面利益群体博弈的过程,只有各种利益诉求得到充分表达和合理采纳,立法者才能做到兼听则明,从善而"立"。律师参与博弈,是立法过程中达成平衡与妥协的重要因素。在法治发达国家,律师协会或律师公会作为院外集团进行立法游说是一种普遍做法,很多律师组织甚至直接起草法律案或示范法而获议会或其他有权机关通过成为法律规则。相形之下,中国律师参与立法的积极性和参与能力显然要逊色得多。这固然与中国律师行业的发展刚刚起步有关,但无疑也有律师眼界长短高低的问题。

我曾说过,律师既要追求服务之道,也要追求治国之道。服务之道是如何以专业知识和技能为当事人来服务,这是律师的基本职能;治国之道则是用法律来维护社会的正义公平,这是律师的宏观责任。但我们不无遗憾地看到,很多律师对社会公共事务总是采取"事不关己、高高挂起"的态度,只顾埋头于打理自己的业务或致力于经营自己的一亩三分地。律师为自己的当事人勤勉服务,那当然是必要的,但如果因此忽视甚至排斥其社会和国家责任,那就是短视的。参与立法,就是在更高层次上对律师行业提出的要求,是人民赋予律师的一种特殊的社会责任乃至国家责任,转型时期的中国律师尤其应当如此。

当然，我注意到近年来我们的律师协会和部分律师在立法方面也开始有所作为，尤其是在刑法和刑事诉讼法修改方面律师参与讨论很热烈，也提出了非常重要的意见和建议，其中很多得到了法学界的响应和立法机关的采纳。但在宪法和其他部门法领域，我听到的来自于律师界的声音还很少。2012年民事诉讼法的再次修改似乎是一个例外，全国律协不仅两次提交了律师修改建议稿，还邀请中国民事诉讼法学研究会作了论证，采取全国律师代表开会逐条讨论通过立法建议的方式也是一种很好的尝试。虽然提出的立法建议最终采纳得不多，但这种积极参与的精神值得肯定和继续发扬。

总之，积极有效地参与立法是律师执业的高级境界。我希望各级律师协会及其专业委员会、律师事务所和律师个人都能行动起来，通过各种公开平台和方式方法尽量参与每一步法律的立、改、废。无论是法律、法规，还是司法解释，律师界不应放过每一次发声的机会。而且，参与立法绝不应只是少数律师的事情，也不能指望每役必成、一蹴而就。只有群策群力、锲而不舍，律师参与立法才会有更大的作为。

有感于律师参与立法的特殊意义，在李轩博士领衔主编的《反思与重构——民事诉讼法再修改的律师视角》行将付梓之际，欣然为序。

2015年3月

目　　录

第三编 民事诉讼法再修改的律师论证与争鸣

第四编　律师参与民事诉讼立法的业界评价与媒体关注

附录 民事诉讼法修正案及关联法律、司法解释选编

引言

在期待中徘徊：民事诉讼法修正案实施两周年效果观察

李　轩[1]

导读：2013 年 1 月 1 日，再次修改后的《中华人民共和国民事诉讼法》开始实施。当年年初笔者开始启动“民事诉讼法修正案实施效果观察”的调研课题，但因民事诉讼法修正案实施时间较短，来自各地法院的第一手资料相对匮乏，尤其是最高法院“民事诉讼法司法解释”迟至 2015 年年初才正式发布。虽然两年过去，课题研究尚在深入调研中；本文充其量只能算作课题前期研究成果，既不全面，也不严谨，甚至没有多少技术含量。但是，笔者相信本文的观察结论大抵是与司法实践同步并且相符的，因而不揣冒昧供各位同行分享与指正。

一、从立法博弈到实效观察

2013 年 1 月 1 日，再次修改后的民事诉讼法正式实施。在此之前的修法过程中，围绕旧制度的完善和新制度的增益，各方曾展开了比较充分的立法博弈。以诉前调解制度为例，修正后的民事诉讼法第一百二十二条规定：“当事人起诉到人民法院的民事纠纷，适宜调解的，先行调解，但当事人拒绝调解的除外。”对此，李浩教授、齐树洁教授和陈慰星博士等学者分析指出：“关于这一条的规定，在修正案草案一审稿中并没有但书的规定，遭到律师界的强烈反对，纷纷要求废除强制性立案调解的制度，改为自愿诉前调解。

① 李轩：兼职律师，中央财经大学法律硕士教育中心主任，兼任中华全国律师协会宪法与人权委员会秘书长、中国案例法学研究会秘书长，副教授，法学博士。

因为如果没有但书的话，等于变相的强制调解，不仅违背了调解自愿原则，还会严重侵犯原告的起诉权，许多法官可能会以调解作为立案的前提，只有原告答应调解了，才给予立案，否则，会找各种各样的理由不予立案，这不仅侵犯起诉权，而且还将严重影响律师代理工作的开展。在律师的强烈要求下，二审稿中增加了但书的规定，现在的法律条文就是二审稿增加上去的。"①现在，立法争论告一段落，人们开始关注民事诉讼法修正案的贯彻实施问题。

从民事诉讼法修正案实施至今刚刚两年的时间，由于实施时间较短，各地法院相关年度司法统计数据尚未发布，其实施效果如何，有关情况不甚了了，各界评价不一。从网上有关法官和律师甚至当事人披露的局部或个案情况来看，修改后的民事诉讼法实施效果似乎并不十分理想。笔者注意到，自民事诉讼法修正案通过以来，最高司法机关已经有所行动，其中最高人民检察院于 2013 年 9 月 23 日制定了《人民检察院民事诉讼监督规则（试行）》，最高人民法院于 2014 年 12 月 18 日制定了《最高人民法院关于适用〈中华人民共和国民事诉讼法的解释〉》。某些地方法院也就民事诉讼法修正案的贯彻实施制定发布了一些司法规范性或政策性文件，如浙江省高级人民法院发布了《贯彻修改后民事诉讼法有关立案审判工作的意见》，江苏省高级人民法院连续发布了《关于做好修改后的〈中华人民共和国民事诉讼法〉施行后立案审判工作的讨论纪要》《关于小额诉讼案件审理程序的讨论纪要》《关于人民法院审理确认调解协议案件若干问题的讨论纪要》《全省法院民事案件立案受理工作规范》，广西壮族自治区高级人民法院下发了《关于适用小额诉讼程序审理民事案件相关问题的解答》，苏州市中级人民法院也发布了《关于适用小额诉讼程序审理民事案件相关问题的实施意见（试行）》。近两年来，律师界和诉讼法学界普遍关注民事诉讼法修正案实施效果，期待立法成果能够在司法实践中逐步得到全面落实。

由于笔者在 2011 年到 2012 年期间曾积极参与了全国人大常委会法工委组织的民事诉讼法修改征求意见活动和全国律协组织的民事诉讼法修改建议活动，并连续参加了中国民事诉讼法学研究会组织的数次民事诉讼法修改研讨会或座谈会，对民事诉讼法的修改过程较为了解，对民事诉讼法修改后的实施状况较为关注。近十个月以来，笔者一直密切观察相关领域的司法动态和律师界的反应，并在此期间陆续在北京海淀、山东潍坊、内蒙古呼伦贝尔、海南海口、广东广州及深圳等地相关法院和律师事务所展开了局

① 参见李浩等：《民事审判程序修改中的新制度》，载于《海峡法学》2013 年第 1 期。

部调研和抽样调查。囿于了解到的信息有限，笔者重点从中国法院网、中国律师网、中国民事程序法律网等主要网站搜集整理了与民事诉讼法修改内容实施效果相关的内容，并结合部分法院和律师事务所的调研情况，对民事诉讼法的实施效果局部进行了初步总结分析，供方家批评指正。

二、笔者关于民事诉讼法实施效果的总体评价

从笔者掌握的有限资料和信息来看，总体而言，至少到目前为止，此次民事诉讼法修改还远远没有发挥立法机关所期待的应有作用。有关新的制度性规定，甚至在很多法院尚未付诸实施。这一方面，可能反映出民事诉讼法修改内容缺乏针对性，立法目的在实践中部分落空；另一方面，可能反映出地方法院尚未做好实施民事诉讼法修正案的充分准备，对民事诉讼法规定的新理念、新制度，还来不及进行有效反应。而且，从当事人和代理律师的角度来看，可能由于新修正的民事诉讼法宣传力度不够，他们对相关的制度新规缺乏了解，在诉讼实践当中，还想不到利用新的法律规定维护自己的合法权益，因而有关法院也没有启动相关的制度机制。接受笔者走访调查的法官和律师几乎都表示，民事诉讼法修改之后，司法实践状况对比过去没有实质性改观。

据笔者不完全观察，在此次修法的新增制度领域，部分制度机制很少付诸实施，如公益诉讼制度、第三人撤销之诉制度；部分制度机制只是得到初步实施，如电子证据制度、担保物权实现程序、申请人民调解协议司法确认程序等；只有少部分制度机制已得到较好实施，如行为保全制度、小额诉讼程序、电子送达方式等。而在修改完善后的原有制度领域，部分修改内容几乎尚未发挥任何作用，如针对立案难的诉权保障机制、证人出庭作证机制、督促程序转普通程序机制；部分修改内容也只是得到初步实施，如第二审开庭审理机制、检察监督机制；只有少部分修改内容已得到较好实施，如限制公民代理规则、申请检察院抗诉的法院再审审查前置规则等。

因此，总体而言，虽然此次修法增加了很多新制度，并对一些原有制度进行了修改完善，理论上加强了诉权保障、限制了法院或法官的自由裁量权、扩大了检察监督权限，但是在民事诉讼实践当中，原告立案难的情况仍然普遍存在。在最近两年的诉讼实践中，当事人、代理律师和各级法院运用的相对比较多的，只有行为保全等少数易于操作的制度性规定。

三、关于民事诉讼法修正案主要新增制度机制实施效果的观察与思考

(一)诚实信用原则写入民事诉讼法的立法目的尚需落实

诚实信用原则是否应该作为一项民事诉讼的基本原则写入民事诉讼法,历来存在巨大的争议和分歧。这一次民事诉讼法的修改,在部分学者的积极倡导和最高立法机关的大胆决策下,诚实信用原则被写入民事诉讼法总则。对此,很多人以为这是一个进步;但据笔者观察,这一原则缺乏必要的制度支撑。中国民事诉讼法学研究会会长、清华大学程序法研究中心主任张卫平教授对此曾一针见血地指出:“如果不能推进司法体制改革,使得司法获得足够的权威性,民事诉讼法中关于诚实信用原则的条款将与其他原则一样,难免成为‘睡眠’或‘植物人’条款,仅仅是回应社会的一句政治性口号而已。”①

当然,也许有人会说,我们建立了恶意诉讼制裁机制、第三人撤销错误裁判机制、第三人提出执行异议之诉机制,在某种程度上可以保障诚实信用原则的贯彻实施。但是,对真正落实诚实信用原则而言,仅有这些显然是远远不够的。事实上,在美国民事诉讼中,《联邦民事诉讼规则》规定了很多好的值得借鉴的机制,譬如,强制被告人答辩制度、强制当事人出庭作证制度、禁止反言制度、证人伪证责任制度、特殊类型案件胜诉方当事人律师费由败诉方当事人负担制度。虽然美国的诉讼规则没有明确宣示诚实信用原则,但恰恰是这些制度,保障了诉讼参与人尤其是当事人在诉讼过程当中必须诚实守信,否则他们就要承担不利的诉讼后果。

(二)被寄予厚望的公益诉讼在写入法典后实施情况不尽理想

在 2012 年民事诉讼法修改的过程中,几乎所有的律师、学者和社会公益组织和公益人士,都对公益诉讼立法寄予厚望。在民事诉讼法确立公益诉讼制度之后,甚至有人宣称 2013 年将成为真正的“公益诉讼元年”。但是,公益诉讼在 2013 年民事诉讼法实施之后,不仅乏善可陈,而且实施状况不尽理想。出现这一局面的原因,笔者分析,主要是源于民事诉讼法第五十五条关于公益诉讼主体的资格限制,即只有“法律规定的机关和有关组织”才能提起公益诉讼。而“法律规定的机关和有关组织”,只限于法律的明文规定。

① 参见张卫平:《新民事诉讼法的实施与司法体制改革的推进》,载于《人民司法(应用)》2013 年第 9 期。

而当时，只有海洋法规定的国家海洋局，现在还包括消费者权益保护法规定的中国消费者协会及省一级消费者协会，以及环境保护法规定的“依法在设区的市级以上人民政府民政部门登记”并且“专门从事环境保护公益活动连续五年以上且无违法记录”的社会组织。除此之外，公民个人和其他社会组织甚至检察机关都无权提起公益诉讼。对此，有学者指出：“新修正的民事诉讼法确认非实体利害关系人具有作为公共利益提起民事诉讼的主体资格，但并未明确规定哪些机关和组织可以作为公益诉讼的主体，这有可能增大公益诉讼实际运作的难度。”①

令人欣慰的是，笔者注意到，2015 年 1 月 6 日，最高人民法院刚刚发布了《最高人民法院关于审理环境民事公益诉讼案件适用法律若干问题的解释》。该司法解释明确检察机关、负有环境保护监督管理职责的部门及其他机关、社会组织、企业事业单位可以支持社会组织提起公益诉讼，并以“提供法律咨询、提交书面意见、协助调查取证等方式”参与诉讼。该司法解释在适当扩大提起公益诉讼提起主体、明确提起公益诉讼操作程序方面无疑具有重大突破，但具体实施效果如何，尚待观察。

（三）调解协议司法确认程序形同虚设

2009 年最高人民法院出台了诉调对接的司法政策性文件（《最高人民法院关于建立健全诉讼与非诉讼相衔接机制的若干意见》），全国人大常委会在修改民事诉讼法的时候，将这一司法政策性文件的主要内容上升为法律，在特别程序中增加了“人民调解协议的司法确认程序”，学者们对此普遍给予积极评价。② 但实事求是地说，实践中通过基层调解机构达成人民调解协议的个案，数量本身就不多，加之社会公众对这一新增特别程序并不了解，而且尤其是法律要求协议双方同时到法院申请确认，更可能是该制度实施的根本障碍——其中蕴含的逻辑悖论是：一旦当事人双方同意共同到法院申请司法确认，则义务方可能就在申请司法确认前主动积极履行义务；否则，如果义务方不想真正履行协议约定义务的话，就很少出现双方共同去法院申请司法确认的可能性。笔者注意到，有年轻学者从其他维度对这一制度作了同样富有逻辑意味的阐述：“人民调解的制度实效应更多地依赖于人民调解协议的自动履行，而不应过多地寄望于司法确认程序及其之后的强制执行程序。其原因一方面在于，司法确认程序的适用比率与社会诚信度之间存在反比例关系。司法确认程序的适用比率越高，说明社会诚信度越低，有利于促进人民调解协议自动履行的条件就越是不具备，此时若一味依

① 参见齐树洁：《我国公益诉讼主体之界定》，载于《河南财经政法大学学报》2013 年第 1 期。

② 参见汤维建：《漂移的中国民事调解制度》，载于《比较法研究》2012 年第 5 期。

赖司法确认程序的话，则人民调解的制度优势将丧失殆尽并最终被诉讼机制所取代。另一方面在于，‘必须依靠强制执行的调解协议，往往隐含着非自愿、恶意、滥用、不诚信、有失公平、错误等风险，难以达到调解追求的和谐、自主和双赢的目标。’因此，司法确认程序只能被当成人民调解的‘备胎’，可以利用但只能在特殊情况下利用。换言之，司法确认程序应该作为通过人民调解化解民事纠纷过程中的非常态性程序，力争不予适用或减少适用。”①

此外，在人民调解过程当中，很少有人委托律师参与代理，因而也会影响当事人自觉运用司法确认程序的积极性。有关法院网站虽然对“诉调对接”“调解协议司法确认”等新规作了浓墨重彩的宣传，但是迄今为止，笔者尚未从公开渠道搜集到任何关于申请调解协议司法确认的个案，这一制度有待今后统计数据出现之后另作实证观察和分析。

（四）担保物权实现程序各地试水谨慎

担保物权实现程序对很多中国人而言几乎是一个全新的概念。在民事诉讼法修改过程中，担保物权实现程序是否写入民事诉讼法也是一个备受争议的话题。笔者曾经指出，民事诉讼法修改时在“非讼程序”部分增加的担保物权实现程序不仅与物权法的规定不尽一致，而且没有考虑到中国缺乏权威、健全的第三方物权担保登记制度，规定债权人可以不经诉讼程序直接向法院申请实现担保物权（并且没有设置债务人或担保人异议机制），既有悖诉讼法理，又有悖非讼法理，将担保物权甚至主债权可能存在的争议审查权完全交由独任法官短时期内自由裁量，可能导致更大的司法不公。

笔者发现，虽然已有媒体个别披露了少数法院陆续受理了各自的担保物权实现程序第一案，但大多数法院和当事人及代理律师对此仍然感到陌生，法院对该程序的尝试也采取了谨小慎微的态度。如据中国法院网报道，迟至2013年5月，湖南省浏阳市人民法院才依照修改后民事诉讼法新设的实现担保物权程序，发出该院首例实现担保物权民事裁定书。② 无独有偶，2013年5月7日，江西省横峰县人民法院就申请人中国民生银行股份有限公司南昌分行申请对抵押人张某、徐某抵押的相关房产作出采取拍卖、变卖方式依法变价的民事裁定书，该银行可以直接向法院申请强制执行，中国民生银行南昌分行的借款本金1800万元及利息、实现担保物权的费用在约定的担保范围内优先受偿。而报道称这是横峰法院自2013年1月1日新修改

① 参见刘加良：《论人民调解制度的实效化》，载于《法商研究》2013年第4期。

② 资料来源：刘敢德：《浏阳法院发出实现担保物权民事裁定》，载于中国法院网，http://www.chinacourt.org/article/detail/2013/05/id/954050.shtml 发布时间：2013-05-03。

后的民事诉讼法实施后，在江西省全省范围内作出的首份实现担保物权民事裁定书。[①] 因为多数法院不能理解担保物权实现程序究竟是一种特别程序，还是一种执行程序，还是两种程序特性合二为一的一种新程序。他们担心，这种一步到位的债权实现程序，可能会给当事人留下太多的争议空间，甚至出现冤假错案。所以，即使个别地方法院激活了担保物权实现程序，他们也要求在当事人申请之前，要有一个主债权确认之诉，而不敢贸然动辄作出实现担保物权的裁定。从笔者到法院走访的情况来看，很多法院负责人对担保物权实现程序的担心也较为明显。对此，有学者分析指出："2012 年民事诉讼法修正案推动了我国非讼程序的新发展，其在原先的第十五章'特别程序'中增设两节，规定了'确认调解协议案件'和'实现担保物权案件'两类新的特别程序。由于均采用了较为粗略的立法模式，因此在相配套的实体构成性规则和程序实施性规则出台之前，这两类程序的适用尚处于摸索阶段且面临诸多疑惑。"[②]

笔者曾经分析，担保物权实现程序相关法律规定即"人民法院受理申请后，经审查，符合法律规定的，裁定拍卖、变卖担保财产，当事人依据该裁定可以向人民法院申请执行"内容含糊不清，前半句本应规定法院对担保物权进行司法确认的非讼程序，却直接使用了"裁定拍卖、变卖担保财产"这一具有执行内容的措辞，不仅省略了"司法确认"的应有内涵，而且与后文规定"当事人依据该裁定可以向人民法院申请执行"重复、矛盾。一些地方法院的法官也反映，"新修正的民事诉讼法规定实现担保物权案件的非诉程序，使得担保物权的实现更加便捷、灵活，但是仅靠简单的两个法律条文还不足以解决实务中的问题，需要我们在实践中不断地探索、解决。"[③]笔者认为这种尴尬局面，在最高人民法院司法解释出台后即会改善。

（五）行为保全制度实施较为顺利，但实践中仍然遭遇担保条件过于苛刻的客观障碍

行为保全制度过去在海事诉讼特别程序法和三大知识产权法中都有规定，这一次民事诉讼法修改将其顺理成章地纳入基本法之中是大势所趋，各界反映良好。由于律师界过去经常运用财产保全制度维护当事人的合法权益，因而对与之类似的行为保全制度的运用也较为得心应手。在不到两年的司法实践中，这一制度也是民事诉讼法修正案中功能发挥得较为充分的

① 资料来源：程友田、李正飞：《借款人拒还款 横峰县法院依新民诉法裁定担保人埋单》，载于中国法院网 http://www.chinacourt.org/article/detail/2013/05/id/957794.shtml 发布时间：2013-05-13。

② 参见潘剑锋：《程序系统视角下对民事再审制度的思考》，载于《清华法学》2013 年第 4 期。

③ 资料来源：刘良杉、刘艳：《浅析实现担保物权案件实务中存在的问题》，载于中国法院网，http://www.chinacourt.org/article/detail/2013/06/id/1015694.shtml，发布时间：2013-06-20。

一种新制度。江西某法院甚至针对一起因家庭暴力引起的离婚案件创造性地发布了全省首例“人身安全保护令”(当然,在严格意义上“人身保护令”不属于法律规定的行为保全范畴,在当前甚至属于尚无法律依据的越权之举)。[①]

但是,与财产保全、证据保全制度一样,行为保全申请尤其是诉前行为保全申请也面临着部分法院司法不作为、法院拒不受理的这一老大难问题;即使有的法院受理,也仍然会对申请人提出较高的、甚至是苛刻的担保条件(如所谓“等额现金担保”),最终导致当事人的申请落空。有的法官意识到了这一问题的严重性,提出“为保护弱势群体、平衡利益”对某些案件担保条件不能要求过高,认为当事人申请诉前保全时只需对其申请可能给对方造成的财产损失范围内提供担保即可,通常情况下,无需对整个被保全的财产全额担保。[②]

总体看来,行为保全与其他保全机制一样,都是当事人在诉讼当中经常期望使用的诉讼保障手段。但由于一些法院的不作为,保全制度的总体实施效果仍然不容乐观。

(六)小额诉讼制度实施总体较好但各地发展不平衡

应该说,小额诉讼制度立法是大势所趋。长期以来,不仅诉讼法学界一再呼吁,针对不同的案件情况要实行繁简分流,提高司法效率、节省司法资源,而且法院系统本身也对小额诉讼制度充满期待。在民事诉讼法修正案出台之前,最高人民法院甚至就已经提前决定在全国 90 个区县基层法院试行小额诉讼制度,允许部分争议金额较低的民事案件实行一审终审,只允许异议,不允许上诉(当然,在法律没有修改之前,或者是立法机关没有授权之前,这种试点显然也是违法的)。在很多人的想象当中,民事诉讼法修改之后,小额诉讼似乎应该大行其道,在基层法院应该会有为数不少的小标的案件适用小额诉讼程序予以处理。但令笔者感到诧异的是,似乎很多法院对小额诉讼程序也不是很感兴趣,真正适用小额诉讼程序一审终审的案件,到

① 资料来源:杨青:《兴国法院发出江西首例“人身安全保护令”》,文称:“近日,江西省兴国县人民法院发出首例‘人身安全保护’裁定,‘禁止刘某骚扰、跟踪、殴打、威胁谢某。如刘某违反上述禁令,法院将根据《中华人民共和国民事诉讼法》第一百一十一条之规定,视情节轻重处以罚款、拘留;构成犯罪的,依法追究刑事责任’。同时,该裁定也是江西省第一例旨在保护在家庭婚姻纠纷案中女性免遭家庭暴力,维护妇女的合法权益的‘人身安全保护令’。”载于中国法院网,http://www.chinacourt.org/article/detail/2013/04/id/949401.shtml,发布时间:2013-4-19。

② 资料来源:李合江:《浅析保全程序在司法实践过程中的问题及对策》,载于厦门法院网,http://www.xmcourt.gov.cn/pages/ContentView.aspx? CmsID = 235&CmsList = 132,发布时间:2013-04-28。

目前为止好像还为数不多。以江西省鄱阳县人民法院为例,2013 年 1 月至 10 月,该县法院共审理一审民事案件 3125 件,适用小额诉讼审理一审民事案件数为 125 件,小额诉讼程序适用率仅占 4%。[1] 另据公开资料显示,2013 年 1 月至 9 月,广西临桂县人民法院三个派出法庭适用小额诉讼程序的案件只有 17 件,仅占总结案数的 7.4%。[2]

对此,有法官提出了一个重要的原因,就是关于适用小额诉讼程序案件的争议金额限制,按照很多地方的计算标准都不到两万元,而不到两万元的案件,尤其是在经济较发达地区,所占区县法院全部民商事案件的比例非常有限。[3] 所以,这一制度的实施效果,也并非像一般人所希望的那样,能够在较大程度上缓解基层法院的工作压力。

在走访调查中,笔者倒是发现,更多的法院建立了速裁法庭,将小额诉讼案件和部分适用简易程序的案件,均归到速裁法庭审理(这些案件的当事人双方往往也不会上诉),从而淡化了小额诉讼程序的独立性和特殊性。

(七)限制公民代理诉讼规则被各地法院迅速落实但后果不容乐观

民事诉讼法修正案修改了过去诉讼代理人的规定,明确下列人员可以委托为代理人:(1)律师、基层法律服务工作者;(2)当事人的近亲属或者工作人员;(3)当事人所在社区、单位以及有关社会团体推荐的公民。这一限制性立法规定,其初衷是防止“黑律师”有偿代理(既与合法律师形成不正当竞争,又侵害当事人利益)。但和很多学者和律师的观点一样,笔者的考虑是,“黑律师”现象需要打击,但是是否应该严格限制公民参与诉讼代理,而否定公民代理的很多积极因素呢?笔者认为,这一限制,导致了如下后果。

第一,在司法实践中,过去律师事务所大量使用律师助理、实习律师、协助律师承担辅助性法律服务工作,其中就包括作为代理人代为立案、提交或

---

① 资料来源:汪世福:《小额诉讼程序实证分析》,载于中国法院网,http://www.chinacourt.org/article/detail/2013/11/id/1123572.shtm。

② 资料来源:伍江林:《浅谈小额诉讼在派出法庭适用的优势与不足》,载于中国法院网,http://www.chinacourt.org/article/detail/2013/10/id/1107741.shtml。当然,并非所有法院都较少适用小额诉讼程序,据中国法院网报道,截至 2013 年 7 月,新修正的民事诉讼法关于小额诉讼程序的规定实施以来,上海市宝山区人民法院已适用该程序审理案件 1500 余件。笔者无从查实这一数据的真实性,感觉这一数字明显畸高;但即便情况属实,也至少说明由于各地法院理解不一、执行尺度差异性较大,导致这一程序在全国各地存在发展不平衡的现象。见《宝山法院采取“四步法”强化小额诉讼庭前告知程序》,http://www.chinacourt.org/article/detail/2013/07/id/1040857.shtml。

③ 以北京市统计局数据为例,小额诉讼案件的最高标的额是 22750.2 元,而其他地方基层法院小额诉讼争议金额最高限制多在此之下。参见马德天:《律师代理小额诉讼争议分析》,资料来源:中国律师网,http://www.acla.org.cn/lvshiwushi/9549.jhtml,发布时间:2013-07-01。

领取诉讼文书,在法庭上协助律师出庭。律师助理和实习律师分担了律师的大量事务性工作,既有效地利用了人力资源,减轻了律师本人的工作负担,又锻炼了律师助理或实习律师的工作能力,形成一个良性的所类培养机制。但是现在,各地法院陆续开始严格限制律师助理或实习律师以代理人的身份参加诉讼。哪怕是取送诉讼文书这样简单的工作,也在禁止之列,从而大幅度加大了律师的工作负担。

第二,这种情况也间接地影响到了当事人的利益,因为随着律师工作量的成倍增加,律师费也会水涨船高。过去五千元一件的诉讼案,现在可能就要涨到一万元到两万元,否则律师付出了大量的时间和劳动,而他的所得和他的付出不成正比。为了缓解这样的矛盾,律师事务所和律师势必要提高法律服务费用的标准,从而增加当事人的经济负担。

第三,这种情况甚至还会影响到高等院校法学教育的开展,尤其是实践教学的开展。众所周知,这些年,无论是从教育部,还是从各高校的法律院系,都在强调法学教育的转型,主要是以职业化教育为导向的法律实践教学的转型。法律实践教学的一个重要方面,就是以法律援助中心和法律诊所课程为平台,在老师的指导下,由学生实际参与民事诉讼、行政诉讼或仲裁案件的方式,获得法律实践知识。但是,现在由于法律对诉讼代理人做了资格限制,越来越多的法学院的学生被法院拒之门外,很难再以诉讼代理人的身份参与民事诉讼。长此以往,我国近年来高校法律院系蓬勃开展的法律诊所教育和法律援助活动,势必遭遇挫折。这种局面既会深刻影响到法学教育的转型,影响法律实践教学效果,事实上也会妨碍高校师生服务社会的这种功能。[①]

事实上,全国律协在2011年讨论民事诉讼法修改建议稿时,确曾有律师提出要求实行强制律师代理制度,但最终被多数意见以多种考虑因素予以否定,因而限制公民代理尤其是禁止助理律师、实习律师参与代理的修法结果并不是律师界的主流主张。恰恰相反,目前已经有很多律师指出了过度限制公民代理资格的问题所在,有可能在“泼洗澡水的同时将婴儿一起泼出去了”。如甘肃律师何辉新认为,低收入百姓的打官司问题,可以通过强化法律援助进行;南京律师温丽华称,限定公民代理人范围将造成社会资源浪费,不利于法治社会建设和推进,非兼职律师的法学教授、专家、学者及法学院的众多教师、学生正是提供免费法律服务、公益法律服务的主力军,也是推动法制进程的重要参与者。

---

① 资料来源:李罡:《代理人受限 百姓打官司遇三难》,载于《北京青年报》,http://bjyouth.ynet.com/3.1/1301/31/7796123.html,发布时间:2013/01/31。

四、关于修改完善后的原有制度机制实施效果的观察与思考

（一）诉权保障机制完善后立案似乎越来越“难”

“立案难”历来是民事诉讼当中一个老大难的问题。在司法实践当中，在法院不予立案的同时，当事人往往还拿不到不予立案的裁定书，从而导致原告上诉无门。正是针对这一情况，民事诉讼法在修改当中，将原来规定的“法院不予立案的应作出裁定”，改为“法院不予立案的应作出裁定书”，一字之差，实际上反映出了司法实践当中存在的司法不作为问题。

但是，虽然法律作出了严格规定，各地法院在不立案问题上有的依然不作为。其实，解决这一问题早有良方，在全国律协向全国人大常委会提供的立法建议中，就有一条：“原告起诉法院拒不立案的，原告可以以特快专递方式，向人民法院寄送起诉状”。七天之内，人民法院不答复的，视为法院不予受理，原告可以持特快专递邮寄凭证，向上一级人民法院提出上诉。从而确保原告的诉权得到基本保障。当然，我们还可以同时辅之以责任追究机制，对该立案而不立案并且不出具裁定书、不说明理由的立案庭法官，进行违纪违法处理，情节严重的以渎职罪追究其刑事责任。

笔者注意到，党的十八届四中全会在关于全面推进依法治国的决定中明确提出“完善行政诉讼体制机制，合理调整行政诉讼案件管辖制度，切实解决行政诉讼立案难、审理难、执行难等突出问题”“改革法院案件受理制度，变立案审查制为立案登记制，对人民法院依法应该受理的案件，做到有案必立、有诉必理，保障当事人诉权”。据此，全国人大常委会 2014 年 11 月 1 日通过了行政诉讼法修改决定，其最大亮点之一，就是全方位加强当事人的诉权保障，缓解行政诉讼立案难，甚至将原来的立案审查制修改为立案登记制。对此，行政诉讼法总则部分特意增加了第三条的三款规定：“人民法院应当保障公民、法人和或者其他组织的起诉权利，对应当受理的行政案件依法受理。”“行政机关及其工作人员不得干预、阻碍人民法院受理行政案件。”“被诉行政机关负责人应当出庭应诉。不能出庭的，应当委托行政机关相应的工作人员出庭。”最高人民法院刚刚发布的民事诉讼法司法解释也明确民事诉讼改行立案登记制。当然，将立案审查制修改为立案登记制，只是解决行政诉讼和民事诉讼立案难的一个良好开端，如何将这一修改落到实处，真正做到有案必立、有诉必理，切实保障当事人诉权，却还需要司法实践

中方方面面付出加倍的努力。

(二)督促程序转普通程序的个案尚未发现

在我国台湾地区,督促程序是一种运用效果良好的诉讼替代机制,我国在1999年制定民事诉讼法的时候,直接移植了我国台湾地区的督促程序。但是,在当时,我们并没有同时移植督促程序终结直接可转入普通程序的这一合理机制。导致在实践中,只要债权人提出支付令申请,债务人经常会提出书面异议,从而终止督促程序。很多法院对此颇感头疼,不是对适用督促程序的案件进行主体资格限制,或者申请金额的限制,就是根本不受理支付令申请。理由是,这种程序没有任何意义,只要被申请人一旦提出书面异议,就自动废止,申请人还得另案起诉,反而增加了当事人的诉讼负担和法院的司法负担。所以,法院往往鼓励或要求申请人直接起诉,而放弃支付令申请。

正是基于上述不正常现象,此次修法才进一步借鉴了我国台湾地区的后续机制,允许在支付令失效之后,支付令申请直接转为起诉状。督促程序直接过渡到普通诉讼程序。有学者对这一修改进行了深刻剖析并给予充分肯定:"这一次民事诉讼法的修改激活了督促程序,以前督促程序少用的原因主要有:收费太低,一件100元,法院和法官没有积极性,毕竟案件受理费也是法院的一个主要收入来源;另外一个是在督促程序中,当事人提出异议很容易,只要提出异议,就可以中止督促程序,导致这些程序不被青睐。但现在为了激活督促程序,减轻法院审理案件的压力,在收费办法上进行了修改,按照以前案件受理费的三分之一收取费用。可见,民诉程序是一个整体,环环相扣,一个环节出了问题,许多程序就运转不灵了。"[①]

但是,据笔者调查了解,由于司法惯性,即各地法院普遍不受理支付令申请,所以现在还罕有法院出现督促程序直接转为普通程序的个案。我们只能寄希望于随着这一制度的进一步宣传普及和法院司法观念的变革,而慢慢地发挥实际效能。

(三)检察监督机制虽被强化但出现了事实上的效果延时现象

检察监督是民事诉讼法学界和司法实务界老生常谈的一个话题,但是毋庸讳言,也是司法实践中最难落实的一个话题。这一次的民事诉讼法修改,进行了大规模的"检察扩权",不仅将检察监督明确及于执行活动,而且还丰富和完善了检察监督手段。此举虽然引来最高法院的异议,但是诉讼法学界和律师界对此普遍予以认可。有学者撰文指出:"修改后民事诉讼法的重大突破,是在落实中央司法改革文件要求,吸收'两高'会签文件相关内

---

① 参见李浩等:《民事审判程序修改中的新制度》,载于《海峡法学》2013年第1期。

容的基础上，从监督范围、监督方式、监督程序、监督保障等方面，全面强化了检察机关对民事诉讼的法律监督，构建了一个从审判到执行、从诉讼到非讼、从结果到过程的全方位、立体化的民事检察监督体系，具有显著的中国特色。”但是，“民事检察全面监督条款的入法，只是万里长征走完了第一步，而如何激活现有的法条，使之真正产生实效，才是关键所在。”①

的确，理想总是很丰满，而现实总是很骨感，立法上全面的检察监督机制，至少在目前尚未发挥应有的功能。在最高人民检察院司法解释出台之前，各地检察机关对如何开展民事检察监督工作普遍存在困惑。笔者曾经应北京市人民检察院之邀，给全市检察机关、民事检察系统和抗诉申诉系统的检察官们，作检察监督专题讲座，发现北京市人民检察院在《最高人民检察院关于贯彻实施〈中华人民共和国民事诉讼法〉的若干问题的通知》之后，虽然也制订了《北京市人民检察院关于做好民事申请监督案件受理、管理及办理工作的通知》，但检察官们对检察监督的具体工作方式、工作流程仍然不得要领，尤其是对同级法院生效裁判不服如何提出检察建议，以及检察建议的效力如何信心不足。

一个非常积极的信号是，最高人民检察院于 2013 年 9 月 23 日发布了《人民检察院民事诉讼监督规则（试行）》，以落实民事诉讼法修正案关于检察监督的新规定。该规则较为全面地规定了人民检察机关对民事检察监督案件的管辖、审查、听证、调查核实、再审检察建议和提请抗诉、抗诉及出庭、对审判程序中审判人员违法行为的监督、对执行活动的监督等内容，使得地方检察机关通过法定方式尤其是检察建议方式介入民事诉讼有所依据，无疑具有非常积极的现实意义。但是，在立法对检察建议等制度语焉不详的情况下，仅靠最高人民检察院自我赋权显然是不够的，该规则实施效果仍待实践检验和客观评估。在此，笔者一方面寄希望于随着时间的推移和检察监督机关工作机制的理顺，各级检察机关在民事诉讼当中发挥越来越大的监督作用，也寄希望于立法机关和最高司法机关，进一步细化监督机制，使检察机关更好地开展工作。同时，再一次呼吁，立法机关在未来修法的时候，尽快废止这一次修法当中关于检察监督的再审前置原则的内容。应该考虑到，无论是原审人民法院，还是上一级人民法院，对刚刚作出的已生效裁判，都不会轻易改判的这一习惯思维。为此应恢复原来当事人可以同时向人民检察院申请抗诉的规定，以更有效地保障当事人启动检察监督机制的权利。

① 参见肖建国：《民事检察监督之功能与实施思考》，载于《人民检察》2012 年第 21 期。

五、重申几点关于未来再次修法的立法建议

结合以上论述，笔者重申，未来民事诉讼法的全面修改应当遵循以下总体思路：(1)贯穿民事诉讼法的基本原则，以诉权保障为重点，促进司法公正；(2)以发展当事人主义模式为远期目标，在对职权主义模式进行改造的同时，适当强化法官义务，防止司法不作为；(3)以程序本位主义和程序法定主义为基础，完善相关制度和程序设计，重塑司法公信力和司法权威；(4)充分利用本土资源，借鉴法治发达国家和地区的先进立法经验，促进司法制度尽快与国际接轨；(5)全面清理甄别司法解释，将其合理内容法典化，消除司法解释与立法的冲突。

在这一总体思路下，未来民事诉讼法修改的首要之急仍然是通过完善立法保障当事人的诉权。面对群体纠纷多发的局面，我们尤其要注意完善集团诉讼制度，充分发挥集团诉讼的司法功能，而不是闻之色变，纵容法院回避立案或者“化整为零”；要以更加开放的心态进行公益诉讼立法，设置必要的社会安全阀、减压阀、降压阀，将社会群体性诉求纳入司法轨道，理性解决。民事诉讼法修改的另一当务之急是进一步确立正当程序机制，通过立法纠正过度调解或强制调解倾向，借鉴我国台湾地区“诉前调解”制度保障调解的自愿性和合法性，采取多种制度措施促进司法公正，防止司法不公和司法腐败。笔者在此再次提出若干具体建议如下。

为保障当事人的基本诉权，解决立案法官滥用自由裁量权，随意拒不立案的问题，真正实现立案登记制，还应改现行立案规定的“实质审查制”为“形式审查制”，建议将现行民事诉讼法典第一百一十九条中规定的起诉条件“原告是与本案有直接利害关系的公民、法人和其他组织”修改为“原告具有民事权利能力”，将“有具体的诉讼请求和事实、理由”修改为“有具体的诉讼请求和事实陈述”，以避免立案时的实质审查，切实保障当事人起诉的权利。同时，建议将“当事人起诉到人民法院的民事纠纷，适宜调解的，先行调解”的“诉调对接”新规修改为“当事人起诉到人民法院的民事纠纷，适宜调解的，经当事人一致书面同意调解的，先行调解。调解期限为十日，不能达成调解协议的应进入审理程序”，以防止“久调不立”。

总体而言，虽经二次修改，现行民事诉讼法规定的相关制度支撑体系仍然存在结构性缺失，需要进行增量补充。笔者赞同多数学者和律师的观点，主张建立当事人资格异议制度以完善当事人甄别程序机制，主张废止合议庭固定制、审判长常任制、主审法官制而采取电脑随机选定方式等完善合议

制度、保证审判独立，主张规定交叉诉讼制度以优化共同诉讼与第三人诉讼机制，主张确立被告的强制答辩义务以完善答辩制度、防止诉讼突袭，主张取消无独立请求权第三人之诉中法院可以判决第三人承担民事责任的规定以防止无诉之判，保障诉讼参与人的基本权利，主张确立举证次序机制与质证归纳机制完善证据交换制度。

此外，笔者还主张实行无因回避机制和扩大回避理由以缓解回避难问题，确立调查令制度（委托调查制度）以缓解当事人及代理律师调查取证难、举证难问题，降低担保条件以缓解财产保全、证据保全难问题，建议限制不履行生效裁判义务人的高消费行为以缓解执行难问题。

在诉讼程序方面，现行法律关于法庭调查程序的规定（以法官和证据种类为中心的举证质证）已经过时，诉讼实践中早已被 1998 年以来的主要司法解释（以当事人为中心的举证质证）取代，因而必须在下一次修法中作出相应修改。笔者同时建议在举证质证过程中引入交叉询问规则，以检验证人证言的真实性。考虑到司法实践中法庭辩论程序也经由司法解释进行了调整，建议将“宣布法庭辩论规则”和“提示辩论焦点”纳入法典，并增加辩论权的保障条款，要求法院裁判应当完整表述当事人各方口头和书面的辩论意见，并对是否采纳当事人意见及其理由进行说明，否则应当发回重审。①

与此同时，为真正贯彻检察监督原则，笔者还建议最高人民法院、最高人民检察院在相关司法解释中同时规定（必要时联合制定司法解释规定）包括立案监督在内的检察建议的法律约束力。毋庸讳言，在修改民事诉讼法、行政诉讼法的过程中，包括最高人民法院在内，法院系统对全方位加强民事诉讼、行政诉讼检察监督即所谓“检察扩权”一直怀有抵触情绪。但在当前，加强检察监督实属维护司法公正的必要之举。既然立法机关已经进行相应立法，各级法院理当坦然接受。笔者认为，确保检察建议行之有效的一个可行做法是，最高人民法院、最高人民检察院在相关司法解释中同时规定包括立案监督在内的检察建议的法律约束力。具体内容可考虑分两部分规定。一部分是检察建议的效力条款：“人民法院收到人民检察院检察建议的，必须在七日内作出书面答复。检察建议成立的，应当立即纠正；检察建议不成立的，应当说明理由。人民检察院认为答复理由不成立的，可以提请上一级人民检察院提出检察建议；对上一级检察院提出的检察建议，人民法院必须纠正。”另一部分是违反检察建议效力规定的制裁条款：“人民法院收到人民检察院检察建议未在规定期间内作出书面答复的，或者对应当立即纠正的

① 本部分所提立法建议主要参见拙著：《依法“维权”才能根本“维稳”——民事诉讼法修改的法社会学思考》，载于《律师文摘》2013 年第 2 缉。

检察建议拒不纠正的,人民检察院可以提请上一级人民法院要求纠正。人民法院对法官存在前述行为的,可以作出纪律处分。"

六、结语:对民事司法公正仍然满怀善意期待

笔者认为,2013 年 1 月 1 日至今,民事诉讼法修正案实施效果不尽理想,如 2007 年一样,民事诉讼法的局部技术性修改未能从根本上解决问题,因而仍然存在广阔的再修改空间。张卫平教授也曾直言不讳地强调:"虽然本次民事诉讼法修改对原有的制度进行了调整,也推出了新的诉讼制度,但这些制度调整和新设立的制度都面临着一个如何才能真正贯彻实施的问题。很好地贯彻新修正的民事诉讼法不只是要求人们通过学习,理解、掌握新修正的民事诉讼法中的新规定、新制度,还应当意识到新修正的民事诉讼法的贯彻实施有赖于司法体制改革的进一步推进和深化。没有司法体制改革的推进和深化,新修正的民事诉讼法的新制度以及原有制度的调整是难以真正贯彻实施的,也无法达成民事诉讼法修改的目的。如此,试图通过民事诉讼法的修改推动民事诉讼法的发展便只能是一种良好的愿望而已。依据笔者的分析,完全可以断言,司法体制的既存缺陷已经成为我国民事诉讼法发展的瓶颈。"①但是,笔者注意到,最高人民法院已经针对民事诉讼法修正案制定出台了司法解释, 2013 年 9 月最高人民法院还发布了《最高人民法院关于切实践行司法为民 大力加强公正司法 不断提高司法公信力的若干意见》②,并且党的十八届三中全会之后会从增强法院独立性和司法公正性(去地方化和行政化)的角度进行较大幅度的司法体制调整③,新一轮司法改革正如火如荼地进行!因此,笔者仍然满怀善意,期待在下一个五年迎来民事诉讼法真正意义上的"全面修改",并对未来法治状况的根本好转作出实质性贡献。

---

① 参见张卫平:《新修正的民事诉讼法的实施与司法体制改革的推进》,载于《人民司法(应用)》2013 年第 9 期。

② 参见最高人民法院"法发〔2013〕9 号"文。

③ 参见陈磊:《分析称三中全会司法改革将去地方化和行政化》,载于《法制日报·法治周末》2013-11-06。

第一编

律师参与“民事诉讼法再修改”的总体思路

民事诉讼法修改应以保障当事人诉权为立法取向①

朱树英　林　燕②

对话背景：

“民者，国之根本。”民事诉讼法是广大人民群众进行民事诉讼活动，实现民事权益的基本法律保障。继刑事诉讼法修改提到全国人大议事日程之后，另一部重要法律民事诉讼法也迎来了大修。2011 年 10 月 29 日，全国人大常委会在其网站上公布了民事诉讼法修正案草案，向社会公开征集意见。

民事诉讼法的修改引起了社会各界的广泛关注。作为全国民事律师的代表，全国律协民事专业委员会如何看待此次民事诉讼法的修改？对草案将提出哪些建议？

带着这些问题，法制网与全国律协合办的本期“影响力中国律师系列访谈”邀请了全国律协民事专业委员会主任委员朱树英律师，就民事诉讼法修改的相关热点话题展开对话。

修法应以保障当事人诉权为立法取向

主持人：针对已经公布的草案，全国律协民事专业委员会将如何征集律师意见、发出代表律师界的声音？

朱树英：全国律协对此非常关注，已决定由全国律协主办、由我们民事专业委员会和宪法与人权专业委员会共同承办，在北京合作举办以“民事诉讼法再修改的律师视角”为题的一个专题论坛，我们将组织全国律师对草案进行认

---

① 本文原载于 2011 年 11 月 4 日《法制日报》，原题为《民事诉讼法修改须明确不予立案的范围以解决立案难》。

② 朱树英：上海市建纬律师事务所主任；林燕：《法制日报》记者。

真讨论,动员全国律师集思广益,提出完善的修改意见和建议。

主持人:现行民事诉讼法于1991年通过,距今已经20年。这次修改是2007年对其修改以来的第二次修改。为何时隔不到五年,民事诉讼法又要进行修改?民事诉讼法修改的指导思想是什么?

朱树英:相对于2007年的局部修改,本次修改应当是一次比较全面的修改。随着经济社会快速发展,民事案件数量不断增多,新的案件类型不断出现,民事诉讼法的规定在一些方面已经不能完全适应群众的司法需求,有必要进一步予以较全面的修改和完善。

这次修改应当是一次"中修",应以保障当事人行使诉讼权利为立法的本位和基本取向,依法保障公民的司法诉讼权利和法律救济权利。

主持人:有观点认为民事诉讼法非"大修"不足以济事,您怎么看?您对民事诉讼法修正案草案总体如何评价?

朱树英:这个"修"至少应是中修,因为"小修"不足以解决很多问题;而"大修"则没有必要,原来很多规定还是管用的。已公布的这次修改草案有很多亮点,公益诉讼、小额诉讼一审终审、裁判文书公开、行为保全等规定都是进步之处。但令人遗憾的是,有些在民事活动中亟待解决的问题在这次修改中并没有涉及,比如说民事案件的立案难和"不予立案"的问题。

法院不予受理的案件依法应明确规定

主持人:如您说言,尽管诉讼难在我们执法为民的总体指导思想下有所缓解,但是立案门槛过高的问题在实践中还是没有太大的改观。您认为民事诉讼法应从哪些方面来回应解决立案难问题?

朱树英:我认为要解决立案难,至少有两个方面民事诉讼法要作明确规定:首先是要对法院不予受理的案件作出明确的规定。诉讼是老百姓保护自己权益的最后一道屏障,哪些情况不予立案应由法律来明确规定。现在有些地方法院,由于案件积压等各种原因,对民事诉讼请求常常是不理不问,既不立案,也不作不立案的裁定。此外,有的地方法院还因为一些行政机关的指示,通过内部通知或者指导意见等方法,规定某些案件"不予立案",以越权解释、变相立法的方式,剥夺了当事人的法律救济权利。因此,建议民事诉讼法修正案草案应该明确法院不予受理的案件的范围,并规定"人民法院不接受任何行政机关、社会团体或其他单位以提议、通知或要求等形式,限制法院不予受理案件的范围。"

此外,要解决百姓诉讼难问题的另一重要方面,是民事诉讼法对法院指定管辖要作进一步限定。

主持人:修正前的民事诉讼法中第三十七条第一款规定:“有管辖权的人民法院由于特殊原因,不能行使管辖权的,由上级人民法院指定管辖。”为什么要修改?具体应如何完善?

朱树英:指定管辖初衷是好的,是为了让有利害关系的法院回避管辖,但在实践中,指定管辖和地方保护主义很多时候却是连在一起的,反而导致了当事人立案无门起诉难。比如,有个典型的案子,1 亿多标的额的案件依法本应由省高院受理的,但因地方保护等因素影响,省高院和市中院却通过两次指定管辖让区法院受理了;而要告的正是区政府,这样当事人还能告吗?因此,建议民事诉讼法修正案草案要明确限定受指定管辖的法院,比如规定符合什么条件的法院才可以被指定管辖,或者用排除性规定“涉及利害关系的法院不能被指定管辖”。

公益诉讼要给一条路让百姓走

主持人:近十几年来,公益诉讼一直是社会关注的热点问题。这次草案创设了公益诉讼,很多人评价这是一个历史进步,您怎么看?

朱树英:公益诉讼在我国立法上一直是空白。特别是这次环渤海漏油事件的发生,让公益诉讼的立法更加迫在眉睫,这次修改草案创设公益诉讼应当说是一个重要突破,但还有一些需要完善的问题,比如谁有权利提起公益诉讼?公共利益范围如何界定?公益诉讼程序如何细化?等等。

主持人:提起公益诉讼的主体限定为“有关机关或社会团体”是否合理?

朱树英:现有草案规定对公益诉讼的主体限制得比较严格,仅局限在有关机关和社会团体,这是值得商榷的,也是不合理的。因为公益诉讼既然是公益的,就不能仅限定机关团体对公共利益负有义务,一般的老百姓如果他有这个能力,想为公众利益而起诉也应当允许。其实这么多年来,推动公共利益的案件很多都是一些有社会责任感的个人在做。

所以公益诉讼的专门条款应增加规定在什么情况下允许公民个人也可以向人民法院提起公益诉讼,或者至少在有关机关或社会团体后面加个“等”,总要给一条路让百姓走。

主持人:公益诉讼的程序方面是否有什么需要完善?

朱树英:对现实中“有关机关、社会团体”难以作为从而不作为的情况,立法应增加补救性程序的规定。此外，公益诉讼怎么提起、法院怎么审理、如何防止滥诉、案外人如何加入诉讼、诉讼费用如何承担、判决的效力范围等都有必要进行一些程序性的细化规定。

小额诉讼数额不应“一刀切”

主持人：规定5000元以下的小额案件一审终审是这次修改的又一亮点，您认为这一制度有什么意义？

朱树英：在小额纠纷数量不断增加，现行的简易程序已经不能适应高效、低成本解决小额纠纷的情况下，设置专门的小额诉讼很有必要。它避免了法院不管案件大小设立一样的诉讼程序，有利于简化诉讼程序、节约司法资源、提高纠纷解决的诉讼效率，从而也能减少当事人的诉累。

主持人：有人担心规定5000元“一刀切”做法实践中难于操作。我国东部发达地区，标的额5000元以下的案件几乎没有；但在一些贫困的地方，5000元的案件就可能不是小案件。如何解决？

朱树英：数额的确定是一个立法技巧问题，有多种解决方案，例如直接根据国民平均收入比例作出相对统一的上限规定，或者设定一个幅度3000元到5000元或5000元到10000元以下，这样各个地方就可以在自由裁量的幅度范围内结合本地实际具体加以规定，但不得超过最高限度。

主持人：小额案件一审终审是否会导致当事人因程序简化而丧失了救济渠道？

朱树英：小额诉讼只是将二审终审变成了一审终审，但当事人仍有申诉这一权利救济的渠道，不服判决还是可以提起再审，法律规定在特殊情形给予救济的机会，因此小额诉讼不会因一审终审而使当事人丧失救济渠道。

监督执行活动是检察监督的应有之意

主持人：原有民事诉讼法仅规定了检察院对审判活动有权进行监督，这次修改为对执行活动也有权进行监督。有人认为这使检察权对民事活动的监督实至名归，但是也有人认为这样可能导致检察权的过度扩张，您怎么理解？

朱树英：检察院是国家的法律监督部门，负有监督国家法律正确实施的责任。原本所有民事活动都应纳入法律监督的范畴，这是检察机关的义务和责任，也是检察监督的题中应有之义。

检察监督是目前对于民事诉讼活动最有效的监督方式，存在的主要问题是检察监督总体不够而不是被滥用，也就是检察监督在民事诉讼活动中没有发挥应有的作用。并且，检察院的检察建议书也只是建议权，没有决定权，最终能否被采纳还是法院定的，大可不必顾虑检察权滥用的问题。

主持人：草案增加规定“人民检察院发现调解书损害社会公共利益的，应当提出再审检察建议或者提出抗诉”又是出于什么考虑？

朱树英：实践中发生了不少通过案外的假调解来转移财产、逃避债务或者规避法律、损害公共利益的情况。法院审判时可能尚未形成证据，法院对此并不了解，判决后才发现已形成既成事实，因此增加检察院对调解书的主动监督是很有必要的。

主持人：如果最终确立了这两项检察监督的新内容，在实践操作中还应做好哪些配套工作？

朱树英：其一，检察机关对民事案件检察监督的人力不足，需增加相应的人员配置；其二，这一规定还比较笼统，要通过司法解释细化操作，规定检察机关对执行过程和调解书如何进行有效监督，使检察监督落到实处。例如，可增加“检察院在设定的时段内按一定的比例定期抽查法院的调解书，或者直接规定调解书应当给检察院备案”。这样才让检察院的监督有渠道，有操作性，能够及时发现调解书是否损害公共利益。

律师视角下的民事诉讼法修改[①]

李　轩　李　刚[②]

导读：如何寻觅促进司法公正、克服司法不公的良方成为中国法律界，尤其是律师界关注的话题。2007年民事诉讼法的局部修改是一次有意义的尝试，接踵而至的民事诉讼法的全面修改将有可能成为扭转当前民事司法现状甚至司法不公状况的最佳契机。本文从实务角度出发，针对当前我国民事诉讼中以"司法不作为"为主要表现形式的消极职权主义和以"能动司法"为主要表现形式的司法行政化倾向提出了修改完善民事诉讼法的宏观思路，并分别从"制度创新"（增设当事人资格异议制度、交叉诉讼制度、行为保全制度、委托调查制度、证人责任制度、诉前调解制度、公益诉讼制度）和"制度改进"（修改审判委员会"个案决定制"、合议制度、回避制度、立案制度、第三人诉讼制度、答辩制度、证据交换制度、法庭辩论制度、司法质量控制制度）两个层面提出了相关制度构建的具体设想。

我国的民事诉讼面临两大现实问题：一是过度作出的司法解释导致民事诉讼法典被虚置，二是司法行政化、司法不作为和司法腐败导致司法不公。过去是"超职权主义"，现在是"消极职权主义"在不同程度地影响到司法公正，司法行政化甚至司法政治化倾向有增无减，严重困扰着中国的民事诉讼。

全面修改民事诉讼法可能是维护司法公正的契机，当务之急是将理论转化为现实。经过众多学者多年的深入研究，民事诉讼法学研究成果已经相当丰富，几乎每一制度、每一程序问题都已有较为成熟的修改建议。笔者根据自己从事民事诉讼活动的体验，立足于具体的制度创新和程序重构，从

---

① 本文原载于《国家检察官学院学报》2011年第5期，全文转载于《人大复印报刊资料·诉讼法学卷》2012年第1期。

② 李轩：兼职律师，中央财经大学法学院副教授，法学博士；李刚：律师，中国公益诉讼网主编，北京市资略律师事务所主任，法学博士。

实务的角度对民事诉讼法再修改提出自己相关的立法建议，不免存在就事论事，欠缺理论深度的缺陷。

一、完善民事诉讼法的宏观思路

修改完善现行民事诉讼法应该以促进诉讼公正为目标，通过程序制度的理性重构和创新，实现当事人诉讼权利的有效保障和司法职权的优化配置，有效遏制司法行政化、司法不作为、司法腐败等导致司法不公的诸多因素，以切实维护当事人的合法权益。

（一）以诉权保障为重点，促进司法公正

保障诉权的根本目的在于实现司法公正，诉权保障应该作为民事诉讼法的首要原则。当前司法不公现象日益严重，社会公众对司法不满的情绪较为强烈，应当引起执政党和立法机关的高度重视。以再修改民事诉讼法为契机，加强对当事人的诉权保障，是恢复司法权威和公信力的根本措施。如，将立案的实质审查主义改为形式审查主义，以解决当事人告状难的问题；合理扩充法院应当依职权调查取证或证据保全的范围，以解决当事人及其代理人调查取证难的问题；增设法官释明义务，以协助和保障当事人更好地参与质证和辩论的问题；规范调解程序，以确保遵守自愿和合法原则、防止强行调解侵犯当事人权益问题等。

（二）以当事人主义模式为远期目标，以改造职权主义模式并适当强化法官义务为重点

从民事诉讼法的根本属性和长远发展来看，以对抗制为主要特征的当事人主义诉讼模式应该成为我国民事诉讼法发展的最终目标，职权主义、超职权主义诉讼模式必然被立法所抛弃。就顺应这一历史趋势而言，自 20 世纪 90 年代中后期到本世纪初期，最高司法机关主要以司法解释方式推动的庭审制度改革是值得肯定的。但是，有些司法解释，确实存在矫枉过正的因素，甚至有刻意减轻法院负担之嫌。结合中国国情，构建当事人主义诉讼模式应采取循序渐进之原则，在修改民事诉讼法时适当修正司法解释的某些过度倾向，通过程序规范抑制“消极职权主义”，适当强化法官的义务和职责。譬如，增设诉前调解、争点整理、证据调查、辩论焦点提示、裁判释明等规定，加强审判和调解程序的规范性，以协助和保障当事人更好地行使诉讼权利，促进民事争议的有效解决。

（三）尊重国情，也要勇于借鉴域外先进立法经验

建设中国特色的社会主义法治国家，与借鉴西方法治发达国家和地区

行之有效的司法理念和诉讼机制并不矛盾。无论是大陆法系国家和地区，还是英美法系国家和地区，其成熟的民事诉讼立法和实践经验都值得我们借鉴。如英国法上的禁令制度，美国法上的审前准备程序、强制答辩制度、交叉诉讼和引入诉讼制度、交叉询问规则、集团诉讼制度，德国法上的假处分制度，日本法上的计划审理制度，我国台湾地区的诉前调解制度等。当然，借鉴和移植域外立法案例也不能生搬硬套，必须考察其法律背后的法律文化和风俗习惯，否则导致橘生淮北则为枳；借鉴和移植也要兼顾各程序规范之间的衔接和逻辑关系，否则就像不同标准的零件组装起来的器具影响使用功能；宜循序渐进、水到渠成；借鉴和移植应该做到本土资源和域外经验的有机结合。

（四）清理司法解释，将其合理内容整合进法典中

目前，部分司法解释与民事诉讼法相冲突，但是与民事诉讼法有关的司法解释的大多数内容还是可取的。借修改民事诉讼法之机，应全面清理、甄别司法解释，将其合理内容进行编纂，整合进新修正的民事诉讼法中。同时，要防止一些限制或损害当事人权利、不合理扩大法院或法官自由裁量权、强化司法行政化做法、纵容司法不作为现象的失范规定进入法律。

二、制度创新：民事诉讼法的增量设计

现行民事诉讼法规定的规范体系存在结构性缺失、制度不健全，需要进行增量补充。在将来修改民事诉讼法时应该增加设立以下重要诉讼制度：当事人资格异议制度、交叉诉讼制度、行为保全制度、委托调查制度、证人责任制度、诉前调解制度、公益诉讼制度。在此将分别讨论这些制度的现实意义，进而提出相关制度构建的具体设想。

（一）当事人资格异议制度：非正当当事人的积极甄别机制

1. 当事人不适格与当事人资格异议

法谚云："没有当事人就没有诉讼。"诉讼的意义就在于通过第三方力量即司法机关的公正裁判恢复当事人两造之间已经被破坏了的民事法律关系，对受侵害的一方提供法律救济。但是，如果起诉到法院的原告和被起诉到法院的被告相互之间并不存在实体上的民事法律关系，这种起诉就会变得毫无意义。在司法实践中，因原告的认识错误或者恶意诉讼导致当事人不适格的情形比比皆是。民事诉讼法没有规定处理这种错误问题的法定程序，如果被告在庭审过程中提出原告或者被告一方主体不适格的问题，法院通常是在宣告裁判时才会作出回应，要么是判决驳回诉讼请求，要么是裁定

驳回起诉。无论何种做法，法院都与错误的诉讼主体完整地履行了一遍庭审程序，势必浪费司法资源，也造成当事人人力、财力等不必要的诉讼负担。①

增设当事人资格异议制度可以有效解决上述问题。当事人资格异议，即被告认为当事人一方甚至双方不适格而提出的异议。当事人资格异议程序，就是规定被告如何向法院提出这种异议，以及法院如何处理这种异议的法定程序。原告向法院提起诉讼之后，被告在应诉答辩期间认为原告或者被告不适格、甚至原被告双方均不适格，而向受诉法院提出异议，要求法院驳回原告对该被告的起诉（或者在存在其他适格被告的情况下允许自己退出诉讼）。赋予被告提出当事人资格异议的权利，就如赋予被告提出管辖权异议的权利一样，有助于充分调动最具利害关系人的积极性，督促法院在第一时间对诉讼主体可能错误的诉讼进行专门审查、作出决定，当事人资格异议制度有助于法院对当事人是否适格的问题集中进行审理，从而实现诉权保障和诉讼经济的目的。

2. 当事人资格异议制度的立法构想

当事人资格异议程序可以仿照现行民事诉讼法的管辖权异议程序进行设计。当事人资格异议制度规定，被告在接到应诉通知之后，在法定的答辩期间如果认为原告或者被告一方当事人不适格的，可以直接向法院提出书面异议并说明异议理由，提交必要的证据，由法院经过审理作出裁定。法院收到被告的书面异议之后应当中止案件的实体审理，并应该以开庭审理的方式专门审查当事人资格异议是否成立的问题。审查期间，法院应当将被告的书面异议送达原告并允许其在合理期间（如，七日之内）提出反驳意见；审理时允许当事人双方进行充分辩论，审理之后作出裁定。为防止诉讼的过分拖延，当事人资格异议的审理期间以不超过一个月为宜。当事人不服一审裁定的，可以在十天之内向上一级法院进行上诉，由上一级法院作出终审裁定。

（二）交叉诉讼制度：共同诉讼与第三人诉讼的合理优化

1. 交叉诉讼概念及理论依据

所谓交叉诉讼（Cross - claim，或译“交叉请求”）是指在包含多个被告的共同诉讼中，由其中一个被告向其他被告提起的诉讼。交叉诉讼制度是美

① 肖建华教授认为：“仅仅通过程序审查就发现当事人不适格的，如果还作为权利保护要件进行审理，作出实体判决，将会造成不必要的烦琐”，并据此建议：“法院在审查起诉阶段或者审前准备阶段就从程序上发现当事人根本不可能是正当当事人的，应当灵活处理，可以根据情况采用以下方式：(1)裁定更换非正当当事人；(2)裁定不予受理；(3)裁定驳回起诉”。参见江伟主编：《民事诉讼法专论》，中国人民大学出版社 2005 年 7 月第 1 版，第 200 页。

国《联邦民事诉讼规则》所规定的一种用于解决与本诉当事人争议相关的牵连争议的民事诉讼机制。前述的规则还规定了与交叉诉讼极其相似的"引入诉讼",即民事诉讼的被告在同一诉讼程序中对案外人提起的诉讼。

美国民事交叉诉讼和引入诉讼制度的理论根据是诉的合并。在同一诉讼程序中对相互关联的争议案件进行合并审理,既可以最大限度地节约司法资源,又可能彻底地解决相关当事人之间存在的或潜在的全部民事争议,避免将来发生更多的纠纷或诉讼。

2. 现行民事诉讼法诉的合并制度及其缺陷

我国现行民事诉讼法规定的诉的合并制度,包括共同诉讼、反诉、第三人参加之诉等。其不足之处在诉讼实践中是显而易见的。共同诉讼制度只能解决不同地位的一方当事人与另一方当事人即原告(共同原告)与被告(共同被告)之间的关系,而不涉及共同诉讼人一方相互之间的关系。如果共同诉讼人尤其是共同被告之间存在与本诉相关的诉求或争议,权利人想在同一诉讼程序中合并解决是没有制度依据的,司法实践中也是不可行的,这种情况只能通过另案提起诉讼加以解决。因为缺乏相应的制度,一个简单的案件必须分两个独立的诉讼进行,甚至可能导致不同的法院或不同的审判组织就同一事件作出相互矛盾的判决。因此,这不仅不利于全面解决基于同一事件或诉因引起的各利害相关方的权利义务争议,也不利于提高诉讼效率和维护司法权威。无独立请求权第三人制度中关于"人民法院判决承担民事责任的第三人有当事人的诉讼权利义务"的规定则一直广受学界和律师界诟病,该做法被称为"无诉之判",有违诉讼法理和第三人制度设立初衷①,不仅不利于保障第三人的诉讼权利和实体权利,实践中还可能造成严重的司法不公。

3. 移植交叉诉讼制度的立法构想

交叉诉讼和引入诉讼制度有助于及时保障当事人合法权益、节省司法资源,对于完善我国民事诉讼制度具有重要的意义。在构建交叉诉讼制度时,借鉴美国《联邦民事诉讼规则》的有效做法必须与我国现有的制度相结合,并充分考虑诉讼经济和诉讼公正之间的平衡问题。

交叉诉讼的程序设计可以主要依靠修改已有的共同诉讼、第三人诉讼等诉的合并制度来建构,允许在正在进行的同一案件或同一诉讼程序中共同当事人(主要是共同被告)相互之间提出独立于本诉的诉讼请求,允许被告对无独立请求权第三人提出独立于本诉的诉讼请求,以及允许被告(含共

---

① 参见肖建华:《论我国无独立请求权第三人制度的重构》,载于《政法论坛》2000 年第 1 期,第 110 页。

同诉讼中的一个或多个被告)向案外人提出独立于本诉的诉讼请求,以满足不同民事法律关系主体之间期望在同一案件或同一诉讼程序中解决各自争议的现实需要。

(三)行为保全制度:亟待确立的临时性司法救济措施

1. 行为保全的性质与意义

行为保全,是指在诉讼过程中,或者在起诉之前,有关当事人可能违约或者侵权导致权利人受到损害的,权利人可以向法院请求制止这种行为,由法院依法采取必要的强制性措施以保证权利人的损失不致发生或不再继续扩大、维护其合法权益的临时性救济措施。行为保全制度是一些国家普遍采用的一种临时性司法救济机制,在民事诉讼中具有显著的功能价值。如,英美法系国家的中间禁令(即诉讼过程中当事人向法院申请发布的阻止被申请人继续进行不法行为的命令)制度,大陆法系国家的"假处分"(即临时处分)制度。[①]

我国民事诉讼法上没有规定这种制度,但在海事诉讼特别程序法和专利法、商标法、著作权法等已有规定。在司法实践中,一些法院对环境公益诉讼所制定的司法规范文件中也有采用的。[②]

就法律性质与制度功能而言,行为保全与我国民事诉讼法规定的财产保全和证据保全一样,都是在诉前或者诉讼中,法院为当事人提供的一种临时性救济措施,旨在通过司法程序保护某种权益或者固定某种状态,以确保诉讼的顺利进行和生效裁判执行的有效性,具有较强的保障当事人权利和维护司法权威的功能。[③]

2. 行为保全制度的立法构想

总结海事诉讼特别程序法和专利法、商标法、著作权法等法典中规定的海事强制令、诉前禁令等行为保全措施的经验,推而广之。在民事诉讼法典中建立系统的行为保全制度,宜设专章进行规定,其规范体系包括一般原则和程序,内容包括:(1)行为保全既可在诉前进行,也可在诉中进行;(2)行为保全既可适用于侵权之诉又可适用于违约之诉行为;(3)"情况紧急"的认定应以申请人提供表面证据即可,而不宜要求申请人加以证实;(4)法院对担保条件的审查宜作从宽规定而不是从严规定。

---

① 参见江伟、肖建国:《民事诉讼中的行为保全初探》,载于《政法论坛》1994年第3期。

② 2010年11月,昆明市中级人民法院、昆明市人民检察院以及昆明市公安局联合发布《关于办理环境民事公益诉讼案件若干问题的意见(试行)》,规定环境民事公益诉讼出现紧急情况时,法院可以根据诉讼公益人的申请颁布"禁止令",及时禁止被告的排污行为。这是一项全新的司法实践,目前在全国尚属首创。http://yn.yunnan.cn/html/2010-11/26/content_1422062.htm。

③ 参见李仕春:《民事保全程序研究》,中国法制出版社2005年版。

(四)委托调查制度:司法调查权和律师调查权的有机结合

1. 当事人"调查取证难"、律师"调查取证难"催生"委托调查"

根据现行民事诉讼法的规定,一方面,当事人及其代理人有权自行调查取证,也有权向法院申请调查取证和证据保全。但在实践中,由于行政机关信息公开推进迟缓,垄断企业还处于强势地位,当事人及其代理律师自行调查取证极其困难,或者得不到配合,或者百般刁难,或者非法收费且费用高昂[①],当事人及其代理律师提供有效证据的可能性大打折扣。另一方面,当事人向法院申请调查取证或者证据保全也难以得到法官的响应,法官往往以"谁主张谁举证"为由,能推掉的就尽量一推了之;还有法官甚至动员当事人及其代理律师主动申请撤回调查取证或者证据保全的申请,以便免予责任追究。此类司法不作为正是"消极职权主义"(有学者或称"新职权主义")的典型表现。[②]

取证困难、证据不足已经严重影响到诉讼的进行和审判的效率与质量。一些地方法院注意到了这一问题,并已经开始尝试推行"委托调查制度"(或称"调查令制度")。即在当事人调查取证困难的情况下,可以向法院申请调查令,经法院审查,以法院的名义签署委托当事人或其代理人调查取证的调查令;当事人或其代理人持调查令向有关单位和个人调查取证,有关单位必须予以配合,否则应当承担法律责任。2000 年,上海高院率先试行了委托调查制度,其后山东、重庆、北京、河南等地法院亦陆续推行了这一制度。从网络上的公开信息看,各地方法院推行委托调查制度的成效不一,有的地区有规定,律师仍然难以申请到调查令。

2. 委托调查制度的立法构想

委托调查制度的实质是特殊情况下司法权的合理转移,也是律师调查权的司法保障。[③] 这一制度可以实现双重目的:一方面,它有助于在一定程度上缓解当事人及其代理律师调查取证的难度,解决其举证不能的问题;另一方面,它又有助于减轻法院依职权调查取证的压力,减轻其工作负担。

因此,为了解决当事人及其代理律师调查取证难和法院怠于依职权调查取证的问题,在修改民事诉讼法或制定证据法时,规定委托调查制度是非

---

① 全国多数地方的行政机关将应该依申请公开的工商登记、房屋土地登记等政府信息实行有偿查阅,除公检法外,其他人员或机构查询都要收取费用,如广东省内各土地房屋登记机关,按照所查询的面积分段收费,往往一宗土地的查询费成千上万元。——笔者

② 参见刘荣军:《民事诉讼中"新职权主义"的动向分析》,载于《中国法学》2006 年第 6 期。

③ 根据律师法的规定,受委托的律师根据案情的需要,可以申请人民检察院、人民法院收集、调取证据或者申请人民法院通知证人出庭作证。律师自行调查取证的,凭律师执业证书和律师事务所证明,可以向有关单位或者个人调查与承办法律事务有关的情况。

常必要的。[①] 法律应当规定:当事人或其代理人因客观原因无法取得自己需要的证据,可以向法院申请签发调查令,法院应当签发;申请人持调查令有权向有关单位和个人收集所需证据,有关单位和个人必须配合;法院拒绝签发或有关单位和个人拒不配合的,应当承担相应法律责任。责任承担方式可以比照妨碍作证的强制措施进行规定。

(五)证人责任制度:完善证据制度的关键环节

1. 我国证人制度的主要缺陷

长期以来,在诉讼实践中我国的证人作证制度执行情况十分不理想,甚至难以落实。一方面,有关单位和个人往往不愿意出庭作证;另一方面,证人的可信度被广泛质疑。囿于上述因素,法院已经习惯了主要依赖于书证、物证来裁判案件,对证人作证有一种无法言说的排斥。

我国证人作证制度规范还存在严重缺陷:只有证人作伪证的责任制度,而没有证人拒绝作证的责任制度。证人违反作证义务的如何承担法律责任付之阙如,当事人及其代理律师向有关单位和个人调查取证频遭拒绝。导致情况进一步恶化的是,2001年《最高人民法院关于民事诉讼证据的若干规定》颁布后,法院还改变了证人出庭作证的做法,不再由法院通知证人出庭作证,而是由当事人双方各自提供对自己有利的证人出庭作证。这种由当事人邀请证人出庭作证的做法,产生了两方面的问题:一是有的掌握有利于当事人证据的证人不愿意接受邀请出庭,二是使得证人证言的可信度至少在形式上或直观感觉上大大降低,这种证人证言往往也不被重视和采纳。事实上,在民事诉讼中,证人作证制度不是越来越完善了,而是越来越被边缘化了。[②]

2. 完善证人责任制度的建议

修改民事诉讼法或制定证据法时,应该明确规定律师及其他诉讼代理人、当事人有权向可能知道案件真实情况的有关单位和个人调查取证,有关单位必须予以配合。有关单位和个人不予配合、拒绝提供有关证据材料或提供虚假证据材料的,当事人及其代理人可以向法院申请调查令。当事人及其代理人持令调查,有关单位和个人仍然不予配合、拒绝提供有关证据材

① 参见邵明:《正当程序中的实现真实——民事诉讼证明法理之现代阐释》,法律出版社2009年版,第407—408页。作者将“调查令”称为“法院证据调查令”,并从调查令适用的情形和理由、申请的时间和形式、法院签发程序、申请人和被申请人提出异议、调查令的效力等方面提出了“法院证据调查令制度”的构想。

② 参见齐树洁、张如曦、吴旭莉(厦门市中级人民法院、厦门大学法学院联合课题组):《新民事诉讼证据司法解释的执行与完善——厦门市两级法院执行〈关于民事诉讼证据的若干规定〉情况的调研报告》,载于《法律适用》2003年第4期。

料或提供虚假证据材料的，则相当于拒绝向法院提供证据，应当视其情节轻重分别承担相应的法律责任。责任形式可以包括训诫、罚款和司法拘留，对于故意提供虚假证据，情节严重构成犯罪的，应当以伪证罪进行判处。

此外，还应规定证人宣誓制度、建立证人保护制度，作为完善证人责任制度的配套措施。

（六）诉前调解制度：区别于立案调解的替代性争议解决方式

1. 立案调解的现状及其弊端

“去行政化”成为当前调解制度改革的当务之急。近年来，在倡导“大调解”的政策背景下，最高人民法院颁布了《最高人民法院关于建立和健全诉讼与非诉讼相衔接机制的化解社会矛盾意见》，在现行民事诉讼法的基础上规定了立案调解（也有人称为“诉前调解”）制度。① 但这种“调解新政”是值得商榷的，其合法性至今仍然受到不少学者和律师的质疑。② 在“调判结合、调解优先”的驱动下，这种立案调解往往置当事人的意志于不顾，明显属于一种强制调解，它几乎颠覆了现行民事诉讼法规定的立案程序，导致该立案的迟迟不能立案，解决问题的效果不佳，反而徒增诉累，效率低下。

2. 诉前调解制度的构建

我们有必要对司法解释所规定的诉前调解（实际上是立案调解）机制进行改造，建立真正独立的诉前调解制度。新的诉前调解，是指当事人在正式起诉之前向法院提出调解申请，由法院专门设立的调解机构进行调解的活动。③ 这种诉前调解是给当事人提供在起诉之前向法院主动申请调解的机会，法院设立专门的调解机构而不是由立案庭来处理他们之间的争议。

诉前调解制度，必须实行“调审分离”原则、调解自愿原则、调解合法原则和调解效率原则。诉前调解必须经由一方当事人申请并征得对方当事人的同意，任何一方当事人不接受调解，这种诉前调解都不能进行。诉前调解也必须有明确的期限，通常应该以一个月为限，超过一个月还不能达成调解的应该终止调解，转入诉讼程序，调解申请书可直接转化为民事起诉状，视为当事人已经提起诉讼。这种做法一是保证了当事人的自主选择权，尊重了当事人的意愿，避免在立案时法官强行调解的现象发生，二是有助于法院集中专门力量处理诉前调解事宜，保证调解的专业性和有效性。

---

① 关于所谓“大调解”的解读，可以参见李广辉、孙永军：《关于大调解之法理思考》，载于《汕头大学学报（人文社会科学版）》2002 年第 3 期；章武生：《论我国机制的构建——兼析大调解与 ADR 的关系》，载于《法商研究》2007 年第 6 期。

② 参见刘敏：《原理与制度：民事诉讼法修订研究》，法律出版社 2009 年版，第 63 页、第 68 页。

③ 如刘敏所著《原理与制度：民事诉讼法修订研究》第二章专门进行了诉前调解制度研究（法律出版社 2009 年版，第 51 页至第 87 页），该书作者甚至专门设计了诉前调解制度的立法建议条文。

(七)公益诉讼制度:寻求社会公共利益的有效司法救济

1. 民事公益诉讼的内涵

民事公益诉讼,是指有关单位和个人为了社会公共利益,而向法院提起诉讼,要求制止某种侵权行为,并且要求侵权人承担民事赔偿责任的诉讼。事实上,即使没有明确规定,公益诉讼在司法实践当中也仍然是普遍存在的,但囿于现行的起诉与受理制度,很多公益诉讼的起诉主体以私益诉讼的形式起诉。与公益案件无直接利害关系的单位和个人被排除在公益诉讼的主体之外的做法已经与国际潮流不符。在近期发生的渤海湾蓬莱 19 - 3 油气田发生漏油事件中,政府代表国家起诉索赔行动迟缓、掣肘很多,公益组织又无法无据不能出面维护国家和公共利益,突出地暴露了我国立法的缺陷。公益诉讼往往牵涉不特定多数人的社会公共利益,国家有必要支持和鼓励更多的单位和个人参与其中,制止侵害社会公共利益的行为,维护社会整体利益。

2. 民事公益诉讼制度的立法构建

(1)扩大公益诉讼原告范围

当前,绝大多数学者赞同规定检察机关、社会公益团体和公民个人均可以以原告名义提起公益诉讼,而不要求其与公益事件一定具有直接利害关系。少数人(包括来自全国人大专门机构的人士)对公民个人提起公益诉讼持否定意见。表面上是担心“诉讼爆炸”,司法难以承受,背后考虑的可能是对公民提起于己无关的公益诉讼可能给行政机关和利益集团制造的“麻烦”。其实,立法可以借鉴美国的公民诉讼制度,做到既保护公民参与维护公共利益的热情,又避免滥诉。海南省高级人民法院制定的《关于开展环境资源民事公益诉讼试点的实施意见》就是法律移植成功的样本。[①]

(2)公益诉讼可以援用代表人诉讼制度

民事诉讼法规定了代表人诉讼制度,也就是学界通常所认为的集团诉讼制度,但各地各级法院出于所谓维护社会稳定的考虑,几乎一律拒绝受理集团诉讼。这种保守主义的司法态度,在很大程度上妨碍了代表诉讼功能的发挥。在司法审判中落实代表人诉讼制度,有利于保护当事人的合法权益,更有助于维护公共利益。

当存在众多公益诉讼当事人时,可以援用民事诉讼法第五十五条,采用

① 海南省高级人民法院《关于开展环境资源民事公益诉讼试点的实施意见》第十一条规定:“公民有权对污染损害环境资源的行为进行监督、检举和控告,有权书面申请人民检察院、相关行政机关提起环境公益诉讼。人民检察院、相关行政机关在六十日内不起诉的,公民可以自行提起环境公益诉讼。”

公益诉讼当事人登记制度。法院对于已经受理的公益诉讼案件,如果发现基于同一种类诉讼标的、权利人一方人数众多而在起诉时人数尚未确定的,可以发出公告,说明公益诉讼案件情况和诉讼请求,通知权利人在指定期间向法院进行登记,按照代表人诉讼制度进行诉讼。

未参加登记的与已决代表人诉讼案件属于同一种类诉讼标的的权利人在诉讼时效期间提起诉讼的,可以援用民事诉讼法第五十五条规定,适用已决代表人诉讼案件的判决、裁定。权利人提起的诉讼请求种类和索赔金额与已决公益诉讼原告提起的诉讼请求种类和索赔金额不一致的,可以另案提起诉讼,但法院应该参照该已决公益诉讼的判决、裁定作出判决、裁定。

(3)鼓励公众参与已经立案的公益诉讼

案外人可以对已经受理的公益诉讼的公共利益主题呈交补充报告或者信息资料,有助于促进公共参与,协助法院更好地解决公共利益问题。

三、制度改进:民事诉讼法的局部修正

现行民事诉讼法的某些制度不能满足当事人日益增长的诉讼需求,已经不能适应司法实践的需要,应当进行修改、予以完善的制度包括:审判委员会制度、合议制度、回避制度、立案制度、第三人诉讼制度、答辩制度、证据交换制度、法庭辩论制度。

(一)完善审判委员会制度:取消决定个案的权力

1. 现行审判委员会制度的不足

根据人民法院组织法第十条规定,审判委员会的任务是总结审判经验,讨论重大的或者疑难的案件和其他有关审判工作的问题。在实践中,审判委员会“讨论”“决定”“重大的或者疑难的案件”已经演变成为直接代替合议庭或者独任庭拍板定案,形成“审案的不判、判案的不审”的奇特现象。

审判委员会拥有“决定个案的权力”实际上是将司法过程行政化,严重违背了直接言词审理原则和审判独立原则,有违司法的内在规律和基本要求。谁能对法院院长或审判委员会施加影响谁就能胜诉,是司法界公开的秘密,这导致了司法腐败、司法不公。

2. 改革审判委员会制度

审判委员会依靠集体的力量集思广益,总结审判经验,指导审判工作,其价值和功能不能替代,审判委员会应该保留。但是,要通过修改人民法院

组织法和民事诉讼法对其功能进行调整，废除其对个案作出决定的权力。

审判委员会的具体职责应规定如下：(1)总结审判经验；(2)讨论、推荐指导性案例[①]；(3)决定诉讼当事人及其法定代理人请求对本院院长担任审判长的回避问题；(4)讨论、通过助理审判员临时代行审判员职务；(5)讨论、决定有关审判工作的其他事项。最高人民法院具有特殊性，其审判委员会职能还应包括：讨论、通过院长或副院长提请审议的司法解释草案。

(二)完善合议制度：废止合议庭固定制、审判长常任制和主审法官制

1. 合议制度的现状及其弊端

民事诉讼法规定，民事案件的审理一般应当由合议庭主持进行，但是对合议庭如何组织却缺乏具体规定。在实践中，往往是由审判庭的庭长或者主管副庭长指定法官组成合议庭或者独任庭审理相应的案件。目前各地法院普遍实行合议庭固定制和审判长常任制，实际上案件的分配也相对固定，往往是不同类型的案件由相对固定化了的合议庭来承办。“审判长常任制”“主审法官制”有悖合议原则。比如，个案的审理主要交由作为合议庭中的“主审法官”负责，案件往往不是合议庭表决决定，而是主审法官一个人决定。这种机制很容易导致当事人对法院审理案件的不信任，怀疑分配案件的暗箱操作；事实上，关系案、人情案也时有发生。这种机制导致合议制度流于形式，在实践中存在着“合而不审”“合而不议”“审而不判”等问题。[②]

2. 完善合议制度的建议

完善的合议制度，应从合议庭组成机制和审理评议机制等方面着手，以“去行政化”为目标。

(1)合议庭应通过电脑从审判员、助理审判员中临时随机选定。做到一案一庭，其中资深法官为审判长。

(2)审判长主持审判和评议活动。合议庭全体成员均应平等地参与审理、评议和裁判，共同对案件事实认定和法律适用负责，按照少数服从多数的原则进行表决。

(3)合议庭全体成员应当共同参加开庭审理。不得缺席、中途退庭或者

---

① 2010年11月，最高人民法院制定了《最高人民法院关于案例指导工作的规定》，因此可以增加审判委员会讨论、推荐或决定指导性案例的职能。

② 参见叶平：《论我国合议庭制度的完善》，载于《法商研究》2010年第6期。作者认为，由于我国对合议庭制度的适用规则缺乏明确的规定，并以行政管理的模式进行管理、监督合议庭的审判工作，因此合议庭制度的适用出现了形式化的倾向，在审判实践中存在着“合而不审”“合而不议”“审而不判”等问题。针对合议庭目前的监督方式，作者认为领导负责制与合议庭集体决策机制相冲突，审判委员会对合议庭的监督方式不合理。因此必须改变院长、庭长及审判委员会对合议庭的监督方式，并创设审判人员共同讨论案件制度，从而解决上述问题。

从事与庭审无关的活动，否则当事人可以要求休庭，并要求将有关情况记入庭审笔录。当事人以此为由认为审判程序违法要求发回重审或者申请再审的，法院应予发回重审或者决定再审。因此导致当事人参加诉讼的成本增加的，应当由法院承担。

(4)合议庭全体成员均应参加案件评议。所有成员都应当依据法律和良心针对案件的证据采信、事实认定、法律适用、裁判结果以及诉讼程序等问题充分发表意见。合议庭成员不得拒绝陈述意见或者仅作同意或不同意他人意见的简单表态；同意他人意见的，也应当进行充分论证，说明理由。

(5)合议庭按照多数意见作出裁判。裁判文书由审判长指定合议庭成员起草并由审判长核定。

(6)合议庭依法独立审判案件，不受庭长、院长、审判委员会干涉。

(三)完善回避制度：从回避理由多元化到无因回避

1. 现行回避制度的主要弊端

现行民事诉讼法规定了审判人员(含书记员等司法辅助人员)回避制度，但是效果十分不理想，几乎形同虚设。现行回避制度的主要弊端在于以下几个方面：(1)法定的回避事由范围偏窄。这些回避事由通常在司法实践当中都较少出现，或者即使出现也很难用证据加以证明。(2)当事人举证难。当事人往往对审判人员的情况知之甚少，让其举证证明存在回避事由就更加困难；即使当事人提出证据能够证明存在回避事由，实践中也很难获得采纳。(3)复议制度形同虚设。法律虽然规定了申请人对法院回避决定不服的申请复议机制，但由于实行本院复议制度，当事人想通过复议改变回避决定是不可想象的。

2. 回避制度的改革建议

改革回避制度首先要从源头上着手，这就是前文论述的合议庭制度改革。合议庭成员和独任庭法官选任由行政指定改为计算机随机选定，强化法官主动申请回避的责任，有助于从源头上杜绝人情案、关系案的发生。

立法应当明确法定回避事由中的“利害关系”“其他关系”的含义，增加当事人申请回避的可操作性①；扩大回避事由，如将司法人员明显偏袒一方当事人的不当言论或者行为纳入其中。

---

① 参见黄宏、张兴平：《老乡打官司法官回避 浙江省高院出台地域回避制度》，载于《浙江日报》2011年2月23日。报道称：浙江省高院近期出台了地域回避的规定。实行地域回避制度的审判执行人员包括直接从事刑事审判、民事审判、行政审判、执行、再审审查、审判监督、国家赔偿等审判业务的工作人员，他们在承办案件时遇到当事人的住所地和自己的出生地或成长地是同一个县(市、区)的，必须回避。

立法应当降低当事人申请回避的举证难度。当事人申请回避的只要求其提供表面证据证明回避事由的可能存在即可,而不能苛刻地要求当事人充分举证。立法要求法院公开所有法官的姓名、性别、年龄、籍贯、学习工作简历、被投诉情况等基本信息,以便当事人判断法官是否具有回避事由。

我们建议立法规定无因回避,以保证回避功能的彻底实现。所谓无因回避,是指法律赋予当事人不附加任何理由的回避申请权,对于这种回避申请法院在必要的限度范围之内应当无条件同意。无因回避制度在很多国家尤其是英美法系国家实行,我国应借鉴这一机制,允许任何一方当事人在一个诉讼当中行使三次无因回避申请权。只有在超过三次以上时,当事人申请法官回避才必须说明理由并且举证加以证明。

(四)改革立案制度:从实质审查到形式审查

1. 现行立案制度及其缺陷

民事诉讼法第一百零八条到第一百一十二条规定了起诉与受理程序,学者称之为立案审查程序。这种程序被普遍认为属于实质审查主义,即本应由审判庭组成独任庭或者合议庭开庭审理的实体问题,在立案环节就由立案法官代替进行,不仅要对原告的起诉是否符合形式要件进行审查,而且要对原告是否与被告有实体民事法律关系,原告的诉讼请求是否合理、合法进行审查。

在司法实践中,立案法官对起诉的实质审查可谓有过之而无不及。立案庭法官已经取代了审判庭合议庭或者独任庭,未经法定的审理程序和合理审判期间而草率的将原告拒之门外,使得原告上告无门。立案庭法官又因为害怕当事人凭据不予受理的裁定提起上诉增加其工作负担,而拒绝向原告出具不予受理的裁定,使得立案难现象日愈严重,严重损害了人民对司法的信任。

2. 修改与完善立案制度

按照形式审查主义重新构建立案制度,可以最大限度地维护社会公正和稳定。立案只作形式审查是世界各国通行做法,只要原告的起诉事项属于法院主管的民事诉讼范围,法院就应该给原告寻求司法救济的机会。即使原告的起诉在实体上可能是站不住脚的,也应该通过法定程序由合议庭或者独任庭在合理的审判期间内作出判断。

民事诉讼法第一百零八条的条文只应保留第二项和第四项,并对第一项、第三项进行修改。第一项修改为“原告具有民事权利能力”,第三项修改为“有具体的诉讼请求和事实陈述”。

法律还应该增加规定,法院认为原告的起诉符合起诉条件的,必须在七日之内向原告出具受理案件通知书；法院认为原告的起诉不符合法定条件的，必须出具不予受理的裁定。

（五）完善第三人制度：融合参加之诉与交叉之诉

1. 有独立请求权第三人制度的主要缺陷与完善

（1）主要缺陷

民事诉讼法仅规定了对当事人双方的诉讼标的认为有独立请求权的第三人有权提起诉讼，至于有独立请求权第三人如何起诉、如何参加诉讼、参加之诉和本诉关系如何处理等内容均缺乏明确的规定。过于粗糙的条文不利于有独立请求权第三人参加诉讼，在司法实践中，有独立请求权第三人往往被法院置于次要的地位。但事实上，有独立请求权第三人之所以参加诉讼，是因为该第三人认为他对原告与被告之间的诉讼标的具有独立的请求权。其诉讼请求一旦成立，不仅原告的诉讼请求毫无意义，而且原被告之间的本诉也将荡然无存。就此而言，有独立请求权第三人的参加之诉，审理过程应该按照先参加之诉再本诉的顺序进行，参加之诉应该具有优先于本诉的地位。

（2）建议

有独立请求权第三人参加之诉的具体制度和程序应当规定如下。

① 对原被告双方的诉讼标的认为有独立请求权的第三人在第一审程序中法院立案后、法庭辩论结束前有权提起诉讼，第三人起诉应当提交《参加诉讼申请书》，第三人为申请人，本诉原告和本诉被告为共同被申请人。

② 有独立请求权的第三人的诉讼地位相当于原告，具有原告的权利和义务。

③ 在法院受理有独立请求权的第三人起诉之后，法院应该中止对本诉的审理，向本诉原告和本诉被告送达第三人提交的《参加诉讼申请书》，并给予15天答辩期；本诉原告和本诉被告有权对第三人提出反诉。

④ 优先审理第三人参加之诉，再审理本诉；第三人参加之诉审理终结法院判决支持第三人诉讼请求的，法院可以不再审理本诉而直接在同一判决中驳回原告的起诉。

⑤ 第三人参加之诉不因本诉原告撤诉而终止，法院在准许原告撤诉后，参加之诉继续进行。

2. 无独立请求权第三人制度的缺陷与完善

（1）主要缺陷

与现行有独立请求权第三人制度的不完善相比而言，无独立请求权第三人的规定显得非常混乱。民事诉讼法关于“人民法院判决承担民事责任的(无独立请求权)第三人有当事人的诉讼权利义务”的规定被指为典型的“无诉之判”。无独立请求权第三人在诉讼中具有什么样的诉讼地位?是否全部享有或者部分享有当事人的权利与义务?民事诉讼法均未规定。虽然第三人有权委托诉讼代理人、有权参加法庭调查和法庭辩论、有权调查取证的部分规定,但是这些规定显然是远远不够的。

(2)建议

首先要废除民事诉讼法中法院可以判决无独立请求权第三人承担民事责任的规定,其次是在民事诉讼法中明确赋予无独立请求权的第三人享有当事人的部分诉讼权利,包括但不限于委托诉讼代理人的权利、提出管辖权异议和当事人资格异议的权利、提出回避申请的权利、自行调查取证的权利、申请法院调查取证或者证据保全的权利、查阅本案有关材料和复制本案有关材料及法律文书的权利、参加法庭调查的权利、参加法庭辩论的权利、最后陈述的权利、上诉的权利。

为什么一方面倡导废除民事诉讼法中法院可以判决无独立请求权第三人承担民事责任的规定,另一方面仍要赋予其上诉权利?因为在司法实践当中经常出现原告和被告互相串通而损害第三人利益的情况,赋予第三人上诉权有助于保障法院全面查清事实,维护第三人的合法权益。

3. 诉讼第三人制度与交叉诉讼的对接与融合

在制度创新部分,我们建议增设交叉诉讼制度,交叉诉讼、诉讼第三人、共同诉讼三项制度可以对接、整合,构建更为完善的集约化、高效率的多数人诉讼制度,从而更好地实现司法公正和司法效率的双重目标。

(六)完善答辩制度:强制答辩与答辩失权

1. 现行答辩制度的主要缺陷

现行民事诉讼法仅仅规定被告在答辩期内“可以”提交书面的答辩状,而没有规定被告“必须”提供书面答辩状。因而答辩在现行立法当中仅仅是被告的一项权利,而不是被告的义务。

原告以起诉状的形式陈述了己方的诉讼主张、事实与理由之后,如果被告在答辩期间可以答辩也可以不答辩的话,或者既可以实质答辩又可以形式答辩的话,那么在开庭前原告将无从了解被告的诉讼主张、对原告提出的事实和理由的态度,原告也就无从采取进一步的包括举证准备在内的诉讼防御措施。在实践中,被告不提交答辩状往往就是要在开庭审理时进行诉讼突袭,以获取诉讼优势。现行规定对于原告是极其不公平的,也影响了诉讼的效率。

2. 建立强制答辩机制和答辩失权机制为核心的答辩制度

强制被告答辩是世界多数国家的民事诉讼的规定。在法定期间被告必须对原告的起诉进行积极响应和实质答辩,否则,被告将要承担对其不利的后果;尤其是在被告不作答辩的情况下,法院可以不经审理直接按照原告的诉讼请求进行判决。事实上,诉讼法学界和司法实务界对建立强制答辩制度基本上达成了共识。完善的答辩制度应该包括以下内容。

(1)法院应当在立案之日起七日内向被告送达应诉通知书和起诉状副本,被告必须在收到之日起二十日内提出答辩状。被告应当在其书面答辩中针对原告诉讼请求及所依据的事实和理由发表明确的承认或者否认的意见。

(2)被告在法定期间无正当理由不提交答辩状的,或在答辩状中对原告诉讼请求及所依据的事实和理由不发表明确的否认意见的,法院可以不经开庭审理直接按照原告的诉讼请求进行判决。

(3)被告在答辩状中对原告诉讼请求及所依据的事实和理由的某一部分不发表明确的否认意见的,法院可以对该部分内容按照原告的主张进行判决。

(4)法院应当在应诉通知书中明确告知被告在法定期间无正当理由不提交答辩状的或在答辩状中对原告诉讼请求及所依据的事实和理由或其部分内容不发表明确的否认的意见的,应当承担对其不利的法律后果。

(七)完善证据交换制度:确立举证次序机制与质证归纳机制

1. 我国证据交换制度的主要缺陷

现行民事诉讼的证据制度非常简陋和粗糙。即使是最高人民法院制定的证据规定专门规定了"举证时限与证据交换"的内容,仍然存在不少问题。

(1)缺乏举证次序机制

原告和被告的举证义务有先后次序之分是最朴素的诉讼常识。按照"谁主张谁举证"的一般原则,原告是诉讼的发动者,所以原告一般有优先举证的义务。在原告举证之后,被告才有对其主张进行承认或反驳的义务;如果原告不能举证,则被告无须举证(法律规定举证义务倒置的除外)。这是举证规则的基本逻辑。

司法解释要求原告和被告必须在规定时间同时提交并相互交换各自的全部证据。这一看似公平的要求实则极不公平,因为它违反了举证规则的基本逻辑。[①] 如果要求被告(或者负有反证义务的一方当事人,下同)和原告

---

① 参见汤维建:《中华人民共和国民事证据法(建议稿)》,载于《民事证据立法的理论立场》,北京大学出版社2008年版,第372页。该建议稿第六十条(首先举证的义务)第二款:"负担证明责任的当事人,应当就争议事实首先提供证据加以证明。"第六十三条(证明责任的转移):"在当事人即将解除证明责任时,人民法院应当告知该当事人可暂停提供证据,等待对方当事人提供相反的证据加以反驳。"

(或者负有优先举证义务的一方当事人,下同)在同一时间举证,则被告无从判断原告是否已经就其主张的事实和诉讼请求进行举证,尤其是否能对其主张提供全面的证据。这种规定显然对于被告是极其不利的,因为被告举证时不得不假设原告有全面充分的举证的能力,从而最大限度地与原告同时进行全面充分的举证。这种机制显然就违背了公平的原则,实际上有可能将原告的举证义务转嫁到被告的身上,让被告过早承担不应该由其承担的举证义务。

(2)缺乏质证归纳机制

民事诉讼法和证据规定,都未明确合议庭或独任法官在证据交换程序或法庭调查程序中对质证进行归纳的义务。证据交换和举证质证的目的是审查判断证据的可采性,由法官对质证结果进行总结和归纳必不可少,这也是法官必须履行的释明义务。如果合议庭没有对举证和质证情况进行归纳和释明,当事人的后续诉讼行为(尤其是法庭辩论)往往按照各自的理解无序地进行,对建立在法庭调查的基础上的法庭辩论极其不利。

2. 确立举证次序机制,完善审前准备程序

以证据交换为核心完善审前准备程序,按照“谁主张谁举证”的规则,就要增加当事人举证先后次序的规定。举证次序机制可以确保在被告一般情况下能够在充分获取原告提交的证据之后再作针对性举证的公平机会。有学者曾指出,分次性交换应该是证据交换模式的基本形式;证据交换制度本身即隐含着多次证据交换的意思。[①] 立法要明确原被告举证的先后顺序,分别规定原告和被告的举证时限,允许原告和被告之间进行多轮举证。如果原告认为被告的举证可能抵销其第一轮举证的作用和效果,原告可进行第二轮举证,而被告在原告第二轮举证之后也可以对原告的第二轮举证进行反证,如此往复,直至双方认为无证可举为止。[②]

3. 确立质证归纳机制,完善证据交换和法庭调查中的质证规范

完善证据交换程序和法庭调查中的质证规范,立法应明确:合议庭必须对证据交换和法庭调查结果进行确认和公布,审判人员在合议的基础上对原被告双方的证据逐一进行明确,就其真实性、合法性和关联性进行确认,对其是否采纳作出明确的说明,对于不予采纳的证据应该当庭说明原因。

---

① 参见汤维建:《民事诉讼中证据交换制度的确立和完善》,载于《民事证据立法的理论立场》,北京大学出版社 2008 年版,第 186 页。

② 参见汤维建:《中华人民共和国民事证据法(建议稿)》第六十条(首先举证的义务)第二款和第六十三条(证明责任的转移)的内容,载于《民事证据立法的理论立场》,北京大学出版社 2008 年版,第 372 页。

这既是法官必须履行的释明义务，也是法官“心证公开”原则的必然要求。[①]这种确认和公布，既包括对事实的确认也包括对证据的确认。对证据的确认就是对原被告举证质证的结果进行确认，当事人双方持有不同意见的也应当允许他们在法庭辩论过程当中继续进行辩论。经过质证归纳和证据确认环节，当事人的法庭辩论才能做到有的放矢，同时也有助于提高审判的效率。

(八)完善法庭辩论制度:落实充分辩论原则

1. 现行法庭辩论制度的主要缺陷

(1)未明确规定法官要提示辩论焦点

民事诉讼法对法庭辩论的规定过于简单，合议庭主持辩论也缺乏技术性规范，当事人的辩论行为缺乏有序性和效率性，常见法庭辩论吵成一团糟的现象。

最高人民法院于1998年7月发布了《最高人民法院关于民事经济审判方式改革问题的若干规定》，开始试行辩论焦点提示。一般是在法庭调查结束、法庭辩论之前(有的法院是将辩论焦点提示，放在第一轮辩论之后进行)，由主审法官总结整理双方的争议焦点，有的还征求双方当事人的意见，提示双方当事人围绕辩论焦点展开辩论。这项改革提高了辩论的质量和效率，受到当事人及其代理律师的肯定。

(2)当事人的辩论权缺乏保障

律师界普遍认为，民事司法最大的问题之一是辩论原则得不到落实，辩论权缺乏保障;当事人及其代理人在法庭上不能畅所欲言，辩论不够充分。辩论走过场、判决不受辩论言辞的约束，“你说你的、我判我的”，法院判决对当事人双方的辩论意见往往轻描淡写一笔带过或者根本从不提及。这样的辩论程序，导致当事人对法院产生反感和不信任。

2. 完善法庭辩论制度

完善法庭辩论制度就是落实充分辩论原则，规范法院辩论焦点提示和辩论权保障义务。

(1)规范法院辩论焦点提示义务

在修改民事诉讼法时应该吸收司法解释中的合理内容，以立法的方式规范法院辩论焦点提示义务:合议庭应当在法庭调查结束后、法庭辩论前归纳本案争议问题，并在征求当事人的意见之后确定辩论焦点，引导当事人围绕争议焦点进行辩论。法庭辩论由各方当事人依次发言。第一轮辩论结束

① 参见刘敏:《原理与制度:民事诉讼法修订研究》，法律出版社2009年版，第318页。

后当事人要求继续辩论的，可以进行下一轮辩论，但下一轮辩论不得重复第一轮辩论的内容。当事人一方不得打断对方当事人的发言，必要时可向法庭举手示意申请发言。法庭辩论时，审判人员不得对案件性质、是非责任发表意见，不得与当事人辩论。

(2)规范法院辩论权保障义务

为确保当事人充分行使辩论权，应当将“充分辩论原则”明确规定为民事诉讼的一项基本原则，规定“人民法院审理民事案件时，当事人有权进行辩论，人民法院有义务保障当事人充分行使辩论权”。

此外，还应该制定保障当事人充分行使辩论权的一些具体措施。比如，法庭辩论时，当事人双方有权充分发表自己的意见；除非遇有法律规定的情形，合议庭不得随意制止当事人及其诉讼代理人的发言。合议庭不得以时间限制为由终止辩论，不得以要求当事人提交书面答辩意见的方式代替全部或者部分法庭辩论。合议庭应当在判决书中全面记载当事人双方的辩论意见，并明确表明是否采纳其辩论意见并阐明理由。当事人可以在诉讼过程的任何阶段向法庭提交任何形式的书面辩论意见，合议庭对此不得拒绝接受并应将该意见副本及时送达对方当事人，对方当事人有权提交反驳意见。对适用普通程序审理的案件，合议庭未经法庭辩论程序作出判决的；或者对适用普通程序或简易程序审理的案件，在判决书中未记载当事人一方的辩论意见或未阐明不予采纳其辩论意见的理由的，当事人可以向上级法院上诉要求发回重审或者申请再审，上级法院应当发回重审或者决定再审。

四、结　　语

冰冻三尺非一日之寒，民事诉讼制度变革指日可待。民事司法公正需要理性的程序加以保障，借助民事诉讼法全面修改，合理重构民事诉讼制度，通过理性的制度选择和设计来改变中国民事司法不公的现状，可以说是笔者撰写本文的全部理想。

民事诉讼法再修改的结果究竟如何，我们且拭目以待。

《中华人民共和国民事诉讼法修正案（草案）律师再修改建议稿》说明

2011年10月24日，民事诉讼法修正案草案首次提请十一届全国人大常委会第二十三次会议审议，民事诉讼法的全面修改已经正式提上最高立法机关议事日程。为契合民事诉讼法再修改的进程，推进民事诉讼法立法进步，促进民事司法公正，在立法机关、司法机关和法学界均已全面介入立法讨论并提出各自系统立法建议的当下，发出律师（并代表当事人和社会公众）的见解和声音显得十分必要和迫切。为此，中华全国律师协会于2011年11月27日在京隆重举行了"民事诉讼法再修改的律师视角研讨会"（由宪法与人权委员会和民事专业委员会具体承办），以使此次民事诉讼法大修全面吸收不同利益群体的意见，充分反映律师的建议和民意。本次会议主题有二：一是研讨全国人大常委会法工委民事诉讼法修正案草案；二是讨论、形成《中华人民共和国民事诉讼法修正案（草案）律师修改建议稿》。全国人大常委会法工委民法室领导、全国律协领导、宪法与人权委员会及民事专业委员会各委员、对民事诉讼法修改有独到见解的部分律师共150余人出席了研讨会。

此前，为积极响应和落实全国人大常委会法工委关于征求修法意见的要求，丰富会议内容，加强广大律师对民事诉讼法修改过程的参与和交流，全国律协专门发文组织各地律协开展各种形式的研讨和征求意见活动，同时面向全国对会议主题感兴趣的执业律师征集与民事诉讼法修改有关的立法建议和论文。全国各地律协和广大律师积极响应，分别提交了各种意见、建议和论文。本会组织宪法与人权委员会和民事专业委员会部分资深律师并结合各地律协和广大律师有关立法建议，从当事人和代理律师的立场出发，起草了民事诉讼法修正案草案律师再修改建议稿（草拟稿），供会议交流和讨论表决。会议在此基础上结合研讨意见，以大会逐条审议和表决通过的方式形成了《中华人民共和国民事诉讼法修正案（草案）律师再修改建议稿》（其中完全赞同法工委草案37条，赞同并附补充意见12条，修改5条，另行提出修改建议29条)，提交全国人大常委会法工委等有关方面供决策参考。

本建议稿在充分尊重和认同民事诉讼法修正案草案主要内容的基础上，从切实维护当事人合法权益和诉讼权利出发提出意见和建议。其主要内容可归纳为以下几点。

1. 着眼于解决立案难、回避难、取证难、保全难、执行难等民事诉讼实践难题。

2. 着眼于解决司法不作为(消极职权主义)问题。

3. 着眼于程序调整和制度创新。

——对第一审程序中的法庭调查(举证质证)程序和法庭辩论程序按照司法解释和司法实践做法进行调整；对第二审程序可能导致变相书面审理(径行裁判)的提法建议废除；对特别程序中的宣告公民失踪、宣告公民死亡和认定公民无行为能力或限制行为能力等程序，要求所有利害关系人尤其是近亲属和配偶必须参加诉讼并进行开庭审理。

——主张实行当事人资格异议、无因回避、合议庭成员电脑随机选定、交叉诉讼、调查令、强制答辩、举证次序与质证归纳、辩论权保障等行之有效的制度机制。

因时间较为仓促，疏误之处尚祈指正和谅解。

中华全国律师协会

2011年11月30日

《中华人民共和国民事诉讼法修正案(草案)律师再修改二次建议稿》说明

2011年10月24日,全国人大常委会首次审议民事诉讼法修正案草案并面向社会公开征求立法建议。为积极参与国家立法进程、推动司法进步,中华全国律师协会于2011年11月27日在京隆重举行了"民事诉讼法再修改的律师视角研讨会"(由全国律协宪法与人权委员会和民事专业委员会具体承办),以发出律师界(并代表当事人和社会公众)的见解和声音,充分反映律师的诉求和民意。全国人大常委会法工委民法室领导、全国律协领导、宪法与人权委员会及民事专业委员会各委员及各地律协代表共150余人出席了研讨会。会议以逐条审议和表决通过的方式形成了《中华人民共和国民事诉讼法修正案(草案)律师再修改建议稿》并正式提交有关方面决策参考。

2012年4月24日,全国人大常委会再次审议民事诉讼法修正案草案,其中部分专家学者和律师的建议在二审稿中已经得到回应和采纳。据初步对比分析,草案二审稿在明确立案调解应尊重当事人意愿、明确二审原则上应开庭审理并明确了不开庭审理的条件、统一撤销仲裁裁决和不予执行仲裁裁决的审查标准等方面考虑或吸收了前述律师修改建议稿部分意见。但是毋庸讳言,此次民事诉讼法修正案草案二审稿仍然存在一些遗漏和缺陷,离社会各界对民事诉讼法大修的理想期待尚有一定差距。

在民事诉讼法大修即将"三审定谳"的关键时刻,经全国律协宪法与人权委员会和民事专业委员会组织力量深入调查研究,在再次广泛征求各地律师建议和意见的基础上,全国律协选定若干具有可操作性的议题进一步草拟出十条重大立法建议:(1)确立调查令制度(授权调查制度);(2)确立律师费等合理费用由败诉一方当事人负担机制;(3)确立当事人资格异议制度;(4)确立交叉诉讼制度;(5)明确金钱担保金额不得超过保全请求金额的10%;(6)明确规定限制高消费的执行措施;(7)明确要求其他利害关系人必须参加诉讼并规定必须开庭审理;(8)确立举证次序机制;(9)取消法院可以判决第三人承担民事责任的规定;(10)限定适用简易程序案件争议金额为50万元以下。

考虑到民事诉讼法学界和律师界各自不同的视角和优势,中华全国律师协会与中国民事诉讼法学研究会于2012年6月16日在京共同举办了“民事诉讼法再修改的二次建议圆桌论坛”,以便集合法学界和律师界的智慧向立法机关建言献策,充实和丰富民事诉讼法修改的最终成果。论坛由中国民事诉讼法学研究会副会长刘荣军教授主持,中国民事诉讼法学研究会会长张卫平教授、中华全国律师协会副会长金山律师出席会议并致辞。来自民事诉讼法学界的王亚新、肖建华、傅郁林、肖建国、熊跃敏、张艳丽、乔欣、徐昕、邵明、纪格非、李轩、邱星美、许可等知名学者和来自律师界的朱树英、吴革、王建平、李晓斌、郭振忠、苏文蔚、徐平、李刚、徐灿、吴晨等知名律师以及部分媒体记者共计五十余人出席会议。中国民事诉讼法学研究会在京的另外三位副会长汤维建教授、宋朝武教授、潘剑锋教授虽然因故未能与会,但都各自表达了对会议主题的肯定和支持。

会议围绕全国人大常委会民事诉讼法修正案草案(二次审议稿)和全国律协民事诉讼法修正案(草案)律师再修改建议稿(草拟稿)展开了热烈的研讨。与会学者代表特别就律师界提出的十条重大立法建议各自逐条发表见解和与会律师代表形成了大量共识。在中国民事诉讼法研究会会长张卫平教授的主持下,与会代表最后就各自是否赞同前述立法建议逐条进行了“现场确认”;根据现场调查结果,“调查令制度”“律师费等合理费用由败诉一方当事人负担机制”等八条立法建议获得了绝大多数与会代表的赞同,建议稿中原拟定的“当事人资格异议制度(被告有权在答辩期内提出当事人不适格要求驳回起诉)”和“举证次序机制(落实“谁主张、谁举证”的证据规则,免除后举证义务一方当事人同时举证义务)”两项内容因被多数学者认为可能妨碍审理效率尚待进一步研究而未获多数支持。

全国律协根据会议研讨结果充分吸收了与会学者和律师代表的合理意见并再次高效率地反馈征求意见,就前述学者普遍支持的八条建议在进一步充实、完善相关内容的基础上形成了《中华人民共和国民事诉讼法修正案(草案)律师再修改二次建议稿》,以送呈有关部门决策参考。

因时间较为仓促,疏误之处尚祈批评指正。

中华全国律师协会

2012年6月20日

民事诉讼法修改:律师的视角[①]

李 轩

导读:全国律协正式提交全国人大常委会法工委的"律师建议稿"站在律师和当事人的立场,重在关注最普通人的权利和民事诉讼中立案难、回避难、取证难、保全难、执行难等民事诉讼实践难题,着眼于克服或解决司法不作为问题,表达了当事人的普遍心声,具有较高的立法参考价值。

现行民事诉讼法也是新中国第一部正式民事诉讼法典制定于1991年,迄今已经过去二十个年头。2007年,民事诉讼法进行了局部修改可以视为一次有意义的尝试,主要针对再审和执行制度进行了重大修改,并考虑到统一破产法已经生效实施而删除了"企业法人破产还债程序"。但是,法律界对这次"小修小改"有颇多保留和质疑。2011年10月24日,《中华人民共和国民事诉讼法修正案(草案)》首次提请十一届全国人大常委会第二十三次会议审议,民事诉讼法的全面修改已经正式提上人大议事日程。全国人大常委会法工委更于2011年10月29日将民事诉讼法修正案草案及其说明在中国人大网全文公布,向社会公开征集意见。民事诉讼法的全面修改将有可能成为扭转当前民事司法现状甚至整个司法不公状况的最佳契机。

为契合民事诉讼法再修改的进程,推进民事诉讼法立法进步,促进民事司法公正,在立法机关、司法机关和法学界均已全面介入立法讨论并提出各自立法建议的当下,作为民事诉讼法的直接"消费者"和"执行者",律师们普遍认为发出律师并代表当事人和社会公众的见解和声音显得十分必要和迫切。在部分资深律师的积极推动下,中华全国律师协会在京举办了题为"民事诉讼法再修改的律师视角"研讨会(由宪法与人权委员会和民事专业委员会承办),以使此次民事诉讼法大修全面吸收不同利益群体的意见,充分反映律师的建议和民意。会议主题有两个:一是研讨民事诉讼法修正案草案

① 本文发表于《法制日报》2011年12月7日。

并提出修改意见和建议；二是讨论、形成了民事诉讼法修正案草案律师建议稿。全国律协副会长吕红兵为开幕式致辞，全国人大常委会法工委民法室副主任扈纪华就民事诉讼法修改发表了讲话，全国律协宪法与人权委员会及民事专业委员会各委员以及来自北京、上海、广东、浙江、重庆、湖南、黑龙江、海南、河南等22个省级律协的代表和部分对民事诉讼法修改有独到见解的资深律师济济一堂，为民事诉讼法大修建言献策。

与会律师以大会自由发言的方式对草案进行了研讨，以分组讨论的方式对《〈中华人民共和国民事诉讼法修正案（草案）〉律师建议稿（草拟稿）》进行了分章节审议，最后并以大会逐条表决审议的方式通过形成了《〈中华人民共和国民事诉讼法修正案（草案）〉律师建议稿》（以下简称“律师建议稿”）。

“律师建议稿”完全赞同民事诉讼法修正案草案的有37条，赞同并附补充意见的12条，修改5条，另行提出修改建议29条，在充分尊重和认同民事诉讼法修正案草案主要内容的基础上，从切实维护当事人合法权益和诉讼权利出发提出意见和建议。“律师建议稿”内容主要可归纳为以下两个方面。

着力破解司法不作为难题

毋庸讳言，在民事诉讼实践中，司法不作为现象非常突出（有论者称之为消极职权主义），某些法院或者法官似乎拥有无限的自由裁量权。有些地方法院千方百计地拒绝立案，不予立案也拒绝出具书面裁定；轻易不做财产保全、证据保全，很少接受当事人调查取证申请；第二审程序极少改判（所谓“可改可不改”的坚决不改），“两审终审”几乎形同虚设，蜕变为事实上的“一审终审”；就是胜诉方申请强制执行时也往往推三阻四，动辄要求当事人提供对方银行账号等细致而微的财产线索；如此等等，不一而足。民事诉讼难，表面看难在法院，实质上难在捉襟见肘的诉讼制度与根深蒂固的人治传统。律师们普遍感到，“告状难”仍然是当前民事诉讼中的最大问题。

此次民事诉讼法修正案草案虽然已经注意到立案难的问题并提出法院不予立案的应当出具不予受理的裁定书，但是这仍然难以解决立案法官滥用自由裁量权，随意拒不立案的问题。为保障当事人的基本诉权，“律师建议稿”提出应改现行立案规定的“实质审查制”为“形式审查制”，建议将现行法典第一百零八条中规定的起诉条件“原告是与本案有直接利害关系的公民、法人和其他组织”修改为“原告具有民事权利能力”，将“有具体的诉讼请求和事实、理由”修改为“有具体的诉讼请求和事实和事实陈述”，以避免立案时的实质审查，切实保障当事人起诉的权利。“律师建议稿”还对关于“当事人起诉到人民法院的民事纠纷，适宜调解的，先行调解”的“诉调对接”新规定修改为当事人起诉到人民法院的民事纠纷，适宜调解的，经当事人一致书面同意调解的，先行调解。调解期限为十日，不能达成调解协议的应进入审理程序，以防止“久调不立”。

此外，“律师建议稿”还主张实行无因回避机制和扩大回避理由以缓解回避难问题，确立调查令制度（委托调查制度）以缓解当事人及代理律师调查取证难、举证难问题，降低担保条件以缓解财产保全、证据保全难问题，建议限制不履行生效裁判义务人的高消费行为以缓解执行难问题。

着眼程序调整与制度创新

一是制度机制的完善。在研讨和审议中，律师们认为，总体而言，现行民事诉讼法规定的相关制度支撑体系存在结构性缺失，需要进行增量补充。“律师建议稿”主张建立当事人资格异议制度以完善当事人甄别程序机制，主张废止合议庭固定制、审判长常任制、主审法官制而采取电脑随机选定方式等完善合议制度、保证审判独立，主张规定交叉诉讼制度以优化共同诉讼与第三人诉讼机制，主张确立被告的强制答辩义务以完善答辩制度、防止诉讼突袭，主张取消无独立请求权第三人之诉中法院可以判决第三人承担民事责任的规定以防止无诉之判，保障诉讼参与人的基本权利，主张确立举证次序机制与质证归纳机制完善证据交换制度。而这些新建议尚未在民事诉讼法修正案草案中得到体现。

二是对调查和辩论程序进行调整。律师们强调，现行法律关于法庭调查程序的规定（以法官和证据种类为中心的举证质证）已经过时，诉讼实践中已被 1998 年以来的主要司法解释（以当事人为中心的举证质证）取代。“律师建议稿”提出将法庭调查、举证质证顺序的合理化，修改为“当事人举证与质证应当按照如下顺序进行：（一）原告逐一举证，被告逐一质证；（二）被告逐一举证，原告逐一质证；（三）第三人（如有）逐一举证，原、被告逐一质证；（四）合议庭宣读法院委托的鉴定机构作出的鉴定结论和法院勘验笔录、调查笔录，当事人进行质证。质证过程中经合议庭允许，当事人各方可以辩论。”“律师建议稿”还建议在举证质证过程中引入交叉询问规则，以检验证人证言的真实性。

考虑到司法实践中法庭辩论程序已经由司法解释进行了调整,“律师建议稿”提出应该与时俱进地将“宣布法庭辩论规则”和“提示辩论焦点”纳入法典,对法庭辩论程序合理化修改为“法庭辩论程序应当按照如下顺序进行:(一)宣布法庭辩论规则;(二)原告及其诉讼代理人发言;(三)被告及其诉讼代理人发言;(四)合议庭合议并征求当事人意见,明确辩论焦点;(五)原被告双方互相辩论。法庭辩论结束后,合议庭应当合议,进行辩论总结。”“律师建议稿”同时增加了辩论权的保障条款,要求法院裁判应当完整表述当事人各方口头和书面的辩论意见,并对是否采纳当事人意见及其理由进行说明,否则应当发回重审。

“民事诉讼法再修改的律师视角研讨会”综述

吴　革　崔丽丽　范抗抗[①]

2011年11月27日，由中华全国律师协会主办，全国律协宪法与人权委员会、全国律协民事专业委员会、中央财经大学法律援助中心承办，上海、浙江等21个省市的地方律协协办的“民事诉讼法再修改的律师视角研讨会”在中央财经大学学术会堂二层学术报告厅隆重举行。出席此次会议的嘉宾有全国人大常委会法工委民法室副主任扈纪华、全国律协副会长吕红兵、中华全国律师协会宪法与人权委员会、民事专业委员会众委员。

上午9点，研讨会开幕式首先在学术会堂202报告厅拉开序幕，全国律协宪法与人权委员会吴革主任担任主持人。中华全国律师协会副会长吕红兵先生为开幕式致辞，全国人大常委会法工委民法室副主任扈纪华就民事诉讼法修改发表了讲话，上海、广东、浙江、北京律协代表也为本次会议发言致辞。

研讨会共分为三个单元。

第一单元，由全国律协民事专业委员会朱树英主任担任主持。首先由全体与会人员自由发言，研讨全国人大常委会法工委民事诉讼法修正案草案，接着中华全国律师协会宪法与人权委员会秘书长李轩就民事诉讼法修正案草案律师再修改建议稿（草拟稿）作了说明。

第二单元，分组讨论民事诉讼法修正案草案律师再修改建议稿（草拟稿），会议共分为三组，在三个会场同时进行。第一组在学术会堂七层706会议室讨论民事诉讼法第一编总则（第一章至第五章）的修改与完善，由全国律协民事专业委员会副主任李晓斌先生召集。会上，与会律师就检察监督、回避制度、合议庭制度、陪审制度、立案调解、律师代理制度、证据签收、

① 吴革：北京市中闻律师事务所主任；崔丽丽、范抗抗：中央财经大学法学院民商法学硕士研究生。

交叉诉讼等焦点条款发表了意见，并进行了激烈的讨论。第二组讨论民事诉讼法第一编总则（第六章至第十一章）的修改与完善，会议由海南省律师协会会长廖向琦先生召集，在学术会堂六层604会议室举行。第三组讨论民事诉讼法第二编审判程序（第十二章至第十四章及第十六章）的修改与完善，由辽宁省律师协会副会长田维桢先生召集，在学术会堂六层603会议室举行。第四组讨论民事诉讼法第二编审判程序（第十五章、第十七章、第十八章）、第三编执行程序和第四编涉外民事诉讼程序的特别规定的修改与完善，四川省律师协会副会长蒲杰先生担任召集人，在学术会堂六层602会议室举行。在三个会场中，与会律师积极争抢发言，对修正案草案和律师建议稿（草拟稿）发表各自的见解，有的支持，有的反对。有的从法理基础去探讨，有的则从实务视角去审视。有的探讨了我国实践做法的缺陷，有的则谈到外国相关经验做法对我国的借鉴。由于三个会场同时进行讨论，更有诸多律师参加完一个会场之后便到另一个会场去讨论，穿梭于诸多会场之间。

第三单元，各组召集人汇报分组讨论意见，与会人员分别对各组意见整体表决，形成民事诉讼法修正案草案律师再修改建议稿。在全国律协民事专业委员会副主任胡祥甫先生的主持下，与会律师根据分组讨论的结果对此逐条进行表决，在众律师对焦点条款的修改展开了激烈讨论后形成了整体意见，即将以全国律协的名义公开发布并提交立法机关供决策参考。

最后，本次研讨会在热烈而隆重的气氛中落下帷幕。

研讨中，律师界充分充分肯定了目前民事诉讼法修正案草案的主要内容，并就公益诉讼如何更具开放性、恶意诉讼和举证不及时司法制裁条款的恰当性、调解入法尤其被大家认为带有强制色彩的现行立案调解模式是否入法进行了辩论。律师们认为，现行草案的缺陷是过于稳健，忽视了修改的全面性和其他重大问题的迫切性，一些新类型的制度规定，包括有一些新概念、新数字、新理念比如交叉诉讼，比如无因回避，好多内容还没有进入草案讨论的范畴。本着切实反映当事人和律师需求立场，律师们就“立案调解”的弊端和“自愿诉前调解模式”的构建、建立起诉预登记制度以缓解当事人起诉难、建立当事人资格异议制度以完善当事人甄别程序机制、规定交叉诉讼制度以优化共同诉讼与第三人诉讼机制、确立调查令制度（委托调查制度）以缓解当事人及代理律师调查举证难、取消审判委员会决定个案的权力以保证审判独立废止合议庭固定制（审判长常任制和主审法官制）而采取电脑随机选定方式等完善合议制度、实行无因回避机制和扩大回避理由以完善回避制度、取消无独立请求权第三人之诉中法院可以判决第三人承担民事责任的规定、是否确立强制答辩与不答辩失权机制以完善答辩制度、是否应确立举证次序机制与质证归纳机制完善证据交换制度、是否规定辩论原则的实现机制以完善法庭辩论制度、是否应重新调整第一审普通程序以解决司法解释取代法典的问题、是否应废止第二审可以阅卷询问式审理(径行判决)规定,以真正落实两审终审制,防止书面审理滥用、导致"可改可不改的坚决不改"等重大制度创新和制度修正问题展开了讨论,研讨内容和研讨风格迥异于学者视角和法官、检察官思路,交叉诉讼、调查令制度等部分新建议尚未在全国人大修改草案中得到体现。律师们普遍反映,关于这次民事诉讼法的修改,应该说我们诉讼法学界,我们的司法机关介入很多,声音也很响亮。律师界必须像修改刑事诉讼法一样发出自己的声音,站在律师的立场,集中反映当事人的呼声。

此次研讨会的形式也新颖别致。在分组讨论之后,大会采取了集体审议表决的方式在民事诉讼法修正案草案律师再修改建议稿(草拟稿)的基础上逐条通过形成了民事诉讼法修正案草案律师再修改建议稿。

有律师形象地说,此次研讨更像是一次立法论证会,开创了律师参与立法的先河。

“民事诉讼法再修改的二次建议圆桌论坛”综述

崔丽丽　罗　洁[①]

2012年6月16日下午，中华全国律师协会和中国民事诉讼法学研究会共同主办的“民事诉讼法再修改的二次建议圆桌论坛”在清华大学明理楼学术报告厅隆重举行。论坛由中国民事诉讼法学研究会副会长刘荣军教授主持，中国民事诉讼法学研究会会长张卫平教授、中华全国律师协会副会长金山律师出席会议并致辞。来自民事诉讼法学界的王亚新、肖建华、傅郁林、肖建国、熊跃敏、张艳丽、乔欣、徐昕、邵明、纪格非、李轩、邱星美、许可等知名学者和来自律师界的朱树英、吴革、王建平、李晓斌、郭振忠、苏文蔚、徐平、李刚、徐灿、吴晨等知名律师以及部分媒体记者共计五十余人出席会议。会议围绕民事诉讼法修正案草案（二次审议稿）和全国律协民事诉讼法修正案草案律师再修改建议稿（草拟稿）展开了热烈的研讨。

在开幕致辞中，民事诉讼法研究会张卫平会长和全国律协金山副会长均对两会合作举办“民事诉讼法再修改的二次建议圆桌论坛”充分肯定，认为这种学术界和律师界的密切合作开创了我国民间力量推动立法的新形式。张卫平会长表示，此次民事诉讼法的修改已经进入关键时刻，希望通过深入研讨提出能够统一反映律师界和学术界的一些修改意见推动民事诉讼法的修改。金山副会长表示，由于学术界和律师界各自的共同努力，民事诉讼法修正案草案（二次审议稿）已经考虑和吸收了来自专家、学者和律师的一些富有建设性的意见和建议，如强调立案调解必须坚持自愿原则、二审原则上应当开庭审理等等；相信此次论坛在民事诉讼法学研究会的支持下，能够集合法学界和律师界的智慧形成更好的成果，为中国的法制建设做出有益的贡献。

随后，全国律协民事专业委员会朱树英律师代表全国律协作了《中华人民共和国民事诉讼法修正案（草案）律师再修改建议稿》的说明。朱树英主

---

① 崔丽丽、罗洁：中央财经大学法学院民商法学硕士研究生。

任介绍说,2011 年 10 月,民事诉讼法修正案草案首次提请全国人大常委会审议,民事讼诉法的全面修改已经正式提上议事日程。为契合民事诉讼法再修改的进程,推进民事诉讼法立法进步,促进民事司法公正,在中国民事诉讼法学界去年先后七次举行民事诉讼法修改研讨会的带动下,全国律协也于 11 月 27 日在京隆重举行了"民事诉讼法再修改的律师视角研讨会",以发出律师(并代表当事人和社会公众)的见解和声音,使此次民事诉讼法大修全面吸收不同利益群体的意见,充分反映律师的建议和民意。全国人大常委会法工委民法室领导、全国律协领导、宪法与人权委员会及民事专业委员会各委员及各地律协代表共 150 余人出席了研讨会。会议以逐条审议和表决通过的方式形成了民事诉讼法修正案草案律师再修改建议稿,正式提交法工委以供有关方面决策参考。2012 年 4 月,全国人大常委会再次审议民事诉讼法修正案草案,其中部分专家学者和律师的建议在二审稿中已经得到回应和采纳。据初步比对分析,草案二审稿在明确立案调解应尊重当事人意愿、明确二审原则上应开庭审理并明确了不开庭审理的条件、统一撤销仲裁裁决和不予执行仲裁裁决的审查标准、明确诉讼代理人范围等方面考虑或吸收了民事诉讼法修正案草案律师再修改建议稿部分意见。但是毋庸讳言,二审稿仍然存在一些遗漏和缺陷,离社会各界对民事诉讼法大修的理想期待尚有一些差距。为进一步反映律师界的修法建议,充实和丰富民事诉讼法修改的最终成果,经全国律协宪法与人权委员会和民事专业委员会组织力量深入研究,在再次广泛征求各地律师建议和意见的基础上,全国律协选定 10 个实践亟须且具有可操作性的重大议题起草了《中华人民共和国民事诉讼法修正案(草案)律师再修改二次建议稿(草拟稿)》。

此次律师再修改二次建议稿提出的主要立法建议包括以下 10 条:(1)确立调查令制度(授权调查制度)——代理律师有权向法院申请调查令持令调查;(2)确立律师费等合理费用由败诉一方当事人负担机制——原被告任何一方胜诉时均可请求对方支付律师费等合理费用;(3)确立当事人资格异议制度——被告有权在答辩期内提出当事人不适格要求驳回起诉;(4)确立交叉诉讼制度——共同诉讼中共同被告可以在本诉进行中相互提起交叉诉讼;(5)明确金钱担保金额不得超过保全请求金额的 10%——降低财产保全、行为保全难度;(6)明确规定限制高消费的执行措施——拒不履行裁判义务的被执行人一旦高消费即予司法拘留,情节严重的按拒不履行生效裁判罪追究刑事责任;(7)明确要求其他利害关系人必须参加诉讼并规定必须开庭审理——完善宣告失踪、宣告死亡案件和认定公民无民事行为能力、限制民事行为能力案件审理程序;(8)确立举证次序机制——真正落实"谁主张、谁举证”的证据规则,免除后举证义务一方当事人同时举证义务;(9)取消法院可以判决第三人承担民事责任的规定——无独立请求权第三人不得承受“无诉之判”;(10)限定适用简易程序案件争议金额为50万元以下——防止简易程序滥用。与会代表逐条对这些立法建议发表见解,现场气氛十分热烈。虽然法学界和律师界的各自理念和发言风格存在明显差异,但研讨过程中还是对会议议题形成了大量共识。学者们普遍认为,律师界提出的多数立法建议是中肯的,也是可行的,部分内容在个别学者提交的专家建议稿中均有相同或相似表述;但少数建议还有待进一步研究和商榷,此次修法中考虑采纳可能条件未必成熟。与会代表还集中就公益诉讼主体资格应当放宽、调解必须坚持自愿合法原则等其他重大议题发表了各自的见解。

论坛研讨按照既定议程告一段落后,中国民事诉讼法学研究会常务理事、清华大学法学院教授王亚新对会议作了全面总结。王亚新教授表示,过去诉讼法学界很少有机会和律师界的朋友共同探讨有关问题,此次论坛让学者们看到了律师界在国家立法方面所做的不懈努力。虽然学者们的观点见仁见智,但是对律师再建议稿中的绝大多数立法建议总体上是支持的。即使学术界有不同意见,部分建议有需要进一步推敲的地方,律师协会也不妨坚持向立法机关提出,通过不断呼吁实现司法制度的逐步完善。

会议最后,在民事诉讼法研究会张卫平会长的主持下,与会代表就前述全国律协提出的10条重大立法建议逐一对与会代表进行了“现场调查”。根据现场调查结果,调查令制度、律师费等合理费用由败诉一方当事人负担机制、交叉诉讼制度、明确财产保全现担保限额、明确限制高消费的执行措施、明确要求其他利害关系人必须参加诉讼并规定必须开庭审理、取消法院可以判决第三人承担民事责任的规定、限定适用简易程序案件争议金额为50万元以下等八条立法建议获得了绝大多数与会代表的赞同。建议稿中原拟定的当事人资格异议制度和举证次序机制两项内容因被多数学者认为可能妨碍审理效率尚待进一步研究而未获多数支持。作为律师再修改二次建议稿主要起草执笔人之一的全国律协宪法与人权委员会主任吴革律师表示全国律协将充分考虑学者们的意见和建议,进一步充实、完善建议稿之后送呈有关部门审阅参考。

整个论坛持续了近4个小时,在主持人宣布会议结束时与会代表仍然意犹未尽,在场外继续分享着理论与实务碰撞的心得和体会,昭示了学者和律师们对完善国家立法、促进国家法治进步的拳拳期待之心。

全国律协再推民事诉讼法修改波澜

陈　霄①

律师的立法热忱本是职业宿命，但在中国却只在近两年才凸显，这与立法民主的大环境相关，例如最终的回应与吸纳以及立法机关的重视。

2012 年 6 月 16 日下午，清华大学明理楼学术报告厅内，一场“紧急召集”的研讨会正在进行，30 多名来自全国各地的律师与学者分席对坐，对正在修改的民事诉讼法进行研讨。

作为占法院案件量将近九成的民商事案件的程序基本法，民事诉讼法的修改在社会上并没有引起诸如刑事诉讼法修改那般高度的关注，但在律师界却是一件同等大事。

鉴于这部在实务中应用得最广泛的法律将于本月底或者 8 月审议通过，在这个关键时刻，律师界再次以高度的热情表达了他们对修法参与的兴趣——抓住最后的机会，再向立法部门提出建议意见，以期最大限度地促进民事诉讼法的完善。

于是，一场由全国律协紧急召集的研讨会应运而生。

“我们形成了 10 条建议，哪怕最终立法机关采纳一条或两条，这个会就开得极有历史的价值”。中华全国律师协会民事专业委员会主任朱树英表示。

律师参与立法的热情，在刑事诉讼法之后，掀起了又一轮高潮。

律师务实不务虚

半个月前，全国律协向全国各地律师发送了一份紧急通知，在这份急切向律师征集对民事诉讼法修正建议的函件中，律协一方面希望“各位律师根

① 陈霄：《法制日报》记者。

据自己的思考和体会利用周末时间，尽快提出几项各自认为实践意义重大而且有可能写入草案的立法建议”，另一方面也非常善意和机智地提醒将要提建议的律师们：“避免重复全国人大常委会法工委草案内容，避免再提立法机关已基本定论的内容，也尽量不提短期内明显不可能入法的内容。”

2012 年 4 月，民事诉讼法修正草案经全国人大常委会二审，律师界普遍认为再审稿“仍然存在一些重大遗漏和缺陷”，与社会各界对民事诉讼法大修的理想期尚待有一定差距，“对改善律师执业环境并无明显改观”。

为此，在民事诉讼法修正案最终通过前再做最后的努力呼吁显得尤为必要。全国律协副会长金山表示，来自实务界第一线的实务智慧，无论是从国家立法的整体还是技术角度，或者对今后司法实践的效果，都非常重要。

律师们显然对这次可能是最后发出自己声音来改善未来执业环境的机会非常珍惜，在半个月的踊跃提交建议后，主办研讨会的全国律协宪法与人权专业委员会和民事专业委员会精挑细选，对每条建议的排列顺序反复斟酌后，最终归纳形成了 10 条建议。

虽然对这次建议能够在多大程度上得到立法机关的回应和采纳没有什么把握，但坐在空间狭小而拥挤的学术报告厅里，律师们仍迫不及待地对每条建议都争先恐后地发言。

朱树英在接受采访时表示，对民事诉讼法修改的推动是民事专业委员会的职责所在，责无旁贷。但全国律协的宪法人权委员会也做了大量的事先准备工作。全国律协的劳动法、经济法、海商海事法等委员会参与了先期的筹备。

初尝甜头

律师对参与立法的热情，历史并不悠久，最近成效比较明显的一次，就是 2012 年 3 月刚刚通过的刑事诉讼法修正案。

刑事诉讼法的修正在全社会引发了非常激烈的讨论，律师在不同场合、利用各种各样的实务案例，大声地发出自己的声音，这些声音与学界达成共识或者得到社会舆论的热切呼应后，某些意见被立法机关吸收。

这种成效显然更进一步激发了律师们参与立法的热情。

2011 年 11 月，全国律协第一次在北京召开民事诉讼法修正案研讨会，彼时全国各地有 22 个省的 100 多名资深大律师从外地自费赶到北京参会，这次会议后来直接形成了全国律协向全国人大常委会提交的长达 2.7 万字的民事诉讼法修正案律师建议稿。

作为全国律协先后两次在京组织民事诉讼法修正案研讨会的组织者和参与者,朱树英告诉记者,在他此前多次主持各种律师的研讨会中从未见过那日会议的情景——律师们争相发言、争抢话筒,多位律师几次排队要求发言。

全国律协宪法与人权专业委员会秘书长李轩向记者介绍,有的律师事务所组织全体律师研讨,形成意见,提交全国律协研讨。同时律师界的部分积极分子,甚至独自携带建议稿赶赴北京参加会议。

会议也得到立法部门的高度重视,全国人大常委会法工委民法室领导当时到会后听取了来自全国各地的律师代表的意见。会后主动打电话给律协,要求将讨论稿多复制一些,报全国人大有关领导参阅。

在 2012 年 4 月份民事诉讼法二审稿出来时,全国律协作过一个比对,发现他们向全国人大常委会法工委提交的第一次建议稿,有 7 个条文得到了回应和采纳。

比如民事诉讼法修正案草案一审稿对诉前调解的规定是“适宜调解的,先行调解”,此条文在公开征求意见时,受到许多律师的质疑。当时接受采访的多名律师均表示对实务中过于强调调解甚至可能引发强制调解的担忧。

在律师建议稿中,这种普遍的担心得到体现,认为最高人民法院推行的现行立案调解是一种变相强制调解,在很多情况下违背了调解自愿的基本原则,导致立案难上加难,因此建议修改为由当事人一致书面同意调解,且以 10 日为限。

在二审稿中,律师界的意见得到部分采纳,相关条文修改为“适宜调解的,先行调解,但当事人拒绝调解的除外”。

告别律师失声时代

律师期盼能够在立法过程中发声的努力并非只在这类隆重的场合可见。

长期关注民事诉讼法修改的河南省平顶山市律师协会会长苏东彪曾告诉记者,他向全国人大寄送过自己草拟的长达500多条的民事诉讼法修改建议稿,颇受重视,后来还受邀参加立法机关的修法研讨。

中国民事诉讼法研究会常务副会长李浩认为,以前立法时律师失声的时代已经过去了。

李浩在全国律协第一次民事诉讼法修正案建议稿形成后，曾高度评价律师的立法热情：“律师界与以往漠不关心的态度不同，这次在全国人大常委会法工委的草案提交和公布之后，全国律协对这个草案进行了专门研究，并经过表决提出了律协的建议稿，这是非常新的动向同时也非常可喜，法律的修改应该听听律师界的声音，而过去的律师界是失声的。”

律师参与立法几乎是法律执业的题中之意。

全国律协宪法与人权专业委员会主任吴革一针见血地指出：“民事诉讼法是我们律师包括法律人消费最多的法律产品，民事诉讼法的最大消费者也是律师。绝大多数的律师都是在做民事的案件，民事诉讼法事实上还是关切最多数公民利益的一部法律。因此立法过程中律师的声音特别重要。”

他对记者说，律师，常常代理着老百姓，因此更知道老百姓的疾苦，更知道老百姓希望怎么样的一部法律，更知道那些自认为设计精美的法律在现实中是多么的不完善。作为经常为老百姓做代理人和提供大量法律咨询的律师来说，对于2007第一次修改的民事诉讼法的局限性感受最深，因是法律人，也更知道如何修改才能满足公民的需要。

“律师作为司法实践中法律的执行者和运用者，对法律本身的作用和缺憾都具有最直接的体会和最直观的了解，国内有一大批有实践经验的资深律师对完善国家的立法都负有强烈的社会责任感，尤其是对每位律师都休戚与共的民事诉讼法的修改，更具有来自司法实践的话语权和渴望法制健全的积极性”。朱树英对记者表示。

在国外，许多国家的法律制定或修改，都会向律师协会征询意见。

律师的立法热忱本是职业宿命，但在中国却只在近两年才凸显，这与立法民主的大环境相关，例如最终的回应与吸纳以及立法机关的重视。

在清华研讨会行将结束时，一名一直默默坐在门边认真倾听记录的男士透露了自己的身份——他来自全国人大常委会法工委民法室，因为想听到原汁原味的讨论，静静地坐着听了4个小时。

第二编

民事诉讼法再修改的律师建议稿及立法理由

《中华人民共和国民事诉讼法修正案（草案）》律师再修改建议稿[①]

第一编　总　　则

第一章　任务、适用范围和基本原则

保留第一条至第十三条。

第十四条　人民检察院有权对民事审判活动实行法律监督。

修正案草案建议修改为第十四条：人民检察院有权以检察建议、抗诉方式对民事诉讼实行法律监督。

本会赞同修正案草案修改意见。

保留第十五条。

第十六条　人民调解委员会是在基层人民政府和基层人民法院指导下，调解民间纠纷的群众性组织。

修正案草案建议删去第十六条。

本会赞同修正案草案修改意见。

保留第十七条。

第二章　管　　辖

第一节　级别管辖

保留第十八条至第二十四条。

第二十五条　合同的双方当事人可以在书面合同中协议选择被告住所

① 本修改建议稿已于2011年11月30日正式提交全国人大常委会法工委，并全文发表于《中国律师》2012年第1期。

地、合同履行地、合同签订地、原告住所地、标的物所在地人民法院管辖，但不得违反本法对级别管辖和专属管辖的规定。

修正案草案建议修改为第三十四条合同或者其他财产权益纠纷的当事人可以书面协议选择被告住所地、合同履行地、合同签订地、原告住所地、标的物所在地等人民法院管辖，但不得违反本法对级别管辖和专属管辖的规定。

本会赞同修正案草案修改意见。

修正案草案增加一条，作为第二十六条：

第二十六条 因公司设立、解散等纠纷提起的诉讼，由公司住所地人民法院管辖。

本会赞同修正案草案修改意见，并建议增加一款【公司住所地法院管辖原则的例外】：

公司尚未成立的，由受理公司登记的机关所在地人民法院管辖；公司已经注销或者解散的，由原告住所地法院管辖。

理由：公司成立后才有住所地问题，故应由受理公司登记的机关所在地法院管辖。公司已经注销或者解散的，由公司住所地人民法院管辖没有实际意义，故应由原告住所地法院管辖。

保留第二十六条至第三十四条。

第三十四条 下列案件，由本条规定的人民法院专属管辖：

（一）因不动产纠纷提起的诉讼，由不动产所在地人民法院管辖；

（二）因港口作业中发生纠纷提起的诉讼，由港口所在地人民法院管辖；

（三）因继承遗产纠纷提起的诉讼，由被继承人死亡时住所地或者主要遗产所在地人民法院管辖。

本会建议增加一项，作为第四项【知识产权确权纠纷的专属管辖】：

（四）因知识产权确权纠纷提起的诉讼，由最高人民法院指定的人民法院管辖。

理由：现在知识产权确权诉讼案件按照行政诉讼程序审理，但本会认为应在民事诉讼法的修改中应明确知识产权确权纠纷诉讼案件的民事诉讼属性。专利无效案件、商标异议复审案件、商标争议案件的裁定作出机关是专利复审委员会、商标评审委员会（以下称两委），但确是平等主体之间的民事争议，符合民事诉讼法的特点。

保留第三十五条至第三十七条。

第三十八条 人民法院受理案件后，当事人对管辖权有异议的，应当在提交答辩状期间提出。人民法院对当事人提出的异议，应当审查。异议成立的,裁定将案件移送有管辖权的人民法院;异议不成立的,裁定驳回。

修正案草案建议第三十八条修改为第一百二十六条并增加一款:人民法院受理案件后,当事人对管辖权有异议的,应当在提交答辩状期间提出。人民法院对当事人提出的异议,应当审查。异议成立的,裁定将案件移送有管辖权的人民法院;异议不成立的,裁定驳回。

当事人未提出管辖异议,并应诉答辩的,视为受诉人民法院有管辖权,但违反级别管辖和专属管辖规定的除外。

本会赞同修正案草案修改意见,并建议在增加的第一款中加入"或者其他有管辖权的争议解决机构",将该款补充如下【移送管辖】:

人民法院受理案件后,当事人对管辖权有异议的,应当在提交答辩状期间提出。人民法院对当事人提出的异议,应当审查。异议成立的,裁定将案件移送有管辖权的人民法院或者其他有管辖权的争议解决机构;异议不成立的,裁定驳回。

理由:管辖权异议不仅涉及人民法院之间地域管辖和级别管辖之争,还涉及法院和诉讼当事人之间的争议。实践中,代理律师经常遇到过人民法院裁定将案件移送某仲裁机构的案例。因此,建议加上"异议成立的,裁定依照异议人的请求,将案件移送有管辖权的人民法院,或者其他有管辖权的争议解决机构"。

第三十九条　上级人民法院有权审理下级人民法院管辖的第一审民事案件,也可以把本院管辖的第一审民事案件交下级人民法院审理。

下级人民法院对它所管辖的第一审民事案件,认为需要由上级人民法院审理的,可以报请上级人民法院审理。

修正案草案建议第三十九条改为第三十八条:上级人民法院有权审理下级人民法院管辖的第一审民事案件。

下级人民法院对它所管辖的第一审民事案件,认为需要由上级人民法院审理的,可以报请上级人民法院审理。

本会赞同修正案草案修改意见。

第三章　审判组织

第四十条　人民法院审理第一审民事案件,由审判员、陪审员共同组成合议庭或者由审判员组成合议庭。合议庭的成员人数,必须是单数。

适用简易程序审理的民事案件,由审判员一人独任审理。

陪审员在执行陪审职务时,与审判员有同等的权利义务。

本会建议增加一条【合议庭成员的随机选定】：

立案庭应当在答辩期限届满之日起五日内，通知当事人到立案庭并在立案法官的主持下共同随机选定审理案件的合议庭成员。

当事人共同随机选定合议庭成员之前，有权了解相关审判庭备选审判员、陪审员的基本情况。法院应当公开审判员、陪审员的姓名、个人基本情况、学习工作简历。

理由：当前，随机选定法官制已成国际通例，借鉴此制度有助于在一定程度上防止因行政指定制而导致关系案、人情案的发生。公开法官的姓名、个人基本情况、学习工作简历则在一定程度上有助于有因回避制度的落实。

保留第四十一条至第四十四条。

第四章　回　　避

第四十五条　审判人员有下列情形之一的，必须回避，当事人有权用口头或者书面方式申请他们回避：

（一）是本案当事人或者当事人、诉讼代理人的近亲属；

（二）与本案有利害关系；

（三）与本案当事人有其他关系，可能影响对案件公正审理的。

前款规定，适用于书记员、翻译人员、鉴定人、勘验人。

修正案草案建议第四十五条改为第四十四条：审判人员有下列情形之一的，应当自行回避，当事人有权用口头或者书面方式申请他们回避：

（一）是本案当事人或者当事人、诉讼代理人近亲属；

（二）与本案有利害关系的；

（三）与本案当事人、诉讼代理人有其他关系，可能影响对案件公正审理的；

（四）审判人员违反规定会见当事人、诉讼代理人，接受当事人、诉讼代理人请客送礼，或者有贪污受贿，徇私舞弊，枉法裁判行为的。

前款规定，适用于书记员、翻译人员、鉴定人、勘验人。

本会赞同修正案草案修改意见，并建议增加两项回避理由，作为第（二）、（三）项【扩大回避理由】，其余各项依次顺延：

（二）是当事人或代理人三代以内其他旁系血亲或当事人配偶的近亲属的；

（三）当事人提供证据或证据线索证明法官在审理过程中有明显偏袒一方当事人言行的。

理由：当事人或代理人三代以内其他旁系血亲或当事人配偶的近亲属的，或者法官在审理过程中有明显偏袒一方当事人言行的，通常可能会妨害司法公正，应当成为回避理由。而且我国公务员法第六十八条确立的公务员任职回避范围也扩大到三代以内旁系血亲关系以及近姻亲关系，规定：公务员之间有夫妻关系、直系血亲关系、三代以内旁系血亲关系以及近姻亲关系的，不得在同一机关担任双方直接隶属于同一领导人员的职务或者有直接上下级领导关系的职务，也不得在其中一方担任领导职务的机关从事组织、人事、纪检、监察、审计和财务工作。

第四十六条 当事人提出回避申请，应当说明理由，在案件开始审理时提出；回避事由在案件开始审理后知道的，也可以在法庭辩论终结前提出。

被申请回避的人员在人民法院作出是否回避的决定前，应当暂停参与本案的工作，但案件需要采取紧急措施的除外。

本会建议将第四十六条修改如下【实行无因回避制度和降低回避举证难度】：

合议庭组成过程中，当事人可以对被选定的法官提出无因回避或者有因回避申请。

当事人提出无因回避申请的，被申请的法官不得参加合议庭，当事人各方可以在立案庭的主持下继续选定其他法官作为合议庭成员。每一审诉讼过程中一方当事人申请无因回避最多不能超过三次。

当事人提出有因回避申请的，应当提出证据线索或合理怀疑的理由。本院院长决定被申请的法官不予回避的，被申请的法官可以参加合议庭；申请人对此不服的，可以向上一级法院申请复议。

理由：所谓无因回避，是指法律赋予当事人不附加任何理由的回避申请权，对于这种回避申请法院在必要的限度范围之内应当无条件同意。无因回避制度在很多国家实行，我国应借鉴这一机制，允许任何一方当事人在一个诉讼当中行使三次无因回避申请权。

现行回避制度效果不十分理想，几乎形同虚设，其主要弊端是回避事由范围偏窄，当事人举证难，本院复议制度形同虚设。立法上是否应当明确法定回避事由中的“利害关系”“其他关系”的含义，立法应当考虑增强当事人申请回避的可操性，适当扩大回避事由，如将是当事人三代以内旁系血亲或当事人配偶的近亲属的情形和司法人员明显偏袒一方当事人的不当言论或者行为纳入其中。立法还应当降低当事人申请回避的举证难度，当事人申请回避的只要求其提供表面证据证明回避事由的可能存在即可，而不能苛刻地要求当事人充分举证。立法要求法院公开所有法官的姓名、性别、年龄、籍贯、学习工作简历、被投诉情况等基本信息，以便当事人判断法官是否具有回避事由。

保留第四十七条、第四十八条。

第五章 诉讼参加人

第一节 当事人

保留第四十九条至第五十四条。

本会建议增加一条【交叉诉讼制度】：

在正在进行的共同诉讼中，共同被告可以在本诉答辩期间内向其他共同被告提出独立于本诉的诉讼请求。

在正在进行的诉讼中，被告可以在本诉辩论终结前向无独立请求权第三人提出独立于本诉的诉讼请求。

在正在进行的诉讼中，被告可以在本诉辩论终结前向案外人提出独立于本诉的诉讼请求。

交叉之诉或引入诉讼与本诉应当由同一审判组织以同一程序合并审理，合并审理有困难的，也可以按先本诉、后交叉之诉或引入诉讼的顺序进行审理，一并作出判决。

交叉之诉或引入诉讼的审理适用本法关于本诉审理的规定。

理由：所谓交叉诉讼，是指在包含多个被告的共同诉讼中，由其中一个被告向其他被告提起的诉讼。在同一诉讼程序中对相互关联的争议案件进行合并审理，既可以最大限度地节约司法资源，又可能彻底地解决相关当事人之间存在的或潜在的全部民事争议，避免将来发生更多的纠纷或诉讼，这在美国等发达国家民事诉讼制度中都有相应规定且行之有效。我国因为缺乏相应的制度，一个简单的案件可能必须分两个独立的诉讼进行，甚至同一合同关系分不同的诉讼或仲裁，甚至可能导致不同的法院或不同的审判组织就同一事件作出相互矛盾的判决，这显然不仅不利于全面解决基于同一事件或诉因引起的各利害相关方的权利义务争议，也不利于提高诉讼效率和维护司法权威。

修正案草案建议增加一条，作为第五十五条：对污染环境、侵害众多消费者合法权益等损害社会公共利益的行为，有关机关、社会团体可以向人民法院提起诉讼。

本会建议将拟增加的第五十五条修改如下【公益诉讼的主体开放和预

交诉讼费的豁免】：

对污染环境、侵害众多消费者合法权益等损害社会公共利益的行为，人民检察院、人民团体、经民政部门登记的社会团体、经国务院批准成立的团体、基层群众性组织有权向人民法院提起公益诉讼。

有管理职责的行政机关可以在其管理范围内为公共利益或无人代表的民事利益提起公益诉讼。

公民有权就损害公共利益的事件向人民检察院和相关行政机关控告、投诉，如果上述机关在60天内没有采取有效的保护公共利益的措施又不提起公益诉讼的，公民有权自行提起公益诉讼。

法院认定为公益诉讼的案件，无须预先交纳诉讼费。

理由：本条宜对原草案中“有关机关”用语进一步明确，社会团体应该成为公益诉讼的主要主体。同时应当增加基层群众组织即居民委员会、村民委员会、业主委员会等作为公益诉讼主体，他们往往代表基层群众利益和社会公共利益。海南省高级人民法院的环境公益诉讼规范文件中已经作出规定，是可取的。应当增加公民个人作为公益诉讼主体。考察国外公益诉讼实践，其本质就是公民参与，中国十余年的公益诉讼实践更是公民推动的，公民享有公益诉讼资格，应当提到宪法权利的高度看待，应开放和鼓励公民参与公益诉讼。再次，对于一部分人士担心公民可能滥用误用公益诉讼的问题，可以设置前置程序，即先向检察院或相关行政机关控告，请求其采取措施或提起公益诉讼，以减少不必要的诉讼。

保留第五十五条、第五十六条。

第二节　诉讼代理人

保留第五十七条。

第五十八条　当事人、法定代理人可以委托一至二人作为诉讼代理人。

律师、当事人的近亲属、有关的社会团体或者所在单位推荐的人、经人民法院许可的其他公民，都可以被委托为诉讼代理人。

本会建议将第五十八条修改如下【诉讼代理人的人数和身份限制】：

当事人、法定代理人可以委托一至三人作为诉讼代理人。

律师、当事人的近亲属、有关的社会团体或者所在单位推荐的人、经人民法院许可的其他公民，都可以被委托为诉讼代理人，但公安、司法机关工作人员除外。

未成年人的监护人互相推诿代理责任或者均要承担代理责任发生争执时，由人民法院指定其中一人代为诉讼。一方监护人与未成年人有利益冲

突的，人民法院应当指定另外一方监护人作为未成年人的法定代理人，代为诉讼。

因知识产权确权纠纷提起的诉讼，当事人、法定代理人只能委托律师、当事人的近亲属作为诉讼代理人。

理由：代理人人数限制为一人至二人在某些情况下不利于当事人尤其是作为法人或其他组织的当事人安排代理人选，调整为一人至三人更加方便当事人行使诉讼权利。公安、司法机关工作人员作为诉讼代理人容易与其本职工作发生冲突，有时可能妨害司法公正，不宜作为诉讼代理人。在担任未成年人的法定代理人互相推诿或者争议的情况下，为了确保未成年人在诉讼中能够获得有效代理，应规定通过人民法院指定其中一人代为诉讼。

知识产权诉讼专业性强、难度大，尤其在知识产权确权诉讼中宜取消知识产权诉讼的普通公民代理，应由律师、当事人的近亲属取代社会团体、有关单位推荐的人以及经法院许可的公民代理诉讼。正在修订中的《专利代理条例》也拟规定，具有司法职业资格的专利代理人可以代理专利诉讼。

保留第五十九条至第六十二条。

第六章　证　　据

第六十三条　证据有下列几种：

（一）书证；

（二）物证；

（三）视听资料；

（四）证人证言；

（五）当事人的陈述；

（六）鉴定结论；

（七）勘验笔录。

以上证据必须查证属实，才能作为认定事实的根据。

修正案草案建议修改为第六十三条：

证据包括：

（一）当事人的陈述；

（二）书证；

（三）物证；

（四）视听资料；

（五）电子数据；

（六）证人证言；

（七）鉴定意见；

（八）勘验笔录。

证据必须经法定程序查证属实，才能作为认定事实的根据。

相应地将第一百二十四条、第一百七十一条中的“鉴定结论”修改为“鉴定意见”。

本会赞同修正案草案修改意见，并建议增加一种证据材料类型，作为第（七）项目，其余各项依次顺延【单位证明应为证据材料种类】：

“（七）单位证明；”

理由：单位不能就案件发生过程作证（本会同时建议取消“单位可以作证”的相关规定），但是可以就相关当事人或证人的相关情况如身份、履历等背景材料出具证明，此种证明既不同于案件事实中历史形成的书证，也不同于证人证言，且诉讼实践中大量存在和运用，应当列入证据类型。如果单位出具证明函件，必须说明该证明函件的签发人，并且应当由该签发人或者该单位负责人出庭作证。

本会同时建议将本条中的证据全部修改为“证据材料”，并建议将法律中的“证据”和“证据材料”进行区别。

理由：“证据材料”不同于“证据”。当事人的陈述、书证、物证等“证据材料”只是证据的载体，只是当事人提供的原始证据素材，它们“必须经法定程序查证属实，才能作为认定事实的根据”，而“认定事实的根据”才是真正意义上的证据。法律不能将“证据材料”和“证据”混为一谈，使用证据一词时时而将其理解为“证据材料”，时而将其理解为“证据”。

第六十四条　当事人对自己提出的主张，有责任提供证据。

当事人及其诉讼代理人因客观原因不能自行收集的证据，或者人民法院认为审理案件需要的证据，人民法院应当调查收集。

人民法院应当按照法定程序，全面地、客观地审查核实证据。

本会建议将第六十四条第一款修改如下【举证义务】：

当事人对自己提出的主张，有义务提供证据。

理由：义务和责任是两个相互关联但内涵完全不同的概念，义务是责任的前提，责任是不履行义务的后果。此处立法原意应为举证义务，不能和责任混淆。

本会建议增加一款，作为第三款【调查令制度】：

代理诉讼的律师可以向人民法院申请签发调查令，人民法院根据案件情况，作出是否准许的决定；诉讼代理律师持法院签发的调查令调查案件情

况时，有关单位和个人应当予以配合。拒绝配合执行调查令的单位和个人，人民法院应当以妨害民事诉讼采取相应的强制措施。

理由：法院存在案多人少的突出矛盾，如此规定可以一定程度上减轻法院负担，让法官有更多的时间和精力去分析案件；律师持调查令调查案件事实，可以较好地解决诉讼代理律师取证难的老问题，充分发挥诉讼代理律师应有的作用，以维护当事人的合法权益，维护社会公平正义。北京、上海等地方法院已经试行调查令制度多年，效果良好，应当及时入法，以切实缓解当事人、代理人调查取证难。

本会同时建议增加一条【被继承人死亡诉讼中继承人的调查取证权】：

被继承人死亡的，继承人提起诉讼后有权凭法院受理案件通知书和死亡证明书查询被继承人财产状况，有关单位不得拒绝。

理由：被继承人死亡尤其是因突发事件死亡或被宣告死亡的，其财产状况往往处于不明状态，继承人无法确切得知其遗产。在这种情况下，法律应当允许继承人提起诉讼后凭法院受理案件通知书和死亡证明书去银行、房屋登记管理部门、证券登记公司等单位查询被继承人财产状况，有关单位不得拒绝，以确保公民财产不受侵犯，确保继承人合法继承权。

修正案草案建议增加二条，作为第六十五条、第六十六条：

第六十五条　当事人对自己提出的主张应当及时提供证据。未及时提供证据的，人民法院应当责令其说明理由。理由不成立的，人民法院根据不同情形予以训诫、罚款、赔偿拖延诉讼造成的损失、不予采纳该证据。

本会建议【举证责任自负但公权力不得滥用】：

删除草案中“未及时提供证据的，人民法院应当责令其说明理由。理由不成立的，人民法院根据不同情形予以训诫、罚款、赔偿拖延诉讼造成的损失、不予采纳该证据。”内容。

理由：民事诉讼实行当事人主义，当事人不举证或不及时举证自然承担败诉后果，无须司法制裁，否则有悖民事诉讼原理和司法公正原则。

第六十六条　人民法院收到当事人提交的证据材料，应当出具收据，写明证据名称、页数、份数以及收到时间，并由经办人员签名或者盖章。

本会赞同修正案草案修改意见，并建议增加内容如下【证据形态的明确】：

人民法院收到当事人提交的证据材料，应当出具收据，写明证据名称、页数、份数、是否原件，以及收到时间，并由经办人员签名或者盖章。

理由：证据原件作为原始证据在诉讼中具有关键性作用，但司法实践中经常发生法院收取当事人证据原件但事后不知去向的情况，在收据中具明有助于提高法院责任心,保障当事人合法权益。

保留第六十五条至第六十九条。

第七十条 凡是知道案件情况的单位和个人,都有义务出庭作证。有关单位的负责人应当支持证人作证。证人确有困难不能出庭的,经人民法院许可,可以提交书面证言。

不能正确表达意志的人,不能作证。

修正案草案建议将第七十条修改为三条,作为第七十二条、第七十三条、第七十四条,修改为:

第七十二条 凡是知道案件情况的单位和个人,都有义务出庭作证。有关单位的负责人应当支持证人作证。

不能正确表达意志的人,不能作证。

第七十三条 经人民法院依法通知,证人应当出庭作证。有下列情形之一的,经人民法院许可,可以通过书面证言、视听传输技术或者视听资料等方式作证:

(一)因健康原因不能出庭的;

(二)因路途遥远,交通不便不能出庭的;

(三)因自然灾害等不可抗力不能出庭的;

(四)其他有正当理由不能出庭的。

第七十四条 证人因履行作证义务而支出的交通、住宿、就餐等必要费用以及误工损失,由败诉一方当事人负担。当事人申请证人作证的,由该当事人先行垫付;当事人没有申请,人民法院依法通知证人作证的,由人民法院先行垫付。

本会赞同修正案草案修改意见,但建议将第七十二条中“凡是知道案件情况的单位和个人”中的单位删除【单位不能作为证人】。

理由:单位只能出具相关当事人基本情况的“单位证明”,但单位不具有认识能力,也无法出庭作证,不应规定为证人。

第七十二条 人民法院对专门性问题认为需要鉴定的,应当交由法定鉴定部门鉴定;没有法定鉴定部门的,由人民法院指定的鉴定部门鉴定。

鉴定部门及其指定的鉴定人有权了解进行鉴定所需要的案件材料,必要时可以询问当事人、证人。

鉴定部门和鉴定人应当提出书面鉴定结论,在鉴定书上签名或者盖章。鉴定人鉴定的,应当由鉴定人所在单位加盖印章,证明鉴定人身份。

修正案草案建议将第七十二条改为三条,作为第七十六条、第七十七条、第七十八条,修改为:

第七十六条 当事人可以就查明事实的专门性问题向人民法院申请鉴定。当事人申请鉴定的，由双方当事人协商确定具备资格的鉴定人；协商不成的，由人民法院指定。

当事人未申请鉴定，人民法院对专门性问题认为需要鉴定的，应当委托具备资格的鉴定人进行鉴定。

第七十七条 鉴定人有权了解进行鉴定所需要的案件材料，必要时可以询问当事人、证人。

鉴定人应当提出书面鉴定意见，在鉴定书上签名或者盖章。

第七十八条 当事人对鉴定意见有异议或者人民法院认为鉴定人有必要出庭的，鉴定人应当出庭作证。经人民法院通知，鉴定人拒不出庭作证的，鉴定意见不得作为认定事实的根据。

本会赞同修正案草案修改意见。

保留第七十三条。

第七十四条 在证据可能灭失或者以后难以取得的情况下，诉讼参加人可以向人民法院申请保全证据，人民法院也可以主动采取保全措施。

修正案草案建议将第七十四条改为第八十条，修改为：在证据可能灭失或者以后难以取得的情况下，当事人可以在诉讼过程中向人民法院申请保全证据，人民法院也可以主动采取保全措施。

因情况紧急，在证据可能灭失或者以后难以取得的情况下，利害关系人可以在起诉前向证据所在地、被申请人住所地或者有管辖权的人民法院申请保全证据。

证据保全的其他程序，参照适用本法第九章保全的有关规定。

本会赞同修正案草案修改意见。

第七章　期间、送达

第一节　期　　间

保留第七十五条、第七十六条。

第二节　送　　达

保留第七十七条、第七十八条。

第七十九条 受送达人或者他的同住成年家属拒绝接收诉讼文书的，送达人应当邀请有关基层组织或者所在单位的代表到场，说明情况，在送达回证上记明拒收事由和日期，由送达人、见证人签名或者盖章，把诉讼文书留在受送达人的住所，即视为送达。

修正案草案建议将第七十九条改为第八十五条，修改为："受送达人或者他的同住成年家属拒绝接收诉讼文书的，送达人可以邀请有关基层组织或者所在单位的代表到场，说明情况，在送达回证上记明拒收事由和日期，由送达人、见证人签名或者盖章，把诉讼文书留在受送达人的住所；也可以把诉讼文书留在受送达人的住所，并采用拍照、录像等方式记录送达过程，即视为送达。"

增加一条，作为第八十六条：经当事人同意，人民法院可以采用传真、电子邮件等能够确认受送达人收悉的方式送达诉讼文书。

采用前款方式送达的，以传真、电子邮件等到达受送达人特定系统的日期为送达日期。

本会赞同修正案草案修改意见。

保留第八十条至第八十四条。

第八章　调　　解

第八十五条　人民法院审理民事案件，根据当事人自愿的原则，在事实清楚的基础上，分清是非，进行调解。

本会建议本条增加四款，分别作为第二、三、四、五款：

【审前调解】合议庭在开庭审理之前，可以根据当事人的申请或者依职权征得双方当事人的同意后，对双方的争议进行一次调解，调解达成协议的，法院可以制作调解书结案；调解不成的，继续开庭审理。

审前调解可以在第一次准备会议之前进行，也可以在第一次准备会议之后或者在证据交换结束后进行。

【依申请或依职权进行审后调解】法院在开庭审理之后，判决作出之前，可以依当事人的申请或依职权征得双方当事人的同意后，对双方的争议进行调解。调解达成协议的，法院可以制作调解书结案；调解不成的，直接作出判决。

【依职权征求审后调解意向】合议庭在开庭审理之后应当当庭依职权征求当事人的调解意向。

当事人双方或者一方当庭表示不愿意调解的，在合议庭评议之后、判决作出之前，合议庭也应当依职权或依当事人的申请至少再行征求一次当事人的调解意向。

【调解时间计入审限】调解时间计算在审限以内，不得久调不决。

理由：自从中央强调建立调解大格局以来，少数法院出现追求高调解率的极端倾向，个别地方甚至公开推行所谓“零判决”竞赛，导致出现“久调不决”或“以调压判”现象，严重损害法律权威和当事人利益。调解必须尊重自愿、合法原则，且应有次数和时间限制。

保留第八十六条至第九十一条。

第九章　财产保全和先予执行

修正案草案建议将第九章的章名、第九十六条、第九十九条、第二百五十六条中的“财产保全”修改为“保全”。

本会赞同修正案草案修改意见。

第九十二条　人民法院对于可能因当事人一方的行为或者其他原因，使判决不能执行或者难以执行的案件，可以根据对方当事人的申请，作出财产保全的裁定；当事人没有提出申请的，人民法院在必要时也可以裁定采取财产保全措施。

人民法院采取财产保全措施，可以责令申请人提供担保；申请人不提供担保的，驳回申请。

人民法院接受申请后，对情况紧急的，必须在四十八小时内作出裁定；裁定采取财产保全措施的，应当立即开始执行。

修正案草案建议将第九十二条改为第九十九条，修改为：人民法院对于可能因当事人一方的行为或者其他原因，使判决难以执行或者造成当事人损害的案件，根据对方当事人的申请，可以裁定对其财产进行保全、责令其作出一定行为或者禁止其作出一定行为；当事人没有提出申请的，人民法院在必要时也可以裁定采取保全措施。

人民法院采取保全措施，可以责令申请人提供相应的担保，申请人不提供担保的，裁定驳回申请。

人民法院接受申请后，对情况紧急的，必须在四十八小时内作出裁定；裁定采取保全措施的，应当立即开始执行。

本会赞同修正案草案修改意见，同时建议将第三款中的“对情况紧急的”予以删除，修改如下【提供担保即应保全】：

人民法院接受申请后，对情况紧急的，必须在四十八小时内作出裁定；裁定采取保全措施的，应当立即开始执行。

理由：“情况紧急”是一个比较模糊的概念，法律规定的“情况紧急”法院面对具体情况时可能往往认为并不紧急，无法制约法官滥用自由裁量权。

凡是申请保全并提供担保的，应一律视为情况紧急，不能将是否保全交由法官任意自由裁量。

本会同时建议将本条第二款修改如下【不得要求过高现金担保】：

人民法院采取保全措施，可以责令申请人提供相应的实物或现金担保；当事人申请财产保全用现金担保或申请证据保全、行为保全的，担保金额不得高于诉讼请求标的金额的10%。申请人不提供担保的，裁定驳回申请。

理由：实践中法官往往以并非情况紧急为由或随意提高担保条件无理拒绝或变相拒绝当事人的申请，导致保全难！查封和冻结等保全措施可能给保全财产造成的损失，通常不会超过10%，故只需要提供相当于保全财产价值10%的财物作为担保物或担保金即可。

第九十三条 利害关系人因情况紧急，不立即申请财产保全将会使其合法权益受到难以弥补的损害的，可以在起诉前向人民法院申请采取财产保全措施。申请人应当提供担保，不提供担保的，驳回申请。

人民法院接受申请后，必须在四十八小时内作出裁定；裁定采取财产保全措施的，应当立即开始执行。

申请人在人民法院采取保全措施后十五日内不起诉的，人民法院应当解除财产保全。

修正案草案建议将第九十三条改为第一百条，修改为：利害关系人因情况紧急，不立即申请保全将会使其合法权益受到难以弥补的损害的，可以在提起诉讼或者申请仲裁前向被保全财产所在地、被申请人住所地或者对案件有管辖权的人民法院申请采取保全措施。申请人应当提供担保，不提供担保的，裁定驳回申请。

人民法院接受申请后，必须在四十八小时内作出裁定；裁定采取保全措施的，应当立即开始执行。

申请人在人民法院采取保全措施后三十日内不依法提起诉讼或者申请仲裁的，人民法院应当解除保全。

本会赞同修正案草案修改意见。

第九十四条 财产保全限于请求的范围，或者与本案有关的财物。

财产保全采取查封、扣押、冻结或者法律规定的其他方法。

人民法院冻结财产后，应当立即通知被冻结财产的人。

财产已被查封、冻结的，不得重复查封、冻结。

修正案草案建议将第九十四条改为二条，作为第一百零一条、第一百零二条，修改为：

第一百零一条 保全限于请求的范围，或者与本案有关的财物。

第一百零二条 财产保全采取查封、扣押、冻结或者法律规定的其他方法。人民法院冻结财产后，应当立即通知被冻结财产的人。

财产已被查封、冻结的，不得重复查封、冻结。

本会赞同修正案草案修改意见。

第九十五条 被申请人提供担保的，人民法院应当解除财产保全。

修正案草案建议将第九十五条改为第一百零三条，修改为：属于财产纠纷的案件，被申请人提供担保的，人民法院应当裁定解除保全。

本会赞同修正案草案修改意见。

保留第九十六条至第一百零二条。

修正案草案建议增加二条，作为第一百一十一条、第一百一十二条：

第一百一十一条 当事人之间恶意串通，企图通过诉讼、调解等方式逃避债务、侵占他人财产的，人民法院应当驳回其请求，并根据情节轻重予以罚款、拘留；构成犯罪的，依法追究刑事责任。

第一百一十二条 被执行人与他人恶意串通，通过诉讼、仲裁等方式逃避履行法律文书确定的义务的，人民法院应当根据情节轻重予以罚款、拘留；构成犯罪的，依法追究刑事责任。

本会赞同修正案草案修改意见。

第一百零三条 有义务协助调查、执行的单位有下列行为之一的，人民法院除责令其履行协助义务外，并可以予以罚款：

（一）有关单位拒绝或者妨碍人民法院调查取证的；

（二）银行、信用合作社和其他有储蓄业务的单位接到人民法院协助执行通知书后，拒不协助查询、冻结或者划拨存款的；

（三）有关单位接到人民法院协助执行通知书后，拒不协助扣留被执行人的收入、办理有关财产权证照转移手续、转交有关票证、证照或者其他财产的；

（四）其他拒绝协助执行的。

人民法院对有前款规定的行为之一的单位，可以对其主要负责人或者直接责任人员予以罚款；还可以向监察机关或者有关机关提出予以纪律处分的司法建议。

修正案草案建议将第一百零三条改为第一百一十三条，第一款第二项修改为：有关单位接到人民法院协助执行通知书后，拒不协助查询、扣押、冻结、划拨、变价财产的。

本会赞同修正案草案修改意见。

第一百零四条 对个人的罚款金额，为人民币一万元以下。对单位的罚款金额，为人民币一万元以上三十万元以下。

拘留的期限，为十五日以下。

被拘留的人，由人民法院交公安机关看管。在拘留期间，被拘留人承认并改正错误的，人民法院可以决定提前解除拘留。

修正案草案建议将第一百零四条改为第一百一十四条，第一款修改为："对个人的罚款金额，为人民币十万元以下。对单位的罚款金额，为人民币五万元以上一百万元以下。"

本会赞同修正案草案修改意见。

保留第一百零五条、第一百零六条。

第十一章　诉讼费用

保留第一百零七条。

本会建议增加一条【律师费等合理费用由败诉一方当事人负担】：

当事人可以请求对方当事人支付律师费等合理费用。一方当事人败诉的，应当赔偿对方当事人支付律师费等合理费用；部分胜诉、部分败诉的，按败诉比例赔偿。

理由：明确律师费等合理费用由败诉一方当事人负担是国际惯例，此举有助于增加违约、违法当事人的成本，减少恶意诉讼，节约司法成本，提高社会守约、守法意识，有利于建设法制、诚信社会。律师代理费由败诉方承担写入民事诉讼法不仅不会导致滥诉，反而可以遏制恶意诉讼的发生。因为败诉的当事人除了要支付本方律师费用外，还需负担对方的律师费用，因此，当事人将会在充分地权衡利弊后才会提起诉讼，即使是潜在的被告也更有可能与对方协商、和解以解决争端。

第二编　审判程序

第十二章　第一审普通程序

第一节　起诉和受理

第一百零八条　起诉必须符合下列条件：

（一）原告是与本案有直接利害关系的公民、法人和其他组织；

（二）有明确的被告；

（三）有具体的诉讼请求和事实、理由；

（四）属于人民法院受理民事诉讼的范围和受诉人民法院管辖。

本会建议将本条修改如下【取消立案的实质要件】：

原告起诉必须符合下列条件：

（一）原告具有民事权利能力；

（二）有明确的被告；

（三）有具体的诉讼请求和事实陈述；

（四）属于法院受理民事诉讼的范围和受诉法院管辖。

理由：解决立案难的根本措施是变实质审查为形式审查。本建议稿将事实与理由改为事实陈述，旨在避免立案法官在立案时进行实质审查。

保留第一百零九条。

第一百一十条 起诉状应当记明下列事项：

（一）当事人的姓名、性别、年龄、民族、职业、工作单位和住所，法人或者其他组织的名称、住所和法定代表人或者主要负责人的姓名、职务；

（二）诉讼请求和所根据的事实与理由；

（三）证据和证据来源，证人姓名和住所。

修正案草案建议修改为：第一百二十条 起诉状应当记明下列事项：

（一）当事人的姓名、性别、年龄、民族、职业、工作单位、住所、身份证号码、联系方式，法人或者其他组织的名称、住所和法定代表人或者主要负责人的姓名、职务、联系方式；

（二）诉讼请求和所根据的事实与理由；

（三）证据和证据来源，证人姓名和住所。

本会赞同修正案草案修改意见，但建议删除民族、职业、工作单位、身份证号码这四个信息【详细身份信息的豁免】。

理由：很多诉讼原告在起诉的时候很难获悉被告的身份证号码等详细信息，公安部门亦不配合当事人的调查，如果民事诉讼法规定起诉状必须载明这些深度信息，恐将进一步增加立案难的程度。何况现在社会存在因超生无身份证以及身份证号码错误、重叠之类情况，且起诉时有无此四种信息不影响案件受理和文件送达。

修正案草案建议增加一条，作为第一百二十一条：当事人起诉到人民法院的民事纠纷，适宜调解的，先行调解。

本会建议将本条修改如下【废除强制性立案调解，改行自愿诉前限时调解】：

当事人起诉到人民法院的民事纠纷，适宜调解的，经当事人一致书面同意调解的，先行调解。调解期限为十日，不能达成调解协议的应进入审理程序。

理由：由最高人民法院推行的现行立案调解是一种变相强制调解，在很多情况下违背了调解自愿的基本原则，导致立案难上加难，且与该法第九条的规定自相矛盾。一旦强制调解入法，司法腐败、司法不公将会更加严重。建议废除强制性立案调解，改行自愿限时调解。将来可借鉴台湾地区立法经验改行自愿诉前调解。

第一百一十一条 人民法院对符合本法第一百零八条的起诉，必须受理；对下列起诉，分别情形，予以处理：

（一）依照行政诉讼法的规定，属于行政诉讼受案范围的，告知原告提起行政诉讼；

（二）依照法律规定，双方当事人对合同纠纷自愿达成书面仲裁协议向仲裁机构申请仲裁、不得向人民法院起诉的，告知原告向仲裁机构申请仲裁；

（三）依照法律规定，应当由其他机关处理的争议，告知原告向有关机关申请解决；

（四）对不属于本院管辖的案件，告知原告向有管辖权的人民法院起诉；

（五）对判决、裁定已经发生法律效力的案件，当事人又起诉的，告知原告按照申诉处理，但人民法院准许撤诉的裁定除外；

（六）依照法律规定，在一定期限内不得起诉的案件，在不得起诉的期限内起诉的，不予受理；

（七）判决不准离婚和调解和好的离婚案件，判决、调解维持收养关系的案件，没有新情况、新理由，原告在六个月内又起诉的，不予受理。

修正案草案建议将第一百一十一条改为第一百二十三条，修改为：人民法院对下列起诉，分别情形，予以处理：

（一）依照行政诉讼法的规定，属于行政诉讼受案范围的，告知原告提起行政诉讼；

（二）依照法律规定，双方当事人达成书面仲裁协议申请仲裁、不得向人民法院起诉的，告知原告向仲裁机构申请仲裁；

（三）依照法律规定，应当由其他机关处理的争议，告知原告向有关机关申请解决；

（四）对不属于本院管辖的案件，告知原告向有管辖权的人民法院起诉；

（五）对判决、裁定、调解书已经发生法律效力的案件，当事人又起诉的，

告知原告申请再审,但人民法院准许撤诉的裁定除外;

(六)依照法律规定,在一定期限内不得起诉的案件,在不得起诉的期限内起诉的,不予受理;

(七)判决不准离婚和调解和好的离婚案件,判决、调解维持收养关系的案件,没有新情况、新理由,原告在六个月内又起诉的,不予受理。

本会赞同修正案草案修改意见。但建议增加一款【不予受理应出具裁定书】:

上述情况下当事人经法院释明后仍坚持起诉的,法院应作出不予受理的裁定书。

理由:应给坚持自己主张的当事人一个及时的救济途径,其可以针对不受理的裁定上诉,以避免个别法院法官不负责地任意将纠纷的解决推卸给其他机构。

第一百一十二条 人民法院收到起诉状或者口头起诉,经审查,认为符合起诉条件的,应当在七日内立案,并通知当事人;认为不符合起诉条件的,应当在七日内裁定不予受理;原告对裁定不服的,可以提起上诉。

修正案草案建议修改为第一百二十二条人民法院应当保障当事人依照法律规定享有的起诉权利。对符合本法第一百一十八条的起诉,必须受理。符合起诉条件的,应当在七日内立案,并通知当事人;不符合起诉条件的,应当在七日内作出裁定书,不予受理;原告对裁定不服的,可以提起上诉。

本会赞同修正案草案修改意见,但建议增加一款【法院拒不出具不予受理裁定书的救济】:

人民法院拒绝收取当事人递交的起诉状的,或收取后七日内既不立案也不作出不予立案的书面裁定的,当事人可以向人民法院邮寄起诉状;寄出七日后,人民法院仍然既不立案也不作出不予立案的书面裁定的,当事人可以就立案问题上诉。

理由:解决立案难、上诉难,缓解涉诉信访问题。

第一百一十二条 人民法院收到起诉状或者口头起诉,经审查,认为符合起诉条件的,应当在七日内立案,并通知当事人;认为不符合起诉条件的,应当在七日内裁定不予受理;原告对裁定不服的,可以提起上诉。

第二节 审理前的准备

第一百一十三条 人民法院应当在立案之日起五日内将起诉状副本发送被告,被告在收到之日起十五日内提出答辩状。

被告提出答辩状的,人民法院应当在收到之日起五日内将答辩状副本发送原告。被告不提出答辩状的,不影响人民法院审理。

本会建议将本条修改如下【强制答辩义务】:

被告应当在收到应诉通知书和民事起诉状副本之日起二十日内提交民事答辩状,并按照对方当事人人数提出副本。答辩状应当记载:

(一)对原告主张的诉讼请求作出同意或不同意的明确陈述;如有争议,应当逐项陈述不同意的理由;

(二)对原告陈述的主要事实作出承认或不承认的明确陈述;如有争议,应当逐项陈述争议及其理由。

理由:现行民事诉讼法仅仅规定被告在答辩期内"可以"提交书面的答辩状,而没有规定被告"必须"提供书面答辩状。因而答辩在现行立法当中仅仅是被告的一项权利,而不是被告的义务。在实践中,被告不提交答辩状往往就是要在开庭审理时进行诉讼突袭,以获取诉讼优势。现行规定对于原告是极其不公平的,也影响了诉讼的效率。而强制被告答辩和不答辩则失权是世界多数国家的民事诉讼的规定。在法定期间被告必须对原告的起诉进行积极响应和实质答辩,否则,被告将要承担对其不利的后果;尤其是在被告不作答辩的情况下,法院可以不经审理直接按照原告的诉讼请求进行判决。此条有助于防止被告诉讼突袭以不利于原告,不利于法院顺利审理。同时鉴于当前我国当事人法律素质还有待提升,目前还不宜规定"不答辩失权"机制。

本会建议增加一条【被告提出当事人资格异议】:

被告在收到《应诉通知书》和《民事起诉状》副本之后,认为当事人一方或者双方不适格的,可以在法定答辩期间内向法院提出书面异议并应同时提交相关证据。

被告提出书面当事人资格异议的,法院应当中止案件的实体审理,专门审理当事人是否适格的程序问题。

理由:有利于节省司法成本,保障当事人权利。

保留第一百一十四条至第一百一十九条。

第三节　开庭审理

修正案草案建议增加一条,作为第一百三十二条:人民法院对受理的案件,分别情形,予以处理:

(一)对当事人没有争议,可以适用督促程序的,转入督促程序;

(二)对当事人争议不大的,采取调解等方式及时解决纠纷;

(三)根据案件性质,确定适用简易程序或者普通程序;

(四)需要开庭审理的,要求当事人交换证据,明确争议焦点。

本会赞同修正案草案修改意见。

保留第一百二十条至第一百二十三条。

第一百二十四条 法庭调查按照下列顺序进行:

(一)当事人陈述;

(二)告知证人的权利义务,证人作证,宣读未到庭的证人证言;

(三)出示书证、物证和视听资料;

(四)宣读鉴定结论;

(五)宣读勘验笔录。

修正案草案建议修改为:第一百三十七条 法庭调查按照下列顺序进行:

(一)当事人陈述;

(二)告知证人的权利义务,证人作证,宣读未到庭的证人证言;

(三)出示书证、物证、视听资料和电子数据;

(四)宣读鉴定意见;

(五)宣读勘验笔录。

本会建议修改为三条【法庭调查、举证质证顺序的合理化】:

第一条 法庭调查程序应当按照如下顺序进行:

(一)当事人陈述;

(二)当事人举证与质证;

(三)合议庭合议,确认证据的可采信;

(四)合议庭宣布各方证据采信情况。

当事人不服合议庭证据采信意见的,可以进行申辩。

第二条 当事人陈述应当按照如下顺序进行:

(一)原告陈述诉讼请求及事实、理由,必要时可以宣读起诉状;

(二)被告陈述答辩意见,必要时可以宣读答辩状;

(三)当事人各方对对方进行事实质询,必要时合议庭可以发问或释明。

第三条 当事人举证与质证应当按照如下顺序进行:

(一)原告逐一举证,被告逐一质证;

(二)被告逐一举证,原告逐一质证;

(三)合议庭宣读法院委托的鉴定机构作出的鉴定结论和法院勘验笔录、调查笔录,当事人进行质证。

质证过程中经合议庭允许,当事人各方可以辩论。

理由:法律规定(以法官和证据种类为中心的举证质证)已经过时,诉讼实践中已被司法解释(以当事人为中心的举证质证)取代。

本会建议增加一条【交叉询问】:

在法庭调查过程中,对于证人出庭作证、鉴定人出庭宣读鉴定结论或勘验人出庭宣读勘验笔录的,合议庭应当允许当事人各方分别对证人、鉴定人或勘验人以交互询问的方式进行质证。

对当事人申请证人出庭作证或申请鉴定的,应当由提出申请的一方当事人首先进行直接询问,然后由对方当事人进行反询问,必要时可以由当事人各方再次进行交互询问,直至双方认为没有必要继续询问为止。

合议庭依职权决定证人出庭作证或进行鉴定、勘验的,应当由原告首先进行直接询问,然后由被告进行反询问,必要时可以由当事人各方再次进行交互询问,直至双方认为没有必要继续询问为止。

理由:有利于检验证人证言的真实性。

本会建议增加一条【法庭调查中的认证与质证归纳】:

在法庭调查中,合议庭应当对双方提供并经质证的证据逐一审查判断,进行认证。

在法庭调查结束之后法庭辩论开始之前,合议庭应当对法庭调查结果进行确认,引导当事人在调查确认的事实和证据基础之上进行法庭辩论。

理由:有利于有效质证和保障当事人辩论权利。

保留第一百二十五条、第一百二十六条。

第一百二十七条 法庭辩论按照下列顺序进行:

(一)原告及其诉讼代理人发言;

(二)被告及其诉讼代理人答辩;

(三)第三人及其诉讼代理人发言或者答辩;

(四)互相辩论。

法庭辩论终结,由审判长按照原告、被告、第三人的先后顺序征询各方最后意见。

本会建议将本条修改如下【法庭辩论顺序的合理化】:

法庭辩论程序应当按照如下顺序进行:

(一)宣布法庭辩论规则;

(二)原告及其诉讼代理人发言;

(三)被告及其诉讼代理人发言;

(四)合议庭合议并征求当事人意见,明确辩论焦点;

(五)原被告双方互相辩论。

法庭辩论结束后,合议庭应当合议,进行辩论总结。

理由:与时俱进,与现行司法解释一致。

本会建议增加一条【辩论权的保障】:

当事人进行法庭辩论时,除非重复已经辩论过的内容或与本案无关的内容,合议庭不得制止。

当事人一方不得打断对方当事人的发言,必要时可向合议庭举手示意申请发言。

法庭辩论时,合议庭不得对案件性质、是非责任发表意见,不得与当事人辩论。

法院裁判应当完整表述当事人各方口头和书面的辩论意见,并对是否采纳当事人意见及其理由进行说明,否则应当发回重审。

理由:有利于保障当事人辩论权利,防止司法恣意。

本会建议增加一条【法庭辩论的证据基础】:

当事人应当运用经法院庭前证据交换程序或法庭调查程序组织质证,并经法庭确认真实性、合法性、关联性的证据进行法庭辩论。

法院应当在裁判文书中阐明证据是否采纳的理由。

理由:有利于有效辩论和保障当事人辩论权利。

保留第一百二十八条至第一百三十四条。

第一百三十五条 人民法院适用普通程序审理的案件,应当在立案之日起六个月内审结。有特殊情况需要延长的,由本院院长批准,可以延长六个月;还需要延长的,报请上级人民法院批准。

本会建议将本条修改如下【院长延长审限权限的限制】:

人民法院适用普通程序审理的案件,应当在立案之日起六个月内审结。有特殊情况需要延长的,由本院院长批准,可以延长三个月;还需要延长的,报请上级人民法院批准。

理由:将延长期限从六个月缩短为三个月,避免院长延长权滥用导致长时间延长审限,导致案件久拖不定,损害当事人的利益。

保留第一百三十六条至第一百三十七条。

第一百三十八条 判决书应当写明:

(一)案由、诉讼请求、争议的事实和理由;

(二)判决认定的事实、理由和适用的法律依据;

(三)判决结果和诉讼费用的负担;

(四)上诉期间和上诉的法院。

判决书由审判人员、书记员署名,加盖人民法院印章。

法委工草案建议将第一百三十八条改为第一百五十一条,第一款修改为："判决书应当写明判决结果以及作出该判决的理由。判决书内容包括：

（一）案由、诉讼请求、争议的事实和理由；

（二）判决认定的事实和适用的法律及其理由；

（三）判决结果和诉讼费用的负担；

（四）上诉期间和上诉的法院。"

本会赞同修正案草案修改意见，并建议增加一项作为第（二）项【裁判文书必须记载证据和辩论意见】，其余各项依次顺延：

（二）各方所依据的证据和各方当事人的辩论意见或代理意见；

理由：很多法院判决缺乏该项内容，不足以锁定审庭全部事实，为枉法裁判提供了条件。

保留第一百三十九条。

修正案草案建议将第一百四十条改为第一百五十三条，第一款修改为："裁定书应当写明裁定结果以及作出该裁定的理由。裁定适用的范围：

（一）不予受理；

（二）对管辖权有异议的；

（三）驳回起诉；

（四）保全和先予执行；

（五）准许或者不准许撤诉；

（六）中止或者终结诉讼；

（七）补正判决书中的笔误；

（八）中止或者终结执行；

（九）不予执行仲裁裁决；

（十）不予执行公证机关赋予强制执行效力的债权文书；

（十一）其他需要裁定解决的事项。"

本会赞同修正案草案修改意见。

保留第一百四十一条。

修正案草案建议增加一条，作为第一百五十五条：公众可以查阅发生法律效力的判决书、裁定书，但涉及国家秘密、商业秘密和个人隐私的内容除外。

本会赞同修正案草案修改意见。

第十三章　简易程序

修正案草案建议将第一百四十二条改为第一百五十六条，增加一款，作为第二款："对前款规定以外的民事案件，当事人双方也可以约定适用简易程序。"

本会赞同修正案草案修改意见。

保留第一百四十三条。

修正案草案建议将第一百四十四条改为第一百五十八条，修改为：基层人民法院和它派出的法庭审理简单的民事案件，可以用简便方式传唤当事人和证人、送达文书、审理案件，但应当保障当事人陈述意见的权利。

本会赞同修正案草案修改意见。

修正案草案建议增加一条，作为第一百六十一条：基层人民法院和它派出的法庭审理标的额人民币五千元以下的民事案件，实行一审终审。

本会赞同修正案草案修改意见。

保留第一百四十五条至第一百四十七条。

第一百四十八条 上诉应当递交上诉状。上诉状的内容，应当包括当事人的姓名，法人的名称及其法定代表人的姓名或者其他组织的名称及其主要负责人的姓名；原审人民法院名称、案件的编号和案由；上诉的请求和理由。

修正案草案建议修改为：第一百六十三条 上诉应当递交上诉状。上诉状的内容应当包括：

（一）当事人的姓名、性别、年龄、民族、职业、工作单位、住所、身份证号码、联系方式，法人或者其他组织的名称、住所和法定代表人或者主要负责人的姓名、职务、联系方式；

（二）原审人民法院名称、案件的编号和案由；

（三）上诉的请求和理由。

本会赞同修正案草案修改意见。

保留第一百四十九条至第一百五十一条。

本会建议增加一条【第二审期间的保全处理】：

当事人在第二审人民法院审理期间申请保全或者申请延长保全期限的，由第二审人民法院依当事人申请或依职权采取。

第二审判决或裁定生效后，原审原告胜诉的，人民法院应当立即解除原告此前提供的担保并维持保全措施直至执行终结为止；原审原告败诉的，人民法院应当立即解除保全措施。

理由：为保证保全的及时性和有效性，或者为及时解除保全或担保，当事人在第二审人民法院审理期间申请保全或者申请延长保全期限的，应由第二审人民法院负责处理。

第一百五十二条 第二审人民法院对上诉案件，应当组成合议庭，开庭审理。经过阅卷和调查，询问当事人，在事实核对清楚后，合议庭认为不需要开庭审理的,也可以径行判决、裁定。

第二审人民法院审理上诉案件,可以在本院进行,也可以到案件发生地或者原审人民法院所在地进行。

本会建议删除“经过阅卷和调查,询问当事人,在事实核对清楚后,合议庭认为不需要开庭审理的,也可以径行判决、裁定”【废除变相书面审理】。

理由:民事诉讼法第一百五十二条规定了二审可以阅卷询问式审理(径行判决),法律和司法政策关于审理方式的这种含糊规定导致变相书面审理的普遍存在,审判过程出现程序展开不充分,实践中绝大多数案件均以所谓“谈话”方式进行,可改可不改的坚决不改;绝大多数案件维持原判,很少改判或被发回重审,哪怕一审裁判存在严重问题。在审理方式上,第二审法院拥有无须开庭而径行判决的权力,也往往导致第二审程序不过走走过场而已,很难实现第二审程序纠错和监督的功能,导致所谓的两审终审制蜕变为事实上的一审终审制。

第一百五十三条 第二审人民法院对上诉案件,经过审理,按照下列情形,分别处理:

(一)原判决认定事实清楚,适用法律正确的,判决驳回上诉,维持原判决;

(二)原判决适用法律错误的,依法改判;

(三)原判决认定事实错误,或者原判决认定事实不清,证据不足,裁定撤销原判决,发回原审人民法院重审,或者查清事实后改判;

(四)原判决违反法定程序,可能影响案件正确判决的,裁定撤销原判决,发回原审人民法院重审。

当事人对重审案件的判决、裁定,可以上诉。

修正案草案建议修改为:第一百六十八条 第二审人民法院对上诉案件,经过审理,按照下列情形,分别处理:

(一)原判决认定事实清楚,适用法律正确的,判决驳回上诉,维持原判决;

(二)原判决认定事实错误或者适用法律错误的,依法改判;

(三)原判决认定基本事实不清的,裁定撤销原判决,发回原审人民法院重审,或者查清事实后改判;

(四)原判决遗漏当事人或者违法缺席判决等严重违反法定程序的,裁定撤销原判决,发回原审人民法院重审。

原审人民法院对发回重审的案件作出判决后,当事人提起上诉的,第二审人民法院应当依法作出判决。

本会赞同修正案草案修改意见。

保留第一百五十四条至第一百五十九条。

第十五章　特别程序

第一节　一般规定

第一百六十条　人民法院审理选民资格案件、宣告失踪或者宣告死亡案件、认定公民无民事行为能力或者限制民事行为能力案件和认定财产无主案件,适用本章规定。本章没有规定的,适用本法和其他法律的有关规定。

修正案草案建议修改为:第一百七十五条　人民法院审理选民资格案件、宣告失踪或者宣告死亡案件、认定公民无民事行为能力或者限制民事行为能力案件、认定财产无主案件、确认调解协议案件和实现担保物权案件,适用本章规定。本章没有规定的,适用本法和其他法律的有关规定。

本会赞同修正案草案修改意见。

保留第一百六十一条至第一百六十三条。

第二节　选民资格案件

保留第一百六十四条、第一百六十五条。

第三节　宣告失踪、宣告死亡案件

保留第一百六十六条至第一百六十八条。

本会建议增加一条:

【其他利害关系人必须参加诉讼】一方利害关系人申请宣告公民失踪或死亡的,法院必须通知或公告被申请人近亲属等其他利害关系人参加诉讼。

【宣告失踪、宣告死亡案件必须开庭审理】法院对宣告失踪、宣告死亡案件应当进行开庭审理,并允许申请人、被申请人和所有参加诉讼的利害关系人进行质证和辩论。

理由:诉讼实践中经常出现个别利害关系人为个人目的在其他近亲属等利害关系人不知情的情况下滥用司法程序对公民进行恶意申请宣告公民失踪或死亡。

保留第一百六十九条。

第四节　认定公民无民事行为能力、限制民事行为能力案件

保留第一百七十条至第一百七十二条。

本会建议增加四条，以完善认定公民无民事行为能力、限制民事行为能力案件适用程序和疑似精神障碍患者强制诊断程序：

第一条　【其他利害关系人必须参加诉讼】一方利害关系人申请认定公民无民事行为能力、限制民事行为能力的，法院必须通知或公告被申请人近亲属等其他利害关系人参加诉讼。

第二条　【认定公民无民事行为能力、限制民事行为能力案件必须开庭审理】法院对认定公民无民事行为能力、限制民事行为能力案件应当进行开庭审理，并允许申请人、被申请人和所有参加诉讼的利害关系人进行质证和辩论。

第三条　【疑似精神障碍患者强制收治的司法救济】疑似精神障碍患者发生伤害他人人身安全行为或危害公共安全行为，或者有证据证明其可能发生伤害他人人身安全行为或危害公共安全行为，被公安机关送往专业医疗机构进行精神障碍诊断，疑似精神障碍患者本人或者其近亲属对医疗机构作出的确诊结论有异议的，可以在十五天之内向该患者住所地基层人民法院申请认定其行为能力。

人民法院受理申请人的申请后，应当在三日内组成合议庭，将申请书送达被申请人并通知疑似精神障碍患者的所有其他近亲属以第三人身份参加认定程序。

疑似精神障碍患者本人提出申请的，有权委托诉讼代理人。

人民法院组成合议庭后，应当在五日之内指定精神障碍司法鉴定机构对被申请人进行鉴定。

第四条　【精神障碍患者强制住院的司法救济】间歇性精神障碍患者本人和精神障碍患者的监护人、近亲属不服医疗机构作出的非自愿住院治疗决定的，可以在十五天之内向人民法院申请撤销该决定。

人民法院受理申请人的申请后，应当在三日内组成合议庭，将申请书送达被申请人并通知精神障碍患者的所有其他近亲属以第三人身份参加认定程序。被申请人有权委托代理人。

人民法院应当在精神障碍患者住院治疗鉴定结论作出后五日内进行开庭审理。

理由：诉讼实践中经常出现个别利害关系人为个人目的在其他近亲属等利害关系人不知情的情况下滥用司法程序对公民进行恶意认定公民无民

事行为能力、限制民事行为能力，少数情况下公民因上访等事由“被精神病”而缺乏救济途径，设立此款旨在建立民事诉讼法与即将制定的精神卫生法的衔接机制，有效保障基本人权。

保留第一百七十三条。

第五节 认定财产无主案件

保留第一百七十四条至第一百七十六条。

修正案草案建议增加一节：第六节 确认调解协议案件。

第一百九十二条 申请司法确认调解协议，由双方当事人依照人民调解法等法律，自调解协议生效之日起三十日内，共同向调解组织所在地基层人民法院提出。

本会建议【一方当事人即可申请确认调解协议】：将本条中的“共同向调解组织所在地基层人民法院提出”修改为“任何一方均可向调解组织所在地基层人民法院提出”。

理由：申请司法确认调解协议往往出于一方当事人的意愿，实践中“共同”申请确认的可能性不大。

第一百九十三条 人民法院受理申请后，经审查，符合法律规定的，裁定调解协议有效，一方当事人拒绝履行或者未全部履行的，对方当事人可以向人民法院申请执行；不符合法律规定的，裁定驳回申请，当事人可以通过调解方式变更原调解协议或者达成新的调解协议，也可以向人民法院提起诉讼。

本会赞同修正案草案修改意见。

修正案草案建议增加一节：第七节 实现担保物权案件。

第一百九十四条 申请实现担保物权，由担保权人依照物权法等法律，向担保财产所在地基层人民法院提出。

第一百九十五条 人民法院受理申请后，经审查，符合法律规定的，裁定拍卖、变卖担保财产，一方当事人拒绝履行或者未全部履行的，对方当事人可以向人民法院申请执行；不符合法律规定的，裁定驳回申请，当事人可以向人民法院提起诉讼。

本会赞同修正案草案修改意见。

第十六章 审判监督程序

保留第一百七十七条。

第一百七十八条 当事人对已经发生法律效力的判决、裁定，认为有错误的，可以向上一级人民法院申请再审，但不停止判决、裁定的执行。

修正案草案建议修改为：第一百九十七条　当事人对已经发生法律效力的判决、裁定，认为有错误的，可以向上一级人民法院申请再审；发生在公民之间的案件，也可以向原审人民法院申请再审。当事人申请再审的，不停止判决、裁定的执行。

本会赞同修正案草案修改意见。

第一百七十九条　当事人的申请符合下列情形之一的，人民法院应当再审：

（一）有新的证据，足以推翻原判决、裁定的；

（二）原判决、裁定认定的基本事实缺乏证据证明的；

（三）原判决、裁定认定事实的主要证据是伪造的；

（四）原判决、裁定认定事实的主要证据未经质证的；

（五）对审理案件需要的证据，当事人因客观原因不能自行收集，书面申请人民法院调查收集，人民法院未调查收集的；

（六）原判决、裁定适用法律确有错误的；

（七）违反法律规定，管辖错误的；

（八）审判组织的组成不合法或者依法应当回避的审判人员没有回避的；

（九）无诉讼行为能力人未经法定代理人代为诉讼或者应当参加诉讼的当事人，因不能归责于本人或者其诉讼代理人的事由，未参加诉讼的；

（十）违反法律规定，剥夺当事人辩论权利的；

（十一）未经传票传唤，缺席判决的；

（十二）原判决、裁定遗漏或者超出诉讼请求的；

（十三）据以作出原判决、裁定的法律文书被撤销或者变更的。

对违反法定程序可能影响案件正确判决、裁定的情形，或者审判人员在审理该案件时有贪污受贿，徇私舞弊，枉法裁判行为的，人民法院应当再审。

修正案草案建议修改为：第一百九十八条　当事人的申请符合下列情形之一的，人民法院应当再审：

（一）有新的证据，足以推翻原判决、裁定的；

（二）原判决、裁定认定的基本事实缺乏证据证明的；

（三）原判决、裁定认定事实的主要证据是伪造的；

（四）原判决、裁定认定事实的主要证据未经质证的；

（五）对审理案件需要的主要证据，当事人因客观原因不能自行收集，书面申请人民法院调查收集，人民法院未调查收集的；

（六）原判决、裁定适用法律确有错误的；

（七）审判组织的组成不合法或者依法应当回避的审判人员没有回避的；

（八）无诉讼行为能力人未经法定代理人代为诉讼或者应当参加诉讼的当事人，因不能归责于本人或者其诉讼代理人的事由，未参加诉讼的；

（九）违反法律规定，剥夺当事人辩论权利的；

（十）未经传票传唤，缺席判决的；

（十一）原判决、裁定遗漏或者超出诉讼请求的；

（十二）据以作出原判决、裁定的法律文书被撤销或者变更的；

（十三）审判人员审理该案件时有贪污受贿，徇私舞弊，枉法裁判行为的。

本会赞同修正案草案修改意见，并建议增加一条，作为一百九十九条：

【管辖错误可以申请再审的保留】管辖错误的，当事人可以申请再审，人民法院应当再审。

【案外人可以申请再审】遗漏应为必要共同诉讼当事人的案外人的，或案外人对执行标的物主张权益且无法提起新的诉讼解决争议的，案外人可以申请再审，人民法院应当再审。

理由：第一款为2007年民事诉讼法修正案刚刚修改的内容，且司法实践中地方保护主义较为严重，管辖一旦错误，诉讼结果多数一边倒，不宜很快废止。第二款为2008年最高人民法院制定的司法解释，即《最高人民法院关于适用〈中华人民共和国民事诉讼法〉审判监督程序若干问题的解释》中第五条和第四十二条涉及案外人提起再审条件及如何处理的意见，应当吸收入法。

保留第一百八十条。

第一百八十一条　人民法院应当自收到再审申请书之日起三个月内审查，符合本法第一百七十九条规定情形之一的，裁定再审；不符合本法第一百七十九条规定的，裁定驳回申请。有特殊情况需要延长的，由本院院长批准。

因当事人申请裁定再审的案件由中级人民法院以上的人民法院审理。最高人民法院、高级人民法院裁定再审的案件，由本院再审或者交其他人民法院再审，也可以交原审人民法院再审。

修正案草案建议修改为：第二百零二条　人民法院应当自收到再审申请书之日起三个月内审查，符合本法规定的，裁定再审；不符合本法规定的，裁定驳回申请。有特殊情况需要延长的，由本院院长批准。

因当事人申请裁定再审的案件由中级人民法院以上的人民法院审理。最高人民法院、高级人民法院裁定再审的案件，由本院再审或者交其他人民法院再审，也可以交原审人民法院再审。

本会赞同修正案草案修改意见，并建议在该条第一款后加一句【院长延

长审限权限的限制】：

经院长批准的延长最长不能超过两个月，并且只能批准延长一次。

理由：避免院长延长权滥用导致无限期延长审限，导致案件久拖不定，损害当事人的利益。

第一百八十二条 当事人对已经发生法律效力的调解书，提出证据证明调解违反自愿原则或者调解协议的内容违反法律的，可以申请再审。经人民法院审查属实的，应当再审。

修正案草案建议修改为：第一百九十九条 当事人对已经发生法律效力的调解书，提出证据证明调解违反自愿原则或者调解协议的内容违反法律的，可以申请再审。经人民法院审查属实的，应当再审。

本会赞同修正案草案修改意见。

第一百八十三条 当事人对已经发生法律效力的解除婚姻关系的判决，不得申请再审。

修正案草案建议修改为：第二百条 当事人对已经发生法律效力的解除婚姻关系的判决、调解书，不得申请再审。

本会赞同修正案草案修改意见。

保留第一百八十四条。

第一百八十五条 按照审判监督程序决定再审的案件，裁定中止原判决的执行。裁定由院长署名，加盖人民法院印章。

修正案草案建议修改为：第二百零四条 按照审判监督程序决定再审的案件，裁定中止原判决、调解书的执行。

本会赞同修正案草案修改意见。

保留第一百八十六条。

第一百八十七条 最高人民检察院对各级人民法院已经发生法律效力的判决、裁定，上级人民检察院对下级人民法院已经发生法律效力的判决、裁定，发现有本法第一百七十九条规定情形之一的，应当提出抗诉。

地方各级人民检察院对同级人民法院已经发生法律效力的判决、裁定，发现有本法第一百七十九条规定情形之一的，应当提请上级人民检察院向同级人民法院提出抗诉。

修正案草案建议修改为：第二百零六条 最高人民检察院对各级人民法院已经发生法律效力的判决、裁定，上级人民检察院对下级人民法院已经发生法律效力的判决、裁定，发现有本法第一百九十八条规定情形之一的，或者发现调解书损害社会公共利益的，应当提出抗诉。

地方各级人民检察院对同级人民法院已经发生法律效力的判决、裁定，发现有本法第一百九十八条规定情形之一的,或者发现调解书损害社会公共利益的,可以向同级人民法院提出再审检察建议,也可以提请上级人民检察院向同级人民法院提出抗诉。

本会赞同修正案草案修改意见。

修正案草案建议增加二条,作为第二百零七条、第二百零八条:

第二百零七条 有下列情形之一的,当事人可以向人民检察院申请再审检察建议或者抗诉:

(一)人民法院驳回再审申请的;

(二)人民法院逾期未对再审申请作出裁定的;

(三)再审判决、裁定有明显错误的。

经人民检察院提出再审检察建议或者抗诉,人民法院再审的,当事人不得再向人民检察院申请再审检察建议或者抗诉。

第二百零八条 人民检察院因提出再审检察建议或者抗诉的需要,可以查阅人民法院的诉讼卷宗,并可以向当事人或者案外人调查核实有关情况。

本会赞同修正案草案修改意见。

第一百八十八条 人民检察院提出抗诉的案件,接受抗诉的人民法院应当自收到抗诉书之日起三十日内作出再审的裁定;有本法第一百七十九条第一款第(一)项至第(五)项规定情形之一的,可以交下一级人民法院再审。

修正案草案建议修改为:第二百零九条 人民检察院提出抗诉的案件,接受抗诉的人民法院应当自收到抗诉书之日起三十日内作出再审的裁定;有本法第一百九十八条第(一)项至第(五)项规定情形之一的,可以交下一级人民法院再审,但原审人民法院再审的除外。

本会赞同修正案草案修改意见。

第一百八十九条 人民检察院决定对人民法院的判决、裁定提出抗诉的,应当制作抗诉书。

修正案草案修改为:第二百一十条 人民检察院决定对人民法院的判决、裁定、调解书提出抗诉的,应当制作抗诉书。

本会赞同修正案草案修改意见。

保留第一百九十条。

第十七章 督促程序

保留第一百九十一条至第一百九十三条。

第一百九十四条 人民法院收到债务人提出的书面异议后,应当裁定终结督促程序,支付令自行失效,债权人可以起诉。

修正案草案建议修改为:第二百一十五条 人民法院收到债务人提出的书面异议后,经审查,异议成立的,应当裁定终结督促程序,支付令自行失效。

支付令失效的,转入诉讼程序,但申请支付令的一方当事人不同意提起诉讼的除外。

本会赞同修正案草案修改意见。

第十八章 公示催告程序

保留第一百九十五条至第二百条。

第三编 执行程序

第十九章 一般规定

保留第二百零一条至第二百零七条。

修正案草案建议增加一条,作为第二百二十八条:申请执行人因受欺诈、胁迫与被执行人达成和解协议,或者当事人不履行和解协议的,人民法院可以根据当事人的申请,恢复对原生效法律文书的执行。

本会赞同修正案草案修改意见。

保留第二百零八条至第二百一十五条。

第二百一十三条 对依法设立的仲裁机构的裁决,一方当事人不履行的,对方当事人可以向有管辖权的人民法院申请执行。受申请的人民法院应当执行。

被申请人提出证据证明仲裁裁决有下列情形之一的,经人民法院组成合议庭审查核实,裁定不予执行:

(一)当事人在合同中没有订有仲裁条款或者事后没有达成书面仲裁协议的;

(二)裁决的事项不属于仲裁协议的范围或者仲裁机构无权仲裁的;

(三)仲裁庭的组成或者仲裁的程序违反法定程序的;

(四)认定事实的主要证据不足的;

(五)适用法律确有错误的;

(六)仲裁员在仲裁该案时有贪污受贿,徇私舞弊,枉法裁决行为的。

人民法院认定执行该裁决违背社会公共利益的,裁定不予执行。

裁定书应当送达双方当事人和仲裁机构。

仲裁裁决被人民法院裁定不予执行的,当事人可以根据双方达成的书面仲裁协议重新申请仲裁,也可以向人民法院起诉。

本会建议增加一款【申请撤销仲裁裁决被驳回的不得另行申请不予执行】:

仲裁裁决被人民法院裁定不予撤销的,申请人不得另行申请不予执行。

理由:在仲裁实践中,经常遇到的立法矛盾是仲裁法第五十八条的规定与民事诉讼法第二百一十三条的规定条件不一致,在仲裁裁决后经常出现当事人既申请撤销裁决,又申请不予执行,而受理的法院又不是同一个,因此产生了很多司法混乱。在执行这两条规定时,又出现涉外仲裁与国内仲裁的申请和审理标准不一,引起了相应的矛盾。有的当事人又对法院作出的不予执行或予以撤销裁决的裁定,认为不正确而提出上诉或申诉。

第二百一十六条 执行员接到申请执行书或者移交执行书,应当向被执行人发出执行通知,责令其在指定的期间履行,逾期不履行的,强制执行。

被执行人不履行法律文书确定的义务,并有可能隐匿、转移财产的,执行员可以立即采取强制执行措施。

修正案草案建议修改为:第二百三十七条 执行员接到申请执行书或者移交执行书,应当向被执行人发出执行通知,并可以立即采取强制执行措施。

本会赞同修正案草案修改意见。

第二十一章 执行措施

保留第二百一十七条。

第二百一十八条 被执行人未按执行通知履行法律文书确定的义务,人民法院有权向银行、信用合作社和其他有储蓄业务的单位查询被执行人的存款情况,有权冻结、划拨被执行人的存款,但查询、冻结、划拨存款不得超出被执行人应当履行义务的范围。

人民法院决定冻结、划拨存款,应当作出裁定,并发出协助执行通知书,银行、信用合作社和其他有储蓄业务的单位必须办理。

修正案草案建议修改为:第二百三十九条 被执行人未按执行通知履行法律文书确定的义务,人民法院有权向有关单位查询被执行人的存款、债券、股票、基金份额等财产情况。人民法院有权根据不同情形扣押、冻结、划拨、变价被执行人的财产。人民法院查询、扣押、冻结、划拨、变价的财产不得超出被执行人应当履行义务的范围。

人民法院决定扣押、冻结、划拨、变价财产，应当作出裁定，并发出协助执行通知书，有关单位必须办理。

本会赞同修正案草案修改意见。

保留第二百一十九条至第二百二十二条。

第二百二十三条 财产被查封、扣押后，执行员应当责令被执行人在指定期间履行法律文书确定的义务。被执行人逾期不履行的，人民法院可以按照规定交有关单位拍卖或者变卖被查封、扣押的财产。国家禁止自由买卖的物品，交有关单位按照国家规定的价格收购。

修正案草案建议修改为：第二百四十四条 财产被查封、扣押后，执行员应当责令被执行人在指定期间履行法律文书确定的义务。被执行人逾期不履行的，人民法院应当拍卖被查封、扣押的财产；不适于拍卖或者当事人双方同意不进行拍卖的，人民法院可以委托有关单位变卖或者自行变卖。国家禁止自由买卖的物品，交有关单位按照国家规定的价格收购。

本会赞同修正案草案修改意见。

保留第二百二十四条至第二百三十条。

第二百三十一条 被执行人不履行法律文书确定的义务的，人民法院可以对其采取或者通知有关单位协助采取限制出境，在征信系统记录、通过媒体公布不履行义务信息以及法律规定的其他措施。

本会建议修改本条，在其后增加限制高消费的内容【限制不履行义务人的高消费行为】：

被执行人不履行法律文书确定的义务的，人民法院可以对其采取或者通知有关单位协助采取限制出境，限制其在基本生活、工作支出以外乘坐公共交通工具以外的交通工具、入住星级宾馆等高消费行为，在征信系统记录、通过媒体公布不履行义务信息以及法律规定的其他措施。

理由：被执行人只有在没有实际支付能力的情况下才可以暂不履行法律文书确定的义务，如有在基本生活、工作支出以外乘坐公共交通以外的交通工具、入住星级宾馆等高消费行为，实质上就是拒不履行生效裁判，一经发现，应予制裁，以便有效缓解执行难的问题。司法实践中各地方也实际已经按此执行，效果良好。

第二十二章 执行中止和终结

保留第二百三十二条至第二百三十四条。

第四编　涉外民事诉讼程序的特别规定

第二十三章　一般原则

保留第二百三十五条至第二百四十条。

第二十四章　管　　辖

保留第二百四十一条。

第二百四十二条　涉外合同或者涉外财产权益纠纷的当事人，可以用书面协议选择与争议有实际联系的地点的法院管辖。选择中华人民共和国人民法院管辖的，不得违反本法关于级别管辖和专属管辖的规定。

修正案草案建议删去第二百四十二条。

本会赞同修正案草案修改意见。

第二百四十三条　涉外民事诉讼的被告对人民法院管辖不提出异议，并应诉答辩的，视为承认该人民法院为有管辖权的法院。

修正案草案建议删去第二百四十三条。

本会赞同修正案草案修改意见。

保留第二百四十四条。

第二十五章　送达、期间

第二百四十五条　人民法院对在中华人民共和国领域内没有住所的当事人送达诉讼文书，可以采用下列方式：

（一）依照受送达人所在国与中华人民共和国缔结或者共同参加的国际条约中规定的方式送达；

（二）通过外交途径送达；

（三）对具有中华人民共和国国籍的受送达人，可以委托中华人民共和国驻受送达人所在国的使领馆代为送达；

（四）向受送达人委托的有权代其接受送达的诉讼代理人送达；

（五）向受送达人在中华人民共和国领域内设立的代表机构或者有权接受送达的分支机构、业务代办人送达；

（六）受送达人所在国的法律允许邮寄送达的，可以邮寄送达，自邮寄之日起满六个月，送达回证没有退回，但根据各种情况足以认定已经送达的，期间届满之日视为送达；

（七）不能用上述方式送达的，公告送达，自公告之日起满六个月，即视为送达。

修正案草案建议修改为：第二百六十四条　人民法院对在中华人民共和国领域内没有住所的当事人送达诉讼文书，可以采用下列方式：

（一）依照受送达人所在国与中华人民共和国缔结或者共同参加的国际条约中规定的方式送达；

（二）通过外交途径送达；

（三）对具有中华人民共和国国籍的受送达人，可以委托中华人民共和国驻受送达人所在国的使领馆代为送达；

（四）向受送达人委托的诉讼代理人送达；

（五）向受送达人在中华人民共和国领域内设立的代表机构或者有权接受送达的分支机构、业务代办人送达；

（六）受送达人所在国的法律允许邮寄送达的，可以邮寄送达，自邮寄之日起满三个月，送达回证没有退回，但根据各种情况足以认定已经送达的，期间届满之日视为送达；

（七）采用传真、电子邮件等能够确认受送达人收悉的方式送达；

（八）不能用上述方式送达的，公告送达，自公告之日起满六个月，即视为送达。

本会赞同修正案草案修改意见。

保留第二百四十六条至第二百四十八条。

第二十六章　财产保全

第二百四十九条　当事人依照本法第九十二条的规定可以向人民法院申请财产保全。

利害关系人依照本法第九十三条的规定可以在起诉前向人民法院申请财产保全。

第二百五十条　人民法院裁定准许诉前财产保全后，申请人应当在三十日内提起诉讼。逾期不起诉的，人民法院应当解除财产保全。

第二百五十一条　人民法院裁定准许财产保全后，被申请人提供担保的，人民法院应当解除财产保全。

第二百五十二条 申请有错误的，申请人应当赔偿被申请人因财产保全所遭受的损失。

第二百五十三条 人民法院决定保全的财产需要监督的，应当通知有关单位负责监督，费用由被申请人承担。

第二百五十四条 人民法院解除保全的命令由执行员执行。

修正案草案建议删去第二十六章 财产保全。

本会赞同修正案草案修改意见。

第二十七章 仲 裁

保留第二百五十五条至第二百六十八条。

《中华人民共和国民事诉讼法修正案(草案)》律师再修改二次建议稿

要　　目

一、建议确立调查令制度(授权调查制度),规定代理律师有权向法院申请调查令持令调查

二、建议确立交叉诉讼制度,允许共同诉讼中共同被告可以在本诉进行中相互起诉

三、建议降低财产保全、行为保全难度,明确规定现金担保金额比例

四、建议规定在执行措施中限制高消费的条款

五、建议完善宣告失踪、宣告死亡和认定公民无民事行为能力、限制民事行为能力等案件的审理程序

六、建议取消法院可以判决第三人承担民事责任的规定,无独立请求权第三人不得承受“无诉之判”

七、建议限定适用简易程序的案件标的金额,以防止滥用简易程序

八、建议确立律师费等合理费用由败诉一方当事人负担的原则

九、建议确立当事人资格异议制度,允许被告在答辩期内提出当事人不适格要求驳回起诉

十、建议确立举证次序机制,真正落实“谁主张、谁举证”的证据规则,免除后举证义务一方当事人同时举证义务

一、建议确立调查令制度(授权调查制度),规定代理律师有权向法院申请调查令持令调查

【立法建议】

代理诉讼和执行的律师可以向人民法院申请签发调查令,人民法院根据案件情况,作出是否准许的决定。

代理律师持法院签发的调查令调查案件情况时,有关单位和个人应当

予以配合。

注:建议在现行民事诉讼法第六章"证据"中第六十四条(当事人举证与调查取证)第二款后增加上述有关调查令条款。

(一)立法理由

我国现行民事诉讼法确立了"谁主张谁举证"的原则,最高人民法院2001年在《最高人民法院关于民事诉讼证据的若干规定》中,将举证义务负担更多地归于当事人,并对法院调查取证和证据保全范围作了更加严格的限制,导致当事人、尤其是原告方及其诉讼代理人的取证权利缺乏起码的程序保障。在实践中,第一,由于传统文化的影响,国家机关和企事业单位只配合司法机关的调查,不认同其有配合当事人或代理律师调查取证的责任或义务;第二,由于行政机关信息公开推进迟缓,垄断企业还处于强势地位,一般公民、法人和其他组织也有畏讼、厌讼心理,面对诉讼双方激烈的利益冲突,民众亦常常事不关己,明哲保身,使当事人及其代理律师自行调查取证极其困难;第三,当事人向法院申请调查取证或者证据保全也难以得到法官的支持。

(二)制度基础与实践探索

1. 近年来,上海、北京等地方法院对律师调查取证权给予了高度重视,尝试推行"调查令"制度(或称授权调查、委托调查制度),并得到最高人民法院等有关方面的肯定。试点内容主要是,在当事人调查取证困难的情况下,可以向法院申请调查令,当事人或其代理人持法院签发的调查令,可向有关单位和个人调查取证。这一做法在司法实践中已取得明显效果,较好地解决了举证难的问题,目前在山东、重庆、河南等地法院亦陆续试行。调查令制度可以实现双重目的:第一,有助于缓解当事人及其代理律师调查取证的难度,解决其举证不能的问题;第二,有助于减轻法院依职权调查取证的压力和工作负担。综上所述理由,我们认为,这是此次民事诉讼法修法最应该予以重视和加以解决的问题。

2. 2005年8月全国人大常委会执法检查组《关于检查〈中华人民共和国律师法〉实施情况的报告》指出:"一些地方正在试行刑事案件证据展示、民事案件双方当事人交换证据、人民法院根据代理民事案件律师的取证申请签发调查令等制度,以缓解律师调查取证的困难。经过有关部门的共同努力,律师依法执业条件有明显改善。"该报告建议"继续试行庭审前证据展示、证据交换、民事案件调查令等做法"。

3. 2006年3月最高人民法院《关于认真贯彻律师法依法保障律师在诉讼中执业权利的通知》强调:人民法院可以在民事诉讼中积极探索和试行证

据调查令做法，并认真研究相关问题，总结经验。

4. 上海市高级人民法院发布的《上海法院调查令实施规则》(2001 年 6 月 13 日起实施)第一条规定：为保障当事人在民事诉讼进程中依法行使调查取证权利，规范调查取证行为，促进人民法院依法审判，根据《中华人民共和国民事诉讼法》第六十四条第一款、第六十五条第一款之规定，制定本规则。第二条规定：调查令是指当事人在民事诉讼中因客观原因无法取得自己需要的证据，经申请并获人民法院批准，由法院签发给当事人的诉讼代理律师向有关单位和个人收集所需证据的法律文件。该规则要求各市属行政机关和相关机构配合律师持令调查。

5. 北京市高级人民法院于 2004 年 8 月发布的《关于委托调查制度的若干意见(试行)》第一条规定：执行程序中的委托调查制度，是指在案件执行阶段，经申请执行人申请，由人民法院签发调查令，指定申请执行人的代理律师持调查令向有关单位或个人调查收集特定证据。

6. 安徽省人大常委会 1999 年发布的《关于律师执业的若干规定(修订草案)》第十二规定：律师代理民事诉讼，自行调查取证难以获得相关证据的，可以向人民法院申请调查令；律师可以申请人民检察院、人民法院收集、调取证据。

(三)域外立法例

日本：日本民事诉讼法第二百二十三条规定：法院认为文书提出命令的申请有理由时应裁定文书持有人提出文书。但没有必要进行证据调查以及没有提出义务的部分除外。

第二百二十四条规定：当事人不服从文书提出命令时的法律后果是，法院可以认定对方当事人主张的文书记载事项真实；当事人以妨碍对方当事人使用为目的，致使具有提出义务的文书灭失及其他无法使用的情形时亦同；于前两款情形下，对方当事人具体主张该文书的记载内容以及利用其他证局证明该文书能证明的要证事实显著困难时，法院可认定对方当事人主张的事实为真实。

德国：德国民事诉讼法第四百二十一条规定：举证人断定证书在对方当事人手中时，应在申请证据时，同时申请命对方当事人提出证书。

第四百二十五条规定：法院认为应由证书证明的事实是重要的，并且认为申请有理由，而对方当事人承认证书在他手上，或者对方当事人对申请不做表示时，法院就命令他提出证书。

法国：法国民事诉讼法第一百三十八条规定：如在诉讼过程中一方当事人拟援用其本人并非参与人的公证书或私证书，或者拟援用由第三人所持有的书证时，该当事人得向受诉法官提出请求，由法官命令提交该证书的副本，或者提交该文书或书证。

美国：美国联邦民事诉讼规则第三十七条（不出示或不协助发现：制裁）a款规定：当事人在对其他当事人及受影响的所有人发出合理的通知后，根据下列规定，可以申请强制出示或发现命令：

（1）管辖法院　对当事人作出命令的申请，应向诉讼系属的法院提出。对非当事人作出命令的申请，应向发现正在进行或将要进行的地区的法院提出。

（2）申请　如果当事人不按照本规则第二十六条第一款的要求予以出示，任何其他当事人均可以申请强制出示和适当的制裁。申请必须证明申请人已经真诚努力与不进行出示的当事人进行过协商或已试图协商以求在诉讼外法院不参与的情况下获得出示；如果一个庭外证人不能回答依本规则第三十条或第三十一条规定提出或呈交的问题，或者一个公司或其他实体不能依照本规则第三十条b款（6）项或第三十一条a款规定作出指定，……发现方当事人可以申请强制答复或申请指定的命令或根据要求强制进行调查的命令。

"我国台湾地区"的民事诉讼法第三百四十三条规定：（命他造提出文书之裁定）法院认为应证之事实重要，且举证人之声请正当者，应以裁定命他造提出文书。

二、建议确立交叉诉讼制度，允许共同诉讼中共同被告可以在本诉进行中相互起诉

【立法建议】

在正在进行的共同诉讼中，共同被告可以在本诉答辩期间内向其他共同被告提出独立于本诉的诉讼请求。

在正在进行的诉讼中，被告可以在本诉辩论终结前向无独立请求权第三人提出独立于本诉的诉讼请求。

前两款规定的交叉之诉或引入诉讼与本诉应当由同一审判组织以同一程序合并审理，合并审理有困难的，也可以按先本诉、后交叉之诉或引入诉讼的顺序进行审理，一并作出判决。

交叉之诉或引入诉讼的审理适用本法关于本诉审理的规定。

注：建议在现行民事诉讼法第五章"诉讼参加人"中第五十三条（共同诉讼）后增加关于交叉诉讼的规定。

（一）立法理由

交叉诉讼是指在包含多个被告的共同诉讼中，由其中一个被告向其他

被告或第三人、案外人提起的诉讼。在同一诉讼程序中对相互关联的争议案件进行合并审理,既可以最大限度地节约司法资源,又可能较好地解决相关当事人之间存在的或潜在的全部民事争议,避免将来发生更多的纠纷或诉讼,这在美国等发达国家的民事诉讼制度中都有相应规定且行之有效。我国因为缺乏相应的制度安排,一个简单的案件可能须分为两个独立的诉讼进行,甚至同一合同关系分不同的诉讼或仲裁,往往导致不同的法院或不同的审判组织就同一事件作出相互矛盾的判决,不仅不利于全面解决基于同一事件或诉因引起的各利害相关方的争议,也不利于提高诉讼效率和维护司法权威。因此,建议规定共同诉讼中共同被告可以在本诉进行中相互提起交叉诉讼,在非共同诉讼中被告和无独立请求权第三人也可以在本诉进行中相互提起交叉诉讼,以节省诉讼成本,提高诉讼效率,保证审判的公正和统一。事实上,最高人民法院关于担保法的司法解释已经作出类似交叉诉讼的规定,明确要求在债权人起诉债务人和保证人时,法院应当一并判决确认保证人对债务人的追偿权,只不过没有明确作为共同被告的保证人可以在本诉进行中对债务人同时起诉。我国民事诉讼法规定的有独立请求权第三人之诉也可以理解为一种反向的交叉诉讼(在起诉的时间先后顺序上与交叉诉讼恰恰相反,是在第三人参加之诉中作为共同被告的本诉原告和本诉被告之间事先提起了诉讼)。

(二)制度基础与实践探索

1.《最高人民法院关于适用〈中华人民共和国担保法〉若干问题的解释》第四十二条规定:人民法院判决保证人承担保证责任或赔偿责任的,应当在判决书主文中明确保证人享有担保法第三十一条规定的权利。

2. 北京市高级人民法院通过的《审理民商事案件若干问题的解答之五(试行)》第二十六条进一步明确规定:在判决书中担保人的追偿权已被确定,追偿数额和追偿对象明确的具体情形下,担保人承担担保责任后,可根据具体给付情况,依据生效判决直接向债务人或其他担保人行使其追偿权,无须另行提起诉讼。

(三)域外立法例

美国:美国联邦民事诉讼规则第十三条 g 款规定:对共同当事人的交叉请求。一方当事人可以在诉答文书中提出针对一个共同当事人的交叉请求,该请求可以基于作为本诉或反请求的诉讼标的的交易或事件中产生而提出,也可以作为本诉讼标的财产权提出。该交叉请求可以包括被交叉请求的当事人替交叉请求人负责或有可能负责在诉讼中所主张的请求的全部或一部分。第十四条“第三当事人诉讼程序”a 款规定:在诉讼开始后的任何时候,本诉的被告作为第三当事人原告,以应该或可能由非诉讼当事人的人负责原告对第三当事人原告请求的全部或部分为理由,可以向非本诉当事人的人送达传唤状和起诉状。b 款规定,对原告提出反请求时,原告按照本条关于被告有权引入第三当事人之规定,可以引入第三当事人参加诉讼。

法国:法国民事诉讼法第三百三十一条规定:有权以本诉请求针对第三人提起诉讼的任何一方当事人,均可以将第三人牵连进诉讼,使之受到判决。有利益让第三人参加诉讼的当事人,也可以将第三人牵连进诉讼,使判决成为他们的共同判决。

三、建议降低财产保全、行为保全难度,明确规定现金担保金额比例

【立法建议】

人民法院采取保全措施,可以责令申请人提供相应的实物或现金担保;当事人申请财产保全用现金担保或申请证据保全、行为保全的,担保金额不得高于诉讼请求金额的10%。申请人不提供担保的,裁定驳回申请。

人民法院接受申请后,必须在四十八小时内作出裁定。裁定采取保全措施的,应当立即开始执行。

注:建议将现行民事诉讼法第九章“财产保全和先于执行”中第九十二条(财产保全)第二款、第三款修改如上。

(一)立法理由

现行民事诉讼法规定当事人有权申请财产保全,但实践中“保全难”的问题较突出,承办法官往往随意提高担保条件,甚至要求等额现金担保,或以并非情况紧急为由拒绝或变相拒绝当事人的申请。据我们了解的情况,在实践中采取查封和冻结等保全措施可能给保全财产造成的损失,通常不会超过保全标的金额的10%(如资金占用的双倍利息损失),当事人一般只需要提供相当于保全财产价值10%的财物作为担保物或担保金即应允许保全。另外,法律规定人民法院接受申请后,对情况紧急的,必须在四十八小时内作出裁定。但“情况紧急”是一个比较模糊的概念,为制约法官滥用自由裁量权,建议对凡是申请保全并提供担保的,应一律视为情况紧急而予以支持。

(二)制度基础与实践探索

2009 年 4 月 22 日发布的《北京市高级人民法院关于财产保全若干问题的规定(试行)》第七条规定:申请人提供担保的数额原则上应相当于请求保全的数额。对于申请人无力提供相等金额担保,但案件权利义务关系明确、

如不及时保全可能造成无法弥补的损失的，可以要求申请人提供不低于请求保全数额20%的现金作担保。

（三）域外立法例

德国：德国民事诉讼法第九百二十一条第二款规定：如对对方当事人可能受到的损害提供担保，即使就请求权或假扣押理由未能释明，法院也可以命令假扣押。即使对请求权和假扣押理由已经释明，法院可以命令于提供担保后实行假扣押。

美国：美国联邦民事诉讼法第六十五条c款第一项规定：除非申请人提供担保，否则不得发出临时禁止令或者预备禁止令。提供的担保金额应是法院认为适当的，用于支付被错误地禁止或者限制的当事人可能遭受的损失或者损害。

“我国台湾地区”的民事诉讼法第五百二十二条规定：债权人就金钱请求或得易为金钱请求之请求，欲保全强制执行者，得声请假扣押。

第五百二十六条规定：请求及假扣押之原因，应释明之。

前项释明如有不足，而债权人陈明愿供担保或法院认为适当者，法院得定相当之担保，命供担保后为假扣押。

请求及假扣押之原因虽经释明，法院亦得命债权人供担保后为假扣押。

债权人之请求系基于家庭生活费用、扶养费、赡养费、夫妻剩余财产差额分配者，前项法院所命供担保之金额不得高于请求金额之十分之一。

四、建议规定在执行措施中限制高消费的条款

【立法建议】

被执行人不履行法律文书确定的义务的，人民法院可以对其采取或者通知有关单位协助采取限制出境、限制其在基本生活、工作支出以外乘坐公共交通工具以外的交通工具、入住星级宾馆等高消费行为，在征信系统记录、通过媒体公布不履行义务信息以及法律规定的其他措施。

被执行人有违反本法规定进行高消费行为的，人民法院应当予以拘留；情节严重构成犯罪的，应当按拒不履行生效裁判罪追究刑事责任。

注：建议将现行民事诉讼法第二十一章“执行措施”中第二百三十一条（被执行人不履行义务的限制性措施）修改如上。

（一）立法理由

现行民事诉讼法第二百三十一条中已经规定：被执行人不履行法律文书确定的义务的，人民法院可以对其采取或者通知有关单位协助采取限制出境，在征信系统记录、通过媒体公布不履行义务信息以及法律规定的其他

措施，但是未涉及限制高消费问题。事实上，被执行人只有在没有实际支付能力的情况下才可以暂不履行法律文书确定的义务，如有在基本生活、工作支出以外乘坐公共交通以外的交通工具、入住星级宾馆等高消费行为，实质上就是拒不履行生效裁判，一经发现，应予司法拘留，情节严重的应追究刑事责任。司法实践中各地方实际也已经按此执行，效果良好。因此应在立法中增加限制高消费措施及相关制裁的内容。

（二）制度基础与实践探索

1. 最高人民法院2010年7月发布的《最高人民法院关于限制被执行人高消费的若干规定》，主要内容包括：

第一条 被执行人未按执行通知书指定的期间履行生效法律文书确定的给付义务的，人民法院可以限制其高消费。

第三条 被执行人为自然人的，被限制高消费后，不得有以下以其财产支付费用的行为：乘坐交通工具时，选择飞机、列车软卧、轮船二等以上舱位；在星级以上宾馆、酒店、夜总会、高尔夫球场等场所进行高消费；购买不动产或者新建、扩建、高档装修房屋；租赁高档写字楼、宾馆、公寓等场所办公；（购买非经营必需车辆；旅游、度假；子女就读高收费私立学校；支付高额保费购买保险理财产品；其他非生活和工作必需的高消费行为。

第十一条 被执行人违反限制高消费令进行消费的行为属于拒不履行人民法院已经发生法律效力的判决、裁定的行为，经查证属实的，依照《民事诉讼法》第一百零二条的规定，予以拘留、罚款；情节严重，构成犯罪的，追究其刑事责任。

有关单位在收到人民法院协助执行通知书后，仍允许被执行人高消费的，人民法院可以依照《民事诉讼法》第一百零三条的规定，追究其法律责任。

2. 重庆市高级人民法院1999年8月发布的《关于限制被执行人高消费、出国、出境的暂行规定》中规定：对作出限制被执行人高消费决定的应制作公告在高消费场所张贴，或利用新闻媒体作用广而告之，使限制对象受到社会监督。违反限制高消费行为的，经执行法院查实，依照《民事诉讼法》第一百零二条的规定处罚。

五、建议完善宣告失踪、宣告死亡和认定公民无民事行为能力、限制民事行为能力等案件的审理程序

【立法建议】

第一百六十九条：一方利害关系人申请宣告公民失踪或死亡的，法院必

须通知或公告被申请人近亲属等其他利害关系人参加诉讼。

法院对宣告失踪、宣告死亡案件，应当进行开庭审理，并允许申请人、被申请人和所有参加诉讼的利害关系人陈述意见、进行质证和辩论。

第一百七十三条　一方利害关系人申请认定公民无民事行为能力、限制民事行为能力的，法院必须通知或公告被申请人近亲属等其他利害关系人参加诉讼。

法院对认定公民无民事行为能力、限制民事行为能力案件应当进行开庭审理，并允许申请人、被申请人和所有参加诉讼的利害关系人陈述意见、进行质证和辩论。

注：建议在现行民事诉讼法第十五章“特别程序”中第一百六十八条（宣告失踪、宣告死亡案件的处理）后增加一条作为第一百六十九条，在第一百七十二条（认定公民无民事行为能力、限制民事行为能力案件的处理）之后增加一条作为第一百七十三条（其他利害关系人必须参加诉讼并必须开庭审理）。

（一）立法理由

宣告失踪、宣告死亡案件审理程序和认定公民无民事行为能力、限制民事行为能力案件审理程序虽为特别程序，但却因其直接涉及公民生存状态或行为能力的认定或剥夺，在制度安排上较之普通诉讼程序应该更加严谨、慎重。但现行民事诉讼法对此规定却失之简单、含糊，甚至没有必须开庭审理的规定，实践中，常有利害关系人在其他近亲属等利害关系人不知情的情况下滥用司法程序对公民进行恶意申请宣告失踪或死亡，个别利害关系人在其他近亲属等利害关系人不知情的情况下滥用司法程序对公民进行恶意认定无民事行为能力、限制民事行为能力，公民因上访等事由“被精神病”而缺乏救济途径，设立此款旨在进一步完善民事诉讼法相关特别程序，并为即将制定的精神卫生法疑似精神病人强制诊断和强制住院治疗程序奠定更好的制度基础，有效保障基本人权。

（二）域外立法例

法国：法国民事诉讼法第三百三十二条规定：法官如认为任何利害关系人参加诉讼对解决争议实属必要，得提请各方当事人将这些利害关系人牵连进诉讼。非诉案件，权利或义务有可能受到将要作出的裁判决定影响的人，法官得令其参加诉讼。

“我国台湾地区”的民事诉讼法第六百三十条（共同声请或代为声请）规定：有声请权之人得为共同声请人，加入程序或代声请人续行程序。

六、建议取消法院可以判决第三人承担民事责任的规定，无独立请求权第三人不得承受“无诉之判”

【立法建议】

对当事人双方的诉讼标的，第三人虽然没有独立请求权，但案件处理结果同他有法律上的利害关系的，可以申请参加诉讼，或者由人民法院通知他参加诉讼。

符合起诉条件的，本诉原告或被告可以与无独立请求权的第三人相互提起诉讼。本诉原告或被告未对无独立请求权的第三人提起诉讼的，人民法院不得直接判决无独立请求权的第三人承担民事责任。

无独立请求权的第三人在诉讼中有权委托诉讼代理人、提出管辖权异议、提出当事人资格异议、提出回避申请、自行调查取证、申请法院调查取证或者证据保全、查阅本案有关材料和复制本案有关材料及法律文书、参加法庭调查、参加法庭辩论、最后陈述。

注：建议将上述内容作为现行民事诉讼法第五章“诉讼参加人”中第五十六条（第三人参加诉讼）的第二款、第三款、第四款。

（一）立法理由

现行无独立请求权第三人制度规定非常混乱。民事诉讼法关于“人民法院判决承担民事责任的（无独立请求权）第三人，有当事人的诉讼权利义务”的规定是典型的“无诉之判”。无独立请求权第三人在诉讼中具有什么样的诉讼地位，是否全部享有或者部分享有当事人的权利与义务，民事诉讼法均未规定。虽然第三人有权委托诉讼代理人、有权参加法庭调查和法庭辩论、有权调查取证的部分规定，但是这些规定显然是远远不够的。在民事诉讼法中法院可以判决无独立请求权第三人承担民事责任的规定显失公正，建议废除此规定，明确赋予无独立请求权的第三人享有当事人的部分诉讼权利，包括但不限于委托诉讼代理人、提出管辖权异议和当事人资格异议、提出回避申请、自行调查取证、申请法院调查取证或者证据保全、查阅本案有关材料和复制本案有关材料及法律文书、参加法庭调查、参加法庭辩论、最后陈述等，以保障其合法权益。特别是在建立交叉诉讼制度之后，应赋予第三人与被告之间提起交叉诉讼的权利，此乃判决其承担民事责任的前提条件和基础。

另外，无独立请求的第三人交叉诉讼制度的引入，能够弥补无独立请求权第三人制度的缺陷，为无独立请求权第三人诉讼权利保障和判决责任承担，提供法理基础和合法依据。

（二）制度基础与实践探索

1.《最高人民法院关于适用〈担保法〉若干问题的解释》第四十二条中规

定:“人民法院判决保证人承担保证责任或赔偿责任的,应当在判决书主文中明确保证人享有担保法第三十一条规定的权利。”(注:对这一司法解释的一般理解是法院在审理保证担保纠纷案件中,可以根据保证人的请求,对保证人的追偿权与债务人对保证人所承担的最终偿付责任一并作出判决,保证人在代为清偿之后可以直接根据该判决对债务人申请强制执行而无须另案起诉。)

2. 2007 年 3 月 12 日北京市高级人民法院通过的《审理民商事案件若干问题的解答之五(试行)》第二十六条明确规定:“在判决书中担保人的追偿权已被确定,追偿数额和追偿对象明确、具体情形下,担保人承担担保责任后,可根据具体给付情况,依据生效判决直接向债务人或其他担保人行使其追偿权,无须另行提起诉讼。”(注:应该说,前述司法解释和司法政策性文件是在最高法院和地方法院意识到现有共同诉讼机制存在缺陷的情况下所作的突破性规定,对于减少此类案件当事人的讼累、提高司法效率是有益的。但是,这种在没有保证人起诉的情况下对债务人直接作出判决要求其对保证人承担偿付责任的做法无疑属于典型的“无诉之判”,因而也是有悖诉讼逻辑的。何况,该司法解释的对象仅限于保证担保纠纷,而不能及于其他共同诉讼,因而其作用范围也是极其有限的。)

七、建议限定适用简易程序的案件标的金额,以防止滥用简易程序

【立法建议】

案件争议金额超过 100 万元的,不得适用简易程序。

注:建议在现行民事诉讼法第十三章“简易程序”的第一百四十二条(适用简易程序的条件)之中增加一款,作为对适用简易程序的限制。

(一)立法理由

虽然现行法律规定简易程序只能适用于事实清楚、权利义务关系明确、争议不大的“简单”民事案件,但司法实践中,各地基层法院普遍存在滥用简易程序的现象,几百万上千万的案件都由审判员一人独任审判,当事人的基本诉讼权利得不到有效的保障,可能导致实体判决不公。法律虽然规定了当事人享有上诉权,但由于目前第二审法院大多对上诉案件实行变相“书面审理”,所谓“可改可不改”的坚决不改,一旦一审判决错误,当事人几乎难有救济机会。事实上,国外许多国家民事诉讼立法都对简易程序的适用作了明确限制,通常以受案金额大小作为是否适用简易程序的标准。如在英国,适用于快捷审理程序的案件,诉讼请求金额范围为 5000 英镑—15000 英镑;在日本,简易程序适用的范围是诉讼标的额 90 万日元以内的案件,诉讼标的

额在30万日元以下的案件往往由简易法院一审终审；法国小审法院采用简易程序审理的案件是诉讼标的额3万法郎以下。因此，建议借鉴有关国外立法例和国内仲裁适用简易程序的规定，将适用简易程序的案件争议金额限定在50万元至100万元以下，以防止简易程序滥用，损害当事人的合法权益，妨碍司法公正。

（二）制度基础与实践探索

1. 现行民事诉讼法第一百四十二条规定：基层人民法院和它派出的法庭审理事实清楚、权利义务关系明确、争议不大的简单的民事案件，适用本章规定。

2. 北京仲裁委员会现行仲裁规则第四十七条“简易程序的适用”规定：除非当事人另有约定，凡案件争议金额不超过100万元（指人民币，下同）的，适用简易程序；争议金额超过100万元，双方当事人约定或者同意的，也可适用简易程序，仲裁费用予以减收。

3. 中国国际经济贸易仲裁委员会现行仲裁规则第五十四条“简易程序的适用”规定：除非当事人另有约定，凡争议金额不超过人民币200万元，或争议金额超过人民币200万元，但经一方当事人书面申请并征得另一方当事人书面同意的，适用简易程序；没有争议金额或争议金额不明确的，由仲裁委员会根据案件的复杂程度、涉及利益的大小以及其他有关因素综合考虑决定是否适用简易程序。

（三）域外立法例

法国：1998年12月28日第98－1231号法令规定：小审法院对争议标的不超过5万法郎的动产债权案件有一审管辖权，超过这一数额的案件，由大审法院管辖。

德国：德国法院组织法规定：简易程序的民事事务管辖权为5000欧元以下的一切案件和法律明确规定的7类不重要的民事案件。

“我国台湾地区”的民事诉讼法第四百二十七条规定：关于财产权之诉讼，其目标之金额或价额在新台币五十万元以下者，适用本章所定之简易程序。

八、建议确立律师费等合理费用由败诉一方当事人负担的原则

【立法建议】

胜诉一方当事人可以请求对方当事人支付律师费等合理费用。当事人部分胜诉、部分败诉的，可以按胜诉比例请求对方当事人支付律师费等合理费用。

注：建议在现行民事诉讼法第十一章“诉讼费用”第一百零七条（诉讼费

用的负担)后增加"律师费等合理费用由败诉一方当事人负担"的内容。并授权人民法院可以按照当地通常费用标准酌定律师收费,以避免律师费用过高。

(一)立法理由

明确规定律师费等合理费用由败诉一方当事人负担是国际惯例,此举可增大违约、违法成本,减少恶意诉讼,节约司法资源,提高社会遵约守法意识,促进诚信建设。我国现行法律、相关司法解释及规范性文件已经至少在以下四类诉讼案件中规定了由败诉方承担对方合理的律师费:(1)知识产权纠纷案件;(2)合同纠纷中有约定的部分案件;(3)部分人身损害赔偿案件:(4)部分法律援助案件。在仲裁案件中,各地仲裁机构仲裁规则普遍规定了仲裁中胜诉的当事人可以要求对方负担必要的律师费。

学者和律师指出,我国修改三大知识产权法时不仅规定了"行为保全"制度,而且通过司法解释规定了胜诉一方当事人支付的合理律师费由败诉一方承担的原则。此次民事诉讼法修改既然拟扩大"行为保全"适用范围,作为具有相同性质和意义的知识产权案件律师费负担问题,也应参照进行法律调整,以体现立法价值取向。

(二)制度基础与实践探索

1. 知识产权案件的相关规定

(1)《最高人民法院关于审理著作权民事纠纷案件适用法律若干问题的解释》第二十六条规定:著作权法第四十八条第一款规定的制止侵权行为所支付的合理开支,包括权利人或者委托代理人对侵权行为进行调查、取证的合理费用。人民法院根据当事人的诉讼请求和具体案情,可以将符合国家有关部门规定的律师费用计算在赔偿范围内。

(2)《最高人民法院关于审理商标民事纠纷案件适用法律若干问题的解释》第十七条规定:商标法第五十六条第一款规定的制止侵权行为所支付的合理开支,包括权利人或者委托代理人对侵权行为进行调查、取证的合理费用。人民法院根据当事人的诉讼请求和案件具体情况,可以将符合国家有关部门规定的律师费用计算在赔偿范围内。

(3)《最高人民法院关于审理专利纠纷案件适用法律问题的若干规定》第二十二条规定:人民法院根据权利人的请求以及具体案情,可以将权利人因调查、制止侵权所支付的合理费用计算在赔偿数额范围之内。

2. 合同法及其司法解释的相关规定

(1)《中华人民共和国合同法》第一百一十四条规定:当事人可以约定一方违约时应当根据违约情况向对方支付一定数额的违约金,也可以约定因违约产生的损失赔偿额的计算方法。

(2)《中华人民共和国合同法》第七十四条规定:债权人行使撤销权的必要费用,由债务人负担。《最高人民法院关于适用〈中华人民共和国合同法〉若干问题的解释(一)》第二十六条规定:债权人行使撤销权所支付的律师代理费、差旅费等必要费用,由债务人负担;第三人有过错的,应当适当分担。

3.《中华人民共和国民法通则》的相关规定

民法通则第一百一十九条规定:侵害公民身体造成伤害的,应当赔偿医疗费、因误工减少的收入、残废者生活补助费等费用;造成死亡的,并应当支付丧葬费、死者生前扶养的人必要的生活费等费用。

上海市高级人民法院2000年发布的《关于印发〈关于民事案件审理的几点具体意见〉的通知》规定:律师费在性质上属于财产利益,原则上可作为损失。

4. 审理法律援助案件的相关规定

《最高人民法院　司法部关于民事法律援助工作若干问题的联合通知》第七条规定:法律援助人员办理法律援助案件所需差旅费、文印费、交通通讯费、调查取证费等办案必要开支,受援方列入诉讼请求的,人民法院可根据具体情况判由非受援的败诉方承担。

5. 仲裁的相关规定

《中国国际经济贸易仲裁委员会仲裁规则》第五十条规定:仲裁庭有权根据案件的具体情况在裁决书中裁定败诉方应补偿胜诉方因办理案件而支出的合理的费用。仲裁庭裁定败诉方补偿胜诉方因办理案件而支出的费用是否合理时,应具体考虑案件的裁决结果、复杂程度、胜诉方当事人及/或代理人的实际工作量以及案件的争议金额等因素。

6. 反不正当竞争法的相关规定

反不正当竞争法第二十条规定:经营者违反本法规定,给被侵害的经营者造成损害的,应当承担损害赔偿责任,被侵害的经营者的损失难以计算的,赔偿额为侵权人在侵权期间因侵权所获得的利润;并应当承担被侵害的经营者因调查该经营者侵害其合法权益的不正当竞争行为所支付的合理费用。

(二)域外立法例

德国:德国民事诉讼法第九十一条规定:败诉的当事人应该负担诉讼的费用,尤其是应该偿付对方当事人因达到伸张权利或防卫权利的目的而支出的必要费用。胜诉当事人对于律师的法定报酬和支出费用,在各种诉讼中均应偿付之。

英国:1999年4月26日生效的英国民事诉讼规则和2000年7月生效的民事诉讼指引规定:包含在诉讼费用中的律师费用原则上由败诉方承担胜诉方的费用,但是法院亦可不依一般的诉讼费用承担规则而另行做出诉讼费用命令。

美国:美国联邦民事诉讼规则第五十四条d款第二项规定:对律师费用及有关的免税费用的请求可以通过申请书提出,但追索损害赔偿之类的诉讼请求除外。

"我国台湾地区"的民事诉讼法第七十七条之二十五规定:法院或审判长依法律规定,为当事人选任律师为特别代理人或诉讼代理人者,其律师之酬金由法院或审判长酌定之。前项酬金及第四百六十六条之三第一项之酬金为诉讼费用之一部,其支给标准,由司法院参酌法务部及中华民国律师公会全国联合会意见定之。

第七十八条规定:诉讼费用,由败诉之当事人负担。

第七十九条规定:各当事人一部胜诉、一部败诉者,其诉讼费用,由法院酌量情形,命双方以比例分担或命一造负担,或命双方各自负担其支出之诉讼费用。

九、确立当事人资格异议制度,允许被告在答辩期内提出当事人不适格要求驳回起诉

【立法建议】

建议在现行民事诉讼法第十二章"第一审普通程序"中第一百一十三条之后增加一条(被告有权提出当事人资格异议):

"被告在收到《应诉通知书》和《民事起诉状》副本之后,认为当事人一方或者双方不适格的,可以在法定答辩期间内向法院提出书面异议并应同时提交相关证据。

被告提出当事人资格异议的,法院应当中止案件的实体审理,专门审理当事人是否适格的问题。当事人对第一审裁定不服的,可以向上一级人民法院上诉。"

(一)立法理由

当事人资格异议,即规定被告认为当事人一方甚至双方不适格时而有权在应诉答辩期间提出异议,要求法院在第一时间对诉讼主体可能错误的诉讼进行专门审查、作出决定,有助于法院对当事人是否适格这一问题集中进行程序性审理,从而有效过滤主体错误案件进入实体审理,实现诉权保障和诉讼经济的目的。既然管辖权错误被告都可以提出异议,在更为严重的

当事人错误的情况下,被告更应该有权提出异议。

在司法实践中,因原告的认识错误或者恶意诉讼导致当事人不适格的案件时有发生,但民事诉讼法没有规定处理这种错误问题的法定程序,法院通常是在宣告裁判时才会就此问题作出回应,要么是判决驳回诉讼请求,要么是裁定驳回起诉。无论何种做法,法院都会完整地履行一遍庭审程序,导致浪费司法资源,也造成当事人人力、财力等不必要的诉讼负担。建议比照现行管辖权异议制度增设当事人资格异议制度,规定被告有权在答辩期内提出当事人不适格要求驳回起诉,以便有效解决上述问题。

(二)制度基础与实践探索

目前我国现行法律及司法解释的规定尚无有关当事人资格异议制度的法律规定,但有关机构负责人曾经提到(参见 2011 年 10 月 11 日《法制日报》:《民事诉讼法再次修改工作已启动——访全国人大常委会法工委民法室副主任扈纪华》),有的法院在进行审前程序的探索试点工作,这个程序包括送达诉讼文书,对管辖、诉讼主体资格等程序问题的审查,行使释明权,进行审前调解的,进行繁简分流等。

自 2010 年 8 月起,北京市在海淀、丰台、房山和昌平区法院开展了试点工作,积极推行起诉登记和适度审查相结合的复合式审前程序,边审查、边调解、边立案。一年来,试点法院共提供立案指导 70447 人次,其中对主体不适格、证据不充分的情形进行立案指导 30686 件,进行风险提示 21904 件。(参见鲍雷、刘玉民、杨艳:《破解"案多人少"困局——北京法院试点审前程序侧记》,载于《法庭内外》2011 年第 11 期)虽然这种试点审前程序中的诉讼主体资格认定是由人民法院主导而非真正意义上的当事人资格异议制度,但是其也足以说明人民法院开始重视诉讼主体资格认定制度及构建此种制度的现实意义。

【域外立法例】

美国联邦民事诉讼规则第九条第一款规定:除当事人有必要表明法院管辖权外,没有必要主张当事人的起诉或者应诉的能力及委托代理人起诉或者应诉的诉讼权限,或者作为当事人的社团组织的合法存在。但是,如当事人想要对某一当事人的合法存在或其起诉或应诉能力或者委托代理人起诉和应诉的权限提出异议时,当事人应以就此提出具体明确的事实主张,该主张应当包括诉答者所知的能支持其主张的详细事实。

第十七条第一款规定:每一诉讼应以实际有利害关系的当事人的名义提起。遗嘱执行人、遗产管理人、监护人、受托保管人、明示信托的受托人,为他人利益订立合同或以自己的名义为他人利益订立合同的当事人,或者经法律授权的当事人,可以为未参加诉讼的当事人的利益以自己的名义起诉。如果美国制定法特别规定,为他人行使权利或为其利益的诉讼,可以美国的名义提起。任何诉讼在实际有利害关系的当事人要求追认诉讼的开始或者要求合并或替代当事人的异议之后,在合理的期间许可之前,不得以不是实际有利害关系的当事人的名义进行诉讼为理由撤销诉讼,并且这种追认、合并及替代当事人与以实际有利害关系的当事人的名义开始的诉讼具有同等效力。

十、建议确立举证次序机制,真正落实“谁主张、谁举证”的证据规则,免除后举证义务一方当事人同时举证义务

【立法建议】

建议在现行民事诉讼法第十二章“第一审普通程序”中第一百二十四条之后增加一条,作为第一百二十五条(举证时限与举证次序):

“法院应当要求负有优先举证义务一方当事人在指定期间内提供证据,并将证据副本送达对方当事人。对方当事人认为有反驳必要的,可以在收到证据副本之后再法院指定期间内提供反驳证据。”

(一)立法理由

《最高人民法院关于民事诉讼证据的若干规定规定》专门规定了“举证时限与证据交换”的内容。按照“谁主张谁举证”的一般原则,原告一般有优先举证的义务;在原告举证之后,被告才有对其主张进行承认或反驳的义务;如果原告不能举证,则被告无须举证(法律规定举证义务倒置的除外)。但司法解释要求原告和被告必须在规定时间同时提交并相互交换各自的全部证据。这一看似公平的要求其实有失公平,因为被告(或后举证义务一方当事人)无从判断原告(或先举证义务一方当事人)是否已经就其主张的事实和诉讼请求进行举证,尤其是否能对其主张提供全面的证据。这种规定显然对于被告(或后举证义务一方当事人)是极其不利的,因为被告(或后举证义务一方当事人)举证时不得不假设原告有全面充分的举证的能力,从而最大限度地与原告(或先举证义务一方当事人)同时进行全面充分的举证。这种机制实际上有可能将原告的举证义务转嫁到被告(或后举证义务一方当事人)的身上,让被告(或后举证义务一方当事人)过早承担不应该由他承担的举证义务。因此,建议确立举证次序机制,即具有先举证义务一方当事人举证结束之后,后举证义务一方当事人才有必要进行有针对性的举证,以真正落实“谁主张、谁举证”的基本证据规则。另外,民事诉讼法和证据规定都未明确合议庭或独任法官在证据交换程序或法庭调查程序中对质证进行归纳的义务,司法实践中有的法院已有此实践操作,实际效果也非常好。明确规定合议庭对举证和质证情况进行归纳和释明,以便当事人在确认过的事实和证据基础上进行辩论,当事人双方持有不同意见的也应当允许他们在法庭辩论过程当中继续进行辩论。经过质证归纳和证据确认环节,当事人的法庭辩论才能做到有的放矢,同时也有助于提高审判的效率。

(二)域外立法例

我国台湾地区最高法院于 2007 年 5 月 16 日发布的判决书(最高法院 17 年上字第 917 号)判例意旨规定:“若原告未尽举证……,即使被告就其抗辩事实即令不能举证,或其所举证据尚有疵累,亦应驳回原告之请求。”

《中华人民共和国民事诉讼法修正案（草案）》之公益诉讼制度律师修改建议稿[①]

导读：本建议以分散立法为准则，基本上按照全国人大常委会法工委《中华人民共和国民事诉讼法修正案（草案）》规定的整体格局（第五十五条：对污染环境、侵害众多消费者合法权益等损害社会公共利益的行为，有关机关、社会团体可以向人民法院提起诉讼）进行补充完善；当然，如果可能，相关建议可以整合起来，单独制定一章对“公益诉讼”专门进行规定更为妥当。

一、建议在现行民事诉讼法第三条中增加第二款：

人民法院审理因损害社会公共利益的行为提起的民事诉讼，适用本法和其他法律的规定。

【立法理由】

1. 第三条是关于人民法院受理民事案件的范围和适用程序的规定，但主要是针对私益诉讼作出的，而其后规定的公益诉讼必然要适用本法大部分规定，并同时适用特别法或部门法的规定。如果法律在此不做原则性规定，其后的公益诉讼规定显得较为突兀，与其他部门法的规定也缺乏衔接。

2. 本条第二款将修正案草案第五十五条分解为两部分，关于审理范围的内容提前置于此处，关于起诉主体的规定仍放在第五十五条，并增加规定具体内容。

3. 鉴于公共利益具有开放性、其内涵和外延都在不断演进之中，有的已经取得共识，有的还需要在实践中寻求共识，不宜具体规定。

（现行民事诉讼法第三条规定：人民法院受理公民之间、法人之间、其他组织之间以及他们相互之间因财产关系和人身关系提起的民事诉讼，适用本法的规定。）

---

① 本建议稿起草者为李刚、李轩，并已提交全国人大常委会法工委。

二、建议对民事诉讼法修正案草案第五十五条增加内容，修改为以下三款：

对污染环境、侵害众多消费者合法权益等损害社会公共利益的行为，人民检察院、人民团体、经民政部门登记的社会团体、经国务院批准成立的团体、基层群众性组织有权向人民法院提起公益诉讼。

有管理职责的行政机关可以在其管理范围内为公共利益或无人代表的民事利益提起公益诉讼。

公民有权就损害公共利益的事件向人民检察院和相关行政机关控告、投诉，如果上述机关在60天内没有采取有效的保护公共利益的措施又不提起公益诉讼的，公民有权自行提起公益诉讼。

【立法理由】

1. 本条宜对原草案中“有关机关”用语进一步明确，现在达成共识的是检察院、行政机关可以提起公益诉讼，但是对行政机关提起民事公益诉讼的最大担心是其将本可以通过行政执法解决的问题，误用公益诉讼程序解决，推诿责任；或者在诉讼中滥用行政管理权谋取诉讼利益。为此，建议禁止其提起公益诉讼，或对其可提起的公益诉讼范围进行限制。

2. 社会团体在我国既是一个法定术语又是一个被宽泛使用的术语，涉及人民团体、经民政部门登记的社会团体、经国务院批准成立的团体，建议赋予他们公益诉讼资格，并明确列举。所谓草根民间组织或非政府组织，因其未经合法登记，实践中人民法院因其不能出示合法主体资格证明文件而不会受理其起诉，因而立法可以不必对此进行规定。

3. 应当增加基层群众组织即居民委员会、村民委员会、业主委员会等作为公益诉讼主体，他们往往代表基层群众利益和社会公共利益。海南省高级人民法院的环境公益诉讼规范文件中已经作出规定，是可取的。

4. 应当增加公民个人作为公益诉讼主体。考察国外公益诉讼实践，其本质就是公民参与，中国十余年的公益诉讼实践更是公民推动的，公民享有公益诉讼资格，应当提到宪法权利的高度看待，应开放和鼓励公民参与公益诉讼。另外，对于一部分人士担心公民可能滥用误用公益诉讼的问题，可以设置前置程序，即先向检察院或相关行政机关控告，请求其采取措施或提起公益诉讼，以减少不必要的诉讼。

三、建议在现行民事诉讼法第六十四条增加第四款：

人民检察院、行政机关以外的公益诉讼原告因主观原因不能自行收集的证据，或者人民法院认为审理案件需要的证据，人民法院应当调查收集，或者委任专家或专门机构调查收集。

【立法理由】

1. 公民或社团可能会因为自身的能力问题，难以对公益诉讼中的主张充分举证，只要案件涉及的公共利益具有重要性，法院不能因为原告不能举证而不予受理或判决驳回起诉。为弥补公益诉讼原告举证能力的不足，印度法院创设指定专门调查委员会的办法，具有参照价值。

2. 对于普通民事诉讼，法院只对当事人因客观原因不能收集的证据才提供帮助，对于公益诉讼，应当对原告主观原因的举证能力不足进行补救。

（现行民事诉讼法第六十四条规定：当事人对自己提出的主张，有责任提供证据。

当事人及其诉讼代理人因客观原因不能自行收集的证据，或者人民法院认为审理案件需要的证据，人民法院应当调查收集。

人民法院应当按照法定程序，全面地、客观地审查核实证据。）

四、建议在现行民事诉讼法第一百一十七条增加一款作为第三款，原第三款为第四款：

人民法院对提起公益诉讼的原告免收诉讼费用，适用第五十条进行审理的案件除外。被告败诉的，由被告承担诉讼费用。

【立法理由】

公益诉讼与原告自身的利益无关，其成本应由社会全体承担。但是按照第五十四条，众多的当事人主张的还是自己的私益，应当承担一定的诉讼成本。

（现行民事诉讼法第一百一十七条规定：当事人进行民事诉讼，应当按照规定交纳案件受理费。财产案件除交纳案件受理费外，并按照规定交纳其他诉讼费用。

当事人交纳诉讼费用确有困难的，可以按照规定向人民法院申请缓交、减交或者免交。收取诉讼费用的办法另行制定。）

五、建议在现行民事诉讼法第一百二十五条增加第二款：

人民法院认定为公益诉讼的，在受理的同时应当发出公告，期间不少于六十天。符合第五十四条规定的，还应当告知权利人在一定期间向人民法院登记。

【立法理由】

1. 公告，便于与案件有相同利益的公众参与，如提交补充证据材料，如申请作为共同原告参加诉讼等；

2. 人数众多侵害消费者权利或人数众多的环境污染受损害的公益诉讼，实际属于群体性诉讼或集团诉讼，应当适用人数不特定的代表人诉讼。

（现行民事诉讼法第一百二十五条规定：人民法院对决定受理的案件，应当在受理案件通知书和应诉通知书中向当事人告知有关的诉讼权利义务，或者口头告知。）

六、建议在民事诉讼法修正案草案所规定的第一百五十一条中（见草案之三十）增加第二款：

人民法院对公益诉讼案件可以判决停止侵害、排除危险、消除影响、恢复原状，禁止或撤销被告人实施的损害公共利益的行为，补偿原告为进行公益诉讼支出的合理费用。按照第五十四条审理的，可以判决被告对损害承担赔偿责任。

【立法理由】

公益诉讼的诉讼请求怎么规定，判决怎么规定，是一个有争议的问题，尤其是如果判决赔偿，巨额的赔偿金的管理也是一个难题，因此，目前不宜直接规定判决赔偿。但是，人数众多的诉讼，适用第五十四条的，有具体的受害人，可以判决被告直接进行赔偿。

（民事诉讼法修正案草案之三十：将第一百三十八条改为第一百五十一条，第一款修改为："判决书应当写明判决结果以及作出该判决的理由。判决书内容包括：（一）案由、诉讼请求、争议的事实和理由；（二）判决认定的事实和适用的法律及其理由；（三）判决结果和诉讼费用的负担；（四）上诉期间和上诉的法院。判决书由审判人员、书记员署名，加盖人民法院印章。"）

七、建议在民事诉讼法修正案草案所规定的第一百五十五条中（见草案之三十二）增加第二款：

公益诉讼的判决书和裁定书应当公告。但涉及国家秘密、商业秘密和个人隐私的内容除外。

诉讼中未参加登记的权利人自公告之日起在诉讼时效期间提起诉讼的，适用公告的判决、裁定。

【立法理由】

1. 与上文之五对第五十条提出修改的理由相同。

2. 涉及人数不特定多数人公共利益的公益诉讼应当适用人数不特定的代表人诉讼，允许诉讼时未参加登记的权利人以起诉的方式申请适用公益诉讼的生效裁判。鉴于公益诉讼人数众多且诉讼周期较长，公益诉讼立案之日可以视为诉讼时效中断之日，未参加登记的权利人的新的诉讼时效自公告之日起重新计算。

（民事诉讼法修正案草案之三十二：增加一条，作为第一百五十五条："公众可以查阅发生法律效力的判决书、裁定书，但涉及国家秘密、商业秘密和个人隐私的内容除外。"）

（现行民事诉讼法第五十五条：诉讼标的是同一种类、当事人一方人数众多在起诉时人数尚未确定的，人民法院可以发出公告，说明案件情况和诉讼请求，通知权利人在一定期间向人民法院登记。

向人民法院登记的权利人可以推选代表人进行诉讼；推选不出代表人的，人民法院可以与参加登记的权利人商定代表人。

代表人的诉讼行为对其所代表的当事人发生效力，但代表人变更、放弃诉讼请求或者承认对方当事人的诉讼请求，进行和解，必须经被代表的当事人同意。

人民法院作出的判决、裁定，对参加登记的全体权利人发生效力。）

第三编

民事诉讼法再修改的
律师论证与争鸣

以“维权”促“维稳”：民事诉讼法修改的大局观[①]

李　轩

导读：民事诉讼法的全面修改应有大局意识，而不能仅仅满足于技术层面的修补。立法机关应该立足于创新诉讼制度，重构诉讼程序，遏制司法不作为和司法行政化双重倾向，杜绝司法不公，重塑司法的公信力和司法权威。只有依法“维权”才能根本“维稳”。

一、“告状难”依然是大问题

岁末年初，伴随两大诉讼法典修改进程的加速，司法领域似乎多了几分热闹。据报道：2011 年 12 月 23 日李庄前往北京市东城区人民法院起诉《中国青年报》侵害名誉权案被拒之门外，李庄微博称：“东城法院立案庭工作人员，针对起诉中青报一案，非常客气、又显无奈、还很同情地明确了以下四点：一是那个案子现在应该是立不了；二是不予立案的手续可能也给不了；三是领导让我回复就是这样；四是至于你们拿什么手续去上诉，回答不了。”

无独有偶。康菲溢油事件发生后渔民们的索赔起诉也曾一度被拒之法院门外，法官解释的理由是该案属于新型案件，需要逐级上报，研究之后才能给予答复。近期《南方周末》的前述情况可见，当今中国司法界存在一种非常奇怪的现象：一方面，最高法院积极倡导“司法为民”，强调窗口意识，要求服务便民；另一方面，一些基层法院推三阻四，常常导致当事人告状无门。

立法机关显然也看到了问题的症结所在。全国人大常委会法工委提交审议的民事诉讼法修正案草案建议，将现行民事诉讼法第一百一十二条修

---

① 本文摘自《中国改革》2012 年第 3 期。

改为“人民法院应当保障当事人依照法律规定享有的起诉权利。对符合本法第一百一十八条的起诉,必须受理。符合起诉条件的,应当在七日内立案,并通知当事人;不符合起诉条件的,应当在七日内作出裁定书,不予受理;原告对裁定不服的,可以提起上诉”。这不仅在原条文基础上增加了“人民法院应当保障当事人依照法律规定享有的起诉权利”这一权利宣示性用语,更将“裁定不予受理”改为“作出裁定书,不予受理”,“裁定”与“裁定书”一字之差,彰显了最高立法机关对法院滥用自由裁量权任意解释的警惕和对当事人立案不能且上诉无门的关切。

然而,这一修改显然是远远不够的。

二、司法不公根源于人治传统

综观当前诉讼实践,立案难、回避难、保全难、调查难、胜诉难、执行难,老百姓打官司似乎无一不难。社会对法院逐渐失去信任,已经成为中国司法难以掩饰的尴尬。

本来,现行民事诉讼法制定于法治理念刚刚萌芽、依法治国方略尚未形成的 20 世纪 90 年代初期,当时当事人主义、程序公正价值等理念未能在法典中得到充分体现;另一方面,社会主义市场经济体制确立前夕,很多适应市场经济条件下诉讼需求的程序机制未能在法典中得到充分表达。随着时间的推移,这部法律的结构性缺陷和技术性问题暴露无遗。

首先,由于需要对立法缺陷进行弥补,但由于法律的修改不够及时,最高司法机关遂以制定大量司法解释的方式,并假“庭审制度改革”等名义解决司法实践之需,而这不可避免地导致了司法解释和民事诉讼法产生严重冲突。

其次,由于司法独立性的欠缺和司法人员素质的相对低下,司法不作为、司法腐败等导致司法不公的现象在局部地区、局部领域愈演愈烈,造成当事人和社会公众对司法的不信任情绪与日俱增。

再者,作为化解当前社会矛盾日益突出的应急举措,最高司法机关在司法能动主义理念的影响下,又借助回归“马锡五审判方式”或“调解优先”等理念进行行政化的司法改革,这进一步给了基层法院不予立案或者推诿立案的“正当理由”。

在当前,“消极职权主义”(即“有权不用”)有所抬头,司法不作为的现象表现得较为严重,某些法院或者法官似乎拥有不受限制的自由裁量权。律师们普遍感到,“告状难”仍然是当前民事诉讼中的最大问题。

有些地方法院千方百计地拒绝立案,不予立案也拒绝出具书面裁定;轻易不做财产保全、证据保全,很少接受当事人调查取证申请;第二审程序极少改判(所谓“可改可不改”的坚决不改),“两审终审”蜕变为事实上的“一审终审”;胜诉方申请强制执行时也往往推三阻四,动辄要求当事人提供对方银行账号等细致而微的财产线索;如此等等,不一而足。

实践中,自从2009年法院系统强调诉调对接、实施《最高人民法院关于建立健全诉讼与非诉讼相衔接的矛盾纠纷解决机制的若干意见》以来,很多法院以所谓“立案调解”为由迟迟不予立案,“变相强制调解”导致“久调不立”,使得立案“难上加难”;当事人状告无门,涉诉信访明显上升。

有基层法院的领导私下透露了不受理案件也不出具书面裁定的苦衷:给了裁定,当事人就会拿着裁定去上访,有关部门还会要求法院负责到底。的确还有地方要求法官自费领回“涉诉”的信访当事人,这每每令法官们苦不堪言。

正如众多学者和律师所指出的那样,民事诉讼难,表面看难在法院,实质上难在捉襟见肘的诉讼制度与根深蒂固的人治传统。

正如一句法律俗谚所云:百姓违法破坏的不过是水流,但司法不公破坏的却是水源。司法不公如果长期存在甚至愈演愈烈的话,将不仅粉碎当事人维权的梦想,而且会直接动摇社会稳定和社会和谐的根基。

三、民事诉讼法修改的大局观

破解民事诉讼难题,通过理性的司法程序有效化解社会矛盾,不仅要作理论探讨,更要作立法改进。2007年,全国人大常委会对民事诉讼法进行了局部修正,主要是针对再审和执行制度进行了修改。2011年10月24日,民事诉讼法修正案草案首次提请审议,在以下几个重要方面进行了修改:诉讼机制方面设立了诉前调解的制度,增加了和人民调解相衔接的规定;完善了开庭前的准备程序;增加了公益诉讼,对公益诉讼的范围和主体作了限定;完善了保全制度,在原来财产保全的基础上增加了行为保全;完善了裁判文书的公开;完善了当事人的举证制度;明确规定当事人可以启动鉴定的权利,而且根据当事人的申请,鉴定人可以出庭作证;完善了简易程序,建立了小额诉讼制度,五千元以下标的额的案件,适用一审终审;强化了法律监督,检察院的法律监督扩大了;完善了审判监督程序;完善了执行程序,强化执行措施。上述草案内容如获通过,将在一定程度上有助于促进司法公正,更好地维护当事人的合法权益。

但是,民事诉讼法修正案草案的局限性也是显而易见的,其修改思路较为保守,主要是对最高法院一些实行多年的司法解释进行了肯定,对一些司法实践中的突出问题作了部分技术性回应,没有从维护民事权利和维护社会稳定的双重角度考虑促进司法公正、消解社会矛盾的顶层设计问题,没有考虑民事诉讼制度体系和程序架构的宏观协调,较为缺乏大局意识,显得稳健有余而力度不足。个别修改还存在迁就法院制度惯性和习惯思维,忽视当事人权利保障等问题。

要想破解当前中国民事诉讼的困境并进而通过司法程序有效化解社会矛盾,必须以司法公正为指向,创新诉讼制度,重构诉讼程序,遏制司法不作为和司法行政化双重倾向,杜绝司法不公,重塑司法的公信力和司法权威。

这种大局观要求最高决策层对包括民事诉讼法修改在内的整个司法体制改革进行更加全局和长远的顶层设计,要求最高立法机关从维护国家安全和社会稳定的战略高度全面重构民事诉讼制度和程序规范,更要求司法机关改变狭隘的部门本位意识和消极推诿回避的思想,着眼于克服司法实践中司法不作为(消极职权主义)现象等问题,借助理性的司法程序有效化解民间纠纷和社会矛盾。

四、几点修法建议

为保障当事人的基本诉权,解决立案法官滥用自由裁量权,随意拒不立案的问题,应改现行立案规定的“实质审查制”为“形式审查制”,建议将现行民事诉讼法第一百零八条中规定的起诉条件“原告是与本案有直接利害关系的公民、法人和其他组织”修改为“原告具有民事权利能力”,将“有具体的诉讼请求和事实、理由”修改为“有具体的诉讼请求和事实陈述”,以避免立案时的实质审查,切实保障当事人起诉的权利。同时,草案中关于“当事人起诉到人民法院的民事纠纷,适宜调解的,先行调解”的“诉调对接”新规定虽有必要,但是不加限制的“立案调解”仍然可能导致变相的“不予受理”,建议修改为“当事人起诉到人民法院的民事纠纷,适宜调解的,经当事人一致书面同意调解的,先行调解。调解期限为十日,不能达成调解协议的应进入审理程序”,以防止“久调不立”。

总体而言,现行民事诉讼法规定的相关制度支撑体系存在结构性缺失,需要进行增量补充。笔者赞同多数律师的观点,主张建立当事人资格异议制度以完善当事人甄别程序机制,主张废止合议庭固定制、审判长常任制、主审法官制而采取电脑随机选定方式等完善合议制度、保证审判独立，主张规定交叉诉讼制度以优化共同诉讼与第三人诉讼机制，主张确立被告的强制答辩义务以完善答辩制度、防止诉讼突袭，主张取消无独立请求权第三人之诉中法院可以判决第三人承担民事责任的规定以防止无诉之判，保障诉讼参与人的基本权利，主张确立举证次序机制与质证归纳机制完善证据交换制度。而这些新建议尚未在民事诉讼法修正案草案中得到体现。

此外，笔者还主张实行无因回避机制和扩大回避理由以缓解回避难问题，确立调查令制度（委托调查制度）以缓解当事人及代理律师调查取证难、举证难问题，降低担保条件以缓解财产保全、证据保全难问题，建议限制不履行生效裁判义务人的高消费行为以缓解执行难问题。

笔者注意到，广州市中级人民法院以未按执行通知履行义务、未向人民法院申报财产，违反"限制高消费令"乘坐飞机等多项违法事实为由，对影视名人邓建国实施拘留，引来网上一片喝彩。而在上海、北京等地试行多年的"调查令"制度成效显著，广受当事人和代理律师的欢迎。这些行之有效的创新机制有必要在民事诉讼法中获得应有地位。

在诉讼程序方面，现行法律关于法庭调查程序的规定（以法官和证据种类为中心的举证质证）已经过时，诉讼实践中早已被 1998 年以来的主要司法解释（以当事人为中心的举证质证）取代，因而必须作出相应修改。笔者同时建议在举证质证过程中引入交叉询问规则，以检验证人证言的真实性。考虑到司法实践中法庭辩论程序也经由司法解释进行了调整，建议将"宣布法庭辩论规则"和"提示辩论焦点"纳入民事诉讼法，并增加辩论权的保障条款，要求法院裁判应当完整表述当事人各方口头和书面的辩论意见，并对是否采纳当事人意见及其理由进行说明，否则应当发回重审。与此同时，民事诉讼法第一百五十二条规定了第二审法院可以阅卷询问式审理（径行判决），法律和司法政策关于审理方式的这种含糊规定导致变相书面审理的普遍存在，审判过程出现程序展开不充分，实践中绝大多数案件均以所谓"谈话"方式进行，可改可不改的坚决不改；绝大多数案件维持原判，很少改判或被发回重审，哪怕一审裁判存在严重问题。在审理方式上，第二审法院拥有无须开庭而径行判决的权力，也往往导致二审程序走过场，很难实现二审程序纠错和监督的功能，导致所谓的两审终审制蜕变为事实上的一审终审制。故此次修法应该废除变相书面审理，删除"经过阅卷和调查，询问当事人，在事实核对清楚后，合议庭认为不需要开庭审理的，也可以径行判决、裁定"等内容。

民事诉讼法基本程序的反思与重构[①]

李　轩

导读：我国现行民事诉讼法规定的基本程序存在的结构性缺陷和技术性问题，如第一审普通程序内容安排不尽合理、审前准备程序规定不充分、缺乏证据交换和争点整理等环节、审后调解缺少独立性、评议环节缺乏规范性、法庭调查环节举证质证次序混乱，法庭辩论环节粗糙、当事人辩论权和最后陈述权缺乏制度保障等，第二审程序关于"径行裁判"（变相书面审理）的规定导致两审终审制形同虚设，相关司法解释与民事诉讼法典之间存在严重冲突。针对这些问题，笔者建议在修改民事诉讼法时应当按照诉讼的逻辑进展将第一审普通程序细分为立案登记程序、审前准备程序、开庭审理程序、审后调解程序、评议与判决程序、判决宣告与送达程序六大环节，并彻底废除第二审程序关于"径行裁判"的规定，进行程序重构时相关制度创新和制度改进的内容包括司法解释中的合理因素也应该纳入其中。

一、引言：诉讼实践催启民事诉讼法的全面修改

现行民事诉讼法也是新中国第一部正式民事诉讼法典制定于 1991 年，迄今已经过去二十多年头。不容否认，这部法典存在着三大历史局限：一是 1991 年民事诉讼立法时依法治国战略尚未提出；二是市场经济体制尚未形成；三是当事人主义诉讼模式尚未深入人心，因而这部法律在诉讼实践中存在的问题和缺陷逐步暴露，不得不由最高司法机关以司法解释的方式不断进行修补。而司法解释的全面介入又导致两大现实问题：过度司法解释导致民事诉讼法典被虚置、司法行政化和司法不作为导致司法不公。进入 21 世纪以来，如何寻觅促进司法公正、克服司法不公的良方成为中国法律界共

① 本文发表于《中国司法》2012 年第 3 期。

同的话题，2007 年的民事诉讼法修正案可以视为一次有意义的尝试，此次修正案主要针对民事诉讼法典中的再审和执行制度进行了局部修改，并考虑到破产法已经生效实施而删除了其中的“企业法人破产还债程序”。但是，法律界对这次“小修小改”颇多保留和质疑。2011 年 10 月 24 日，民事诉讼法修正案草案首次提请全国人大常委会审议，民事诉讼法的全面修改已经正式提上人大议事日程。全国人大常委会法工委更将民事诉讼法修正案草案及其说明在中国人大网全文公布，向社会公开征集意见。民事诉讼法的全面修改将有可能成为扭转当前民事司法现状甚至整个司法不公状况的最佳契机。

现行民事诉讼法第三编名为“审判程序”，以第十二章到第十七章共计六章的篇幅分别规定了第一审普通程序（初审普通程序）、第一审简易程序（初审简易程序）、第二审程序（上诉审程序）、特别程序、审判监督程序（再审程序）、督促程序和公示催告程序等各类诉讼程序和非讼程序。[①] 本文在此将民事诉讼中最为常用的第一审普通程序和第二审程序界定为基本程序，并拟以民事诉讼法基本程序的反思与重构为题，侧重从实务的角度就修正案草案的进一步完善提出若干建议。

二、现行民事诉讼法上基本程序的主要缺陷

就诉讼构造而言，1991 年民事诉讼法确立的主要还是职权主义诉讼模式，当事人主导性不足而法院职权因素有余。单纯从法典文本来考察，现行民事诉讼法关于第一审普通程序和第二审程序的规定显然存在很多结构性缺陷和技术性问题；而如果考虑最高人民法院有关司法解释的规定和司法实践对民事诉讼法的修补的话，有关司法解释与民事诉讼法的矛盾冲突也不容忽视。

（一）民事诉讼法上第一审普通程序存在结构性缺陷

1. 内容安排不尽合理

民事诉讼法第十二章第一审普通程序分为五节，依次是起诉和受理、审理前的准备、开庭审理、诉讼中止和终结、判决和裁定。其中第一节到第三节规定的是第一审普通程序的逻辑进程，但第四节“诉讼中止和诉讼终结”却是诉

---

① 笔者认为，民事诉讼法第三编“审判程序”的结构安排是存在问题的。因为该编第十七章所规定的“督促程序”、第十八章所规定的“公示催告程序”以及第十九章所规定的“企业法人破产还债程序”均属于广义的特别程序或特殊程序，均应纳入第十五章所规定的“特别程序”。

讼中可能出现的特殊情形的处理，而第五节“判决和裁定”规定得更多的是判决和裁定的必要记载事项、适用范围或效力等一般性内容，而不是如何作出判决和裁定的程序性环节。总体看来，这些规定是较为粗疏和混乱的，后两节内容和前三节内容明显缺乏逻辑联系。按照现行民事诉讼法的整体结构安排，笔者认为，该章第四节和第五节均应置于第一编总则之中加以规定。

2. 审前准备程序不充分

我国民事诉讼法虽然规定了法院在开庭审理前的若干准备工作，但这些内容相对简单，主要是涉及一些开庭审理之前程序性事务的安排，与法治发达国家较为完整和成熟的审前准备程序不可同日而语。尤其是民事诉讼法缺乏证据交换、争点整理、审前会议、审前调解等环节，极大地限制了法官在审前所能发挥的纠纷化解功能和审前组织功能，不利于案件开庭审理阶段的集中审理，不利于提高诉讼效率，也不利于纠纷的有效解决。

3. 审后调解缺少独立性，且缺乏诉前调解、审前调解机制

关于诉讼调解，民事诉讼法第十二章中只有一条模糊不清的规定：“法庭辩论终结，应当依法作出判决；判决前能够调解的，还可以进行调解，调解不成的，应当及时判决。”有人据此倾向于将调解环节理解为开庭审理的一部分，甚至有人认为开庭后是否调解、是否征求当事人双方的调解意愿都是法官自由裁量的范畴调解，调解并非第一审普通程序的必经环节。审后调解环节依附于开庭审理环节而缺乏独立性，近几年讨论得较多的诉前调解、审前调解的机制尚不见于法典，调解的具体规范和程序设计也付诸阙如。

4. 评议环节没有得到应有的强调和规范

现行民事诉讼法没有明确合议庭评议的环节，我们只能推论法院判决之前必须进行评议。但是，由于评议是在全部法庭调查和法庭辩论活动的基础上作出判决的重要过程，法律理当对其专门进行规定，使之真正成为开庭审理之后一个具有相对独立性的重要环节而存在，并且对合议庭的评议规则和程序作出明确规定，确保评议过程的规范性和评议结果（实际上往往也就是判决结果）的公正性。就此而言，现有的立法格局显然不能令人满意。

（二）民事诉讼法上第一审普通程序存在技术性问题

从立法学的角度来看，除了价值理念、逻辑架构等宏观考量之外，立法还是一项高度技术性的工作，法律条文的起草和拟定都必须力求严谨和周全。就此而言，任何一部法律都总会存在这样或那样的技术性问题，民事诉讼法也不例外。由于历史的局限，民事诉讼法规定的第一审普通程序存在的技术性问题还比较突出。如受理条件过于苛刻、法庭调查环节举证质证次序混乱，法庭辩论环节粗糙，调解、评议缺乏明确规范，当事人辩论权、当

事人最后陈述权、当事人及其代理人的调查权、取证权缺乏制度保障，部分期间规定难以满足实际需要[①]，如此等等，不一而足。

（三）相关司法解释与法定第一审普通程序存在严重冲突

如前所述，由于1991年制定民事诉讼法典时立法理念和立法技术的局限，当时民事诉讼法关于第一审普通程序存在重大缺陷，但法律修改又不够及时，导致最高人民法院不得不以制定大量司法解释的方式进行弥补，而很多司法解释已经大大突破了民事诉讼法的原有规定，甚至颠覆了民事诉讼法关于第一审普通程序的基本内容，这是我们不能不予正视的问题。[②]

总体来看，在民事诉讼法规定之外，最高人民法院涉及第一审普通程序的最主要司法解释为1998年发布的《最高人民法院关于民事经济审判方式改革问题的若干规定》和2001年发布的《最高人民法院关于民事诉讼证据的若干规定》。此处拟以法庭调查和法庭辩论环节为核心，探讨两则司法解释与民事诉讼法的冲突问题。

1.《最高人民法院关于民事经济审判方式改革问题的若干规定》与民事诉讼法的冲突

《最高人民法院关于民事经济审判方式改革问题的若干规定》（以下简称《审判方式规定》）的出台具有特殊的时代背景。1992年邓小平南巡讲话之后，市场经济的蓬勃发展带来了民事案件数量的与日俱增，人们的司法观念也发生着深刻而巨大的转变，而此前制定的民事诉讼法存在的各种问题在司法实践中日益凸显出来。借鉴当事人主义诉讼模式改造当时以职权主义甚至超职权主义为特征的民事诉讼程序成为20世纪90年代中后期以来法学界和司法实务界的主流倾向。正是在此宏观背景和各种改革呼声及社会力量的推动下，《审判方式规定》得以出台。

《审判方式规定》第八条规定：法庭调查按下列顺序进行：(1)由原告口头陈述事实或者宣读起诉状，讲明具体诉讼请求和理由。(2)由被告口头陈述事实或者宣读答辩状，对原告诉讼请求提出异议或者反诉的，讲明具体请

---

① 如民事诉讼法规定的法院通知被告应诉期间为5日，被告提交答辩状的期间为15日，似乎都有稍短的嫌疑。诉讼实践中法院很少能做到立案之后5日内通知被告应诉，被告在15日之内提交答辩状也往往感到时间相当紧张（比较而言，原告可以有足够的时间准备起诉，但被告从了解案情、核对事实、委托代理人、起草答辩状都要在15日内完成，往往力不从心）。

② 有学者曾经尖锐地指出："现行民事诉讼法自颁行至此次对再审程序和执行程序的部分修订，期间有逾16年未作任何修改，这在世界立法史上极为罕见，也创造了中国立法史的法律稳定性的纪录。在这16年间，民事诉讼法虽然未作任何文本修改，但其实际上一直处于更易中：司法解释扩张，民事诉讼法被各种形式的司法解释、司法改革措施所肢解、替代，民事诉讼法日渐支离破碎，民事诉讼法典的完整性与统一性遭到严重损害。"参见江伟主编：《民事诉讼法典专家修改建议稿及立法理由》，法律出版社2008年5月版。

求和理由。(3)第三人陈述或者答辩,有独立请求权的第三人陈述诉讼请求和理由;无独立请求权的第三人针对原告、被告的陈述提出承认或者否认的答辩意见。(4)原告或者被告对第三人的陈述进行答辩。(5)审判长或者独任审判员归纳本案争议焦点或者法庭调查重点,并征求当事人的意见。(6)原告出示证据,被告进行质证;被告出示证据,原告进行质证。(7)原告、被告对第三人出示的证据进行质证;第三人对原告或者被告出示的证据进行质证。(8)审判人员出示人民法院调查收集的证据,原告、被告和第三人进行质证。经审判长许可,当事人可以向证人发问,当事人可以互相发问。审判人员可以询问当事人。

而民事诉讼法第一百二十四条规定的法庭调查顺序是:(1)当事人陈述;(2)告知证人的权利义务,证人作证,宣读未到庭的证人证言;(3)出示书证、物证和视听资料;(4)宣读鉴定结论;(5)宣读勘验笔录。

稍加比较,我们不难发现其中的明显差异。《审判方式规定》第八条的规定不仅对民事诉讼法第一百二十四条的规定作了细化,更重要的是进行了结构性调整,将民事诉讼法规定的以法官询问为中心(措辞上表述为以不同的证据出示或宣读为中心)的法庭调查程序改造为以原被告各自举证并相互质证为中心的法庭调查程序。

与此同时,《审判方式规定》第十六条到第十九条对法庭辩论程序作了具体规定,这些规定比民事诉讼法的相关规定更加全面而且合理。《审判方式规定》建立了辩论焦点提示机制,而这种结构性补充更有助于提高辩论过程的有组织性和辩论的效率。也正因为如此,《审判方式规定》与民事诉讼法在法庭辩论程序规定方面的冲突也凸显了出来。

上述以当事人主义模式取代职权主义模式的做法无疑是值得肯定的,而且从立法技术的角度来看改革后的庭审程序更加符合诉讼规律,也更加具有可操作性。显而易见,仅仅批评司法解释有僭越立法之嫌是不够的,我们更需要与时俱进,尽快修改民事诉讼法,使之紧跟社会现实需求并更好地服务于诉讼实践。

2.《最高人民法院关于民事诉讼证据的若干规定》与民事诉讼法的冲突

2001 年出台的《最高人民法院关于民事诉讼证据的若干规定》(以下简称《证据规定》)也是社会主义市场经济背景下最高司法机关对司法实践中诉讼现实需求的积极回应,而且还在一定程度上回应了法学界和司法实务界要求加快证据制度改革、促进证据立法的呼声。

《证据规定》与民事诉讼法相比,主要是在证据制度方面作了重大调整和补充,其中在证据交换制度、质证制度、证据审查判断制度和法官释明制度等方面对民事诉讼法和前述《审判方式规定》均有重大突破。通常认为,《证据规定》对民事诉讼法的最大突破莫过于规定了证据交换制度和明确了质证规则。笔者此处拟以质证规则为例略作分析。

《证据规定》第五十一条规定了质证的顺序:(1)原告出示证据,被告、第三人与原告进行质证;(2)被告出示证据,原告、第三人与被告进行质证;(3)第三人出示证据,原告、被告与第三人进行质证。第五十五条至第五十八条规定了证人出庭作证及当事人对证人质询的规则,第五十九条规定了鉴定人出庭作证及当事人对证人质询的规则。这些内容,既不见于民事诉讼法,也不见于《审判方式规定》。不难看出,《证据规定》的这种突破性规定已经远远超出了司法解释的范围,而成了一种事实上的"立法"或者"法官造法"。这种做法的现实合理性和必要性虽然毋庸置疑,但是如何尽快消除其对民事诉讼立法的僭越事实却是值得我们认真对待的。

(四)民事诉讼法上第二审程序关于"径行裁判"的规定存在致命缺陷

通常认为,第二审程序即上诉审程序是两审终审制下上一级法院对案件进行再一次审理的程序,为了实现该程序的监督和纠错功能,第二审程序原则上应该按照第一审程序相同的环节和规则进行而不能有所省易。对此,民事诉讼法第一百五十七条已有明确规定:"第二审人民法院审理上诉案件,除依照本章规定外,适用第一审普通程序。"但是,该法第一百五十二条同时规定:"第二审人民法院对上诉案件,应当组成合议庭,开庭审理。经过阅卷和调查,询问当事人,在事实核对清楚后,合议庭认为不需要开庭审理的,也可以径行判决、裁定。"正是因为这一关于二审法院可以"阅卷询问"式审理(径行裁判)的规定,导致司法实践中变相书面审理的普遍存在:二审过程出现程序展开不充分,绝大多数案件均以所谓"谈话"方式进行,可改可不改的坚决不改;绝大多数案件维持原判,很少改判或被发回重审,哪怕一审裁判存在严重问题。在审理方式上,第二审法院拥有无须开庭而径行判决的权力,也往往导致第二审程序不过走走过场而已,很难实现第二审程序纠错和监督的功能,导致所谓的两审终审制蜕变为事实上的一审终审制。

三、民事诉讼法上第一审普通程序的合理重构

鉴于现行立法存在严重缺陷,而司法解释僭越立法的现象又亟待改变,如何合理重构第一审普通程序成为全面修改民事诉讼法的重要一环。笔者认为,第一审普通程序应该按照诉讼的逻辑进展细分为立案登记程序、审前准备程序、开庭审理程序、审后调解程序、评议与判决程序、判决宣告与送达

程序六大环节。下文拟以民事诉讼法现行规定和最高人民法院已有司法解释中的合理内容为基础，阐述各主要环节的重构要点。

（一）立案登记程序

立案登记是民事诉讼的起点。在该程序中，我们应该适当降低民事诉讼法规定的起诉条件，取消立案实质审查制度，实行形式审查和登记制度。

鉴于现行民事诉讼法第一百零八条的规定过于严格，应该将其修改为"原告向法院起诉应当符合以下条件：（1）原告具有民事权利能力；（2）有明确的被告；（3）有具体的诉讼请求和事实陈述；（4）属于人民法院受理民事诉讼的范围和受诉人民法院管辖。"法律应当规定，人民法院收到原告的起诉材料后应当出具收据，并在三日内对原告的起诉进行形式审查；符合立案条件的决定登记立案并出具立案通知书和预缴诉讼费用通知书，不符合条件的一律以书面形式裁定不予受理。考虑到当前所谓"立案（强制）调解"带来的"久调不立"弊害，法律还应规定"立案调解"必须征得双方当事人的书面同意，一定时间内（最多不应超过七日）调解不成时必须立案。

（二）审前准备程序

如前所述，现行民事诉讼法以"审理前的准备"为名规定的法院各项审前准备工作过于简陋，应该将其改造为更为充实而有效率的审前准备程序，引导合议庭进行有计划的审理①，以改变目前多数案件审前准备不充分、庭审过程杂乱无章的局面。根据诉讼法学界的普遍观点并借鉴国外民事诉讼立法的先进经验，笔者认为，可以在吸收现行民事诉讼法和有关司法解释的合理内容的基础上将审前准备程序重新设计为以下五个主要环节。

1. 被告应诉与答辩环节

笔者认为，现行民事诉讼法规定的答辩制度过于简单，且对被告没有任何约束力，既不利于原被告双方攻防对等，也不利于人民法院查明案件事实。因此，重构后的被告应诉与答辩环节应该重点确立强制答辩制度和答辩失权制度，规定被告在法定期间无正当理由不提交答辩状，或在答辩状中对原告诉讼请求及所依据的事实和理由不发表明确的否认意见的，法院可以不经开庭审理直接按照原告的诉讼请求进行判决。

鉴于强制答辩制度和答辩失权制度确立之后将对被告产生重大影响，人民法院应当在应诉通知书中履行释明义务，明确告知被告在法定期间无

---

① 为提高诉讼效率，督促法院履行诉讼促进义务，2003 年修改后的日本民事诉讼法第三编第二章专门规定了"计划审理制度"，对审理计划的制定、审理计划事项、审理计划的实施等作了全面规定。笔者认为，这一立法颇值我国借鉴。参见唐力：《有序与效率：日本民事诉讼"计划审理制度"介评》，载于《法学评论》2005 年第 5 期。

正当理由不提交答辩状,或在答辩状中不作实质答辩的,应当承担对其不利的法律后果。

2. 告知与公告环节

告知与公告环节的内容虽然简单,但是意义重大,同样不可等闲视之。很多情况下,司法告知是人民法院充分履行释明义务的必要形式。将来修改民事诉讼法时除了保留现有诉讼权利义务告知、合议庭组成人员告知、开庭期日告知和公告规定之外,还应吸收司法实践中已经普遍实行的诉讼风险告知等内容。在告知合议庭组成人员时,应当披露其姓名、性别、照片、籍贯、工作单位、职务、学习工作简历等个人基本情况,以便当事人监督和考虑是否申请回避。

3. 审前会议(争点整理)环节

鉴于目前我国民事诉讼法上没有规定审前会议机制,笔者建议借鉴国外先进立法,规定相对独立的审前会议环节;该环节主要内容是法院组织对争点进行整理,明确当事人双方有争议的事实,确认双方无争议的事实或一方当事人的自认,提示当事人双方的举证范围和举证强度,甚至还可以促成当事人双方就某些争点问题达成诉讼契约。①

在审前会议阶段,笔者认为还应该在强制被告答辩的基础上建立当事人基本事实确认机制。这是因为,虽然原被告分别提交了起诉状和答辩状,但是由于起诉状和答辩状是当事人各自在相对隔离的情况下撰写的,一方当事人有可能对对方当事人诉状中表述的事实或主张未能充分理解或者刻意回避,而导致难以对案件基本事实进行确认。审前会议正好为当事人双方提供了这样的机会,即他们可以在法官的主持下确认双方没有争议的案件基本事实,以便为争点的整理奠定基础。事实确认可以借鉴法国法或日本法上的文书提出命令制度和美国审前会议程序中的当事人相互质询制度,以当事人双方互相发送和反馈“质询书”的方式进行,即当事人双方各自以书面的形式列举需要对方确认的事实和需要对方回答的问题,由对方进行书面确认和答复。②

4. 证据交换环节

随着前述“证据规定”的实施,在审前准备程序中规定证据交换环节已

① 参见陈桂明、李仕春:《诉讼契约论》,载于《清华法学评论》1999 年总第 2 辑。

② 参见张卫平、陈刚:《法国民事诉讼法导论》,中国政法大学出版社 1997 年版,第 89 页。参见王亚新:《对抗与判定——日本民事诉讼的基本结构》,清华大学出版社 2010 年 6 月第 2 版,第 140 页。另见《美国联邦民事诉讼规则》第 33 条“对当事人的质问书”,载白绿铉、卞建林译:《美国联邦民事诉讼规则 · 证据规则》,中国法制出版社 2005 年版,第 69 页。

经成为诉讼法学界和司法实务界的共识。鉴于"证据规定"部分内容相对成熟,修改民事诉讼法时可以吸收为立法内容。在证据交换环节必须明确以下内容。

(1)建立举证次序机制,明确当事人双方不同的举证时间,一般原告(或者负有优先举证义务的一方当事人,下同)举证之后被告(或者负有反证义务的一方当事人,下同)才进行相应的举证;如果原告认为被告的举证可能抵消其第一轮举证的作用和效果,原告可进行第二轮举证,而被告在原告第二轮举证之后也可以对原告的第二轮举证进行反证。

(2)建立必要时强制当事人相互出示必要证据的机制。我们应当在最高人民法院"证据规定"的基础上进一步借鉴美国法上的强制证据开示制度,规定"合议庭根据常识或经验判断一方当事人持有认定事实所必需的证据,或者对方当事人有证据证明一方当事人持有认定事实所必需的证据,持有证据的一方必须向对方提供或出示";"经合议庭要求持有证据的一方仍然拒不提供或出示证据的,如果对方当事人主张该证据的内容不利于证据持有人,合议庭可以免除对方当事人的举证义务或推定其主张成立"。

(3)明确规定证据交换程序中的质证环节是对当事人双方各自就对方当事人提交的证据的真实性和合法性进行质证(法庭调查程序中的质证环节主要是当事人双方各自就对方当事人提交的证据的关联性进行质证),质证过程中允许相互辩论。

(4)证据交换结束后,合议庭应当进行合议并当庭宣布合议结果,进行质证归纳,阐明确认或否认证据真实性、合法性的理由。如果在证据交换过程中出现新的争点或者需要重新整理争点的,合议庭可以继续确定争点。

值得强调的是,在证据交换环节和法庭调查过程中,除了引入合议庭当庭认证或质证归纳环节之外,笔者认为还应当引入对证人或鉴定人的交叉询问规则,允许当事人双方针对证人或鉴定人以"直接询问(或主询问)—反询问—复询问……"的轮回方式进行质证以确保维护当事人的质证权,确保合议庭合理确认证据的真实性、合法性①,以改变民事诉讼实践中过度重视书面证据而忽视言词证据的情况,充分发挥当事人陈述、证人证言的证据功能。

5. 审前调解程序

如前所述,审前调解有助于将调解制度落到实处,有可能在开庭审理前化解纠纷,从而提高诉讼效率。因此,修改民事诉讼法时应该明确规定审前调解程序,即在法院立案之后,开庭审理之前,法院应当根据当事人的申请

① 参见毕玉谦:《试论民事诉讼上的主询问规则》,载于《法律适用》1999 年第 12 期;《关于民事诉讼中反询问规则之设置》,载于《法律适用》2000 年第 4 期。

或者依职权征得双方当事人的同意后，对双方的争议进行调解，调解达成协议的，人民法院可以以调解书结案。

（三）开庭审理程序

笔者认为，修改民事诉讼法时宣布开庭、法庭调查、法庭辩论、当事人最后陈述的基本框架可以维持不变，但是应当重点对法庭调查、法庭辩论、当事人最后陈述的相关顺序进行适当调整，并对其内容进行必要的充实。为行文的方便，本文仅以原告、被告为中心展开论述，不涉及第三人之诉和共同诉讼。

1. 法庭调查环节

就法庭调查而言，笔者认为应该结合现有司法解释规定增加事实陈述后的质询环节、证据认可与质证归纳环节，允许当事人进行辩论和申辩。合理化重构后的法庭调查程序应当按照如下顺序进行。

（1）当事人陈述：

① 原告陈述诉讼请求及事实、理由（可以宣读起诉状）；

② 被告陈述答辩意见（可以宣读答辩状）；

③ 当事人双方对对方进行事实质询，必要时合议庭可以发问或释明。

在这一环节，笔者建议还要建立必要时的强制当事人出庭制度，因为就某种程度而言，参加法庭调查即是当事人的权利、又是当事人的义务。而在司法实践中，由于部分当事人委托了代理人尤其是代理律师，当事人往往不亲自出庭。但是，在某些案件中，如果当事人不出庭将难以查明案件事实，即使通过代理人的诉讼行为能够查明案件事实，也往往导致诉讼效率低下。所以，我们可以适当借鉴国外立法例，规定法院认为必要时可以强制当事人出庭陈述有关事实或者接受法官或对方当事人的询问或对质；当事人拒不出庭的，可以采用罚款、拘传等制裁措施，或者判决当事人一方承担不利后果，以保证诉讼的顺利进行。

（2）当事人举证与质证：

① 原告逐一举证，被告逐一质证；

② 原告方证人、鉴定人逐一出庭作证，原告、被告双方逐一进行交叉询问；

③ 被告逐一举证，原告逐一质证；

④ 被告方证人、鉴定人逐一出庭作证，被告、原告双方逐一进行交叉询问；

⑤ 法院依职权传唤的证人、委托的鉴定人或鉴定人的代表人逐一出庭作证，原告、被告双方逐一交叉询问；

⑥ 宣读法院勘验笔录、调查笔录，原告、被告双方逐一进行交叉询问；质证过程中当事人双方可以辩论；

(3)合议庭合议，确认证据的可采信；

(4)合议庭宣布各方证据的可采信；

(5)当事人对证据采信情况陈述意见或进行申辩。

如前所述，和证据交换环节一样，在法庭调查过程中，除了引入合议庭当庭认证或质证归纳环节之外，笔者还建议实行交叉询问规则，允许当事人双方针对证人或鉴定人进行充分质证以确保维护当事人的质证权，确保合议庭合理确认证据的关联性以及证明力的大小。

2. 法庭辩论环节

正如前文提到的那样，现行辩论程序不规范，当事人的辩论权得不到充分保障。因此，就法庭辩论而言，改革的重点应该是明确规定辩论焦点提示程序，规范法院对当事人辩论权的保障义务。合理化重构后的法庭辩论程序应当按照如下顺序进行：

(1)原告及其诉讼代理人发言；

(2)被告及其诉讼代理人发言；

(3)合议庭征求当事人意见，明确辩论焦点；

(4)原被告双方互相辩论；

(5)合议庭合议，进行辩论总结。

法律应当规定，当事人进行法庭辩论时，除非重复已经辩论过的内容，合议庭不得制止。法院裁判应当完整表述当事人各方口头和书面的辩论意见，并对是否采纳当事人意见及其理由进行说明，否则当事人可以上诉。

3. 当事人最后陈述环节

重构开庭审理程序时，当事人最后陈述环节也应该得到充分重视。如前所述，民事诉讼法第一百二十七条第二款规定的“法庭辩论终结，由审判长按照原告、被告、第三人的先后顺序征询各方最后意见”虽然可以反向理解为当事人最后陈述，但是由于规定不够明确，实践中往往被淡化处理。因此笔者建议，重构第一审普通程序时应该将现行条款修改为：“法庭辩论终结，当事人有权进行最后陈述。法庭应当保障当事人充分行使最后陈述权，不得随意打断当事人的陈述。当事人最后陈述时应当围绕事实认定和法律适用问题进行总结性发言，如果陈述内容和法庭辩论内容重复的，法庭可以予以制止。”

(四)审后调解程序

如前所述，民事诉讼法第一百二十八条仅仅规定“判决前能够调解的，还可以进行调解”,导致不少人将调解环节理解为开庭审理的一部分而不是与之相对独立的一个环节,实践中很多审判人员一般只会例行公事地询问双方当事人是否愿意调解。所以,修改民事诉讼法时应该明确审后调解环节及其具体规范,规定合议庭在开庭审理之后应当当庭依职权征求当事人的调解意向;即使当事人双方或者一方当庭表示不愿意调解的,在合议庭评议之后、判决作出之前,合议庭也应当依职权或依当事人的申请至少再行征求一次当事人的调解意向,以便充分发挥调解制度的功能。

(五)评议与判决程序

如前所述,民事诉讼法并未明确合议庭评议的环节,尤其是没有规定评议的具体规范,导致司法实践中评议环节的虚化。因此,修改民事诉讼法时首先有必要将评议与判决作为开庭审理之后一个相对独立的环节加以规定,并充分吸收相关司法解释的合理内容,重点从以下方面规范评议与判决环节。

一是开庭审理结束后,合议庭应当休庭评议或者择日评议。合议庭评议由审判长主持,全体成员平等参与案件的审理、评议、裁判,共同对案件认定事实和适用法律负责。

二是合议庭评议案件时,合议庭成员应当依据法律和良心针对案件的证据采信、事实认定、法律适用、裁判结果以及诉讼程序等问题充分发表意见。必要时,合议庭成员还可提交书面评议意见。合议庭成员进行评议的时候,应当认真负责,充分陈述意见,独立行使表决权,不得拒绝陈述意见或者仅作同意与否的简单表态。同意他人意见的,也应当提出事实根据和法律依据,进行分析论证。

三是合议庭按照多数意见作出裁判;不能形成多数意见的,按照审判长意见作出判决。裁判文书应当由审判长指定合议庭成员起草并由审判长核定,不得安排书记员起草裁判文书。

在此特别值得强调的是,裁判文书应当具备规范性和充分的说理性,而当前我国法院裁判水平参差不齐,多数裁判内容简单,让当事人无从知晓法院判决的思路和理由。为改进文书质量,确保司法公正,法律应当明确要求裁判文书中必须载明起诉时间、调解过程、审理次数和时间、管辖权异议及当事人资格异议情况、财产保全、行为保全及证据保全和法院调查取证情况等诉讼过程,完整表达和充分体现当事人各方的质证辩论意见和法院的裁判理由。

(六)宣判与送达程序

现行民事诉讼法规定的宣判与送达环节较为合理,重构第一审普通程序时仅需作细节修订即可。值得注意的是,为督促法院充分履行释明义务,澄清裁判疑点,笔者建议在送达环节规定裁判释明程序。

现行法律规定,法院作出一审或者二审裁判之后,应当在法定期间内向当事人送达,但是并没有规定送达时法院有释明的义务。而由于我国法官素质参差不齐,法律文书制作的质量不尽如人意。很多裁判说理不充分,甚至对原被告双方提供的证据是否采纳,以及如何采纳均不作说明。所以当事人往往对其裁判结果不理解,即使裁判是公正的,也往往因为说理不充分,而导致当事人提起上诉。所以笔者主张,修改民事诉讼法时应该增加裁判释明程序,要求法院在送达裁判的时候,应现场充分听取当事人的意见,解答当事人的疑问。这种释明有助于在一定程度上解释当事人心中的疑问,缓解不满情绪,甚至能够起到息诉、止诉的效果,还可能帮助法官发现裁判的缺陷或不足,改进裁判质量,促进司法公正。

四、民事诉讼法上第二审程序的必要修正

如前所述,民事诉讼法第一百五十二条规定了第二审法院可以阅卷询问式审理(径行裁判),法律上关于审理方式的这种含糊规定导致变相书面审理的普遍存在,审判过程出现程序展开不充分,实践中绝大多数案件均以所谓"谈话"方式进行,导致所谓的两审终审制蜕变为事实上的一审终审制,既变相地剥夺了当事人的上诉权,又导致第二审程序形同虚设,两审终审制的监督和纠错功能难以发挥。故此次全面修改民事诉讼法应该废除第一百五十二条变相书面审理的规定,删除"经过阅卷和调查,询问当事人,在事实核对清楚后,合议庭认为不需要开庭审理的,也可以径行判决、裁定"等内容,明确要求第二审法院应当严格按照第一审普通程序的相关规定审理上诉案件。对第二审法院不按照法定程序进行开庭审理的,可以作为当事人申请再审和再审法院进行改判或发回重审的理由。

五、结语:或许并不多余的期待

文章写到最后,作为余论,笔者设想,为解决中国司法实践中长期存在的司法解释僭越立法权的问题,将来我们还应该确立三项机制:一是在宪法或至少立法法上对"司法解释"的权限和范围作出明确界定,严格禁止最高司法机关违法作出司法解释。二是建立司法解释违宪审查制度,任何公民和组织均可就司法解释违法问题提起进行违宪审查。三是作为配套机制和

司法改革的规范措施，我们还可以建立司法改革试点的立法审查机制，即任何超越现行民事诉讼法或其他相关法律规定范围之外的都必须经过全国人大及其常委会审议表决决定，而不是由最高人民法院甚或地方人民法院轻易尝试；在司法领域，必须做到“有法必依、违法必究”，严格遵守法定程序。

我们注意到，关于此次民事诉讼法的修改，法学界、司法界介入很多，声音也很响亮。但是，不可否认的是，有关部门提交的立法建议稿比较狭隘，存在一定部门本位主义倾向，而学者们的建议有时又因为不太了解诉讼实务，存在坐而论道、闭门造车的问题。在某种程度上，民事诉讼法修改忽视了作为法律直接消费者的律师和当事人的参与；而忽视律师和当事人，实际上就是忽视底层民众的声音。站在律师和当事人的立场，从实务的角度完善民事诉讼的基本程序，无疑是全面修改民事诉讼法不容忽视的一环。

民事诉讼法修改相关问题之我见

曹春风[①]

导读：法谚说得好："无救济便无权利。"随着经济环境的不断变化，各种纠纷层出不穷，我国民事诉讼法的发展也正是伴随着经济形势的变化而衍生和发展的。在实施权利救济过程中，民事诉讼法所设定的程序在彰显平衡个案与权利的价值功能同时，也暴露程序设置的某些不足，这是法律的本质特征所决定的。笔者作为一名法律的实践者，从办理的多起案件经验中，发现了现行民事诉讼法的一些空白和漏洞，比如，缺少审前程序、缺少禁制令制度等。本文围绕着这些问题提出观点，并作浅层次的分析，以求抛砖引玉。

民事诉讼程序设置的科学与否是公民维护自身合法权益的风向标，也是实施权利救济措施的有效手段。通常我们认为，民事诉讼程序有三层命题：第一层命题是在民事诉讼程序规范的指引下能使民事诉讼的参与者进行角色分配和自我定位；第二层命题是按照程序规范的要求，法官诱导当事人及其律师选择法律预期的行为，并有权对违反者予以制裁；第三层命题是法院是诉讼的当然参与者，也是角色分配的重要实施者。从民事诉讼改革多年积累的经验看，影响以上命题实现的重要因素是：(1)程序法律规定的完善性程序；(2)实体法律规定的完善程序；(3)司法裁判权行使的合理性；(4)过程的对抗程度或公开程度；(5)民事法律规范的设定对诉讼参与者的刺激因素等。可以说，民事诉讼价值理念重构的这些年来，从立法机关到司法机关为维护社会稳定、保护诉讼参与者合法权益、提高诉讼效率、降低诉讼成本做了大量而积极的工作，包括民事诉讼法出台以来，最高人民法院出台了大量的民事诉讼程序性司法解释和裁判适用标准，各地方法院也围绕总体目标在各自的权限内纷纷出台了裁判案件的指导性意见。更加令人值

---

① 曹春风：内蒙古恒坤律师事务所律师。

得欣慰的是，全国人大常委会也于2007年10月28日第三十次会议上适时地对民事诉讼法的部分内容作了修正。但是，由于法律规范是调整社会关系的本质属性，决定了法律条文诉讼时效应当按照人身侵权案件的诉讼时效作出相应的规定，赋予当事人足够的时间保证其诉权，因为精神病的诊断依照目前的医学发展水平只能依照当时病人的精神状态，如果诉讼时效过长，则可能导致诊断和取证困难。

一、司法鉴定机构和程序

目前的法律规定并未解决现实中精神病鉴定程序启动难的问题，所以草案修改中应对强制诊断司法异议程序中的司法鉴定程序作出具体的规定。在强制诊断司法异议程序中，司法鉴定机构应作为鉴定人参加诉讼。人民法院组成合议庭后，应当在五日之内指定精神病司法鉴定机构对被申请人进行鉴定。结合目前的草案规定，精神病司法鉴定机构受理鉴定委托后，应当指定本机构中具有该鉴定事项执业资格三名以上单数司法鉴定人共同进行鉴定。鉴定过程中要求提交的鉴定材料，除精神疾病司法鉴定委托书或者申请书之外，还可提供被鉴定人及其家庭情况、工作单位提供的有关材料、知情人对被鉴定人精神状态的证言以及医疗记录和其他有关检查结果等。

二、审理程序

疑似精神病人强制诊断和强制住院治疗司法异议开庭审理程序应参照第一审普通程序组成合议庭审理，其目的在于法院进行充分的审理，详细地了解案情。为防止个别利害关系人单方面启动相应程序，法院应当通知所有其他利害关系人参加诉讼。申请人、被申请人、其他利害关系人、精神病司法鉴定机构的代表均应到庭参加审理并有权进行辩论，以确保审判的公正，充分保障被申请人的利益，避免申请人、被申请人和第三人之间的纷争。合议庭根据鉴定结论和庭审情况进行合议，并作出一审判决，认定被申请人的精神状况和行为能力。人民法院应当在三日内宣告判决并将判决书送达申请人、被申请人以及其他利害关系人。

在此，考虑到公民民事行为能力的司法认定事关基本人权，意义重大，笔者建议修改民事诉讼法中关于公民无民事行为能力或者限制民事行为能力司法程序一审终审的规定,实行两审终审制。与之相一致,疑似精神病人强制诊断和强制住院治疗司法异议程序应设置为两审终审,更能体现立法对疑似精神病人的人身自由权、健康权、财产权等基本人权的充分尊重和对精神病人强制诊断的谨慎态度。申请人、被申请人、其他利害关系人对一审判决不服的,可在判决作出后十五日内向上一级人民法院提起上诉。上一级人民法院接到上诉申请后,应当指定另一精神病司法鉴定机构进行重新鉴定,以保证司法鉴定的公正性,避免一审中鉴定错误的现象。二审程序也应当开庭审理,保证司法机关充分地了解案情以作出终审判决。

三、鉴定及诉讼费用

启动疑似精神病人强制诊断司法异议程序是为了保护当事人人身自由权、财产权等基本人权。在司法实践中,被确诊为精神病的当事人有相当的部分是来自底层社会的人,而在“被精神病”案件中有多数案例当事人都是生活贫困的人或是经过错误诊断而丧失财产的人,所以笔者认为,为了保护弱势群体,维护社会稳定,防止“被精神病”事件的频发,疑似精神病人强制诊断司法异议程序案件应不收取诉讼费用。

四、确立精神病人强制住院治疗司法异议程序

我国现行刑法和刑事诉讼法都有有关精神病人强制医疗方面的规定。强制医疗是指为保障社会公共安全、维护社会秩序以及医治疾病患者,国家行政机关依据法律的规定,在特定条件下,指定医疗机构对特定人员实施强制性医疗的一种具体行政行为。精神卫生法草案中首次从民事法律角度提出在医疗机构诊断后的强制住院治疗制度,填补了我国民事法律中对于强制住院治疗制度法律规定的空白,但作为紧随强制诊断之后对精神病人采取的强制措施,草案也未规定对强制住院治疗的误诊的精神病人的司法异议程序。笔者认为应建立新型特别程序、精神病人强制住院治疗司法异议程序,以保障进入强制治疗程序的被误诊的精神病人的合法权益。

(一)精神病人强制住院治疗司法异议程序的申请主体

精神病人强制住院治疗司法异议程序的申请主体与疑似精神病人强制诊断司法异议程序的申请主体一致,均为当事人、近亲属及其他组织和利害

关系人。司法异议程序的申请主体不能限制为近亲属,因为在现实中发生的"被精神病"事件,都是被近亲属送入或通知精神病院收治的,所以在精神病人强制住院治疗司法异议程序中也应包含监护人选任程序,即在未经人民法院确认监护人之前,当事人的近亲属为了当事人的利益,可以代为办理精神病诊断、自愿入院治疗和强制住院治疗等事项。精神病人强制住院治疗司法异议程序需顾及监护人没有依法产生期间当事人的利益保护问题,要求单位或有关机构通知已知或应知的当事人的全部近亲属,防止个别亲属对当事人权利的侵害。

(二)精神病人强制住院治疗司法异议程序的具体内容

在精神病人强制住院治疗司法异议程序建立方面,笔者建议申请人应当以医疗机构为被申请人向人民法院提出书面申请,写明事实和理由。被认定为精神病的当事人提出申请的,有权委托诉讼代理人,也有权请求法律援助。人民法院受理申请人的申请后,应当在三日内组成合议庭,将申请书送达被申请人并通知精神病人的所有其他近亲属以第三人身份参加认定程序,被申请人有权委托代理人。人民法院组成合议庭后,应当在五日之内指定精神病人司法鉴定机构对精神病人是否必须采用住院治疗措施进行鉴定,精神病人司法鉴定程序与疑似精神病人司法鉴定程序相似。人民法院应当在精神病人住院治疗鉴定结论作出后五日内进行开庭审理。开庭审理参照第一审普通程序进行。司法异议程序也应保护申请人、被申请人、第三人、精神病司法鉴定机构代表的辩论权。合议庭根据鉴定结论和庭审情况进行合议,人民法院应当在三日内宣告判决并将判决送达申请人、被申请人和第三人。判决认为精神病人没有必要住院治疗的,应当作出决定撤销医疗机构的强制住院决定,应当判决恢复精神病人的行为能力。申请人、被申请人、第三人对一审人民法院判决不服的,可以在判决作出后十日内向上一级人民法院提起上诉。上一级人民法院接到上诉后,应当指定另一精神病司法鉴定机构进行重新鉴定,并开庭审理,作出终审判决。为了保护精神病人这一弱势群体的权益,人民法院审理精神病人强制住院治疗案件认为精神病人不再继续住院治疗的,应当不收取诉讼费用。

精神病人强制住院治疗司法异议程序应在作出强制住院治疗判决时,通知其近亲属到庭,作出限制民事行为能力人或无民事行为能力人的认定,对其民事行为能力进行评判,并指定监护人。人民法院在申请确认精神病人监护人的案件时,应作出限制民事行为能力或无民事行为能力的宣告,并由近亲属直接提请法院选任或确认监护人,可以避免重复另行起诉认定当事人的行为能力及监护人,节约司法成本。

论当事人资格异议及其立法构想

李　轩　崔丽丽①

一、当事人不适格与当事人资格异议

众所周知，没有当事人就没有诉讼，诉讼始终是发生在当事人两造之间的争议。这种争议处理机制的意义就在于通过第三方力量即司法机关的公正裁判恢复已经被破坏了的民事法律关系，对受侵害的一方提供法律救济。但是可以想见，如果起诉到法院的原告和被起诉到法院的被告相互之间并不存在实体上的民事法律关系，这种起诉就会变得毫无意义。

在诉讼法理论上，我们通常将当事人区分为正当当事人和非正当当事人。提起诉讼的原告与被诉的被告如果都是实际发生民事实体法律关系的当事人即与本案有利害关系的人（或者依法应当就该民事实体法律关系享有权利或承担责任的当事人），那么他们就是正当当事人；否则，就是非正当当事人。非正当当事人起诉或者被诉为被告的情形，通常被称为当事人不适格，意味着原告或者被告主体资格不符合法律规定。② 司法实践中，由于原告的认识错误或者恶意诉讼导致当事人不适格的情形比比皆是。

在过去，由于民事诉讼法没有规定解决处理这种错误问题的法定程序，人民法院往往对此问题或者视而不见，或者无所适从。被告在庭审过程中也许会提出原告或者被告一方主体不适格的问题，但是法院通常会在最后裁判期间对此问题作出结论，要么是判决驳回诉讼请求，要么是裁定驳回起诉。事实上，这两种处理方式都存在极大的问题。

第一，如果当事人一方不适格，法院只能以其起诉不符合民事诉讼法一百零八条的规定为由裁定驳回原告对被告的起诉，而不能判决驳回诉讼请求。因为当事人主体不适格，主要是一个程序性问题，而不是实体问题。

---

① 李轩：兼职律师，中央财经大学法学院副教授，法学博士；崔丽丽：中央财经大学法学院民商法学硕士研究生。

② 参见肖建华：《正当当事人理论的现代阐释》，载于《比较法学》2001 年第 4 期。

第二，在全案审判终了作出裁定驳回起诉的决定，也仍然存在浪费国家司法资源，造成当事人人力、财力等不必要的诉讼负担。[①]

就制度供给而言，国家应当充分保障当事人的诉权，应该保障原告根据自己的意愿和理解向法院请求司法保护的权利，而不得在立案审查阶段进行实体审查或任意设置障碍将原告的起诉轻易拒之门外；但在保障诉权的同时，我们也必须考虑在案件审理阶段设计必要的审查程序以过滤掉那些因当事人错误而不具有实际意义的诉讼，以便保障当事人的合法权益，避免司法资源的浪费。

所以，笔者认为，增设当事人资格异议制度是非常必要的。所谓当事人资格异议，即被告认为当事人一方甚至双方不适格而提出的异议，具体而言就是原告向人民法院提起诉讼之后，被告在应诉答辩期间认为原告或者被告不适格甚至原被告双方均不适格而向受诉法院提出异议，要求法院驳回原告对该被告的起诉（或者在存在其他适格被告的情况下允许自己退出诉讼）的行为。赋予被告提出当事人资格异议的权利，就如赋予被告提出管辖权异议的权利一样，有助于充分调动最具利害关系人的积极性，在第一时间督促法院对当事人可能错误的诉讼进行专门审查并作出决定，从而实现诉权保障和诉讼经济的目的。而当事人资格异议程序，就是规定被告如何向法院提出这种异议，以及法院如何处理这种异议的法定程序。

在我国现行民事诉讼法中只有管辖权异议程序，没有当事人资格异议程序。但是因为当事人的问题事关诉讼的全局，如果因为当事人错误而导致滥诉，必然浪费国家司法资源，侵害当事人合法权益。所以在民事诉讼法当中规定当事人资格异议程序的制度具有十分重要的现实意义。

二、当事人资格异议理论探讨的缺失

非常遗憾的是，长期以来我国诉讼法学界对当事人资格异议制度似乎缺乏必要的关注，关于当事人资格异议的研究和讨论非常少见，[②]笔者至今

---

① 对此，肖建华教授认为“仅仅通过程序审查就发现当事人不适格的，如果还作为权利保护要件进行审理，作出实体判决，将会造成不必要的烦琐”，并据此建议“法院在审查起诉阶段或者审前准备阶段就从程序上发现当事人根本不可能是正当当事人的，应当灵活处理，可以根据情况才用以下方式：(1)裁定更换非正当当事人；(2)裁定不予受理；(3)裁定驳回起诉”。参见江伟主编：《民事诉讼法专论》，中国人民大学出版社2005年版，第200页。

② 诉讼法学界讨论的更多的是法院依职权而非依当事人申请更换非正当当事人的问题。参加王强义：《非正当当事人及其更换》，载于《法学研究》1991年第6期；常怡主编：《民事诉讼法学》，中国法制出版社2008年版，第150页。

尚未查到专门论述当事人资格异议制度的相关文献。不过有学者从完善第三人制度的程序保障角度出发，已经提出了建立无独立请求权第三人主体资格异议制度的设想。这些学者认为，所谓第三人主体资格异议制度，是指被法院依职权通知参加诉讼的无独立请求权第三人，基于法院对其资格认定的错误，要求法院重新认定或撤回通知的一项法律异议制度，并提出了第三人主体资格异议制度的具体构想：(1)提出异议的主体应是被法院通知参加诉讼的第三人。(2)提出异议的理由分为实体上的理由和程序上的理由。实体上的理由即本诉的处理结果同第三人无法律上的利害关系。程序上的理由即法院对第三人与当事人一方的法律关系无管辖权。(3)在提出异议的期限与方式上，前者宜在被通知参加诉讼后的一定期限，可由司法解释作出具体规定；后者以书面形式为原则，口头异议则应于案卷材料中记录。(4)在对异议的处理上，异议一经提出，法院经审查应在合理期限内作出裁定。如异议成立，人民法院应裁定撤回通知；如异议不成立，则裁定驳回其异议。第三人对裁定不服的，可以在合理期限内提起上诉，具体可参照对一般裁定不服的上诉期限。在异议期间或者上诉期间，人民法院对本诉中不涉及第三人权利、义务的部分继续审理；对涉及第三人权利义务的部分则中止进行，待异议或上诉有结果后继续进行。这一制度机制有助于确保无独立请求权第三人的合法权益，防止人民法院错定、滥定无独立请求权第三人。①

笔者还注意到，也有学者已经意识到当事人的变更和追加情形下的主体资格异议机制缺位的问题，认为现行民事诉讼法在规定法院可以更换不是正当当事人的原告或被告的同时没有设置相应异议程序；当事人的追加也同样涉及原有当事人和被追加当事人的利益，从诉讼程序的要求而言，如果是必要共同诉讼，存在共同权利义务人时就应当追加其作为共同诉讼人，而现行法律却没有对是否应当就追加当事人的裁决设置异议程序，并据此提出应当将关于变更当事人的决定、关于追加当事人的决定都纳入可异议的对象范围，利害关系人可以对法院就当事人追加或变更所作出的决定提出异议在立法上应对可异议的裁决加以明确规定，以确保程序争议并提高诉讼效率。② 遗憾的是，如何具体构建变更和追加情形下的主体资格异议机制却仍然付诸阙如。③

---

① 参见江伟、单国军：《论民事诉讼中无独立请求权第三人的确定》，载于《中国人民大学学报》1997年第2期。

② 参见张卫平：《论民事诉讼法中的异议制度》，载于《清华法学》2007年第1期。

③ 参见《法制日报》2001年6月8日第1版。

在司法实践中，由于制度的缺位和理论研究的不深入，当事人不适格的问题要么被法院所忽视，要么让法院无从处理。如在广东省佛山市中级人民法院立案庭工作的某法官曾经撰文指出：在民事诉讼中，常常出现原告因法律关系理解错误、事实关系认识不清或者出于某些不正当目的，将不应当作为本案被告的非真正利害关系人作为被告人起诉，这就必然会引起被告不适格问题，造成因原告所诉主体错误而使无辜的被告人遭受讼累的情况，使无辜的公民、法人的合法权益遭受到不应有的侵害。为了免予败诉的危险，被告不得不花费大量的精力、财力应诉，进而导致不必要的财产损失，在涉及名誉权或商誉权的案件中，也会导致被告的精神损失。在被告不适格案件中，原告通常会败诉，但是被告人在经司法程序确认不应当承担责任之后，除了法院收取的诉讼费用由败诉方承担外，其他费用如误工费、差旅费、律师费等，仍然只能由无辜的被告自己承担，这对被错误起诉的当事人来说是不公平的。[①]

三、当事人资格异议的制度建构及其程序设计

笔者认为，建立当事人资格异议制度势在必行。就在本文修改定稿之际，笔者看到一则喜人的消息，全国人大常委会法工委有关负责人在2010年两会期间接受记者采访提到民事诉讼法修改的重点问题之一"审前程序"问题时表示，目前有的法院在进行审前程序的探索试点工作，有的提出应当规定一个独立的审前程序，这个程序包括送达诉讼文书，对管辖、诉讼主体资格等程序问题的审查等。[②] 这说明不仅"有的法院"而且立法机关也注意到应对诉讼主体资格审查设立专门程序的问题。

笔者建议，在将来修改民事诉讼法时，我们可以仿照现行管辖权异议程序设计当事人资格异议程序：规定被告在接到应诉通知之后，在法定的答辩期间如果认为原告或者被告一方当事人不适格的，可以直接向人民法院提出书面异议并说明异议理由，提交必要的证据，由人民法院经过审理作出裁定。人民法院收到被告的书面异议之后应当中止案件的实体审理，并应该以开庭审理的方式专门审查当事人资格异议是否成立的问题。审查期间，

---

① 参见梁绮云：《小议民事诉讼中的被告不适格及错诉责任》，载于佛山法院网，http://www.fszjfy.gov.cn/program/article.jsp? ID = 13800，最后浏览日期：2011年3月5日。

② 参见《民事诉讼法再次修改工作已启动——访全国人大常委会法工委民法室副主任扈纪华》，载于《法制日报》2011年3月9日。

法院应当将被告的书面异议送达原告并允许其在合理期间(如七日之内)提出反驳意见;审理时允许当事人双方进行充分辩论,审理之后作出裁定。为防止诉讼的过分拖延,当事人资格异议的审理期间以不超过一个月为宜。当事人不服一审裁定的还可以在十天之内向上一级人民法院申请进行上诉,由上一级人民法院作出终审裁定。

两审法院的裁定结果均有两种可能:一种可能是支持被告的当事人资格异议,裁定驳回原告对该被告的起诉;一种可能是否定被告的当事人资格异议并予裁定驳回。如果是第一审法院裁定驳回起诉,那么原告可以表示不服,上诉到上一级法院,要求撤销一审裁定,责令一审法院恢复案件实体审理;如果是第一审法院裁定驳回被告的异议,则被告可以提出上诉,请求上一级法院撤销一审裁定,改为裁定驳回原告的起诉。参照有关管辖异议的规定和司法实践的一般情况,关于当事人资格异议的第二审审限也以一个月为宜。

民事诉讼立法上明确设立当事人资格异议制度及其程序的实践意义是显而易见的。它有助于将当事人一方对当事人双方是否适格的问题集中进行审理,在当事人资格存在问题、原告的起诉不符合民事诉讼法规定的起诉条件时可以及时、有效地通过司法程序确认诉讼是否成立的问题。如果通过法定程序适时确定当事人资格异议成立,那么必然有助于节省司法资源,维护当事人的合法权益,并且可以精简诉讼程序,指导人民法院适时终止不必要的诉讼,指导当事人采取正确的诉讼路径,合法维护自己的民事权益。

值得强调的是,在某种意义上,当事人资格异议制度的法律功能和实际意义甚至超过管辖权异议制度。因为管辖权异议制度解决的不过是法院管辖错误的问题,而法院管辖错误并不必然导致司法裁判的错误;而当事人资格异议制度解决的是当事人错误的问题,而当事人一旦错误则必然导致诉讼毫无意义,甚至可能导致司法裁判的错误。因此,仿照管辖权异议制度建立当事人资格异议制度不仅是可行的,而且是必要的,甚至是迫在眉睫的。

浅议无因回避制度及其引入

李启来[①]

导读:基于司法公正尤其是程序公正的需要,我国现行民事诉讼法第四十五条规定了民事回避制度,但由于回避事由范围偏窄,加上在我国民事诉讼中无相关的信息披露制度,从而造成实践中当事人对于回避事由的举证相当困难,回避制度形同虚设。无因回避制度的引入不仅能够使得当事人申请回避的权利得到保障,实现程序公正,而且能够使得当事人更容易接受裁判结果。本文通过分析无因回避制度的引入的必要性,进一步阐释我国无因回避制度的构建问题。

回避制度的设立是源于人类对公正的追求,在某一层面来讲,这是通过保证法官审判的中立性来保证司法活动的公正不阿。随着法制的进步和公民思想的合规化,人们越来越倾向于通过司法程序进行定分止争,由此一来,人们关注的便不仅仅是判决结果的实体正义,公正、透明的程序正义也是人们内心的期待。回避程序作为程序公正的保障之一,其重要性不言而喻。本文选取回避制度的事由为切入点,试图分析目前回避制度门槛过高的不足及建立无因回避制度的必要性。

一、我国现行回避制度的主要缺陷

根据我国民事诉讼法第四十五条的规定,审判人员有下列情形之一的,必须回避,当事人有权用口头或者书面方式申请他们回避:一是本案当事人或者当事人、诉讼代理人的近亲属;二是与本案有利害关系;三是与本案当事人有其他关系,可能影响对案件公正审理的。

---

① 李启来:北京市两高律师事务所律师。

法律的规定看似对回避的事由做出了明确规定，但实践中现行回避制度效果不十分理想，几乎形同虚设，其主要弊端是回避事由范围偏窄，当事人举证难。要保证当事人能够充分行使其申请回避权，就要使其对适用回避制度的对象的信息有充分的了解，但我国当前并没有相关的信息披露制度。当事人要获得相应的信息只能通过私下的途径，或者干脆是一无所知。这在很大程度上限制了当事人申请回避权的行使。

这对当事人的举证程度提出了很高的要求。只有举出充分证据证明，才能够达到回避的目的。事实上实践中申请回避的制度基本形同虚设，因为受信息不对称的影响当事人很难申请回避成功。因为他们在申请回避时，法院会要求他们同时提供相应的证据证明该法官有被申请回避的情形，按照现行证据法归则，该举证责任完全由当事人承担。实践中，很多当事人的申请往往不被采纳。这也导致当事人心中产生得罪法官的顾虑，使自己处于更加不利的位置，对司法的发展极为不利。

二、英美法系国家的无因回避制度及其借鉴意义

(一)英美法系国家无因回避制度概述

在美国等英美法系国家，要求附理由的回避被称为有因回避，与此相对应的是无因回避。无因回避是指只要当事人对陪审员审理案件的公正性有合理怀疑即可申请其回避而无需提出正当理由或根据。[①] 其特点在于：(1)当事人申请回避时无需说明理由，也无需承担举证责任；(2)申请回避的理由不必须是法律明确规定的；(3)回避申请一旦提出，被申请人就必须回避。如此一来，无因回避和有因回避最重要的区别即在于对当事人的证明程度要求不同。对于无因回避而言，当事人申请回避的理由很宽泛，法律对当事人的证明程度要求很低，只要当事人对本案相关人的判决公正程度存在合理怀疑，便可以达到申请其回避的目的。

(二)我国引入无因回避制度的必要性

1. 当前的有因回避制度实用性差，难以满足实践要求

由于我国目前没有建立与有因回避相配套的信息披露制度，造成当事人和法官双方信息的严重不对称。法官对当事人的信息了解得一清二楚，但当事人却无从了解法官的基本信息。如此一来便失去了申请其回避的主

① 参见李轩、李刚：《律师视角下的民事诉讼法修改》，载于《国家检察官学院学报》2011 年第 5 期。

动权，实践中，当事人申请回避能够成功的也寥寥可数。因此，当前的有因回避制度对当事人而言是一种极大的束缚。

2. 无因回避制度的建立符合人们追求程序公正的基本需求

随着法治社会的进步，人们对司法公正的呼声越来越高。在实体正义和程序正义之间，人们对程序正义的追求更胜一筹。程序公正具有吸收不满的功能，在公平透明的诉讼程序中产生的实体结果，往往令人更容易接受。反之，程序不公具有制造不满的功能，如果法院未能依照法定程序作出判决，违背了当事人基本的诉讼权利，那么即使判决是公正的，也往往令当事人怀疑司法的权威性。毕竟趋利避害是人们的基本心理。无因回避制度虽然可能造成司法资源的浪费，但相对于司法公正来说，做出让步也是合情合理的。

三、构建我国无因回避制度的主要设想

英美法系国家的无因回避制度大都是绝对无条件的，只要当事人提出回避申请，便可产生回避的效力。笔者认为，这在中国是行不通的。第一，审判资源的限制。我国人口众多，法官数量与人口的比例非常小，审判资源极其有限。因无因回避而退出合议庭的，必须从另外的合议庭成员中抽调出来，组成新的合议庭。这无疑将严重影响司法效率。第二，容易导致当事人滥用权利。我们无法排除当事人滥用回避权的可能，这不仅会拖延办案时间，甚至可能使案件无法进入审判程序，从而使当事人遭受更大的不公正。因此我国的无因回避制度应当符合我国国情，在适用上附加以下三个条件。

1. 无因回避的申请时间。根据笔者多年的实践观察及法律对有因回避制度申请时间的规定，笔者认为无因回避的申请时间可定为一审、二审、再审法庭调查结束之前，这既不会造成审判时间的拖延，又能够很好地保证当事人的基本权利。

2. 无因回避的效力。根据国外的相关规定及我国的司法实践，笔者认为无因回避一经成立，被申请人便应主动退出审判程序。

3. 无因回避的次数。国外立法例对此问题的规定不一，有多有少。笔者认为，以不超过三次为宜。这符合效率与公正的兼具原则。

论当事人及其代理人取证权利的程序保障

徐　灿[①]

导读:没有保障的权利等同于虚设的权利,权利保障必须与权利设置同等考虑。虽然我国现行民事诉讼法中与现代法文明相适应的举证责任制度已基本确立,并且具有较为完善的以法院为主体而非以当事人为主体的法院依职权调查取证制度,但是却几乎没有相关的当事人及其诉讼代理人取证权利保障制度。这就使得当事人及其诉讼代理人在取证问题上处处被刁难,离开法院的依职权查证,当事人自己在取证问题上几乎寸步难行。

民事当事人及其诉讼代理人的取证权利,是一个与民事举证责任制度联系紧密,涉及民事实体法、法哲学乃至宪法的一个十分重要,但却为我国立法、司法和学术界所忽视的民事程序法问题。就我国的现行法而言,几乎没有关于该权利及其保障的规定;律师实务界虽不时发出取证难的抱怨,尽管其并非空穴来风,但似乎从未赢得审判实务界的同情和重视。与此同时,与民事审判方式改革举步维艰的状况如影随形的是,举证责任制度虽从立法上确立了十几年,但实践效果却不甚理想,可以说远未达到其立法者以公正、效率、民主为目标重构我国民事诉讼权利和责任配置的初衷。究其原因,一个问题从思索的困顿中凸显出来:要求主体承担举证责任,却不给予相应的权利和保障手段,前者之建构岂非空中楼阁? 由是长期被隐含被遮蔽的当事人及其代理人的取证权利问题从举证责任的阴影中走了出来,其独立的价值及程序保障之重要性将因此被重新认识。本文就试图在借鉴外国民事诉讼方面的立法成果的基础上,结合我国民事审判司法改革的实际,尝试就即将进行的民事诉讼法的修改提出对该权利之保障的程序设计方案。

---

① 徐灿:男,中国人民大学法律硕士,因病于2014年10月7日去世,享年52岁。生前任中华全国律师协会宪法与人权专业委员会委员、北京市律师协会宪法专业委员会主任。

一、取证权利及其程序保障是民事诉讼法不可或缺的重要内容

1. 证据是民事诉讼胜败之关键

民事证据是民事诉讼中用来证明案件真实情况的客观事实材料。[①] 其在民事诉讼活动中能够“再现”许多业已发生已成为过去时或正在发生即将成为过去时的事件或事实,从而使人民法院能够以事实为依据、以法律为准绳来维护当事人的合法权益。所以说,民事证据在民事诉讼活动中发挥着不可替代的作用。一方面,当事人请求法院确认其主张,须提供并运用证据这个工具,证明其提出的诉讼请求有理有据,促使人民法院作出于己有利的裁判。“没有证据,诉讼活动将难以展开,没有证据,案件的是非曲直也将难以判明。一个重要的证据,可以救人于水火,也可以置人于死地。”[②]另一方面,人民法院对作为过去时的待证事实的认定以及裁判的最终作出,也须以证据为基础,否则无从裁断。因此,证据是法院处理民事案件的前提条件,是处理一切民事案件的立足点和根本点。民事证据的作用可以从以下三个方面来概括:其一,民事证据是当事人主张权利,实现诉讼请求的依据及获得胜诉的保障;其二,民事证据是法院和法官据以认定诉讼争议的事实的基础和正确适用法律的依据;其三,民事证据是民事诉讼中不可替代的根据和手段,它制约着民事诉讼的进程,故而证明活动是民事诉讼的核心,离开证据,就没有民事诉讼。证据与取证活动的关系在于,前者是后者的目标或对象,后者是前者从潜在的证据成为实然的证据的必经环节。

2. 取证权利是举证责任承担之前提

首先,举证与取证都是民事诉讼证明活动这个完整链条上相邻相连的两个环节,是证据法上的一对范畴。其次,取证权利与举证责任两者之间存在着必然的因果联系。表现为,如果当事人及其诉讼代理人的取证权利得不到保障,其举证能力必然受到限制;如果当事人放弃取证权利,则往往会导致举证不能承受败诉的结果;因此,凡是有利于当事人承担举证责任的制度或措施,都是对当事人及其诉讼代理人取证权利的一种程序保障,反之亦然。这是举证与取证因果关系的一个方面。从另一方面即从法律的逻辑关

① 参见刘家兴:《民事诉讼法教程》,北京大学出版社 1994 年版,第 167 页。

② 刘荣军:《美国民事诉讼的证据开示制度及其对中国的影响》,载于《民事审判方式改革与发展》,江平主编,陈桂明执行主编,中国法制出版社 1998 年版,第 90 页。

系来讲,既然法律规定了当事人的举证责任,就应该赋予其承担这项责任的手段和条件,即赋予其相应的取证权利;从这一特定的角度来看,举证责任制度是因,取证权利保障是果。也就是说,因为有了举证责任制度,因此必须赋予并保障当事人的取证权利。

3. 取证权利与当事人的诉权的体现

诉权与作为诉讼权利的取证权利是相互联系、相辅相成的一对概念,取证权利既是当事人及其代理人的程序意义上的诉权在取证领域的延伸,是诉权的具体化,又是其实体诉权得以充分实现的保障。二者相辅相成,互为条件,互为前提。一方面,正是因为当事人据有正当的诉权,为实现其正当的程序权利以期最终保障其实体权利,才有必要赋予其取证权利。另一方面,取证权利是保障具有二元性的诉权实现的手段。首先,当事人在进入民事诉讼进程时,必先进入诉答阶段,在此阶段,决定法院是否受理其诉求的一个要件仍是当事人诉讼请求有无起码的事实(证据)支持,因此,当事人及其诉讼代理人的取证权利是启动诉讼程序从而实现当事人程序意义诉讼权的前提条件。其次,取证权利保障了对案件事实或民事权利义务关系的确认,从而也保障了当事人要求法院保护和强制实现其民事权益的权利,即实体意义诉权。

综上所述,当事人及其诉讼代理人的取证权利是与民事诉讼举证责任相互关联而又不能等同的一项法定程序权利,其作为一项诉讼权利,乃是当事人诉权的延伸或具体化,又是当事人程序意义的诉权和其主张即实体权利得以实现的保证。建立和完善当事人取证权利保障制度是市场经济条件下实现民事诉讼真实、公正及效益目标的要求,是保证民事诉讼的公开性和透明度的需要,是遏制司法腐败的需要。

二、我国现行民事诉讼法对该权利的规定及其不足

"正如一切有权力的人都容易滥用权力一样,一切没有保障的权利也是虚设的权利。"[①]由此可见权利保障之于权利生存之关键,因此权利保障必须与权利设置同等考虑。但是,欲建立我国民事诉讼当事人取证权利程序保障制度,必先了解我国该领域之现状,由是,民事诉讼法的修改及司法改革的相关问题因此也进入了我们分析和研究的视野。

① 王莉莉:《论我国民事诉讼的审前程序之完善》,载于《中国民事证据的立法研究与应用》,王利明主编,汤维建执行主编,人民法院出版社 2000 年版,第 986 页。

1. 我国现行法律对当事人及其代理人取证权利的规定

自20世纪80年代后期起，我国审判实务界开始大力推行民事审判方式的改革，审判方式的改革加强了对当事人及其诉讼代理人举证责任和取证权利的重视，1991年颁布的民事诉讼法对这些改革成果以基本法形式作了基本的肯定。首先，民事诉讼法在其第五十条规定："当事人有权委托代理人，提出回避申请，收集、提供证据，……当事人可以查阅本案有关材料，并可以复制本案有关材料和法律文书。查阅、复制本案有关材料的范围和办法由最高人民法院规定。"其第六十一条也规定："代理诉讼的律师和其他诉讼代理人有权调查收集证据，可以查阅本案有关材料。查阅本案有关材料的范围和办法由最高人民法院规定。"在举证责任问题上，新修改的民事诉讼法在其第六十四条第一款规定"当事人对自己提出的主张，有责任提供证据"，与此相适应，该条第二款中接着规定："当事人及其诉讼代理人因客观原因不能自行收集的证据，或者人民法院认为审理案件需要的证据，人民法院应当调查收集。"接着，民事诉讼法在第七十条规定："凡是知道案件情况的单位和个人，都有义务出庭作证。有关单位的负责人应当支持证人作证。"同时，为减少当事人取证可能出现的风险，民事诉讼法第七十四条又规定："在证据可能灭失或者以后难以取得的情况下，诉讼参加人可以向人民法院申请保全证据，人民法院也可以主动采取保全措施。"

作为对民事诉讼法的补充，《最高人民法院关于民事诉讼证据的若干规定》第三条第二款规定："当事人因客观原因不能自行收集的证据，可申请人民法院调查收集。"并在第十七条中明确了当事人申请人民法院调查收集证据的条件。

以上便是我国现行民事诉讼法及相关司法解释关于当事人及其诉讼代理人取证权利的全部内容。从这些规定我们可得出如下结论：其一，虽然有关的规定非常简单，条文和文字可以说极其稀少，但是关于当事人及其诉讼代理人的取证权利我国法律毕竟还是有明确规定的，与现代法文明相适应的举证责任制度也已基本建立；只是完全没有相关的当事人及其诉讼代理人取证权利保障制度。其二，现行法律所规定的当事人的取证手段仅限于"查阅和复制本案的有关材料"，除此之外，没有其他任何权利保障措施和手段。其三，仅有且为数不多的几条关于取证查证的规定亦完全是以法院为诉讼主导和取证主体的，是法官职权行为规范，与当事人为主导的取证有着本质的不同，且常常形成对后者自主权利及其行使的妨碍。但是，鉴于民事证据依其对当事人主张事实的肯定与否定，可以分为有利或不利于当事人的证据，而不利于一方当事人的证据相对于另一方当事人来说，是为有利的证据；因而人民法院依职权取得或查清的证据，最终总要归属于一方当事人，成为其证据体系的一个组成部分。因此，对囿于客观条件而确实难以取得关键证据（如银行的资料、国家机关的文件）的当事人来说，法官的依职权调查取证有助于弥补当事人经济条件和社会地位等现实差别而导致的在取证问题上的不公，有利于保证当事人在取证权利分配和举证责任分担上的大体的公正。所以法院亲为的取证查证如果掌握在一定程度范围内并以适当的方式行为，对当事人的取证而言也不失为一种支持和保障。所以，我们姑且认为这些规定对当事人取证权利也是一种保障，然而目前就该问题而言，我国在立法和司法上都存在着太多的缺憾，由此造成了许多弊端，这些现行法的问题及其现实中的深刻矛盾正是本文探讨的一个方面。

2. 现实的不足与硬件、软件的欠缺

我国现行法律对当事人的取证权利虽然作了上述一些规定，但是，“举证责任的强化和取证权利的滞后形成了鲜明的对照”。[①]

同时，以“人民法院认为审理案件需要的”[②]或“人民法院认为需要自行调查收集的”[③]来界定法院的取证职权范围不仅过宽、挤占了当事人的取证行为空间；而且，以人民法院的“认为”和“需要”来界定其权限，作为法律规定来说也显得过于含糊，使法官在此方面的职权规定得过泛。事实上在实践中作为取证行为相对方的法人或组织多不愿与作为个人或企业的一方当事人或其律师合作；一般单位尚且如此，更不用说作为国家机关的公法人或组织。这其中当然有我国传统文化“官本位”思想观念的折射，但与法院长期以来对自己调查取证的权力范围的圈定过泛过宽却有着直接联系。笔者在代理实务中就时常遇到的作为取证对象的组织或单位拒绝作为个人或一方当事人的律师取证、只认可司法机关作为取证权利的唯一合法主体的情况。

另一方面，该规定还加大了法官在取证问题上的自由裁量权。在实践中则容易造成这种情况，即针对不同当事人及其代理律师向法院提出的取证申请，法官要么以“当事人对自己提出的主张有责任提供证据”为由予以回绝，要么以“法院认为需要”为由积极主动甚至不遗余力地依职权取证查证[④]，申请法院取证查证的结果在某种程度上得视申请主体与法院的关系，往往是与法官关系好的律师或当事人才能得到后一种结果。

---

① 汤维建：《论美国民事诉讼中的证据调查与证据交换》，载于《中国民事证据的立法研究与应用》，王利明等主编，汤维建执行主编，人民法院出版社2000年版，第1052页。

② 见民事诉讼法第六十四条第二款。

③ 见1998年《最高人民法院关于民事经济审判方式改革问题的若干规定》第三条。

④ 这类现象常常表现在“地方保护主义”作祟的案例中。

就后一种表现而言，正如有关学者提出的："我国民事诉讼法并不是没有规定调查收集证据的程序，而是没有规定以当事人为主体的证据调查程序。我国民事诉讼法所规定的证据调查程序是以法院为主体的，法院依职权调查收集证据的程序是比较完善的，而且还有制度上的保障，任何人、任何单位如果无故拒绝法院调查取证，则要受法律规定的强制措施的制裁。"[①]作为对法院取证职权的重视，法律为其设置了比较有力的保障，现行的民事诉讼法第一百零三条规定：人民法院对有义务协助调查的单位拒绝或妨碍人民法院调查取证的，除责令其履行义务外，并可以予以罚款；可以对其主要负责人或者直接责任人员予以罚款；还可以向监察机关或有关机关提出予以纪律处分的司法建议。但是，对当事人及其诉讼代理人的调查取证，除了查阅案卷外却并无只言片语的保障规定。我国现行民事诉讼法的矛盾由此展现出其另一面，即该法虽然确立了当事人举证责任制度，但是，这种变革由于立法的不完善正面临着一种尴尬：法律把举证责任交给了当事人，却疏于考虑当事人的取证权利及其程序保障；因此实践中由于该权利得不到法律的程序保障和司法界的重视、使得当事人及其诉讼代理人在取证问题上处处被刁难，离开法院的依职权查证，当事人自己在取证问题上几乎寸步难行！无力承担举证责任。因此实践中有关作证义务主体往往只认可司法机关的取证权利，不认为当事人及其诉讼代理人也同样拥有该权利，致使后者取证难的问题一直没能得到解决。[②]

从硬件上看，我国不仅缺乏专门系统地保障当事人取证权利行使的程序或制度，亦缺乏许多起码的程序或制度。譬如缺乏证人作证的物质保障制度和惩戒制度，带来了实践中许多问题。表现为民事诉讼法只规定了证人有作证的义务，但是没有作为一种激励机制的适当的经济补偿制度；只规定了作伪证应负法律责任，但是未规定对证人拒绝作证的制裁措施。加上我国民间有"多一事不如少一事"的不得罪人的传统观念，由是导致了"证人作证尤其是证人出庭作证实际上被虚化"。[③] 这些硬件制度固然十分重要，

① 汤维建：《论美国民事诉讼中的证据调查与证据交换》，载于《中国民事证据立法研究与应用》，王利明主编，汤维建执行主编，人民法院出版社2000年版，第1050页。

② 虽然民事诉讼法第一百零二条也规定了对伪证、毁证及以暴力、威胁、贿买方法阻止证人作证或指使、贿买、胁迫他人作伪证等妨害民诉行为的包括追究刑事责任在内的处罚措施，但是对拒绝作证、特别是面对当事人及其诉讼代理人作为诉讼主体的取证行为拒绝作证或拒绝提供证据材料的情况，却没有任何处罚规定，由于缺乏系统有效的强化案外人作证义务和提供证据义务的制度，因此当事人及其代理人取证难的问题仍未从根本上解决。

③ 景汉朝、卢子娟：《经济审判方式改革若干问题研究》，载于《民事审判方式改革与发展》，江平主编，陈桂明执行主编，中国法制出版社1998年版，第36页。

但从总体上来说,我们所缺乏的乃是一个系统、科学、民主的保障当事人取证权利落实的审前程序或取证保障制度。这相应于作为部件的各硬件来说,乃是当事人取证权利保障这台机器的"主板",是硬件的硬件。

硬件的缺乏固然是个问题,但软件即思想观念上的问题则显得更为严峻。

一是缺乏尊重当事人权利的民主法治意识。这一点在立法和司法上都有反映,仅以立法而论,"由于长期受计划经济和人治传统的影响,我国立法基本上是以义务为本位,而不是以权利为本位,这样,在法官看来,一部民事诉讼法就是一部民事审判法,是保障法官如何行使审判权的法律,而不是保障当事人的行使诉讼权利的法律"。①

二是缺乏以制度规范主体行为的制度优先或制度优越意识。这种现象的深层次原因乃是人治思想和权力欲望在作祟。在法官本人则表现为对过分的职权和自由裁量权的追求和眷恋。

三、对民事诉讼法中修正设计当事人取证权利保障程序的立法建议

根据以上分析,笔者认为,民事诉讼法之修正亟须并应当确立当事人及其诉讼代理人取证权利保障制度,即在民事诉讼法中对我国当事人及其诉讼代理人取证权利保障予以程序设计,应以提高诉讼效益和保证诉讼真实和公正为终极价值目标。具体制度或具体构想如下。

1. 建立审前会议制度

建立我国的审前会议制度,使之与准备法官制度相配套,该制度应以确定争点、促进和解和有效取证为目的,通过召集当事人宣讲有关证据规则(包括罚则),确定证据开示和结束开示程序的期日,避免无需进行的举证,促使当事人在无争议的事实上达成一致,就将进入审判的争议事实安排双方当事人交换证人名册和证据目录等工作,加速案件的审判进程。审前会议的参加人为准备法官(兼公证人和书记员)、双方当事人及其诉讼代理人,鉴于审前会议需要以上三方众多诉讼参与人同时到会,其筹备的难度和时间、金钱的耗用是较大的,因此审前会议应以两次为宜,第一次会议旨在协

① 田平安、杜睿哲:《当前民事审判方式改革反思》,载于《民事审判方式改革与发展》,江平主编,中国法制出版社1998年版,第78页。同时参见《法学辞典》(增订版),上海辞书出版社1984年版,第914页写道:"程序法,亦称审判法。"

商选择何种程序(简易程序抑或普通程序)审理、并根据起诉和答辩书上各方的主张整理出争点,同时围绕争点进行证据开示或交换。如果有新的主张或形成新的争点,则可协商再安排一次会议进行开示或交换,但此种例外应以一次为限;最后一次审前会议应是证据开示和交换的最后时限,在此次会议上仍未向对方出示或交换的证据失效,在最后一次审前会议上应形成具有法定效力的"最终备忘录"或由准备法官制作"最终审前命令",对审前会议的成果予以确定并对证人和证据予以"冻结"。其内容包括如下几个方面:一是列举双方当事人不存在争议的事实与法律问题;二是对有争议问题进行提炼,明确争点,载明即将交付审判的各争议事实;三是列出即将出庭作证的证人名单及在审判时将出示的全部证据;四是确定开庭时间。

2. 建立审前程序及证据收集交换制度,使之与举证时限制度相配套

证据收集和交换制度直接保障着当事人及其诉讼代理人的取证权利,在西方是一项比较成熟的配套制度,我国目前只有简单的举证时限内的证据交换,不能满足证据发现的取证目的,建议建构以下配套制度。

一是建立证据的自动开示制度:双方应在第一次审前(管理)会议后、最后一次审前会议之前自动向对方公开自己所掌握的证据和证据信息。未经开示的证据不得在庭审中使用。

二是建立要求第三人提供证言或与案情有关的证据的制度:该制度运作的启动权在当事人及其代理人,即应以一方当事人的申请为前提条件,申请人应提出需要该证据或证言的理由(包括作证的事项及其之于证明主张的必要性,要求提出的证据与当事人主张的联系,以及无法从其他渠道或依其他手段取得,或者从其他渠道取得所需费用较大等);法院或准备法官经审查后认为合格后或者同意并指定时日、地点召集有关人士录取证言,或以掌握该证据的单位或个人(包括对方当事人)为取证对象签发命令,令其向持有该命令的人提交有关证据。

3. 建立依当事人申请的法官协助取证制度

取消法官依职权取证查证的做法,代之以在当事人取证面临无法克服的困难或障碍时、应其请求而为的法官协助取证的制度。为保障该制度,有必要重新划定法院调查取证的范围,将其严格限定在我国现行民事诉讼法第六十四条第二款所规定的第一种情况,即限定在"当事人及其诉讼代理人因客观原因不能自行收集"这种情况内;从而排除第二种情况下,即"人民法院认为审理案件需要的"情况下的调查取证。因为证据总是要归属于一方当事人的,不是有利于原告就是有利于被告的,第二种情况给予主审法官难以限制的自由裁量权,可能使法官偏袒一方而造成不公。限定在第一种情

况是吸取了当事人主义和职权主义的长处，既避免了完全的当事主义和完全的职权主义的弊端，又顺应了民事诉讼以当事人为主导的世界潮流。需要注意的是，即使在第一种情况下，也要尽可能通过当事人申请法院命令或裁定的方式来操作，法院所为仅限于以强制力给当事人提供取证条件，而具体的取证则应由后者及其代理律师亲自操作，并由其承担有关费用，如此可避免法院亲自履行该行为可能带来的不公以及由其收集的证据在庭审质证时面临当事人质疑的尴尬。

4. 设立各项罚则制度。

一是过错补偿制度。如不履行其义务造成对方当事人时间或金钱浪费的，除按规则必须履行该义务外，还必须给予对方当事人一定的经济补偿，包括当事人申请强制措施所花的费用、以其他手段取证多花的费用以及律师的费用等。如果当事人在二审提供了新的证据致使案件被发回重审的，对方当事人有权要求其补偿因此而增加的误工费、差旅费等费用，以保护无过错方当事人的合法权益。

二是禁反言制度或原则。不得出尔反尔，自食其言。未在审前命令中开列的证人不得出庭作证，未在审前命令中开列的证据不得在开庭中使用，未在审前命令中提出的事实争议和法律争议不得提出，庭中作证不得与审前的证言或自认相矛盾，否则庭中证言或证据无效。

三是对违反证据开示制度的处罚。对在审前法定期限内不履行其自动开示义务的，应认定其不开示的证据失效或不允许其在法庭上出示或使用；对回避或无正当理由据不回答对方当事人质询的，则视为自认，或作出有利于质询方的认定；如果确有证据证明某证据在对方当事人掌握之中且对其不利，但对方当事人拒不提交或以该证据灭失等为由不予提交的，可以认定该证据证明的事实存在。

四是确立案外第三人或单位配合取证义务制度。即以法规的形式明确将提交与案件有关的书证、物证及视听资料设定为案外一切单位和个人的一般法定义务，掌握有关证据的有关单位或有关人士拒绝当事人及其诉讼代理人向其收集与案件有关的证据的，当事人可向法院申请并由法官签发强制调查的命令，对此命令有关单位或人士仍拒绝配合，法院可强制其交出有关证据并以藐视法庭为由处以罚款、承担取证费用、乃至司法拘留等制裁措施。

五是建立证人违背作证义务的罚则。一般情况下证人应出庭作证，特殊情况如在海外、因重大公务或为个人重大利益之事宜所困等，经准备程序法官审查认可后，可以书面证言、录像等形式作证。对拒不履行其作证义务的证人，应视其情节给予不等数额的罚款，并可以藐视法庭罪处以拘禁。但是，该处罚制度应以证人权利保障制度相配套方可实施。众所周知，我国民事诉讼法虽规定了证人有作证的义务，但一方面缺乏证人不履行该义务的处罚规定，另一方面又缺乏对证人履行义务的权利保障。因此一方面应建立对不履行作证义务的证人（含单位）的民事制裁措施，同时还应严格对伪证、毁证、胁迫他人作伪证等行为的民事（经济）及刑事制裁，对妨害证人作证的行为亦应确立相应的民事乃至刑事制裁措施；另一方面应建立对证人的经济补偿制度。作证尤其是出庭作证需要花费证人一定的时间、精力和费用，还会影响证人的生活、工作或生产经营活动，特别是异地诉讼案。证人作证虽是其作为公民对国家应尽的法律义务，但民事诉讼毕竟是私法性质的诉讼，如果没有必要的经济补偿，不仅不公平，还会影响证人作证的自觉性，从而增加当事人的取证难度，影响其权利的行使。

以上程序设计仅仅着眼于从民事诉讼法的修改着手从程序或制度上改革现有体制的弊端，以保障当事人的取证权利。

论无独立请求权第三人制度的立法完善

庞春云①

导读：我国现行民事诉讼法规定的无独立请求权的第三人除了"判决承担民事责任"之情形外，不享有当事人的诉讼权利与义务，也就是说在判决作出之前，无独立请求权的第三人并不能享有当事人的权利。那么我们不得不质疑在无独立请求权的第三人未充分行使当事人权利的情况下判决其承担民事责任，对其是否极为不公平？基于"不诉者不判、有诉才有裁判"及赋予无独立请求权第三人当事人权利可能会影响诉讼进程等原因，笔者建议废除法院可以判决无独立请求权的第三人承担民事责任的规定。

诉讼第三人制度，是民事诉讼法中的一项重要制度，但是，现行的民事诉讼法对第三人制度的规定极其简略，仅涉及两个条款，分别是第五十六条和第一百二十六条：

"第五十六条 对当事人双方的诉讼标的，第三人认为有独立请求权的，有权提起诉讼。

对当事人双方的诉讼标的，第三人虽然没有独立请求权，但案件处理结果同他有法律上的利害关系的，可以申请参加诉讼，或者由人民法院通知他参加诉讼。人民法院判决承担民事责任的第三人，有当事人的诉讼权利义务。

第一百二十六条 原告增加诉讼请求，被告提出反诉，第三人提出与本案有关的诉讼请求，可以合并审理。"

此次的民事诉讼法修正案草案对第三人制度的内容并未进行任何实质的修改，仅因为之前条文排列的问题，将第一百二十六条修改为第一百三十九条。

笔者强烈建议对第三人制度中无独立请求权制度进行修改。由于条文的简略及制度的缺陷，诉讼第三人制度在具体履行中出现了一些问题，受到了来

① 庞春云：北京市广盛律师事务所上海分所律师。

自理论界与实务界的批判。理论界形成了取消说、修补说、重构说三派观点。

现代司法发展的趋势之一是强调诉讼效益。诉讼第三人制度使一个诉讼解决更多的纠纷成为可能，允许案外人以第三人的身份加入到已有的诉讼中，一方面有利于第三人权益的保护，另一方面亦符合现代司法强调诉讼效益的发展趋势，大多数国家的司法制度中设立了诉讼第三人制度。第三人制度的进步性毋庸置疑，理论界与实务界对目前民事诉讼法第三人制度的批判主要集中在第三人诉讼权利的保护上，尤其是对无独立请求权第三人诉讼权利的维护的呼声较高。

根据第五十六条第二款的规定，对当事人双方的诉讼标的，第三人虽然没有独立请求权，但案件处理结果同他有法律上的利害关系的，可以申请参加诉讼，或者由人民法院通知他参加诉讼。人民法院判决承担民事责任的第三人，有当事人的诉讼权利义务。

根据第五十六条的，对于无独立请求权第三人，事实上分为两类：一类是最终没有判决承担民事责任的无独立请求权第三人；另一类是最终判决承担民事责任的第三人。两类的区别需根据判决的结果，也就是在诉讼开始后、判决出来前，并不能明确区分二者。

对于无独立请求权的第三人，从现有制度上来看，是没有当事人的诉讼权利与义务的，除了“判决承担民事责任”的第三人，也就是说，在判决出来前，无独立请求权的第三人并不能享有当事人的权利。在无独立请求权的第三人未充分行使当事人权利的情况下，而判决其承担责任，这显然对其是不公平的。

最高人民法院在审判实践中发现了这一问题，在关于适用民事诉讼法若干问题的意见的司法解释中，对于无独立请求权第三人的诉讼权利增加了规定：“在诉讼中，无独立请求权的第三人有当事人的诉讼权利义务，判决承担民事责任的无独立请求权的第三人有权提出上诉。但该第三人在一审中无权对案件的管辖权提出异议，无权放弃、变更诉讼请求或者申请撤诉。”

虽然司法解释为无独立请求权第三人的诉讼权利增加了规定，但对承担民事责任的无独立请求权第三人来讲，依然是不公平的，同样要承担责任，却只能享受不完全的诉讼权利。对于无独立请求权第三人制度而言，为解决公平问题，面临着两项选择：一是废除民事诉讼法中法院可以判决无独立请求权第三人承担民事责任的规定；二是不废除民事诉讼法中法院可以判决无独立请求权第三人承担民事责任的规定，但规定其享有当事人部分诉讼权利。

本律师同意选择一，建议废除民事诉讼法中法院可以判决无独立请求

权第三人承担民事责任的规定。理由如下:

一是违反了“不诉者不判、有诉才有裁判”的原理。判决某人承担民事责任的前提是,该人是诉讼的当事人,享有当事人的权利和义务,并充分采用了攻击或防御方法。无独立请求权第三人并非是案件的当事人,未享受充分的诉讼权利,不应判其承担民事责任。

二是如不废除,则必然应让其拥有诉讼权利,会影响诉讼进程。无独立请求权第三人参与诉讼的根据是基于其与本诉的诉讼结果之间存在利害关系,而并非像有独立请求权第三人参与诉讼的根据是基于其有独立的请求权,如给予其“管辖权异议”等当事人诉讼权利,则势必使原被告之间的诉讼程序更为复杂,影响诉讼进程。

三是相关制度的借鉴。我国台湾、香港、澳门地区的“民事诉讼法”都对诉讼第三人制度做了详细的规定,台湾和澳门地区的“民事诉讼法”中的辅助参加制度、香港地区的“民事诉讼法”中的第三方被告程序制度,与民事诉讼法的无独立请求权的第三人制度相类似。

曾有学者建议,借鉴香港地区的第三方被告程序和台湾、澳门地区的辅助参加制度,将现行的无独立请求权的第三人制度分解成两部分,一部分是由本诉的被告以起诉的方式,将第三人引入诉讼,以分担或补偿本诉被告可能对本诉原告承担的责任。此时形成两个相关联的诉讼,本诉原告、被告之间的诉讼和本诉被告与第三方之间的诉讼,在后诉中,第三人处于被告地位,享有被告的一切诉讼权利和诉讼义务,法院可以判决第三人承担民事责任。这种意义上的第三人是准独立第三人。另一部分,在分解出准独立第三人后,无独立请求权的第三人可以保留它的原有含义。辅助参加人是真正意义上的“无独立请求权的第三人”。法院在第三人参加诉讼时即不打算让其承担民事责任,而仅仅是为了让该第三人知悉本案情况,以便让其同一方当事人(主要是被告)一起抗辩和反驳原告的请求,就可在诉讼中通知该第三人参加诉讼。法院不得判决该第三人承担责任,并不会对无独立请求权第三人的权利产生不利影响。

“准独立第三人”的提法,事实上还是遵循第五十六条第二款的表述,把承担责任的无独立请求权第三人称为准独立第三人。第三人制度的特点就是条文简单、实践复杂。有些地方法院为了维护当地企业,就有把外地企业拉进来作为无独立请求权第三人,结果判外地企业承担责任,这些案例在全国各地很多,严重侵犯了此类外地企业的权益。如果引入准独立第三人,原有的制度的缺陷依然存在。为了诉讼权利与义务的相当,维护无独立请求权第三人的权益,建议废除其承担责任的规定。

建立强制答辩制度，完善事实发现机制

麦　欣　余　力[①]

导读：强制答辩制度是指在原告起诉状副本和应诉通知书送达被告以后，被告即具有答辩义务，一旦被告未在法律规定的期间内作出答辩，那么将承担法院按原告主张的诉讼请求进行判决的不利后果的制度。强制答辩制度有利于法院督促被告针对原告的诉讼请求进行答辩，有利于发现案件真实、减轻原告举证成本、提高诉讼效率。而在我国民事诉讼法中正是缺少这样一种制度，被告往往在开庭审理前不进行答辩，使得原告在面临“立案难”的困境下，必须对大量的事实进行举证，这无疑加重了原告的负担，并且浪费了诉讼资源。因此，笔者建议以更有效地发现事实为切入点，建立强制答辩制度。

一、目的：有效发现事实

民事诉讼法是程序法，制定程序法的目的就是通过合理的程序设置和权利保障，使得当事人有充分陈述或辩解的机会，以此帮助审判人员有效地锁定争议并发现相关事实，从而作出正确的法律适用和裁判。

对事实认定的正确与否，是任何判决公正与否的基础。因此，一部民事诉讼法能否帮助审判人员更及时发现事实，能否使审判人员所发现的法律事实更接近于客观事实，是评介该程序法好坏的重要标准，也是法律保障司法公正的最根本体现。

由此我们认为，完善民事诉讼法，需要从改善其发现事实的有效性角度进行考虑。而本文所建议建立的强制答辩制度，就是以更有效地发现事实为切入点和目标的。

---

① 麦欣、余力：北京市大成律师事务所上海分所律师。

二、怪圈:无法穷尽的举证

就任何民事争议,在当事人的诉状或答辩中,不可或缺的内容即为“事实”。案件中的“事实”,毫无疑问,仅指与争议相关的事实。然而,即便对于一个简单的争议,可以列为与争议相关的事实可能都是很复杂的,所涉法律关系的建立、变更和终止的事实,以及当事人为或不为相关法律行为所依据的事实等,统统都可以被列为与争议相关的事实。

而作为当事人,对其所陈述的相关事实,则大多是需要举证证明的。对于原告来说,在起诉时,由于对于被告将会陈述的事实范围难以确定,其实也就遇到了举证难以穷尽的尴尬。

就拿一个简单的物损侵权诉讼为例,原告能够显而易见地考虑到的相关事实可能包括:被告张某于 2013 年 9 月 1 日到原告所在单位进行业务联系时,把原告放在单位里使用的一个价值 800 元的咖啡壶打翻在地,导致完全损坏,至今未予赔偿。虽然该事实陈述只有一句话,但这些内容应该已经能够构成一个可支撑诉请的完整事实,物的所有权人、侵权行为和相关损害后果、侵权责任人等要素都很齐全,只要有证据证明上述情况属实,看似就可以作出相关判决了。然而,在目前法院要求起诉时即提交较为全面的证据的“预审式”立案的现状下,如果我们为原告仔细考虑上述事实的举证范围,证明其实也不是那么容易的。

例如:第一,关于咖啡壶的所有权。若要证明咖啡壶是原告的,原告能拿出相应的购买凭证当然最好,但如果不能,则可能需要通过其他证据来证明,比如,由赠送人作为证人作证等。而有时,这类证据的取证不是那么容易的。

第二,关于侵权行为及实施人。若被告曾就打翻咖啡壶的事实写过书面的情况说明则最好,否则可能就需要有在场同事作证了。万一当时没有其他同事在场,则多少有点举证困难,而事实上,即便有证据证明咖啡壶是由被告打翻的,也不能完全排除在咖啡壶处于打翻状态前已由其他原因致损的可能性。

第三,关于损害后果。如前,若原告能通过购买凭证证明该咖啡壶的购买价格和已使用年限最好,否则,就要通过市场同类产品的价格来举证证明该咖啡壶的重置价格。

对于原告来说,证明以上事实已经不太容易了,相比较一个价值 800 元的咖啡壶来说，似乎举证的成本已经有点过高了。这也是在目前“预审式”立案的现状下，又一“立案难”的实例。

但是，即便如此，如果被告在答辩时作出了如下抗辩中的任何一种，对审判来说，原告所证明的以上事实将仍然远远不足够。例如：被告称，其与原告单位从无业务联系，也未去过原告单位；被告称，其在原告单位打翻的咖啡壶并不是原告指称的这个咖啡壶；被告称，其已赠送给原告一个价值1000元的空气加湿器，原告因此同意免除被告就咖啡壶的赔偿责任，现可证明该加湿器正放在原告部门的办公室里使用。

以上抗辩如果成立，都可能导致原告诉称的侵权之债不成立或已消灭。但原告在被告答辩之前基本上是无法预见到以上抗辩的，所以，尽管已经就物权等基本事实进行了相当多的举证，但仍无法覆盖到对上述抗辩事实的反驳。

而类似于上述抗辩的理由还有许多，诸如被告还可以以所有人自身过错、债务抵销、债权已转移等作为抗辩理由。这样的话，对于原告来说，如果要想在起诉时即穷尽举证，几乎是不可能的。而如果被告在审理中缺席，以上问题由审判人员以假设的方式作出纠问，需要原告一一举证排除各种债务不存在的可能性，那么，原告真的可能走投无路了。

三、作用：确定相关事实范围

然而，如果我们换个思路来审理上述案例——若原告在起诉立案时除了提供立案所需的程序证据，即符合现有民事诉讼法第一百零八条规定的关于原告、被告主体适格以及受诉法院有权管辖的证据外，无须提供其他证明争议实体的证据，而被告则应在未得到原告证据的情况下，仅依据原告诉请及原告所陈述的事实与理由，在指定期限内进行答辩。通过被告的答辩，使原告和审判人员了解被告的抗辩理由，那么，原告就可以把举证重心合理地转移到针对抗辩理由的事实上来。这样，既省却了原告前面并不必要的大量举证，同时，也固定了争议，缩小了与争议相关事实的范围。

例如，就被告的上述三种抗辩，原告只需要作出以下举证，即应视为被告的抗辩不成立，原告的诉请应得到支持。

1. 证明被告与原告单位有过业务上的联系，或证明被告于9月1日当天到过原告单位；

2. 证明原告指称的这个咖啡壶是原告单位内放置的唯一一个咖啡壶；

3. 证明被告赠送的空气加湿器并非是送给原告个人的，而是被告在向原告单位推销该产品时送给原告单位试用的样品。

如此的话，原告的举证义务将大大降低。而被告由于在答辩前并不知道原告对哪些事实具有能力举证，如果其打算不正当地逃脱侵权责任的承担的话，其必须在包括物的所有权、侵权行为是否存在以及损害后果等在内的更大的事实范围内进行“博彩”，以期“博”到一个原告无举证反驳能力的抗辩理由，这对企图“赖账”的被告来说，难度也就增加了。这样，最终达到的效果，则是让事实快速地浮出水面。

因此，强制答辩制度，就是为争议所涉的事实划定一个有限的范围，并由此总结出争议焦点，以便原告、被告围绕争议焦点进行有限并有意义的举证，从而帮助审判人员有效发现与争议相关的事实。除涉及对世权权属以外的答辩内容，均可以构成被告的自认，且不得反言，而根据现有民事诉讼法第三十六条关于证据种类的规定，当事人的陈述，尤其是双方当事人的一致陈述，是可以被作为证据采信的（在这里，值得一提的是，在本次民事诉讼法修正案草案中，当事人的陈述已经在证据种类中被提至头名，这是对建立强制答辩制度具有积极意义的配合）。

在目前的审判活动中，审判人员往往是在事实调查完成之后才归纳案件的争议焦点，当然，有时审判人员甚至不归纳争议焦点即让双方进行法庭辩论。但其实，争议焦点的归纳是案件审理的核心程序，司法的目的本身就是定分止争，只有当审、诉、辩各方对争议具有相同的认识时，才能保证包括举证、质证和辩论在内的庭审活动都是围绕着争议焦点展开的，也是以解决争议为结果的，而争议焦点归纳的缺失，在现实中也常常是造成裁判突袭的根源。

其实，进一步分类的话，我们还可以把诉讼中的争议区分为程序争议和实体争议中的事实争议、法律争议，三种争议应依次序审理解决。诸如管辖之类的争议，即属于程序争议，如果有的话，显然应该最先处理，并在结果确定后再继续审理。事实争议的审理在其次，通过双方的举证、质证以及法庭提问和互相提问、回答来完成。在条件允许的情况下，法庭也可以在处理法律争议之前就事实的认定阐明其观点，以便在辩论阶段，双方可以更有效地依据既定事实，充分对法律适用发表观点，而不是像现在的庭审中常出现的那样，各方都以“即便法庭认定原告无权……”“退一步讲，即便被告实施了……”来进行不同事实情况下的假设式辩论，浪费了当事人和代理人大量的法律研究时间以及庭审司法资源。本文中所建议的强制答辩，主要还是针对事实争议部分的，有时也包括诉讼主体适格等方面的抗辩。

四、效果：改善立案难、举证难的现状

原告立案难、举证难是目前司法实践中普遍存在的问题，这两难在很大程度上阻碍了社会矛盾通过合法途径进行处理和解决，为社会稳定留下了较大的隐患。尽管从目前的民事诉讼法中似乎看不到任何阻碍立案的限制性条款，但在实践中，法院为了解决案件难断、积压的现实问题，往往超越法律关于立案条件的规定，由立案审查人员提前对原告的实体证据进行“预审理”，对于其认为举证不充分的案件，即挡在受理的大门外，几乎完全剥夺了原告通过被告自认确定事实，并获得合法利益的可能性。

而同时，不诚信的被告在抗辩无路的情况下，更是“明智”地选择了不参加庭审，从而利用法官在缺席审理中的谨慎性加强，把更为苛刻的举证责任强加或转嫁到原告身上，人为地造成“举证难”的现状。当然，有时“举证难”还体现在一方的证据突袭和对另一方的证据关门，以及就相关事实的裁判突袭等方面。

建立强制答辩制度，正是为立案难、举证难的现状疏通了解决之道。由于被告的答辩依据的仅仅是原告的诉状，立案庭则可以不必强求原告在起诉时提交实体证据；审判人员也可以先行从双方对事实的陈述中总结争议焦点，然后确认举证范围，分配举证责任，指定举证期限；而原告、被告双方则可以公平地围绕争议焦点收集证据、证明事实。这样的举证方式减轻了当事人的举证压力，减轻了审判人员的确认事实压力，也减轻了立案审查人员的“实体预审”压力，最终获得的是在事实发现环节的高效率和正确性。

五、配套：诉状审查、送达、失权救济、证据开示、民事制裁

强制答辩制度的建立，作为与民事诉讼有关的一项程序法的重要改革，当然也需要有其他制度的配合完善才能够最终发挥其在司法活动中增加公平、提高效率的作用。以下制度可能是在强制答辩制度建立的基础上，同样需要完善或进一步建立的。

1. 诉状事实严格审查：因以上建议的强制答辩制度中，诉状所载事实是被告进行答辩的全部依据，所以，为了保证被告答辩的有针对性，以及防止

原告故意隐瞒对其不利的基本事实,法院在立案审查时,应加强对诉状中事实陈述部分的审查,并对部分可能涉及争议的必要事实要求原告必须陈述,以便被告能够作出有效答辩。

2. 严格有效送达:因强制答辩制度必然需要辅以失权机制才会有效,这就对应诉通知及诉状副本的送达要求更加严格,在一些法律"视为送达"的情况下,是否可以适用以及如何适用强制答辩的失权机制,还需要进一步深入探讨和研究。

3. 开庭答辩的救济手段:在目前中国公众对强制答辩失权后果的严重性还没有较高认识度的阶段下,如果被告在书面答辩期内未予答辩的,可以考虑给予一次开庭答辩的机会,作为书面答辩期满后的失权救济手段,以满足目前阶段公众的法律认识过渡的需要。

4. 证据开示制度:在强制答辩之后,争议双方的主要工作就是按照各自的举证责任进行证据收集和提交。在目前的司法实践中,如果一方持有可能对另一方有利的证据而不予提交的,除非法庭能够完全确信该证据的内容,否则多数即当作该证据不存在而不予考虑。但偏偏这类证据往往是另一方能用来证明己方主张的,这样,就成了另一方的"举证不能"了。在强制答辩制度下,为了进一步有效地发现事实,应该考虑引进西方国家普遍采用的证据开示制度,以加强司法的严肃性,提高当事人的诚信意识。

5. 民事制裁的扩大适用:当前,案件审理中当事人当庭随意撒谎或隐瞒事实的现象普遍存在,给公正审判造成了很大困难。强制答辩制度以及前述的证据开示制度,就是要引导国人讲真话、敢担当。但虽名曰"强制",若是对违反强制没有进一步的制裁,则是徒有虚名的。失权是一种制裁方式,但同时,其他的民事制裁手段也应该在此有所适用,这样一方面,可以在无须实体证据即可起诉的情况下遏制可能增加的滥诉;另一方面,也才能够震慑那些诉讼中的"老赖"和现实中存在的藐视司法、玩弄法庭的人,并真正让司法保护人民的合法权益。

关于对民事诉讼法修正案草案的修改建议

刘锡秋①

一、建议修改民事诉讼法修正案草案第五条。建议在第三十八条改为第一百二十六条并增加一款的基础上，再增加一款，作为该条的第三款："当事人提出管辖异议的，人民法院应当在当事人提出管辖异议后六十天内作出裁定；当事人对一审法院管辖异议裁定提出上诉的，二审法院应当在当事人提出上诉后三十天内作出终审裁定。"

建议理由：管辖案件上诉以后，裁定遥遥无期，虽然对不服裁定的上诉应在三十天内审结，但是力度不大。

二、建议修改民事诉讼法修正案草案第七条。建议在此基础上，再增加一款作为第二款："当事人以提出回避申请为目的，要求查阅相关审判人员任职的履历档案，人民法院应当准许并提供相关审判人书面的任职履历档案，供当事人查阅。"

建议理由：当事人无从知道审判人员是否与本案当事人有利害关系。

三、建议对民事诉讼法修正案草案第八条进行完善。如果其他的法律没有对"有关机关"和"社会团体"的法定含义进行相关的规定，建议对"有关机关"和"社会团体"的法定范围做一个列举性的规定，使这两个诉讼主体的法定含义明确，便于诉讼的及时提起与立案和审判活动的迅速进行。

建议理由：法律应当尽量避免用词的含糊其辞，避免使用过时的或正在使用的政治词汇或语言。

四、建议民事诉讼法修正案草案第八条，应考虑将公民个人列入公益诉讼的主体。

建议理由：以便为律师等法律专业工作者和某一科技领域的专业人员利用其专业知识服务社会公益事业和及时防止群体性侵害事件的发生、发展提供条件。同时，也能极大提高公益诉讼的效率。

---

① 刘锡秋：江西省人大代表，江西刘锡秋律师事务所主任。

五、建议完善民事诉讼法修正案草案第十条中新增加的第六十五条，再增加一款，作为第六十五条的第二款。

"第六十五条 当事人对自己提出的主张应当及时提供证据。未及时提供证据的，人民法院应当责令其说明理由。理由不成立的，人民法院根据不同情形予以训诫、罚款、赔偿拖延诉讼造成的损失、不予采纳该证据。

对一方当事人逾期提交证据的理由说明，对方当事人可以对该理由说明进行抗辩。"

建议理由：当事人主义。

六、建议完善民事诉讼法修正案草案第十条中新增加的第六十六条，再增加一款，作为第六十六条的第二款。

"第六十六条 人民法院收到当事人提交的证据材料，应当出具收据，写明证据名称、页数、份数以及收到时间，并由经办人员签名或者盖章。

人民法院经办人拒绝签名或者盖章的，人民法院不得以该当事人未及时提交证据而对该当事人作出训诫、罚款、赔偿拖延诉讼造成的损失、不予采纳该证据的决定。"

建议理由：当事人主义和制约监督法官。

七、建议完善民事诉讼法修正案草案第二十五条："当事人起诉到人民法院的民事纠纷，适宜调解的，经当事人同意的，可在诉讼立案开始之前先行调解。

调解经当事人同意，可由人民法院委托的有关人民调解委员会进行，也可由人民法院进行调解。

由人民法院委托有关人民调解委员会调解达成的调解协议，当事人在调解协议中书面约定对调解协议进行司法确认的，人民法院在收到当事人提交的调解协议书后30日之内，对调解协议进行司法确认。

由人民法院主持达成的调解协议，由人民法院的审判组织制作调解书。

一方当事人向人民法院书面提出不同意继续调解的，自当事人向人民法院递交书面意见之日起，案件由人民法院依照本法规定的起诉和受理程序办理。"

建议理由：

1. 调解应奉行当事人自愿原则，特别是在是非未经开庭查明的前提下。

2. 应当发挥人民调解制度在诉前调解的巨大作用，分担人民法院在处理社会纠纷中的负担，建立合理的多元社会纠纷解决机制，在诉讼法中规定人民法院与人民调解委员会合作化解纠纷的衔接机制。

3. 诉前调解不宜由合议庭成员主持，避免在审判过程中出现的各种不公正的猜忌和当事人与审判员的对立，确保审判活动在公正的环境中进行。

八、建议对民事诉讼法修正案草案第二十八条进行完善："人民法院对受理的案件，分别情形，予以处理：

（一）对当事人没有争议，可以适用督促程序的，转入督促程序；

（二）对当事人争议不大的，经当事人自愿同意，采取调解或委托人民调解委员会调解等方式及时解决纠纷；

（三）根据案件性质，确定适用简易程序或者普通程序；

（四）需要开庭审理的，可以要求当事人交换证据，明确争议焦点。"

建议理由：调解必须坚持自愿原则，力求与人民调解制度接轨。证据交换，由法官视案件情况组织。

九、建议完善民事诉讼法修正案草案第四十一条，建议无须删除原一百七十九条第（七）项"违反法律规定，管辖错误的"。

建议理由：违反法律管辖的案件，大部分存在问题。在法院地方化状况没有根本改变的情况下，继续保留该项规定作为再审的理由，有助于公正司法。

十、建议完善民事诉讼法修正案草案第四十二条，建议将原一百八十一条改为二百零二条之后，将第一款修改为："人民法院应当自收到再审申请书之日起三个月内审查，符合本法规定的，裁定再审；不符合本法规定的，裁定驳回申请。有特殊情况需要延长的，由本院院长批准。但延长的期限最长不得超过六个月。"

建议理由：确保及时化解纠纷，发挥再审的作用，避免久拖不决。否则，新增的第二百零七条第（二）项就成为没有意义的规定，人民检察院无从抗诉和监督。

十一、建议完善民事诉讼法修正案草案第四十五条，建议对新增的第二百零七条第二款进行完善："经人民检察院提出再审检察建议或者抗诉，人民法院再审的，当事人不得再向人民检察院申请再审检察建议或者抗诉，但人民检察院自行决定提出再审建议或抗诉的除外。"

民事诉讼法修正案草案修改意见

谭敬慧　周　涛[①]

2011年10月24日,十一届全国人大常委会第二十三次会议首次审议了民事诉讼法修正案草案,这是自2007年10月28日形成的民事诉讼法第一个修正案以来的第二次修改。本次提交的民事诉讼法修正案草案相较于现行民事诉讼法的规定,新增了小额诉讼、生效判决书向公众开放、视频作证、证据收据等制度,理论界及实务界对此纷纷提出各自的观点。以下是笔者拟就本次民事诉讼法修正案草案中关于新增证据种类及举证不能法律责任的变化提出几点建议,以求抛砖引玉。

一、关于"电子数据"单独列为一类证据的修改建议

本次民事诉讼法修正案草案第六十三条修改为:

"(一)当事人的陈述;(二)书证;(三)物证;(四)视听资料;(五)电子数据;(六)证人证言;(七)鉴定意见;(八)勘验笔录。

证据必须经法定程序查证属实,才能作为认定事实的根据。"

笔者赞同增加电子数据作为单独一类证据。现代科技正全方位、多角度地冲击着社会生活各个层面,深刻地影响并改变着我们所处社会的政治、经济、法律、文化以及人们的生活习惯。现代科技的发展对诉讼类型、纠纷解决的理论与实践提出了前所未有的挑战,并将极大地改变诉讼程序的运作方式及规则。本次修改充分体现了民事诉讼制度与现代科技的良性互动,是社会科技和知识经济发展的必然选择。

其实这类电子证据在司法实践中早就作为"书证"在使用了,现实中亦有依据电子数据为证据判案的例子。随着网络时代的到来,微信、微博、QQ、

① 谭敬慧、周涛:建纬(北京)律师事务所律师。

短信已经成为大家日常的交际手段，另一方面在商业领域，尤其是在不同地域的贸易当中，传真、电邮也是大家经常采取的签约仪式。民事诉讼法的这种修正是以承认事物及其规律的客观存在性为前提的。使电子数据可以名正言顺地作为证据使用，也可以使当事人更好地保护自己的利益，以期获得公正的结果。

当然电子数据作为证据种类也存在一些急需解决的问题。例如：究竟电子数据的界定是什么，它具体包括哪些内容呢？

当然这种修正并不会妨碍司法公正。法律的修改只是认可了电子数据的证据身份，可以作为证据提供，但证据的真实性、关联性，法庭应当会通过质证等相关程序加以证明和排除。

二、关于当事人举证不及时的后果的修改建议

本次民事诉讼法修正案草案第六十五条为：

“当事人对自己提出的主张应当及时提供证据。未及时提供证据的，人民法院应当责令其说明理由。理由不成立的，人民法院根据不同情形予以训诫、罚款、赔偿拖延诉讼造成的损失、不予采纳该证据。”

笔者建议删除此条规定。在民事诉讼中证明责任包含：(1)当事人为避免败诉向法院提出证据的责任即主观的证明责任。(2)是指在案件事实存在真伪不明时，由一方当事人承担不利裁判后果即客观的证明责任。[①] 客观的证明责任其实是一种特殊的法律责任，是在事实处于不明状态时，当事人负担的败诉的风险。既然当事人已承担了这样的风险，再去由中立的法院采取一系列的处罚措施实为不妥，有违法院在审判活动的歉抑性、中立性。另外也与民事诉讼中的处分原则相悖，有侵犯当事人处分私权权利的嫌疑。

三、关于证人作证方式多样化的修改建议

本次民事诉讼法修正案草案第七十三条为：

“经人民法院依法通知，证人应当出庭作证。有下列情形之一的，经人民法院许可，可以通过书面证言、视听传输技术或者视听资料等方式作证：

① 参见何家弘：《证据法学》，法律出版社 2011 年版。

(一)因健康原因不能出庭的;

(二)因路途遥远,交通不便不能出庭的;

(三)因自然灾害等不可抗力不能出庭的;

(四)其他有正当理由不能出庭的。”

笔者建议严格证人证言中书面证言的使用,完善证人保护制度,建立强制证人作证制度,明确特殊情况下采取视听资料或视听传输技术中的特殊情况的范围。建议将前述条款修改如下:

“经人民法院依法通知,证人应当出庭作证。有下列情形之一的,经人民法院许可,可以通过书面证言、视听传输技术或者视听资料等方式作证:

(一)因健康原因不能出庭的;

(二)因自然灾害等不可抗力不能出庭的;

(三)其他有正当理由不能出庭的。”

笔者认为,证人证言是刑事诉讼中运用得极为普遍的一类证据。通常认为,证人证言是指证人就自己所知道的案件事实情况向司法机关所作的陈述。[①] 证人证言有口头和书面两种形式。证人证言的表现形式,尽管看起来好像只是形式的东西,却直接涉及证言的实质内容,涉及如何保障证言真实性的根本问题,所以立法时必须给予重视。[②]

司法实践中口头证言与书面证言似乎各有缺点。如证人陈述能力的差异性影响口头证言效力;证人的书写能力和思维能力影响书面证言的效力。我们或许会误认为口头证言和书面证言各有优劣,但不要忘记一个前提,即把它们放在诉讼中来衡量。诉讼是当事人参与的法官审理案件的活动,对双方证人进行交叉询问是正当程序的必然要求,证人的口头证言优劣可以在诉讼中加以利用和避免,而书面证言的真伪却难以在诉讼中展示。[③]

事实表明,口头证言和书面证言的效果是大不相同的。首先,从保证实体真实的角度来说,在诉讼中口头证言有着书面证言无可比拟的优越性。在口头陈述时,法官可以通过证人的语言表达,观察证人的神态和语言的连贯性;对方当事人和辩护人也可以追问具体情节,一旦发现疑点可以随时反诘,或者利用已经掌握的其他证据加以核对,揭示证人陈述中的破绽和虚假部分,起到立竿见影之效;而书面证言一般是证人陈述经过考虑和文字加工

① 参见何家弘:《证据法学》法律出版社2011年版。

② 参见吴丹红:《证人作证的形式问题反思——以庭审改革为切入点》,载于《湘潭工学院学报(社会科学版)》2001年第4期。

③ 参见吴丹红:《证人作证的形式问题反思——以庭审改革为切入点》,载于《湘潭工学院学报(社会科学版)》2001年第4期。

后的结果,更容易在某些关键问题上含糊其辞,或者用一些笼统、抽象的概念来掩盖具体情节,甚至故意颠倒时间顺序,造成是非不明,责任难分的状况。事实证明,企图通过阅览侦查人员和检察人员的证人笔录或证人的书面证言来审判证言的真伪,吃“现成饭”,不但是很困难,而且也是有害的。[①]

基于上述分析,笔者认为,口头证言应当成为证人证言的基本原则,书面证言只是证人证言的辅助形式,对于在特殊情况下采取书面证言的方式作证也必须严格其使用的范围。换言之,证人证言作为一种言词证据,就应该让它在诉讼中切实地以“言词”形式来表现。

综上,司法实践中应以口头证言为证人证言的主要形式以保障司法公正,那么此时就必须重视庭审中另一个老大难问题:证人出庭率低、拒证现象严重。

笔者认为出现这个问题原因是多重的,既有传统法律文化特别是道德因素对于中国的证人出庭有着消极的影响,也有因立法的不完善使得证人的权利无法得到保障而产生的影响。

上文中笔者建议删除第七十三条中第二款“因路途遥远,交通不便不能出庭的;”除为严格书面证言的使用范围外,还有为提高证人出庭率的考量。除此之外笔者认为,应加快建立或完善证人保护制度、证人服务制度、证人出庭制度、证人经济补偿制度。从证人的实质性权利入手,以权利促进证人义务的履行。不能把证人看做单纯的义务负载体。另外,建立强制证人作证制度,对这一法律关系主体应以权利义务机制规范其法律行为。[②]

那么以采用口头证言为主要方式,严格书面证言的使用,建立完善的证人制度是否就可以保证证人证言这一证据种类发挥最大的作用呢?对于证人证言形式的严格化是不是意味着否定其他作证方式的适用呢?若是扩大其作证方式会不会使证人证言的效力降低呢?

笔者认为,本质上其并无矛盾之处,而在于适用范围和严格程度的不同。如上文所述,证人证言应以口头证言的方式为主,书面证言为辅,以期审判的公正。与此同时为避免证人出庭作证的困扰、保护证人及缓解证人出庭压力的角度出发,也应该在法定的严格程序下允许证人采取不同的方式作证:例如新修改的法条中增加的“视听资料”“视听传输技术”。作证形式的多样化的确可以在一定程度上缓解证人出庭作证难的困境,而且,随着高科技的发展,通过科学技术手段对证人进行交叉询问是可以实现的。

---

① 参见吴丹红:《证人作证的形式问题反思——以庭审改革为切入点》,载于《湘潭工学院学报(社会科学版)》2001 年第 4 期。

② 参见吴丹红,黄士元:《证人作证的实现方式——兼与胡夏冰先生商榷》,载于《山东大学法律评论》2003 年第 1 期。

四、关于鉴定人是否可以询问证人及当事人提交案件材料的义务的修改建议

本次民事诉讼法修正案草案第七十七条为:

"鉴定人有权了解进行鉴定所需要的案件材料,必要时可以询问当事人、证人。"

笔者建议删除鉴定人在必要时可询问证人的规定。我国目前正在进行司法改革,鉴定人制度也随之进行改革,主要是在吸收和借鉴国外鉴定人制度的基础上结合本国诉讼制度进行。有学者提出"以职权主义为基础,以当事人主义为补充"的目标模式①,不过,为了突出我国的特色,充分发挥鉴定的作用,鉴定人这种独立的诉讼参与人的地位不会有很大变化。②

但是,作为鉴定活动的主体,中外鉴定人还是有两个共同之处:一是在诉讼中具有法律身份,不管这种身份是"专家证人",是"法官的辅助人",还是"独立的诉讼参与人",其所做的鉴定都是一种证明方式,是为法庭服务的,在法律上都可视为一种"特殊的证人";二是其具有科学地位,即鉴定人是具有专门知识的人,具有特定的科学地位,肩负着科学工作者的职责。③

笔者认为,虽然鉴定人与普通证人有很多不同之处,中外各国对鉴定人的法律地位定义也不同,但不能否认的是,其都在起着"特殊证人"的证明作用(在英美法系国家,鉴定人与证人一般没有严格的区分。法律把鉴定人规定为一种特殊的证人,理论上称之为"专家证人")。那么在民事诉讼中询问证人时,其他证人不得在场,以免相互影响证言的客观真实性的规定,让鉴定人拥有询问证人的权利也必将会在很大程度上影响其鉴定意见的客观性与真实性,笔者建议删除相关规定。

① 参见樊崇义、陈永生:《我国刑事鉴定制度改革与完善》,载于《中国刑事法杂志》2000年第4期。

② 参见孙付:《中外鉴定人诉讼地位之比较》,载于《华北电力大学学报(社会科学版)》2001年第3期。

③ 参见邹明理:《司法鉴定概论》,成都科技大学出版社1998年版,第64页。

关于《全国律协“民事诉讼法再修改研讨会”推荐议题》的反馈意见

苏东彪①

一、诉调对接应采行“立案调解”模式还是应建立真正的“诉前调解”制度

笔者认为,应当保持立案后调解的制度设计。诉前调解没有法律依据,实践中其久调不决、拖延立案的弊端已饱受社会非议,应当终止。无论是司法调解还是司法审判活动,都是人民法院行使司法审判权的表现,而对民事案件行使审判权,必须在案件受理之后才能开始。没有受理,就没有诉讼程序上的民事案件。

【法条设计(三款)】

登记受案后,双方当事人随时可以向人民法院提出调解请求。一方当事人向人民法院提出调解请求的,人民法院应当征询其他当事人有无调解意愿。人民法院也可以主动征询双方当事人是否有调解的意愿。

如双方当事人均有调解意愿的,人民法院应当进行调解。否则,不得强制调解。

双方当事人不能达成调解协议的,人民法院主持调解的人员,不得参加该案件的审判活动。

二、是否应确立起诉预登记制度以在一定程度上限制法院自由裁量权,缓解当事人起诉难

笔者认为,应当建立立案登记制度。登记立案制度是当事人行使诉权的保障,也是人民法院的职责所在。人民法院的立案审查权,实质上是一种未审先判的行为,不能开始于立案之前,只应当开始于立案之后。

---

① 苏东彪:河南元瑞律师事务所律师。

【法条设计(两款)】

人民法院对于原告的起诉实行即时统一登记立案制度。人民法院不得以任何理由拒绝接受原告的起诉状。

登记立案后,对于起诉状的形式不符合规定要件的,人民法院应当在登记立案后七日内通知当事人补正。当事人不能在十五日内按照补正通知的要求进行补正,或者不予补正的,人民法院应当作出不予受理的裁定。

对于不属于人民法院管辖,或者虽然属于人民法院管辖但尚不具备起诉条件的民事案件,人民法院应当在登记后作出不予受理的裁定。

原告对不予受理的裁定不服,或者对于人民法院在立案后21日内没有进行任何表明诉讼程序已经开始的行为的,可以提起上诉。

三、是否应建立当事人资格异议制度以完善当事人甄别程序机制

笔者认为,应当建立当事人资格审查制度、当事人资格异议制度以完善当事人甄别程序机制,减少司法资源浪费。

【法条设计(两款)】

答辩期间,被告或者第三人认为原告或者第三人不是案件的当事人,或者应当追加当事人的,可以向人民法院提出当事人资格审查申请。

人民法院接到当事人资格审查申请后,应当在七日内进行审查,并作出裁定。

四、是否应规定交叉诉讼制度以优化共同诉讼与第三人诉讼机制

笔者认为,应当建立交叉(或者复合)诉讼制度。该制度有利于节约诉讼成本,减少司法资源浪费,保持司法裁判的统一性,维护司法的权威性和公信力。但交叉(或者复合)诉讼应当基于同一事实和同一法律关系,不宜扩大范围。

五、是否应确立调查令制度(委托调查制度)以缓解当事人及代理律师调查难、举证难问题

笔者认为,应当建立调查令制度。证据乃诉讼之母。没有证据则无诉讼。然而,在司法实践中,大量证据并不为当事人所持有,而为一些政府机构和其他单位所持有。导致当事人取证难、举证难,影响了诉讼活动的进行。此次民事诉讼法修正案草案第七十二条规定了“凡是知道案件情况的单位和个人,都有义务出庭作证”的义务,无疑是此次修改的亮点之一,但由于各司其职,单位不可能会及时派出人员出庭,尤其是涉及异地案件,调查

令制度无疑是单位作证的重要手段和保障。

【法条设计(十一条)】

第一条【调查令的适用条件】

作为诉讼代理人的律师,在民事案件由人民法院受案以后,因向国家机关、社会团体、企事业单位、中介机构、其他的法人或者非法人组织调查证据的需要,可以向人民法院申请签发调查令。

证据可能涉及国家秘密、个人隐私、商业秘密或者其他原因不能公开的,作为诉讼代理人的律师不得向人民法院申请签发调查令,但可以申请法官亲自调查。

需要对于个人调查证据的,作为诉讼代理人的律师不得向人民法院申请签发调查令。但可以申请通知证人到庭作证。

第二条【调查令的申请】

作为诉讼代理人的律师向人民法院申请签发调查令的,应当向人民法院递交调查令申请书。

调查令申请书应当载明申请人的姓名、律师执业证的编号、所在律师事务所的全称以及具体的被调查人全称、证据形式、待证明的事实或者与案件的关联性等内容。

第三条【调查令申请的审查与签发】

人民法院接到作为诉讼代理人的律师递交的调查令申请书后,应当指派法官及时听取申请人的理由说明。

法官听取申请人的理由说明后,认为不属于下列情形之一的,应当及时签发调查令:

(一)拟调查的证据涉及国家秘密的;

(二)拟调查的证据涉及个人隐私的;

(三)拟调查的证据涉及商业秘密的;

(四)拟调查的证据与案件事实没有关联的;

(五)拟调查的证据明显不为被调查人持有、管理、保存或者控制的;

(六)双方对诉争的事实存在重大分歧,签发调查令可能损害对方当事人利益的;

(七)签发调查令可能损害对方当事人合法利益的;

(八)其他不宜签发调查令情形的。

对于证据与案件事实存在关联,但又不符合签发调查令情形的,人民法院应当指派法官亲自调查。

调查令的格式由最高人民法院统一印制。

第四条【不予签发调查令的救济】

不予签发调查令的决定，人民法院应当以书面形式通知申请人。通知应当载明不予签发调查令的理由。

申请人对人民法院不予签发调查令的决定有异议的，可以申请复议一次。

人民法院接到申请人的复议申请书后，应当及时听取申请人的陈述，并及时作出是否签发调查令的决定。

第五条【律师执业证和调查令的出示与核对】

调查人应当主动向被调查人出示律师执业证和调查令。

被调查人有权要求调查人出示律师执业证和调查令。

第六条【调查令的无效与失效】

调查令存在下列情形之一的无效或者失效：

（一）调查人与调查令所载明的持令主体不一致的；

（二）调查令没有加盖人民法院印章的；

（三）调查令已经逾期的。

第七条【调查令的效力】

除调查令无效的情形外，调查人向被调查人出示调查令视如法官亲临。被调查人必须履行调查令所载明的义务；否则，应当按照本法罚则的有关规定予以处罚。

第八条【证据提供形式】

被调查人提供证据时，应当提供原件副本或者原物的复印件或者能够反映证明内容的原物的影视资料或者图片资料，在证据上附注与原件或者原物一致的说明，并加盖证据提供人或者单位的印章，注明提供证据的日期。

对被调查人提供的证据有异议的，法官可以通知被调查人在开庭时出示，也可以亲自前往核对或者通知当事人前往质证。

第九条【拒绝调查令的事由说明】

被调查人认为证据符合不予签发调查令事由的，应当在四十八小时内亲自到人民法院或者以电话、视频传输形式向法官说明理由。是否收回调查令，由法官根据具体情况酌定。

第十条【延期与不能提供证据的说明】

被调查人不能在调查令限定的期间内提供证据的，应当在调查令回执上说明原因和能够提供证据的期间。

被调查人无证据提供的，应当在调查令回执上说明。

第十一条【证据提交及调查令的收回】

调查人取得证据后,应当将证据和调查令回执一并提交法官。

调查人没有如期取得证据的,应当将调查令回执和被调查人的说明一并交回法官,另行择期调取。

调查人没有取得证据的,应当将调查令和被调查人的说明一并交回法官。

调查人应当将没有使用或者逾期失效的调查令及时交回法官。

六、是否应在民事公益诉讼之外建立民事公诉制度以区分社会公共利益保护机制和国家、集体利益保护机制

笔者认为,没有必要单独建立公民民事公诉制度。公民民事公诉制度在理论上尚需探讨,在实践中没有经验,在立法上跨越较大难以为立法界接受,只要将公民作为公益诉讼的主体,也可达到同样的目的。

七、是否取消审判委员会决定个案的权力以保证合议庭、独任庭审判的独立性

笔者认为,应当明确直接言词裁判原则。审判委员会的改革,涉及司法体制,不宜操之过急,更不可能通过一部民事诉讼法的规定而实现。直接言词裁判原则是民事诉讼法律制度的一项基本原则,长期以来,由于在法律规定中没有明确,所以没有得到落实,导致"审者不判,判者不审"。如果这项原则能够得到入法,则审判委员会决定案件结果的情形就会避免或者减少。

【法条设计(两条)】

第一条【独立裁判原则】

法官依据本法规定裁判民事案件,不受其他任何组织和个人的干涉。

第二条【直接言词裁判原则】

裁判必须由直接参加诉讼全过程的独任法官或者裁判庭自行作出,严禁没有直接参加诉讼全过程的法官或者其他任何人以独任法官或者裁判庭的名义,作出或者改变独任法官或者裁判庭已经作出的裁判。

八、是否应废止合议庭固定制、审判长常任制和主审法官制,采取电脑随机选择方式等完善合议制度

笔者认为,应当废止合议庭固定制、审判长常任制和主审法官制。这是合议庭组成的技术性措施,也是职权主义向当事人主义转变的必然趋势。其实,这也是具有中国特色的。因为中国的法官队伍过于庞大,有可选择的

余地。如果像一些法官数量很少的国家和地区，一个法院就那么几个法官，基本上没有选择的余地，也就不会出现这些现象了。

【法条设计(四款)】

合议庭应当在答辩期满后七日内组成。

合议庭由双方当事人通过抽签或者摇名的形式，在不具备回避条件的法官中随机组成。

合议庭组成后，应当即时推举一名法官担任审判长。

合议庭组成后，应当面向国徽宣誓。

九、是否应规定无因回避机制和多元化回避理由以完善回避制度

笔者认为，可以适当扩大回避的事由，但要实行无因回避事由，恐难以被接受。回避还是应当说明事由，还应当建立法院回避制度。

【法条设计(三条)】

第一条【自行回避和回避条件】

参与诉讼的法官、书记员、陪审员、陪审团组成人员、翻译人员、勘验人员、鉴定人员具有下列情形之一的，应当自行回避：

(一)是本案的当事人或者与当事人有五代以内亲属关系的；

(二)担任过本案的证人、鉴定人、勘验人、诉讼代理人的；

(三)在其他裁判程序中参与过本案裁判事务或者参与过本案的仲裁事务的；

(四)与本案的诉讼代理人有五代以内亲属关系的；

(五)十年之内与本案当事人、诉讼代理人之间有同学、同事、战友、邻里等关系的。

第二条【申请回避】

当事人及其法定代理人有证据证明应当回避的人员，符合回避条件的，可以申请相关人员回避。

当事人申请法官回避，应当符合法律规定的条件，并说明具体理由，必要时应当提供相应的证据。

第三条【人民法院的回避】

有下列情形之一的，当事人可以向上一级人民法院申请受案的人民法院回避：

(一)有管辖权的人民法院与民事案件有直接利害关系的；

(二)与有管辖权的人民法院的法官有直接利害关系的；

(三)其他可能影响公正裁判或者无法排除公众产生合理怀疑事由的。

上一级人民法院认为当事人的申请事由成立的，应当提审。

人民法院的回避，由上一级人民法院的院长决定。

十、是否应规定有独立请求权第三人之诉先于本诉审理并完善第三人参加诉讼的程序

笔者认为，没有必要规定有独立请求权第三人之诉先于本诉审理，两者合并审理为宜。

十一、是否应取消无独立请求权第三人之诉中法院可以判决第三人承担民事责任的规定，如何完善无独立请求权第三人制度

笔者认为，应当赋予与其他诉讼当事人相同的权利。

十二、是否应确立强制答辩与不答辩失权机制以完善答辩制度

笔者认为，被告不答辩时不宜规定直接按照原告的诉讼请求进行判决。当事人不答辩，并不意味着不参加审理活动。根据现行民事诉讼法的规定，人民法院作出的裁判标准是事实清楚、证据确凿、程序合法、适用法律正确。人民法院也有主动查清事实的责任。这说明不能因为被告或者第三人不答辩，人民法院就可以放弃对案件事实的审查、质证等活动。

十三、是否应重新调整第一审普通程序，以解决司法解释取代法典的问题

笔者认为，现行第一审普通程序确需进行全面调整。

十四、是否应废止第二审可以阅卷询问式审理（径行判决）的规定，以真正落实两审终审制，防止书面审理，导致可改可不改的坚决不改的问题

笔者认为，应当废除第二审理可以阅卷询问式审理（径行判决）的规定，建议在条文中增加一条规定："人民法院作出的所有判决和裁定，都应当经过开庭或者听证程序。"

十五、是否应从法律制度上明确规定民事判决书的事实认定和举证部分内容，须在下判前经双方当事人认可

笔者认为，应当明确规定民事判决书的事实认定和举证部分内容，须在下判前经双方当事人认可。

小额诉讼程序立法的立场考辨

王岩云①

导读：民事诉讼法修正案草案第三十五条明确规定了小额诉讼制度，但此条文内容的合理性值得深思。笔者认为小额诉讼制度的建立要考虑以下几个因素：首先，要注重在价值衡量与技术考量之间建立起有效的衔接与互动；其次，要确立权利本位的价值取向；再次，要正视公正原则是民事诉讼法乃至法律的最高原则；最后，要加强对“人”的关怀。

民事诉讼法修正案草案第三十五条规定：“增加一条，作为第一百六十一条：‘基层人民法院和它派出的法庭审理标的额人民币五千元以下的民事案件，实行一审终审。’”这是草案对小额诉讼制度的规定。

一、技术理性抑或价值理性

民事诉讼法的确具有很强的技术性成分，但是技术考量不应冲淡价值衡量。民事诉讼程序必须具有平等和正义的基本价值：即任何社会主体在诉讼中都能平等地享有权利和承担义务，人民法院在适用法律时对任何社会主体都平等地对待。以标的额“五千元”为标准的“一审终审制”，意味着为了技术操作的便利建立了一个“不平等”的标准，等于允许以技术为由对价值作出背离，技术理性僭越了价值理性。技术理性与价值理性的分裂与融合是民事诉讼法修改中需要认真对待和合理解决的一个潜在的立场问题。不顾技术操作的价值理念可能演化为冥想，而抛却价值追求的唯技术追求则无异于缘木求鱼。比较务实而理性的选择当是在价值与技术之间建立起有效的衔接与互动，即在坚持基本价值基础上展开对技术的追求，在诉

① 王岩云：河北经贸大学教师，河北侯凤梅律师事务所兼职律师。

讼技术允许的范围内彰显价值。

二、权力取向抑或权利取向

我国的传统法律观念是重权力、轻权利，而现代法治的基本逻辑是权利本位，权利优先于权力，从尊重权利的角度去思考权力设置和法治建设问题。民事诉讼法治的现代化同样要求确立权利本位的价值取向。“基层人民法院和它派出的法庭审理标的额人民币五千元以下的民事案件，实行一审终审”一句的主语是“基层人民法院和它派出的法庭”，谓语是“审理”，整句话留有太强的权力印迹而缺乏对权利应有的尊崇。民事诉讼法应当关切每一个社会主体对纠纷解决的需求和愿望，而不单是法院和法官的愿望。只有倾听诉权主体的声音，贯彻权利本位的价值取向，从权力本位的法治观、司法观转向权利本位的法治观、司法观，摆正权利（诉权）与权力（审判权）之间的关系，才是顺应法治大潮的明智之举。

三、效率原则还是公平原则

建立小额诉讼制度一审终审的一个重要理由，就是有利于快速解决纠纷，节省司法资源。如果仅仅从效率的角度考虑，一概不准起诉，是否更有效率？一些人在讨论时提到“权利人基于尽快实现权利的需要，一般都愿意选择小额程序”，我不知道作出这样的论断，究竟有多大的现实依据，是“想当然”还是基于实践调研，如果基于调研，那么对象又是什么人？立法条文设计追求的究竟是谁的效率，又是要实现谁的公平？公正原则（正义原则）是民事诉讼法乃至法律的最高原则。一方面，公平裁判请求权是当事人诉权的基本内容，获得对纠纷的公正裁判是一项基本的宪法权利和基本人权；另一方面，进行公正裁判是法院审判工作应当秉持的基本态度，也是审判职责的基本要求。上诉是当事人对一审裁判不满意时最基本的救济方式，“愿意选择小额程序”并不意味着愿意放弃上诉权利。况且，当事人希望“尽快实现权利”是对司法正义和公正审判的期待，而不是宁愿以自己诉权利益的丧失为代价去换取效率名义下的尚不得知的结局。

四、资本精神还是人本精神

从“标的额人民币五千元以下的民事案件,实行一审终审”的条文表述中,能见的只是“钱”,却不见“人”。民事诉讼法修改应当坚持科学发展观,贯彻以人为本,用以人为本这一理念审视、反思各项民事诉讼制度和规则,切实把体现诉讼参与人的意愿、保障民众权益、促进人的平等发展作为民事诉讼法治建设的灵魂,贯穿于民事诉讼法修改的全部过程及法律条文的各个环节。

论精神病人强制诊断和强制住院治疗的法律规制

——兼评精神卫生法草案的主要缺陷

樊潇婷　李　轩①

导读：精神病问题是我国司法实践中严重并且难以解决的问题。疑似精神病人强制诊断制度在司法实践方面的缺陷表现为：一方面对疑似精神病人行为能力的司法认定程序不明确，法院判案困难；另一方面社会中频发"被精神病"现象，使得一些本没有精神病的人由于与他人的利益冲突被误诊为精神病人，并且缺乏有效的救济措施。关于强制诊断制度方面的立法源于英国，在西方已有近一百年的历史，为解决精神病带来的社会问题起到了重要作用。我国法律目前仅规定了精神病人行为能力的认定程序，国务院原则性通过并已经进入全国人大审议程序的精神卫生法草案中对精神病的预防、诊断、治疗和保障等作了具体规定，但由于草案在制度设计上仍然不完善，使得这部法律还未通过就受到了各方质疑，而关于疑似精神病人强制诊断司法救济程序的空白也是草案中广受争议的一个重要问题。当务之急是按照民法通则和民事诉讼法关于公民行为能力的规定和认定公民无行为能力或限制行为能力特别程序的规定，从切实保障疑似精神病人合法权利的原则出发，对其强制诊断和强制住院治疗问题进行严格的司法化程序设计，防止"被精神病"现象的发生。

一、我国疑似精神病人强制诊断和精神病人强制住院治疗制度的立法现状

我国民法通则第十三条、《最高人民法院关于贯彻执行〈中华人民共和

① 樊潇婷：东兴证券股份有限公司业务员，法律硕士；李轩：兼职律师，中央财经大学法学院副教授，法学博士。

国民法通则〉若干问题的意见（试行）》（以下简称《若干意见》）第四条、第五条采用辨认能力标准，将精神病人的民事行为能力分为有民事行为能力、限制民事行为能力和无民事行为能力。辨认能力是对意思能力要求的体现，与本人能否理解自身行为、预见相应行为的后果有关。民法通则第十九条规定了精神病人行为能力的法律宣告程序。《若干意见》第七条还明确规定人民法院应当根据司法精神病学鉴定或参照医院的诊断、鉴定确认当事人是否患有精神病。关于精神病人行为能力的规定在民法通则和合同法、婚姻法等民事单行法中都有涉及。我国民事诉讼法为精神病人行为能力的判断规定了法定程序，民事诉讼法第一百七十条规定了对精神病人行为能力认定程序的申请人为近亲属或者其他利害关系人。第七十二条还规定了评定当事人的行为能力时必须结合医学标准和法学标准。但是，民事诉讼法中并没有规定行为能力认定程序的具体程序规范，使得其在实践中并没有起到应有的作用。我国民事诉讼法虽已经提出了行为能力认定的司法程序，但是并没有对行为能力异议的司法救济程序作出相应的规定。精神病人的强制住院治疗也是由精神病人的近亲属及其他利害关系人和精神病医院共同决定，而缺乏司法救济程序。

我国刑法和刑事诉讼法主要是对疑似精神病人犯罪后，经鉴定为精神病人而采取强制医疗措施所作的法律规定。2012 年 3 月 14 日全国人大通过的刑事诉讼法修正案规定："实施暴力行为，危害公共安全或者严重危害公民人身安全，经法定程序鉴定依法不负刑事责任的精神病人，有继续危害社会可能的，可以予以强制医疗。"本条规定了强制医疗特别程序的适用条件，也是对刑法中有关强制医疗的司法程序的规定。刑事诉讼法修正案还规定了强制医疗这一特别程序的具体司法程序，规定由公安机关向检察院提交强制医疗申请书，人民检察院应当向人民法院提出强制医疗的申请并对执行活动实行监督，人民法院作出决定；人民法院在审理过程中本着保护精神病人的原则，应当通知被申请人或者被告人的法定代理人到场；如果没有委托诉讼代理人的，人民法院应当通知法律援助机构指派律师为其提供法律帮助；在精神病人已不具有人身危险性后，应当及时提出解除意见报人民法院批准，被强制医疗的人及其近亲属有权申请解除强制医疗。这一特别程序规定明确了人民检察院在强制医疗司法程序中的作用，使强制医疗司法程序具备了监督机制。当事人及其近亲属具有申请解除强制医疗的权利，使得刑事诉讼程序中的强制医疗具有了司法救济程序，虽然其他基本法律还未对这方面作出对应的修订，但对于刑事犯罪的精神病人的保护已经具有了重要的进步意义。

二、我国现行疑似精神病人强制诊断和精神病人强制住院治疗制度的主要问题

我国民法通则规定了对精神病人监护人的确定采用顺位制度，因而精神病人的监护人的产生基本都是自动产生，并且权利极大。目前虽然已有多部地方性精神卫生条例对于收治都设置了门槛，但在实践中却并没有严格执行，只要近亲属送治当事人，当事人就有可能成为被收治的对象。在实践中没有依照我国民法通则的规定，根据精神病人不同的行为能力状况对监护人的职责做具体区分，在法律中也没有根据必要性原则指明需要监护人负责的监护事务的范围并根据精神病人残留的行为能力规定不同的保护条款，不利于对精神病人权利的保护。

我国民事诉讼法关于公民行为能力的认定程序的规定在司法实践中应用不多，实践中往往是精神病院医生诊断当事人为精神病人，当事人就自动成为限制行为能力人或无行为能力人。我国民事诉讼法关于疑似精神病人强制诊断制度的规定主要缺陷在于，一方面认定精神病人行为能力认定程序具有一定的特殊性，我国民事诉讼法中关于精神病人行为能力认定程序的规定并不能满足司法实践的需要；另一方面民事诉讼法中没有对当事人不同意监护人监护行为的司法异议程序进行程序规定。精神病人的强制住院治疗也缺乏司法救济程序。

2012 年 3 月 14 日全国人大通过的刑事诉讼法修正案中规定了强制医疗特别程序，这一程序的有关规定相比民事诉讼法中有关强制诊断制度的规定具有很大的进步意义，应该对民事诉讼法进行相应的修正和精神卫生立法借鉴。

总之，我国各基本法律对疑似精神病人强制诊断的法律规定不具有一致性，各下位法以及司法解释有关精神卫生方面的法律规定也不统一，我国目前精神卫生法草案已进入全国人大审议程序，这部法律作为规定疑似精神病人强制诊断的主要法律，还未颁布其具体条款就受到了学者和专家的质疑，本文将就此草案作出具体的分析。

三、精神卫生法草案的主要内容及其主要缺陷

目前，全世界已有 130 多个国家相继制定了精神卫生方面的法律。[①] 与

① 参见孙东东：《精神病人的法律能力》，现代出版社 1992 年版，第 105 页。

国际上大多数国家采用立法手段对精神病人的权利进行保护相比,我国的精神卫生立法相对滞后。[①] 虽然我国1980年以来的法律法规中已有20多条涉及精神卫生管理,但多数不能满足现实需求,也没有形成完整的司法程序。1985年卫生部指定由四川省和湖南省卫生厅协同起草了精神卫生法草案,1985年8月由5名精神病学专家组成草案起草小组,拉开了我国精神卫生立法的序幕。在历时26年、修改20余次后,2011年6月10日精神卫生法草案出台,并在2011年9月19日获国务院原则通过;十一届全国人大常委会第二十三次会议初次审议了精神卫生法草案,并公布了审议修改后的草案。该草案对精神病的预防、诊断、治疗、康复和保障等问题作了一系列规定,有一定的进步意义。但从整体上讲,草案仍存在法律规定过于重视秩序本位的立法考量,未落实司法化的法治原则等问题,有进一步完善的空间。

1. 精神卫生法草案的主要内容

我国精神卫生法草案总则部分共有十一条,具有较好的统领性。前三条为该法的立法目的、适用范围及精神卫生工作的原则和机制。第四条和第五条强调了精神病人的权利。第六条至第十一条规定了各级人民政府及其相关部门、非政府机构在精神卫生工作中的职能和责任分配制度,充分体现了政府主导、各部门分工负责、全社会共同参与的机制。该法分则部分包括了精神障碍的预防、精神障碍的诊断和治疗、精神障碍的康复、保障措施以及法律责任五章,其实质内容基本符合我国目前的国情和精神卫生工作的特点。

精神卫生法草案首次对精神病人这一弱势群体的基本权利进行了确认,从总则第四条就确认了精神病人的基本权利。对精神病人权益的维护,重点涉及诊断与治疗过程,在第三章第三十三条规定了医疗机构及其医务人员应当将精神病人享有的权利告知病人本人及其监护人。第四十二条规定了医疗机构及其医务人员对精神病人权利的保护义务。草案要求应当遵循维护精神病人合法权益的原则,保障患者获得最有利的精神卫生服务。

精神卫生法草案第五章规定了各级人民政府、医院、学校、医疗机构等对精神病人保护的职责,在实践中具有最重要意义的是规定了在医疗费用的问题上提出各部门加强协调,通过基本医疗保险支付医疗费用,并对仍有困难的精神病人优先给予其医疗救助。第六章规定了各级政府医疗机构、司法鉴定机构及其他组织和个人违反精神卫生法律规定的法律责任,表明了草案对精神病人诊断、鉴定公正性的充分重视,也有效地保护了精神病人

① 参见管洪彦:《"被精神病"凸显精神卫生立法缺失》,载于《中国社会科学报》第158期,2011年1月20日。

的合法权益。该部分的规定使得草案与刑法、民法等相关部门法律法规相衔接,明确了在精神病人预防、诊断、治疗、康复等过程中各行政部门、有关组织和公民的法律责任。

2. 精神卫生法草案的主要缺陷

(1)“危险性标准”存在隐患

精神卫生法草案第二十五条规定对疑似精神病人强制诊断的适用完全采用了“危险性标准”,即只要当疑似精神病人有伤害自身及他人危险,“不住院不利于其治疗”的情况就应对其采取住院治疗措施。但精神病人中具有这样极端行为的并不多,据精神卫生中心公布的数据显示,我国现有1600多万重性精神病人,只有10%左右有“危险行为”,大部分是不吃不喝、胡言乱语、妄想等。[①] 这类精神病人尚不存在危害社会的现象,但仍对社会秩序构成威胁,亟须精神病医院的治疗。草案的规定则有可能导致这类实际上需要治疗的病人得不到及时医疗,也就违背了精神卫生法保护精神病人和维护社会稳定的立法精神。在“危险性标准”上,草案也未能建立一套规范的针对危险精神病人的评估体系,“不住院不利于其治疗”的表述过于宽泛,并不能作为精神病人必须实行强制住院治疗的标准。

(2)近亲属及监护人权利过大

精神卫生法草案第二十三条规定对强制诊断以及强制住院治疗制度设计了近亲属主导的原则,使得近亲属权利过大。一旦疑似精神病人进入强制诊断程序,送治的近亲属就自动会被视为监护人行使监护权,并且对当事人没有司法异议程序予以救济。这一规定将使目前“被精神病”现象中亲权对成年公民自决权的侵犯继续存在,在草案中并没有弥补这一严重的法律漏洞。

(3)医生在疑似精神病诊断中的权力过大

目前,我国精神卫生法草案将精神病人的认定权仅归于医学范畴,仅设定了复诊和司法鉴定作为救济手段,并没有把它归于司法和社会范畴,这是我国精神卫生法草案与发达国家精神卫生法律的主要区别。草案规定精神病人的民事行为能力由精神病院医生诊断确定,且在确定精神病人“不能辨认或者不能控制自己行为”的民事行为能力、设定监护人的程序上,采取了完全由医生诊断决定、去司法化的制度设计,而精神病院医生肩负医学诊断与司法判断的重任是精神卫生立法中结构性的错误,这在事实上形成由医生替代法官宣告当事人为限制行为能力人或无行为能力人,并且除了两次

① 参见李秋萌:《“扰乱公共秩序”收治规定引争议》,载于《公民与法治》2011年第16期。

诊断、两次鉴定没有司法异议程序。

精神卫生法草案第二十五条规定对经诊断结论、病情评估表明为严重精神病人并具有伤害自身或他人的行为或危险,不住院不利于其治疗的情形应当住院治疗。这一规定事实上是对重性精神病人实行医疗看护人制度,确定医疗看护人成为精神病院医生的职业工作,目的是建议重性精神病人的近亲属看管好病人,防止危害社会秩序,但精神病院医生却只能履行医生职业的善良义务作出诊断,不应承担确定医疗看护人这样的法律责任。医疗看护人制度是一种具有人身关系的司法制度,根据草案的规定,精神病院医生将成为这种人身关系的启动者,实际上赋予了精神病院医生一种司法权。这种司法权不但不利于保护精神病人的权利,也不利于保护精神病院医生的权益。

(4)司法救济机制缺失

在精神卫生法草案中对强制住院治疗的精神病人实行的是两次诊断、两次鉴定方式,按照草案的规定防止"被精神病"的程序为:如果经过精神病医院诊断不是精神病,任何人不得限制其离开;如果是精神病,经过治疗无需继续在医院内进行治疗的,任何人也不得限制其离开;精神病人或者其近亲属对诊断结果提出异议,经过复诊,必要时进行司法鉴定,确定是否继续住院治疗。但在整个程序中规定异议的处理仍然由医疗机构负责复诊,司法鉴定仅为复查程序中的补充程序,缺乏司法异议程序,这不仅不利于保护疑似精神病人,也不利于保护医疗机构和医护人员的权益,医疗机构也并不能担当对精神病人合法权利的保障角色。

(5)精神病人的治疗费规定不明

与发达国家规定精神病人的治疗康复费用多由政府承担不同,我国精神病人的治疗费主要由患者、近亲属和单位三方承担。据统计,目前精神疾病的医疗费用约占疾病总负担的1/4,在我国所有疾病医疗费用总负担中排名第一。精神疾病患者由于病情特殊,加之受医疗技术和医疗水平所限,80%需终身康复治疗,每年至少需要数万元的治疗费用。① 由于精神病人大多反复发作,丧失了一定的劳动能力,所以因病致贫和因病返贫的情况很多,据统计,精神病人的贫困率是一般人口贫困率的20倍。② 此次公布的草案仅规定"对家庭经济困难的严重精神障碍患者,由所在地县级人民政府对其参加医保给予资助",并且强调各部门应加强协调、简化程序、优先给予医疗救助,却未能从根本上解决精神病人的治疗费问题,这意味着精神病人巨

① 参见赵同刚:《卫生法》,人民卫生出版社2009年版,第325页。

② 参见李妍:《中国精神病患者报告》,载于《中国经济周刊》2011年第28期,第26页。

额的医疗费用支出仍得不到有效保障。

四、完善我国疑似精神病人强制诊断和精神病人强制住院治疗制度的立法建议

(一)注重疑似精神病人强制诊断和强制住院治疗制度的立法协调

精神卫生立法的宗旨是保护精神病人,维护社会秩序。我国民法通则对公民行为能力作了具体规定,民事诉讼法还有认定公民无行为能力或限制行为能力的特别程序。2012 年 3 月通过的刑事诉讼法修正案已对涉嫌犯罪的精神病人规定了强制医疗特别程序,该程序显然比精神卫生法草案中对疑似精神病人强制诊断和强制住院治疗的法律规定更为合理,更为先进。所以在立法中应重视宏观立法程序中基本法之间、基本法与下位法之间、法律与司法解释之间在精神卫生方面的规定应保持一致性以及相互关联性,以实现对疑似精神病人的强制诊断在立法上相协调。

我国民法通则中规定了监护人的产生依据近亲属顺位产生,并且对监护人赋予了较大的权利。在精神卫生法草案修改中,也应对监护人的选任程序作出特别规定,与民法中对精神病人行为能力认定的司法程序相衔接,完善精神病人的监护人制度,并根据精神病人的行为能力状况对监护人的权利在范围上作出一定的限制,以防止监护人损害精神病人的利益,更好地保护精神病人,防止“被精神病”现象。

我国民事诉讼法规定了认定公民无民事行为能力或者限制民事行为能力的司法程序,由于现有司法程序的可操作性不强,所以该程序也成为民事诉讼法修改中的一个重要内容,对公民行为能力特别程序应借鉴刑事诉讼法关于强制医疗特别程序的规定,设计必要的监督机制。对于精神病人的司法鉴定程序应制定有关司法解释,解决目前精神病司法鉴定仅限于国家机关,司法鉴定存在启动难的问题。由于一个公民是否为无民事行为能力人或者限制民事行为能力人不仅是一个家庭问题,更是一个公民的人权问题与社会问题,所以应完善民事诉讼法中关于认定公民无民事行为能力或者限制民事行为能力司法程序,应规定公民有权选择和指定律师为其诉讼代理人,如果该公民无法取得律师的帮助,政府应向其提供法律援助。

在疑似精神病人强制诊断的法律规制上,刑事诉讼法中规定应对犯罪的精神病人采取强制医疗特别程序,而在精神卫生法草案中对疑似精神病人的诊断权完全赋予了医疗机构,司法鉴定也仅为必要时复诊程序的补充。

所以，精神卫生法草案在刑事诉讼法修改之后有待进一步完善，以实现其与刑事诉讼法的精神病人特别程序相协调，其他下位法与司法解释也应与刑事诉讼法中有关精神病人强制医疗特别程序相一致，与即将颁布的精神卫生法相协调，形成既能保护精神病人的基本权利，又能维护社会稳定的全面的法律规制。

（二）确立疑似精神病人强制诊断的司法异议程序

因为对疑似精神病人进行强制诊断，就有可能将其诊断为精神病人，成为无民事行为能力人，其行为能力就有可能被否定。因此笔者认为可以设立如下疑似精神病人强制诊断制度的司法异议程序，该程序属于与认定公民无行为能力、限制行为能力程序相衔接的新类型特别程序。

1. 疑似精神病人强制诊断司法异议程序的申请主体

笔者认为，精神病人强制诊断司法异议程序的启动主体应当与其救济范围相一致，我国目前疑似精神病人强制诊断司法异议程序启动主体主要包括当事人、近亲属以及其他组织和利害关系人。

为了保护疑似精神病人的权利，强制诊断和强制住院治疗司法异议程序的启动主体应当是多元的，并且在不同情形之下也应有区别和限制。草案修改中应当规定凡是国家机关、有关单位或基层组织依职权启动强制诊断司法异议程序的，国家机关、单位或基层组织既不得滥用该权力，以防止“被精神病”现象，也不得懈怠行使该权力，以保护社会秩序。

2. 疑似精神病人强制诊断司法异议程序的具体内容

疑似精神病人强制诊断司法异议程序的具体内容包括受理法院、司法鉴定机构和程序以及诉讼和鉴定费用的规定等内容。

（1）受理法院

精神卫生法草案第二十六条规定对疑似精神病人的复诊程序，由医疗机构在五日内作出。笔者认为，应明确规定疑似精神病人的司法异议程序的受理法院，即患者住所地基层人民法院，以方便当事人启动异议程序。申请人应当以医疗机构为被申请人向人民法院提出书面申请，写明事实和根据。人民法院受理申请人的申请后，应当在三日内组成合议庭，将申请书送达被申请人并通知疑似精神病人的所有其他近亲属以第三人身份参加异议程序。疑似精神病人本人提出申请的，有权委托诉讼代理人，也应完善法律援助制度，以保护疑似精神病人的诉权。

疑似精神病人司法异议程序的诉讼时效应当按照人身侵权案件的诉讼时效作出相应的规定，赋予当事人足够的时间保证其诉权，因为精神病的诊断依照目前的医学发展水平只能依照当时病人的精神状态，如果诉讼时效过长,则可能导致诊断和取证困难。

(2)司法鉴定机构和程序

目前的法律规定并未解决现实中精神病鉴定程序启动难的问题,所以草案修改中应对强制诊断司法异议程序中的司法鉴定程序作出具体的规定。在强制诊断司法异议程序中,司法鉴定机构应作为鉴定人参加诉讼。人民法院组成合议庭后,应当在五日之内指定精神病司法鉴定机构对被申请人进行鉴定。结合目前的草案规定,精神病司法鉴定机构受理鉴定委托后,应当指定本机构中具有该鉴定事项执业资格三名以上单数司法鉴定人共同进行鉴定。鉴定过程中要求提交的鉴定材料,除精神疾病司法鉴定委托书或者申请书之外,还可提供被鉴定人及其家庭情况、工作单位提供的有关材料、知情人对被鉴定人精神状态的证言以及医疗记录和其他有关检查结果等。

(3)审理程序

疑似精神病人强制诊断和强制住院治疗司法异议开庭审理程序应参照第一审普通程序组成合议庭审理,其目的在于法院进行充分的审理,详细地了解案情。为防止个别利害关系人单方面启动相应程序,法院应当通知所有其他利害关系人参加诉讼。申请人、被申请人、其他利害关系人、精神病司法鉴定机构的代表均应到庭参加审理并有权进行辩论,以确保审判的公正,充分保障被申请人的利益,避免申请人、被申请人和第三人之间的纷争。合议庭根据鉴定结论和庭审情况进行合议,并作出一审判决,认定被申请人的精神状况和行为能力。人民法院应当在三日内宣告判决并将判决送达申请人、被申请人以及其他利害关系人。

在此,考虑到公民民事行为能力的司法认定事关基本人权,意义重大,笔者建议修改民事诉讼法中关于公民无民事行为能力或者限制民事行为能力司法程序一审终审的规定,实行两审终审制。与之相一致,疑似精神病人强制诊断和强制住院治疗司法异议程序应设置为两审终审,更能体现立法对疑似精神病人的人身自由权、健康权、财产权等基本人权的充分尊重和对精神病人强制诊断的谨慎态度。申请人、被申请人、其他利害关系人对一审判决不服的,可在判决作出后十五日内向上一级人民法院提起上诉。上一级人民法院接到上诉申请后,应当指定另一精神病司法鉴定机构进行重新鉴定,以保证司法鉴定的公正性,避免一审中鉴定错误的现象。二审程序也应当开庭审理,保证司法机关充分地了解案情以作出终审判决。

(4)鉴定及诉讼费用

启动疑似精神病人强制诊断司法异议程序是为了保护当事人人身自由

权、财产权等基本人权。在司法实践中,被确诊为精神病的当事人有相当的部分是来自底层社会的人,而在"被精神病"案件中有多数案例当事人都是生活贫困的人或是经过错误诊断而丧失财产的人,所以笔者认为,为了保护弱势群体,维护社会稳定,防止"被精神病"事件的频发,疑似精神病人强制诊断司法异议程序案件应不收取诉讼费用。

(三)确立精神病人强制住院治疗司法异议程序

我国现行刑法和刑事诉讼法都有有关精神病人强制医疗方面的规定。强制医疗是指为保障社会公共安全、维护社会秩序以及医治疾病患者,国家行政机关依据法律的规定,在特定条件下,指定医疗机构对特定人员实施强制性医疗的一种具体行政行为。[①] 精神卫生法草案中首次从民事法律角度提出在医疗机构诊断后的强制住院治疗制度,填补了我国民事法律中对于强制住院治疗制度法律规定的空白,但作为紧随强制诊断之后对精神病人采取的强制措施,草案也未规定对强制住院治疗的误诊的精神病人的司法异议程序。笔者认为应建立新型特别程序精神病人强制住院治疗司法异议程序,以保障进入强制治疗程序的被误诊的精神病人的合法权益。

1. 精神病人强制住院治疗司法异议程序的申请主体

精神病人强制住院治疗司法异议程序的申请主体与疑似精神病人强制诊断司法异议程序的申请主体一致,均为当事人、近亲属及其他组织和利害关系人。司法异议程序的申请主体不能限制为近亲属,因为在现实中发生的"被精神病"事件,都是被近亲属送入或通知精神病院收治的,所以在精神病人强制住院治疗司法异议程序中也应包含监护人选任程序,即在未经人民法院确认监护人之前,当事人的近亲属为了当事人的利益,可以代为办理精神病诊断、自愿入院治疗和强制住院治疗等事项。精神病人强制住院治疗司法异议程序须顾及监护人没有依法产生期间当事人的利益保护问题,要求单位或有关机构通知已知或应知的当事人的全部近亲属,防止个别亲属对当事人权利的侵害。

2. 精神病人强制住院治疗司法异议程序的具体内容

在精神病人强制住院治疗司法异议程序建立方面笔者建议申请人应当以医疗机构为被申请人向人民法院提出书面申请,写明事实和理由。被认定为精神病的当事人提出申请的,有权委托诉讼代理人,也有权请求法律援助。人民法院受理申请人的申请后,应当在三日内组成合议庭,将申请书送达被申请人并通知精神病人的所有其他近亲属以第三人身份参加认定程

① 参见刘惠军,张文:《从"被精神病"事件论我国强制医疗法律关系的构成》,载于《法治与社会》2011 年第 28 期,2011 年 10 月(上),第 182 页。

序，被申请人有权委托代理人。人民法院组成合议庭后，应当在五日之内指定精神病人司法鉴定机构对精神病人是否必须采用住院治疗措施进行鉴定，精神病人司法鉴定程序与疑似精神病人司法鉴定程序相似。人民法院应当在精神病人住院治疗鉴定结论作出后五日内进行开庭审理。开庭审理参照第一审普通程序进行。司法异议程序也应保护申请人、被申请人、第三人、精神病司法鉴定机构代表的辩论权。合议庭根据鉴定结论和庭审情况进行合议，人民法院应当在三日内宣告判决并将判决送达申请人、被申请人和第三人。判决认为精神病人没有必要住院治疗的，应当作出决定撤销医疗机构的强制住院决定，应当判决恢复精神病人的行为能力。申请人、被申请人、第三人对一审人民法院判决不服的，可以在判决作出后十日内向上一级人民法院提起上诉。上一级人民法院接到上诉后，应当指定另一精神病司法鉴定机构进行重新鉴定，并开庭审理，作出终审判决。为了保护精神病人这一弱势群体的权益，人民法院审理精神病人强制住院治疗案件认为精神病人不再继续住院治疗的，应当不收取诉讼费用。

精神病人强制住院治疗司法异议程序应在作出强制住院治疗判决时，通知其近亲属到庭，作出限制民事行为能力人或无民事行为能力人的认定，对其民事行为能力进行评判，并指定监护人。人民法院在申请确认精神病人监护人的案件时，应作出限制民事行为能力或无民事行为能力的宣告，并由近亲属直接提请法院选任或确认监护人，可以避免重复另行起诉认定当事人的行为能力及监护人，节约司法成本。

关于撤销和不予执行仲裁裁决相关制度的修改建议

齐 斌[①]

导读:现行仲裁法规定的申请撤销(国内仲裁)裁决的条件与民事诉讼法规定的不予执行仲裁裁决的条件存在矛盾,应当通过修改法律使二者统一,完善相关制度,避免法律冲突。

一、背景

仲裁法规定了撤销仲裁裁决的制度,主要是第五十八条[申请撤销(国内仲裁)裁决条件];民事诉讼法规定了不予执行仲裁裁决的制度,主要是(现行民事诉讼法)第二百一十三条(修正草案第二百三十四条)。二法所规定的、撤销和不予执行仲裁裁决的法定情形(或称条件)有所不同,在理论上和实务中均引起了一些混乱和争议。

当然,仲裁法也有关于不予执行(国内仲裁)裁决的规定(第六十三条)、撤销涉外仲裁裁决的规定(第七十条)以及不予执行涉外仲裁裁决的规定(第七十一条),但上述三条均未创制新的情形或条件,而是援引民事诉讼法相应条文;其中,仲裁法第六十三条援引了现行民事诉讼法第二百一十三条第二款,仲裁法第七十条和第七十一条则均援引了民事诉讼法第二百五十八条第一款。因此,上述规定与民事诉讼法并无冲突;唯一值得关注的问题是,撤销涉外仲裁裁决所最终依据的民事诉讼法第二百五十八条第一款与撤销国内仲裁裁决所依据的仲裁法第五十八条所规定的情形不尽相同。这是因为,我国目前仍然坚持对国内仲裁和涉外仲裁实行不同的司法审查(监

① 齐斌:上海市世民律师事务所律师。

督)标准(即"双轨制")。

值此修改民事诉讼法之际,有必要重新审视仲裁法和民事诉讼法对撤销(国内仲裁)裁决及不予执行仲裁裁决设置不同条件的制度设计,并考虑将撤销涉外仲裁裁决和撤销国内仲裁裁决的条件予以统一。

二、法条分析与修改建议

1. 仲裁法第五十八条规定的申请撤销(国内仲裁)裁决的条件与民事诉讼法第二百一十三条规定的不予执行仲裁裁决的条件之区别主要体现在:民事诉讼法第二百一十三条(修正草案第二百三十四条)规定的、不予执行仲裁裁决的条件包括"适用法律确有错误",而仲裁法第五十八条规定的、撤销仲裁裁决的条件不包括此项。

对此,最好予以统一。若多数人认为上述条件合理,可在日后修改仲裁法时纳入该条件(作为撤销裁决的情形之一)。但若多数人认为该条件妨碍了仲裁的效率和权威性(终局性),有悖于对仲裁仅进行程序性司法审查的国际惯例,则可趁此次修改民事诉讼法之机,果断删除该条件。我们倾向于后一种方式(即从民事诉讼法中删除"适用法律确有错误"这一不予执行仲裁裁决的条件)。

2. 关于涉外仲裁裁决与国内仲裁裁决撤销条件不同的问题,主要体现在:根据仲裁法第七十条,撤销涉外仲裁裁决是依据民事诉讼法第二百五十八条第一款,而撤销国内仲裁裁决是依据仲裁法第五十八条。对民事诉讼法第二百五十八条第一款和仲裁法第五十八条,主要区别如下:

(1)民事诉讼法第二百五十八条第一款规定的撤销涉外仲裁裁决的条件包括"被申请人没有得到指定仲裁员或者进行仲裁程序的通知,或者由于其他不属于被申请人负责的原因未能陈述意见",而仲裁法第五十八条规定的、撤销(国内仲裁)裁决的条件不包括此项程序性问题。

(2)仲裁法第五十八条规定的、撤销(国内仲裁)裁决的条件还包括"裁决所根据的证据是伪造的""对方当事人隐瞒了足以影响公正裁决的证据"以及"仲裁员在仲裁该案时有索贿受贿,徇私舞弊,枉法裁决行为",而民事诉讼法第二百五十八条第一款规定的、撤销涉外仲裁裁决的条件未包括上述三项(其中前两项均可说是实体性问题)。

我们认为,在世贸规则、经济全球化和国民待遇的背景下,有必要对上述规定予以统一。统一的方式包括(但不限于)以下两种:

一是在民事诉讼法第二百五十八条第一款(修正草案第二百七十一条第一款)中引入仲裁法第五十八条规定的、撤销(国内仲裁)裁决的上述三项条件("裁决所根据的证据是伪造的"等,见上文),这是此次修改民事诉讼法可以解决的;

二是在日后修改仲裁法时将上述三项条件全部删除。

具体采取何种方式取决于在设计或重塑对仲裁的司法审查制度时秉承何种理念,以及对中国现有(涉外及国内)仲裁机构和仲裁员队伍作出何种评价。从尽快统一涉外仲裁与国内仲裁司法审查标准的角度,可考虑采取上述第一种方式。当然,这有悖于对仲裁仅进行程序性司法审查的国际惯例;但考虑到我国国情(国内仲裁机构也作出涉外仲裁裁决;仲裁员水平良莠不齐),也不失为一种两害相权取其轻的制度安排。

至于民事诉讼法第二百五十八条第一款已作规定、仲裁法第五十八条未作规定的条件("被申请人没有得到指定仲裁员或者进行仲裁程序的通知,或者由于其他不属于被申请人负责的原因未能陈述意见"),也应适用于国内仲裁的被申请人;因目前是讨论修改民事诉讼法,只能留待日后修改仲裁法时再考虑增补该条件。

3. 仲裁法第五十八条及民事诉讼法第二百一十三条与"证据"相关的行文表述有所不同,最好也予以统一。

4. 颁布在后的仲裁法倾向于按仲裁当事人和仲裁事项是否具有涉外因素界定涉外仲裁(仲裁法第六十五条等),使用了"涉外仲裁裁决"之说(第七十条、第七十一条);颁布在前的民事诉讼法则使用了"涉外仲裁机构作出的裁决"之说(第二百五十八条)。鉴于目前涉外仲裁机构也作出国内仲裁裁决、国内仲裁机构也作出涉外仲裁裁决,为避免司法实践中(在涉及仲裁裁决的不予执行等问题时)无所适从,建议将民事诉讼法中"涉外仲裁机构作出的裁决"修改为"涉外仲裁裁决"。

三、修改理由

1. 撤销仲裁裁决和不予执行仲裁裁决的实体后果是相同的,即阻却仲裁裁决对当事人权利义务的影响。二者的区别仅是程序意义上的,即当事人申请撤销仲裁裁决与要求不予执行仲裁裁决的时点(或称阶段)略有不同。这从仲裁法第七十条[涉外仲裁裁决的撤销]、第七十一条[(涉外仲裁)裁决的不予执行]的行文中亦可略见一斑:该两条除第七十条使用"当事人”一词、结局为“裁定撤销”,第七十一条使用“被申请人”一词、结局为“裁定不予执行”之外,其余内容包括所援引的民事诉讼法条文(第二百五十八条第一款)完全相同。换言之,对仲裁法的立法者而言,撤销和不予执行涉外仲裁裁决的法定情形是没有区别的。

2. 涉外仲裁与国内仲裁没有本质区别,二者相同之处大于不同。20 世纪 90 年代之前一向对涉外仲裁和国内仲裁采用双重司法审查标准的英国,亦已废除了“双轨制”做法(见 1996 年英国仲裁法)。

3. 对国内仲裁采取过于严格的司法审查标准、允许人民法院对国内仲裁裁决进行(法律适用等方面的)实体审查,妨害了国内仲裁的效率,有违商事仲裁“一裁终局”的原则和(司法)“支持仲裁”的理念(当然,如上所述,若多数人认为应当尽快统一涉外仲裁与国内仲裁司法审查标准,本条理由可暂且忽略;即先让民事诉讼法向仲裁法靠拢,统一撤销涉外仲裁裁决和国内仲裁裁决的条件)。

4. 对国内仲裁和涉外仲裁的司法审查实行“双轨制”的理由之一是国内仲裁机构在进行仲裁活动时往往受到地方行政权力的干预,因此希望法院对国内仲裁进行更严格的审查。

我国环境公益诉讼制度初探

陈占军[①]

导读：环境公益诉讼制度是世界上多数国家一项较为重要的环境法律制度，是指公民、企事业单位、特定的国家机关、社会团体等，根据法律的规定，对侵犯环境公共利益或有侵犯环境公共利益可能的违法行为，向法院起诉，由法院追究包括政府部门、企事业法人、公民等在内的所有环境违法主体法律责任的法律制度。目前，环境污染问题在我国非常突出，严重影响了我国和谐社会的构建进程，而环境公益诉讼制度具有督促环境主管机关执法、督促企业等自动守法，从而促进环境公益的功能，维护社会的公平正义。

一、环境公益诉讼的概念及特征

对于环境公益诉讼的概念，在我们国家目前还没形成统一的观点，不同的学者有不同的理解。有学者认为，环境公益诉讼是指社会成员，包括公民、企事业单位、社会团体依据法律的特别规定，在环境受到或可能受到污染和破坏的情形下，为维护公益环境利益不受损害，针对有关民事主体或行政机关而向法院提起诉讼的制度。[②] 也有学者认为，环境公益诉讼是指由于行政机关或其他公共权力机构、公司、企业或其他组织及个人的违法行为或不行为，使环境公共利益遭受侵害或有侵害之虞时，法律允许公民或团体为维护环境公共利益而向法院提起诉讼的制度。[③] 还有学者认为，环境公益诉讼是指任何人（包括私的公民个人、社会团体和国家机关）根据法律的授权有权代表公众或者公共利益向侵犯环境权益的任何主体（包括政府、企业、

---

① 陈占军：河南鼎大律师事务所律师。

② 参见颜运秋：《公益诉讼理念研究》，中国检察出版社2002年版，第210页。

③ 参见张明华：《环境公益诉讼制度刍议》，载于《法学论坛》2002年第6期，第91页。

个人等)提起诉讼,寻求司法救济。[①]

上述概念的界定基本上都涉及了环境公益诉讼的主体范围、起诉事由及诉讼目的等要素,而不同之处主要在主体范围的界定,起诉事由的具体确定,以及是否需要具备特定诉讼目的。笔者综合各家之说,通过自己的研究认为,环境公益诉讼就是指公民、企事业单位、特定的国家机关、社会团体等,根据法律的规定,对侵犯环境公共利益或有侵犯环境公共利益可能的违法行为,向法院起诉,由法院追究包括政府部门、企事业法人、公民等在内的所有环境违法主体法律责任的法律制度。其中,针对政府环境主管部门疏于执行环境法律规定义务的诉讼是环境行政公益诉讼,而对任何主体因为污染或有可能污染环境所提出的诉讼是环境民事公益诉讼。

环境公益诉讼属于公益诉讼中的一部分,其与普通的诉讼相比,具备如下特征:

(一)参加诉讼的主体范围极为广泛

在我国,现行民事诉讼对原告资格的限制为“原告是与本案有直接利害关系的公民、法人和其他组织”。可见,现行民事诉讼遵循着传统的“直接利害关系原则”,即只有自己的合法权益受到侵害的人,才能成为原告提起诉讼。但随着社会的进步以及人们环境意识的增强,人们对于环境的关怀不仅局限于与自己有直接利害关系的侵害事件,社会主体更关注于自身长远利益以及自身利益与社会利益的辩证关系,从而达到对自身权利深层次的终极关怀。[②] 所以,环境公益诉讼的原告既可能是受到环境违法行为侵害的直接利害关系人,也可能是没有直接受到环境违法行为侵害的其他主体。

(二)带有强烈的公益性

传统民事诉讼解决的都是个体之间的纠纷,提供的是个案的救济,并不以公共利益的维护为其目的。而环境公益诉讼则完全不同:原告提起环境公益诉讼是因为环境公共利益受到了侵害或有受到侵害的可能,即使原告与案件有直接利害关系,其诉讼目的也并非为了个案的救济,而是维护环境公益。

(三)具有预防性

传统民事诉讼成立的前提一般都需存在实际的损害或纠纷。但由于环境公益与其他普通权益相比具有特殊性,一旦破坏极难恢复或者恢复需要

---

① 参见陈冬:《环境公益诉讼研究——以美国环境公民诉讼为中心》,中国海洋大学 2004 年博士论文,第 1 页。

② 参见齐树洁、林建文主编:《环境纠纷解决机制研究》,厦门大学出版社 2005 年版,第 212 页。

巨大的代价，所以在环境损害尚未实际发生时允许任何人提起环境公益诉讼，从而达到维护环境公益的目的，这也符合我国对环境问题所持的“预防为主”的政策。例如，某市环境保护局批准在该市居民饮用水源地的上游兴建一个造纸厂，则在此批准作出后，无论造纸厂是否已经开始兴建以及是否已经对该市居民的饮用水水质产生实际损害，任何人均可对该市环境保护局提起环境行政公益诉讼。

（四）判决类型与效力较为特殊

法院针对环境公益诉讼可以作出禁制令或民事处罚的判决。禁制令指的是法院签发的要求当事人做出某行为或者禁止其做某行为的命令，它主要用于防止将来某种损害行为的发生，而不是对已发生的损害给予补偿，或者是对不能以金钱来衡量或给予金钱损害赔偿并非恰当的解决方式的损害行为提供救济。[①] 民事处罚指的是对特定违法行为而采取的处罚措施，通常采取罚金和赔偿损失的方式作出。环境公共利益具备公共性、不可分性等特点，法院作出的上述判决类型，其效力一般呈现扩散性的特点，不仅对本案的当事人产生拘束力，对整个社会亦有影响。

二、我国建立环境公益诉讼制度的必要性

（一）建立环境公益诉讼制度是保护环境利益的必然要求

我国对环境的管理长期以来都实行政府管理环境的单一制机制，由法律确定的对环境保护负有义务的行政机关实施监督管理，我国环境保护法第七条明确确立这一环境管理机制。此外，在其他单行的环境法律中，也有类似规定。由法律所确立的这种单一制环境管理体制过于注重行政机关的作用，对社会力量的重视程度较低。实践中，也可以看到这些年环境问题越来越严重。究其原因，行政体制的紊乱和软弱、行政监督的缺位与低效，及环境行政执法中的地方保护主义等所有这些因素，致使日益扩展的行政权力不仅未能有效地承担起维护环境公益的重任，甚至它本身还构成了对公共利益的威胁。[②] 所以，单一制的环境管理体制无法承担起保护环境的重任，社会力量的参与有助于环境执法体制的完善和对环境利益的保护，而建立环境公益诉讼就是让民众参与环境执法的有效途径之一，这对于弥补诉讼体制在对环境公益保护上的缺失存在重大意义。

---

① 参见薛波主编：《元照英美法词典》，法律出版社2003年版，第696页。

② 参见张明华：《环境公益诉讼制度刍议》，载于《法学论坛》2002年第6期，第95页。

（二）建立环境公益诉讼制度是构建和谐社会的必然要求

和谐社会说到底就是民主法治、公平正义、诚信友爱、充满活力、安定有序、人与自然和谐相处的社会。实现人与自然的和谐是构建和谐社会的重要组成部分，保护环境是和谐社会的基础性要求。但是，现行的诉讼制度设计无法为日益高涨的痛恨污染的民众情绪提供理性的宣泄渠道，浙江、广州等地的农民因为环境污染问题与当地企业、政府发生冲突，已经严重影响了社会秩序与稳定。对于此种现象，政府有必要为理性维权提供制度空间，当务之急便是要建立环境公益诉讼制度。

（三）建立环境公益诉讼制度是提高公民素质的必然要求

我国现阶段公民素质普遍偏低，这不仅与我国的经济发展水平有关系，更为重要的是，国家没有给公民提供一套良好的规则与制度。反映在环境问题上，许多公民、企业甚至环境保护主管部门本身环境保护意识较差，将环境保护视同儿戏；而公民面对环境污染事件时往往缺乏法治意识、规则意识，一旦寻求救济受挫便往往采取暴力等极端行动。这些问题的出现，与我国缺少环境公益诉讼制度有很大的关系。一旦建立了环境公益诉讼，企业等污染源的行为主体会担心受到公民的起诉而减少其违法的冲动，环境主管部门也会因为随时可能提起的公民诉讼而恪尽职守。毫无疑问，这些主体在公民诉讼的威慑下将倾向于自动遵守环境法律的规定，环境意识也随之提高。而公民因为有了公民诉讼的渠道，可以对污染者或失职的行政机关提起诉讼，在遵循规则、恪守法治的前提下进行理性维权。

三、我国建立环境公益诉讼制度的可行性

（一）建立环境公益诉讼制度有法律基础

我国宪法第二条规定："中华人民共和国的一切权力属于人民。……人民依照法律规定，通过各种途径和形式，管理国家事务，管理经济和文化事业，管理社会事务。"宪法第五条规定："中华人民共和国实行依法治国，建设社会主义法治国家。"宪法第二十六条规定："国家保护和改善生活环境和生态环境，防治污染和其他公害。"上述规定为在我国建立环境公益诉讼制度奠定了基础。建立环境公益诉讼制度，赋予公民对环境事务的诉讼权利，就是公民依照宪法行使管理社会事务权利的一种具体方式。此外，我国环境保护法第六条规定："一切单位和个人都有保护环境的义务，并有权对污染和破坏环境的单位和个人进行检举和控告。"这款规定并没有明确公民必须与污染案件具有直接利害关系才能进行检举和控告，所以，可以认为该款规

定是我国建立环境公益诉讼较为有力的法律基础。

（二）建立环境公益诉讼制度有公众基础

随着近年来环境污染问题的不断加剧，各种热心于环保事业的人士不断进入公众的视线：比如因环保问题屡次与当地政府对簿公堂，并首次以一个农民的名义向国家有关部门递交《环保公益诉讼立法建议书》，还因此荣获中国第一个民间环保奖的陈法庆；自制菜篮子和环保手绢，自费数千公里到19个省宣传环保的全国人大代表陈飞……公民的环境意识和法治意识的不断增强，为环境公益诉讼的建立奠定了扎实的群众基础。除了个别的环保人士"孤军奋战"外，越来越多的公民自发组织了各种环境保护组织，这些环保团体通过组织各种与环境保护有关的活动、项目，很大程度上提高了人们的环境意识，唤起了人们的环保热情。总之，公民环境保护意识的不断提升以及环保组织的不断活跃为环境公益诉讼制度的建立提供了良好的公众基础。

（三）建立环境公益诉讼制度有实践基础

目前世界上已经有不少国家建立了环境公益诉讼制度，并且取得了不错的效果。其中，尤其以美国的环境公民诉讼制度最为完备、成熟。外国在环境公益诉讼制度上的立法经验，以及对司法实践中对出现的各种情况所进行的处理方式为我国建立该种制度提供了很好的参考。同时，在国内出现了不少由检察机关提起的环境公益诉讼的司法判例，如2003年，四川省阆中市检察院因噪音、烟尘污染对当地群发骨粉厂提起民事诉讼，法院判决支持了检察院提出的停止侵害等诉讼请求。① 这些特殊案件的处理为环境公益诉讼制度的程序设置提供了实践经验。

四、构建我国环境公益诉讼制度的具体设想

（一）提起环境公益诉讼原告的范围

对于原告的具体范围，笔者认为，原则上我国法律所规定的公民、企事业单位、特定国家机关、社会团体等都能够作为原告提起环境公益诉讼。

公民是我国环境公益诉讼的动力源泉所在，同时也使我国环境公益诉讼能够体现诉讼和环境的民主价值。② 所以，公民应当作为环境公益诉讼的

---

① 参见蔡晓楠、张驰：《全国首例环境污染公益诉讼案"尘埃落定"》，转引自张艳蕊：《民事公益诉讼制度研究——兼论民事诉讼机能的扩大》，北京大学出版社2007年版，第8页。

② 参见蔡守秋主编：《环境资源法学》，人民法院出版社、中国人民公安大学出版社2003年版，第124页。

当然原告。

企事业单位是我国目前很重要的一类主体，其对环境保护也存在着强烈的利益诉求。如果企事业单位为了维护公共利益，认为环境公益的损害对其造成了不良的影响，应当享有起诉资格。

在我国，国家机关提起环境公益诉讼的职权应由检察机关及环境主管部门行使。我国宪法明确规定检察机关是我国的法律监督机关。检察机关对于违反环境法律的行为有权予以监督，提起诉讼。检察机关提起环境公益诉讼的，其地位应当是公共利益的代表人。司法实践中，可以在检察机关内部设立专门负责环境公益诉讼的部门。而环境主管部门是我国法定的专门保护环境的机关，其当然应当具有提起环境公益诉讼的权利，以更好地实现其保护环境的使命。

此外，在环境公益诉讼的建立过程中，应当十分关注社会团体，尤其是环保团体的重要作用。这是因为，与公民个人相比，环保团体拥有更多的专业知识、法律技能以及人力财力等，可以更好地与环境违法者进行斗争。美国环境公益诉讼制度建立初期，绝大部分就是由环保团体提起。

（二）环境公益诉讼的受案范围

环境公益诉讼的受案范围有两种：一是针对政府环境主管部门疏于执法所提起的诉讼，属于环境行政公益诉讼；二是对任何主体违反污染防治义务而对环境造成或有可能造成侵害所提出的诉讼，属于环境民事公益诉讼。

对于环境行政公益诉讼，笔者认为，不仅针对行政主体的具体行政行为，对于其侵犯环境公益的抽象行政行为也可以提起诉讼。因为与具体行政行为相比，抽象行政行为的影响范围更大，对环境公益的损害程度往往也更深，所以必须将抽象行政行为也纳入到可诉范围。这是对我国目前行政诉讼法的一大突破。

对于各种污染源的行为主体所提起环境民事公益诉讼，笔者认为，其前提是企业等主体违反了污染防治义务。而对于违反义务的具体时间，应当采取最广义的解释，即允许公民对过去的违法行为提起环境公益诉讼。因为只要有违法行为存在，都有可能对环境造成侵害或可能造成侵害，所以无论何时违法，都存在通过环境公益诉讼督促其改变违法状态、使其自动守法的需要。

（三）环境公益诉讼案件的管辖

在我国，一般依据案件的性质、案件的繁简程度和案件的影响范围来确定案件的级别管辖。考虑到环境公益诉讼一般涉及面较广、案情较为复杂，以及中级人民法院相对较高的审判素质，所以将环境公益诉讼的级别管辖定为中级人民法院较为适合。至于地域管辖，考虑到便于查明案件事实的需要，环境公益诉讼的地域管辖为违法行为发生地法院。当然，需要说明的是，对政府环境主管部门疏于执法提起的环境公益诉讼是行政诉讼，由具体管辖法院的行政审判庭审理；对各种污染源的行为主体违反污染防治义务而对环境造成或有可能造成侵害所提出的诉讼，属于民事诉讼，由具体法院的民事审判庭审理。

（四）环境公益诉讼的和解

虽然环境公益诉讼案件涉及公共利益，但美国的环境公益诉讼制度仍然允许其通过和解结案，并且绝大部分案件最后是达成了和解。由于和解协议的通过需要法院进行审查，所以担心公共利益因此受损并无必要。我国在建立环境公益诉讼制度的时候也应当允许原告、被告双方达成和解。不过，如果企业等污染者已经对环境造成了损害的，应当实施补偿环境项目，该等项目方案也应通过法院的认可。因为污染者在依法纠正其环境违法行为之后，仍然会对环境留下损害。而签发禁制令或实施民事处罚可能都无法完全消除此种不利影响，所以以减少民事处罚为激励，污染者可以通过和解，自愿选择执行一些有益于环境的项目以弥补其过错。

（五）环境公益诉讼的诉讼费用

我国诉讼费用采取“败诉方负担”的原则，但是律师费并不包括在内。环境公益诉讼的提起目的在于维护环境公益，如果诉讼费用过高，则可能打击公民提起环境公益诉讼的热情。所以，在诉讼费用的承担上，我们应当参考美国、法国的做法，作出更加有利于原告的规定。第一，环境公益诉讼的案件受理费采用计件收费标准，可以规定每件100元；第二，如果环境公益诉讼的原告胜诉或部分胜诉，法院可以判决包括律师费在内的诉讼费用由被告承担；如果环境公益诉讼的原告败诉，法院可以判决包括律师费在内的诉讼费用由双方合理负担，但如果原告恶意或轻率地提起诉讼的除外；第三，由国家机关提起的环境公益诉讼，由国库支付。

（六）环境公益诉讼的限制因素

环境公益诉讼制度设立的目的在于督促政府执法，以及督促企业等污染源的行为主体自动守法，从而促进环境公益，所以在制度设计上倾向于原告较多。但是如果条件过于宽松，则可能导致行政机关、企业等无端被卷入诉讼，从而导致行政机关执法效率降低，法院负担的急剧增加。考虑到这些因素，我国在建立环境公益诉讼制度的时候，也应当参考国外对环境公益诉讼所实施的各种限制条件，从而更好地发挥其促进公益的作用。

1. 设置事先告知义务

事先告知义务是指，环境公益诉讼的原告在打算起诉前，告知即将成为被告的环境保护主管部门或违反污染防治法规的污染者其起诉的意图，经过一段法定时间后才能正式向法院起诉。该等条款使得民众参与执法的愿望与行政主导执法的原则得以合理调和，非但畅通了执法程序，也为制度本身提供更强的理论基础。[①] 考虑到事先告知义务对环境公益诉讼的提起具有极大的法律意义，故应当采用书面形式。至于事先告知所应当满足的期限，笔者认为对于环境主管机关起诉的事先告知应满足的期限为30日，因为环境主管机关对自己疏于执法的行为认知一般较为明确，给予其30日的期限足以督促其正确执法；而对于违反污染防治义务的污染者提起的诉讼期限应当适当放宽，因为其纠正自身违法行为需要一段时间，如果过于仓促，反而不利于其自动纠正违法行为，给予其60日的事先告知期限较为合适。但是，上述期限并非绝对，如果环境主管机关疏于执法或企业等污染源的行为主体违反环境法律，对环境造成的损害是迫切的，原告无需受上述期限的限制而可以直接起诉。

2. 政府勤勉执法禁止诉讼

该项限制措施事实上是和前面的事先告知义务相互衔接的。考虑到环境公益诉讼制度设立的目的在很大程度上是督促政府执法，所以，一旦环境主管部门在公民履行了事先告知义务后的法定期限内勤勉执法，积极采取措施要求污染者采取措施予以更正，则诉讼的提起显然没有必要。但是，为了防止行政机关以已经勤勉执法为由，故意给诉讼的提起制造障碍，应当给除了向法院起诉外的勤勉执法行为设定标准，而且只要原告认为行政机关没有达到该等要求的，就可以请求法院对此予以审查，从而加强对行政机关的监督。

（七）环境公益诉讼的判决类型

我国在建立环境公益诉讼的过程中，应当吸收国外环境公益诉讼中禁制令和民事处罚两种判决类型。

1. 禁制令

禁制令指的是法院签发的要求当事人做某事或某行为或者禁止其做某事或某行为的命令，包括了命令性禁制令与禁止性禁制令，初步性禁制令与终局性禁制令等多种形式，主要是用于防止将来某种损害行为的发生，而不是对已发生的损害给予补偿。我国法律上停止侵害这种救济方式主要是对已经发生的损害进行制止，显然不利于对环境的全方位保护。建立环境公益诉讼制度的目的在于督促政府或污染者自动守法，以最大限度地保护环

① 参见叶俊荣：《环境政策与法律》，中国政法大学出版社2003年版，第232页。

境,禁制令可以满足此种制度需求。

2. 民事处罚

民事处罚指的是对特定违法行为采取罚金等方式进行处罚,主要功能是威慑违法行为。民事处罚并非一种个案救济方式,所得款项应当上缴国库。对于两类环境公益诉讼,建议采取不同的民事处罚方式。对于违反污染防治义务的违法者,因为其违法行为通常可以为其带来经济利益,所以对其所处的民事处罚数额必须超过违法者因违法所得利益。而对于疏于执法的环境主管部门,一来其无法从中获得直接经济利益,二来即使对其实施处罚,款项仍然归为国库,难免有"多此一举"的嫌疑,所以对其不宜采取民事处罚措施;但对其负责人则可以采用民事处罚,因为行政机关采取首长负责制,对其负责人进行民事处罚能取得立竿见影的效果,具体处罚标准可以设定一个上限,如一万元,并按照其过错程度由法院具体裁量。

五、结　　语

环境污染问题日益严重,但现行制度却无法提供对环境的周全保护,导致环境问题逐渐演化为社会政治问题,影响和谐社会的构建进程。事实上,环境污染问题在发达国家出现得更早,在经历了环境污染所带来的阵痛后,各国均作出了不少有益的探索,建立了以公众参与为主要特征的环境公益诉讼制度。我国目前还没有建立起环境公益诉讼制度,笔者通过探讨环境公益诉讼制度的基础理论,论证了该制度在我国建立的必要性与可行性,并最终尝试着建立符合我国国情的环境公益诉讼制度。笔者寄希望于通过构建环境公益诉讼制度,为日益高涨的痛恨污染的民众情绪提供理性的宣泄渠道,拓宽环境问题理性维权的制度空间。笔者坚信,环境公益诉讼制度在我国的确立是个必然,惟有如此,才能更好地保护我们赖以生存的生活环境。

关注民事诉讼法修改后的实施：学者、法官、律师三人谈[①]

邢五一[②]　张卫平　蒋惠岭　蒋　勇

导读：在北京天同律师事务所首席合伙人蒋勇、上海虹桥正瀚律师事务所管理合伙人倪伟、广东广大律师事务所首席合伙人薛云华共同发起的“中国商事诉讼法律沙龙”开场仪式上，法学界精神领袖、中国政法大学终身教授江平寄语中国商事诉讼律师，他说：“在香港和国际律师界，大律师都是出庭律师，真正的大律师是诉讼律师。诉讼业务才是律师的主战场，因为诉讼中律师能够尽显他的能力和智慧，展现出渊博的知识、出众的口才和分析问题的能力。尤其在现在这个时代，商法的发展越来越快，领域越来越细化，金融衍生产品、私募股权投资基金、保险、信托等新兴领域都需要律师提供专业的服务。这需要律师不断扩展知识面，加强专业知识训练，以便更好地服务社会。”清华大学教授兼中国民事诉讼法学研究会会长张卫平、最高人民法院司法改革办公室副主任蒋惠岭、北京天同律师事务所主任蒋勇，分别从学者、法官、律师的角度探讨民事诉讼法修改对民事诉讼和司法改革带来的重大变革。三人的讨论围绕着诚实信用原则、公益诉讼、第三人撤销之诉、司法体制改革和民事再审程序等视角展开。

张卫平：新修正的民事诉讼法尚有完善空间

我们坚持民事诉讼体制的转型，倡导民事诉讼契约化的理念。修改后的民事诉讼法有进步，也存在完善的空间。

---

① 原文标题为《关注修改后民事诉讼法实施——张卫平 蒋惠岭 蒋勇三人谈》，载于《中国律师》2013年第1期。

② 邢五一：本文采访者，《中国律师》记者。

首先，诚实信用原则。新修正的民事诉讼法第十三条第一款规定，民事诉讼应当遵循诚实信用原则。对于诚实信用原则怎么理解？怎么适用？实际上面临很多问题。比如，司法实践中出现的滥用起诉权、滥用诉讼权利、虚假陈述等问题。即使规定了不得滥用起诉权，还需要根据具体的情形判断什么叫滥用起诉权。要把这些具体的内容通过判例和案例具体加以解释，需要相当高的司法权威和法官权威。就目前的司法体制来讲，恰恰比较欠缺的正是这两个方面。因此，诚实信用原则的适用将面临着很大的难题。

其次，公益诉讼制度。新修正的民事诉讼法第五十五条很好地回应了社会诉求。社会诉求希望通过司法制度、法律、法院，遏制环境污染严重、消费者合法权益受到侵害的案件大量发生。但这个规定实际上相当原则，缺少具体的内容。而且，公益诉讼的范围也被限制在污染环境等行为。严格来讲，如果要实现公益诉讼制度，面临最大的难题是上诉。西方社会是大社会、小政府、强司法，对于污染环境和侵害消费者利益的行为，在市场失灵和政府失灵的情况下，通过法律手段，通过强化司法实现矫正、防治和制止。我们国家是“小社会、大政府”，如何通过司法予以拯救，这是我们所面临的难题。所以，中国的检察体制、司法体制需要完善，需要独立性。比如，检察机关要提起公益诉讼，法院敢于对公益诉讼作出判决，尤其是敢于执行。

再次，第三人撤销之诉。实际上，在商事诉讼中面临着三条选择，第一，根据民事诉讼法第二百零四条，对法院判决、裁定的错误申请再审，这是再审制度。第二，是普通诉讼。第三，是新修正的民事诉讼法第五十六条第三人撤销之诉。当涉及第三人之间的诉讼已经有了生效的判决、裁定和调解书的时候，怎样来维护自己的合法权益？当然，首选是普通诉讼，但实际上，无论是律师还是法官，可能都没有完全接受既判相对性原则。根据我的调查，一半法官认可，一半法官不认可，所以这条路是只有一半的可行性，其中的技术细节相当复杂。再审制度和第三人撤销之诉，这两条路需要根据具体案件选择哪一条路走起来相对更容易一些。虽然申请再审期限缩短，但是目前还有检察院抗诉和法院主动再审两种渠道进入再审程序，而这两种渠道没有时间限制。

所以，即使有了新修正的民事诉讼法，但实施起来还比较困难，为此迫切要求每一位律师发挥聪明才智，借助政策、法律，把商事诉讼做得更好，为国家的经济大局服务。

蒋惠岭：期待着美丽中国、法治中国、平安中国

我们大家都在期待着一个美丽中国、法治中国、平安中国。十八大报告给国家和社会带来了更美好的期望，当然，最直接带来期望的是法律制度的修改和完善。我们从其中要寻找到建设法制中国、推进司法制度改革的指导思想和力量的源泉。

回溯看前五年的国家改革，定义为深化体制改革。2012 年发出的信号是进一步深化司法体制改革，完善中国司法制度，从制度上保证法院和检察院独立行使审判权和检察权。我相信，未来几年，中国诉讼制度和司法制度将会有更大的发展。具体改革内容现在还在调研过程中，之后会拿出一套严谨科学的方案，在司法机关内推进实施。

在经济社会发展中，诉讼环境、司法环境非常重要。2012 年版《美国各州诉讼环境分析报告》值得中国司法改革借鉴。这份报告每两年发布一次，对美国各州诉讼环境进行一个评价，从相关的法律制度、商事法律制度等等，特别包括法院的公平性、公正性，法官的能力等各个指标评价。实际上，我们搞司法改革，就是要深入理解中国国情，同时汲取他人的经验和智慧，努力推动中国的司法改革，推动各项诉讼制度的完善，为社会各个主体提供一个良好的诉讼环境。

在中国，诉讼制度完善的历史，也可以说是我们司法改革的历史。诉讼制度的建设是司法改革最重要的内容，最高人民法院已经公布了三个五年改革纲要，大部分内容都是关于诉讼程序的完善。2008 年中央启动司法改革，规定了 60 项改革措施，其中，将近 30 项都是涉及程序问题，以及诉讼的主体、权利的主体如何行动，都是动态的。对于司法制度而言，有动态司法制度和静态司法制度，动态司法制度就是程序。我注意到，修改后的民事诉讼法对司法改革有多处认可。还有司法公开。在新修正的民事诉讼法里体现的主要是裁判文书的公开，裁判文书不仅对于当事人，对于整个社会和学术界都非常重要。再有审判管理。最高人民法院一直在推进审前制度改革和案件制度改革以及审判管理，包括司法评估机制，尽管还有一些不完善的地方，但一直在推进。

蒋勇：再审制度改革值得企业关注

商海如战场，企业感同身受。在战场中，每一场诉讼就像一场战役，如何打赢战役，是企业家和企业法务管理者最关注的话题。第一，必须懂规

则;第二,诉讼本身不是在打架。诉讼是一门技术,更是一门艺术。

先让我们看一下经济生活中的两个大背景。一个是经济背景,一个是法律背景。经济背景是全球金融危机的阴霾未散和中国经济增速的放缓,企业面临的商事诉讼风险呈上升态势。法律背景是修改后的民事诉讼法于2013年1月1日正式实施。对于市场经济各主体来说,游戏规则发生了变化。企业在新形势下,如何进行诉讼管理,化解法律风险,提升企业竞争力,商事诉讼律师如何以专业的态度和丰富的实践,引领中国商事诉讼律师与客户、法官沟通方式和工作方式的转变等等。

举个例子说,新修正的民事诉讼法最深刻的话题之一,是再审制度的改革。在中国司法制度中,明显有一个趋势:一般来说,法院越往高走,受到地方和其他一些不正当因素干扰越小。可是,大量的案件在基层或者中级法院受理,你的企业发生了诉讼并被明显错判时,大家心中都有一个希望,这个案件能不能得到最高人民法院的关注,我可不可以向最高人民法院申诉?

目前,在现有的民事诉讼法实施中,进入再审程序案件占代理总案件的20%~30%。新修正的民事诉讼法规定申请再审的期限由原来的“判决、裁定发生法律效力后的二年内提出”,改为“判决、裁定发生法律效力后的六个月内提出”。再审时效的大大缩短,意味着企业总部需要对各分支机构发生的诉讼案件清晰掌握、高效研判,不要错过了半年期限,不能等终审判决两年再申请再审,造成错判的案件得不到权利保障。尤其对于诉讼风险高的金融机构来说,更应该关注这一点。

律师参与民事诉讼法司法解释制定过程的作为与思考

——以管辖规则修改为例

蒋　勇　陈耀权①

2015 年 2 月初，再次修改后的民事诉讼法正式实施两年之后，最高人民法院在长期酝酿并在一定范围征求意见的基础上终于公开发布了《最高人民法院关于适用〈中华人民共和国民事诉讼法〉的解释》，引发法学界、律师界普遍关注。② 此前，受中华全国律师协会指派，我们代表全国律协民事专业委员会曾先后四次参加了最高人民法院就民事诉讼法司法解释修订举行的专题讨论会，并于 2014 年 9 月底对司法解释征求意见稿提出了逐条修订意见。整体来看，最高人民法院在 1992 年《最高人民法院关于适用〈中华人民共和国民事诉讼法〉若干问题的意见》基础上修订并最终通过的《最高人民法院关于适用〈中华人民共和国民事诉讼法〉的解释》基本秉持了"小处改、稳步走"的战略，对再次修改后的民事诉讼法实施中遇到的问题做了系统梳理，部分回应了律师提出的实务难题，但仍有若干问题留待以后解决。本文以"管辖"规则中的几个条款为例，对比讨论意见与正式版本，以展示律师参与民事诉讼法司法解释修订过程的作为，反思律师视角与司法视角对相关法律规则理解的共性与差异。

一、律师实务视角下"管辖权确定"的重要性及修改原则

案件由何地、何级法院管辖通常是诉讼当事人关注的首要问题，管辖权

---

① 蒋勇：北京市天同律师事务所主任；陈耀权：北京市天同律师事务所合伙人。

② 参见最高人民法院研究室副主任孙佑海：《维护公平正义，便利人民诉讼——〈关于适用中华人民共和国民事诉讼法的解释〉诞生记》，载于《人民法院报》2015 年 2 月 6 日，第 4 版。

的确定是原被告双方第一次真正意义上的较量。原告律师在起诉阶段的主要工作目标之一是帮助原告以最快速度确立对己方最有利的管辖法院，推进案件进入实体审理程序。出于对诉讼效率和诉讼方便的综合考量，原告律师会谨慎挑选起诉法院，被告律师会积极对受理法院提出异议，最大限度避免可能遭遇的地方保护主义，维护当事人的程序利益。

从律师角度来看，民事诉讼法司法解释"管辖"一章的功能应该体现在以下几个方面：(1)尽量减少管辖的不确定性，尽可能地减少在管辖问题上的争议；(2)尽量排除地方保护主义的干扰，防止对一方当事人形成不公平的压制；(3)尽量明确上下级法院处理管辖问题的职能分工，防止法院互相推诿拖延导致当事人实体权益受损；(4)充分保证当事人的异议、上诉和申请再审的权利，防止单纯追求效率引起的程序性不公。

律师们在讨论中提出的建议，均紧密围绕上述四点展开，部分建议也在最终定稿中得以体现。

二、民事诉讼法司法解释采纳的律师修订建议

从最终被采纳的律师修订建议，不难看出最高人民法院民事诉讼法司法解释在顺应实务需求、保持程序法和实体法有效衔接方面设置了诸多有益举措。以下试举几例说明。

1. 合同履行地确认规则

合同履行地是重要的管辖权连接点，但无论是修改前的民事诉讼法、还是后续的司法解释及审判实践，对此问题均缺乏统一认识，导致当事人选择管辖及法院确认管辖的不确定性。就如何确定合同履行地，民事诉讼法司法解释征求意见稿提出了以下两种方案。

方案一：当事人在合同中明确约定履行地点的，以约定的履行地点为合同履行地。当事人没有约定或约定不明确的，给付货币的，接收货币一方所在地为合同履行地；交付不动产的，不动产所在地为合同履行地；其他标的，履行义务一方所在地为合同履行地。即时的合同以交易行为地为合同履行地。合同没有实际履行，当事人双方住所地又都不在合同约定的履行地的，应由被告住所地人民法院管辖。

方案二：当事人在合同中明确约定履行地点的，以约定的履行地点为合同履行地；当事人没有约定或约定不明确，但法律或司法解释有规定，依照法律或司法解释的规定约定合同履行地。当事人没有约定，法律和司法解

释也没有规定,合同标的为不动产的,不动产所在地为合同履行地;其他合同,以履行非金钱给付的主要义务一方所在地为合同履行地。即时的合同以交易行为地为合同履行地。

参与讨论的律师们普遍认为,司法解释不宜采用方案二,主要原因在于方案二实际上是以合同的主要特征来确定合同履行地,但实际上,法律关系究竟为何,当事人往往各执一词,甚至经过了实体审理,一审、二审法院都会有不同的认识。因此,要想在管辖权阶段明确双方法律关系的性质,进而确定管辖法院,会导致问题的复杂化和管辖的不确定性。方案一简单明确,应予采用,但最大的问题是"给付货币的,接收货币一方所在地为合同履行地",是否意味着只要包括了货币给付的诉求,原告所在地的法院都有管辖权?为避免这一点,应予以限缩。

最高法院最终公布的解释第十八条采纳了律师意见,明确为"争议标的为给付货币的,接收货币一方所在地为合同履行地"。以"争议标的"的内容确定履行地点,巧妙地解决了方案一可能产生的问题。根据该条规定,合同履行地的确定不再根据合同性质判断,而根据当事人争议或者案件纠纷所针对的合同项下的某项特定义务确定履行地,避免涉及货币给付义务的,原告所在地均有管辖权。例如,在当事人未约定履行地点的买卖合同纠纷中,如当事人因价款支付产生争议,该争议标的内容为给付货币,应以接收货币的卖方所在地为合同履行地;如果当事人因交货迟延发生争议,守约方诉请违约方支付违约金,虽涉及货币给付内容,但该案争议标的属于"其他标的",应当以履行交货义务的卖方所在地为合同履行地。

2. 不动产所在地确定规则

征求意见稿拟定的不动产所在地确定规则为:"财产为不动产的,以不动产实际所在地为财产所在地;需要办理登记的,以登记地为财产所在地。"

讨论中律师们提出了两点意见:(1)根据物权法第六条的规定,不动产以登记为原则,不登记为例外,为保证法律体系的完整性和统一性,应将前后两句顺序予以调整;(2)"以登记地为财产所在地"之表述,容易让人误以为登记机关所在地系不动产所在地,而根据律师实务经验和对立法者本意之揣摩,此处试图表达的意思应为"不动产登记簿登记的所在地"为不动产所在地的确认依据。而在最高法院征集的反馈意见中,不少地方高级法院均反映如根据征求意见稿确定管辖权,登记机关所在地的法院将不堪重负。

最高法院最终公布的解释将此原则表述为:"不动产已登记的,以不动产登记簿记载的所在地为不动产所在地;不动产未登记的,以不动产实际所在地为不动产所在地。"此规定完全采纳了律师建议,保证了实体法和程序法的一致,也避免了理解上的分歧。

3. 当事人一方住所地变更后的管辖法院确定原则

对当事人一方住所地变更后如何确定管辖法院,征求意见稿也提出了两种方案。

方案一:管辖协议约定由一方当事人住所地人民法院管辖,协议签订后当事人住所地变更的,依据订立协议时当事人的住所地确定管辖。

方案二:管辖协议约定由一方当事人住所地人民法院管辖,协议签订后当事人变更住所地的,由变更后的住所地人民法院管辖。

应该说这两种方案各有优点:方案一尊重了当事人意思自治,方案二体现了民事诉讼法确立的方便当事人诉讼的原则。在讨论中律师们提出,协议管辖制度设计的初衷为尊重当事人意思表示,双方当事人在协议磋商时约定的管辖法院不能因住所地变动而任意变更,否则不仅违背当事人订立协议的真实意思,也为当事人以恶意迁移住所地的方式挑选管辖法院留下了制度空间,更可能在一方当事人住所地迁移改变管辖后,给另一方当事人的应诉带来不便,故建议采用方案一。这一建议最终被最高法院所接受,表达在解释第三十二条中。

4. 无管辖权情况下作出的裁判如何处理

就无管辖权情况下作出的裁判如何处理问题,征求意见稿规定为:"上级人民法院依照民事诉讼法第三十七条第二款的规定处理管辖权争议时,下级人民法院应当中止对案件的审理。上级人民法院指定管辖,应当作出裁定。下级人民法院明知存在管辖权争议仍然作出判决、裁定的,上级人民法院应当在裁定指定管辖的同时,发函要求下级人民法院纠正。"

讨论时对此提出的问题是,下级人民法院通过何种程序纠正,是审判监督吗?而且,下级法院拒不执行上级法院内部函的情形,并不鲜见,既损害了上级法院内部函的权威性和严肃性,也会导致当事人对公正司法丧失信心。如果下级人民法院拖延拒不纠正,上级人民法院如何应对?被指定管辖的人民法院是需等待判决、裁定被撤销后才能开始实体审理吗?因此我们建议上级法院在裁定指定管辖的同时,一并撤销已作出的裁判。最终公布的解释第四十一条采纳了这一意见。

三、未被民事诉讼法司法解释采纳的律师修订建议

因种种原因,在律师们的建议和意见中,仍有一些实务问题并未引起足

够的重视,也未得到积极回应,而是留待以后的司法实践予以完善。

1. 对管辖权异议裁定能否申请再审

在历次修法过程中,对管辖权异议裁定能否申请再审这一问题都是各方争论的热点,在此次修法讨论中,亦存在截然不同的两种意见。

大多数法官和学者认为管辖权异议裁定不能申请再审。理由是:(1)管辖权异议制度已经成为拖延诉讼的"利器",全面放开再审门槛,对司法效率的破坏力无法预估;(2)过度强调管辖权错误可申请再审的理论前提是"司法保护假定",即假定管辖错误必将影响司法公正,但此种逻辑本就存在错误,不但有损统一司法体系,更与再审制度的宗旨相悖;(3)如案件实体错误,当事人可以通过实体判决申请再审进行救济,如未造成实体错误,则证明管辖权问题无修正变更之必要;(4)随着司法改革向纵深推进,地方保护色彩已经逐步弱化,无需再过度强调管辖的重要性。

参与讨论的律师们则普遍认为,结合现行民事诉讼法的规定,应赋予当事人就管辖权异议裁定申请再审的权利。理由是:(1)程序公正本就有独立价值,虽然管辖错误不一定导致实体错误,但忽视程序可能不利于法院查明事实,不利于当事人应诉答辩,增加实体错误的几率;(2)相较于管辖权裁定再审,通过审判监督程序纠正基于错误管辖做出的错误实体判决,会造成更大的司法资源浪费,而且对于公众对公正司法的情感造成更大的伤害;(3)地方保护主义逐步减少,很重要的原因是可对管辖权异议裁定申请再审。如摈弃这一利器,很难保证地方保护主义不会抬头;(4)虽然利用管辖权异议制度拖延诉讼的情况确实存在,但该问题完全可以通过制度精细化设计得以规避,譬如对滥用此项诉权的行为严加惩戒、缩短此类案件审结期限等。

征求意见稿对管辖权异议的再审持肯定态度,明确规定:"当事人不服管辖权异议提出申请再审的,应当在裁定生效后的十日内向原审人民法院或者上一级人民法院提出。受理管辖权异议申请再审的人民法院,应当在一个月内做出裁定。"但遗憾的是,司法解释定稿最终删去了这一条,在其第三百八十一条中仅规定:"当事人认为发生法律效力的不予受理、驳回起诉的裁定错误的,可以申请再审",而没有把管辖权异议裁定明确纳入可申请再审的范围。

从律师实务角度,法律未明确禁止意味着此项制度仍有适用空间,且根据最高法院之前对此类案件的司法态度,当事人确有证据证明管辖权异议裁定存在错误的,可以申请再审。但此种司法态度最终能否制度化、常态化,还是只是针对个案的特殊处理,还有待司法实践进一步明确。

2. 对恶意规避管辖约定的规制

在司法解释草案征求意见过程中,我们还对恶意规避管辖约定的情况提出了规制建议。此前,《最高人民法院关于审理建设工程施工合同纠纷案件适用法律问题的解释》第二十六条第二款“实际施工人以发包人为被告主张权利的,人民法院可以追加转包人或者违法分包人为本案当事人。发包人只在欠付工程价款范围内对实际施工人承担责任”之规定,赋予了实际施工人直接起诉发包人的权利,有利于解决实际施工人讨薪难的问题。但该司法解释实施以来,产生了许多利用该规定抢管辖的现象。如:甲开发商将位于A地的工程发包给住所地在B地的乙公司,合同约定由A地法院管辖,乙将部分工程分包给丙。乙与甲因工程施工发生争议,但乙不愿在A地法院管辖,遂与丙协商,由丙起诉乙,同时依据司法解释将甲列为共同被告。此外,以股东代表诉讼规避管辖,在实践中也大量存在。

为解决这一实践问题,我们建议,实际施工人如依据上述司法解释第二十六条第二款起诉发包方,应受发包方与承包方管辖协议的约束;以及股东代表诉讼时,应受基础法律关系中管辖条款的约定。征求意见稿部分采纳了这一意见。

遗憾的是,司法解释定稿并未采纳这一意见,而是将建设施工合同纠纷纳入第二十八条第二款专属管辖,规定按照不动产纠纷确定管辖法院。这一规定看似明确了管辖规则,但如果实际施工人换个角度,以欠款纠纷起诉,管辖法院的确定结果可能与现有规则大相径庭;且专属管辖并不排斥仲裁管辖,如果发包人与承包人协议约定仲裁管辖,该专属管辖也毫无适用余地。从律师实务角度,我们坚持认为,明确规定尊重发包人和承包人的协议约定,对恶意规避管辖约定的进行适当规制,是十分必要的。

四、律师参与民事诉讼法司法解释制定过程的点滴体会与思考

囿于篇幅,律师们对民事诉讼法司法解释征求意见稿提出的建议,不再一一赘举。总体看来,相较于以前历次司法解释的制定,本次司法解释从草案到定稿,最高法院更加注意聆听来自律师界的声音,表明随着律师在法治国家发挥越来越大的作用,其参与司法解释制定过程与推动司法公正的价值越来越受到重视。

但从司法解释定稿对律师意见采纳的内容和采纳的比例来看,律师在

司法解释制定过程中虽积极参与，但司法解释更多的是回应了各级法院审判实践的需要，对很多方便当事人诉讼和律师代理的条款采取了沉默态度。从律师实务角度审视本次司法解释的成果，不难发现，在推动民事程序规范之现代化、体系化进一步革新的同时，仍然存在条文过于疏略、部分规则可操作性较差、功能协作程度低等诸多局限和不足。

就管辖内容而言，律师们极力想在司法解释中搭建完整的管辖利益保障体系，一来方便当事人推进诉讼，帮助其控制诉讼成本；二来消解可能存在的地方保护主义对案件审理的影响。但立法机关最终并未采纳管辖权异议裁定可申请再审的建议，究其原因，一是部分律师利用管辖异议制度恶意拖延诉讼的情况确实客观存在；二是管辖制度本质上是对于案件审理负担的分配，司法解释制定者除了要考虑当事人诉讼和法院审理的便捷之外，还要更多地考虑了不同级别、不同地域法院以及同级法院审理案件的均衡。可见，制度运行之顺畅与高效，需要法律共同体共同推进。于法官而言，在制度设计与修订过程中应更多地关注、征求、听取律师及当事人的利益诉求；于律师而言，不能用所谓的“诉讼技巧”为当事人谋求不当利益，为法院正常审理工作设置不必要的障碍。

律师参与法律或司法解释制定，需要的不仅是“声音被听见”，更重要的是“意见被采纳”。要改变当下律师意见可被选择性忽视的尴尬局面，不但要通过制度设计保障律师的参与度和话语权，更要靠所有律师同行们积极参与并努力争取。否则，受损的不仅是当事人利益，更是整个执业环境。

第四编

律师参与民事诉讼立法的业界评价与媒体关注

民事诉讼:抽象到具象的思索[①]

张卫平[②]

在民事诉讼法修改的热烈讨论过程中,我对天同律师事务所一批意有作为,也已有所作为的律师才俊有了更深的了解。作为一家致力于高端民商诉讼的律所——天同所,给我强烈的印象是,该所不仅注重提供优质的法律技术服务,同时也倾注于文化、学术等方面,是一个立于大地,同时又仰望星空的事务所。天同所也一直持续关注民事诉讼法的修改,在其主编,并于今年年初出版的《中国商事争议解决年度观察》一书中,特别编辑了关于民事诉讼法修改讨论的专题文章,其中亦有拙稿。

更令我欣喜的是,在新修正的民事诉讼法刚通过,天同所就交出了一本30余万字,且根植于实务的专业性书稿。本书不仅对此次民事诉讼法修改做了详细解读,对其诉讼实务可能产生的影响做了前瞻预判,而且还根据他们在律师实务工作中的体验和理解,指出了其相关规定和制度的操作技巧和应对策略。这无不体现出天同所律师平日积累的深厚专业功底以及对民事诉讼程序所做的扎实研究。透过这些研究,更让我看到了他们——作为法律工作者——心中对法治不渝的追求与情怀。

在民事诉讼法修改过程中,我始终坚持民事诉讼体制的转型,倡导民事诉讼契约化的理念,从市场经济发展与私法关系的内在联系上更宏观、更深入地考虑民事诉讼法的修改问题。民事争议的特性决定了民事诉讼应当更多地体现民事主体的主导性,反映私法自治的原则。民事诉讼契约化就是一种在新诉讼体制构建中渗入"新元素"的整合过程,强化民事纠纷主体的自主性和主导性,逐渐弱化法院的主动性和积极性。律师作为当事人的代理人,作为在民事争议解决过程中代表民事主体一方的专业职业者,关注民

① 本文为张卫平教授为北京天同律师事务所编著的《新民事诉讼法与律师实务》(蒋勇主编,人民法院出版社2013年9月版)一书所作的序言。

② 张卫平:清华大学法学院教授、中国民事诉讼法学研究会会长。

事诉讼法修改，研究民事诉讼法修改，并针对新修正的民事诉讼法发出自己响亮、坚定的声音，我认为，这就是可喜的“新元素”。民事诉讼体制转型的进程，或者进而到中国的法治进程，需要这些“新元素”的不断植入，不断推动。

民事诉讼法，作为一部实践性很强的法律，应当回归实务前沿，从抽象到具象的移转。因此，由奋战在诉讼前沿的律师来思考它的价值，推敲它的内涵，尤其具有意义。书中对许多制度都做了有意思的讨论，比如，引入第三人撤销之诉，是否有可能使最高人民法院受理一审民事案件成为一种普适？在公益诉讼中可否尝试引入惩罚性赔偿，甚至设立赔偿基金？裁判文书公开如何确保简便易行，及时有效？确认调解协议的裁定是否具有既判力？对当事人而言，再审管辖修改之后，选择向哪一级法院申请再审更有利于实现当事人的再审目标？诸如此类，这些来自实务前沿的思考，相信会给很多人带来启发。

民事诉讼法从 1991 年通过施行至今已有 21 年。2007 年经历一次小“手术”，今年又迎来了一次大“手术”。我们一直在见证它的每一寸进步。这些进步的进程中，都有我们各方法律人的身影。正如经济学家亚当·斯密所言：“一种法律在初成立时，都有其环境上的需要，并且，使其合理的，亦只是这种环境。”我们每个人组合起来，就是这个环境；我们每个人都来创造、改变，法治才会前行。

民事诉讼法的修正：问题与前瞻

李　浩①

从2010年开始，全国人大常委会就决定对民事诉讼法进行修改。值得注意的是，在民事诉讼法的修正过程中，我国司法实务部门及相关从业者都很关注，因为法院受理的案件中85%的是民事案件。为此，最高人民法院专门成立了民事诉讼法修正草案的负责机构，负责向全国人大提交代表最高人民法院的建议稿，最高人民法院在北京和海南也开过几次座谈会。另外，最高人民检察院和这次修正也有一定的关系，因为其担负着诉讼监督职能，包括审判监督、执行监督和公益诉讼，检察机关是提起公益诉讼的主体之一。此外，令人欣慰的是，律师界与以往漠不关心的态度不同，这次在全国人大常委会法工委的草案提交和公布之后，全国律协对这个草案进行了专门研究，并经过表决提出了律协的建议稿，这是非常新的动向同时也非常可喜，法律的修改应该听听律师界的声音，而过去的律师界是失声的。

在此，主要探讨一下民事诉讼法此次修正中涉及的六个问题。

第一，关于新设的程序。这次修改在简易程序中增加小额诉讼程序，这和法院受理案件数量增加有关，在改革开放之初，全国法院在1979年受理的案件不到40万件，在1989年就达到了280多万件，到1999年首次突破了500万件，而到2009年达到600多万件，法院面临着案多人少的情况，一个法官一年要办300个到400个案件，一天至少要办结一个，法院希望找到一种更加便捷的结案方式，设置一种比简易程序更加简化的程序，也就是说程序保障和案件的数额有关，对于小额案件要快速解决，但是要快速解决在程序保证上就不得不在一定程度上减弱。这次修正民事诉讼法决定设立这样一个程序，修正过程中对于一些问题有相当大的争议。例如如何确定小额案件，是所有的案件只要在一定的数额之下都可以用小额程序来处理还是仅仅限于一定类型的案件，对于这个问题，设立小额程序的国家都限定一定

---

① 李浩：南京师范大学法学院教授，中国民事诉讼法研究会常务副会长。

的案件类型,原告起诉被告要求给付金钱或者其他替代物,例如有价证券,这样的纠纷用小额程序来处理是妥当的。一些关于人身权的纠纷尽管涉及的案件数额不大,但是不适宜用小额程序来处理。从刚颁布的草案来说,没有对案件的类型进行限制。另外一个问题是对案件的数额如何确定?到底多少元以下才是小额,争议很大,从全国人大常委会法工委最后颁布的草案看是5000元,而之前有8000元也有10000元的规定,一些东部地区的试点法院,按照50000元以下的标准,当事人同意的都可以用小额程序,最后草案提出的标准是5000元。这里参考了国外的做法,既然是小额程序,数额不能过大,原则上是以一个月的平均工资作为标准,但是我国市场化之后,即使一个地方的不同地区在平均工资上也是不同的,所以这个标准对于一些地方来说是过高的了。还有,现在的程序是不允许当事人上诉的,按照草案的规定小额程序是按照一审终审的办法,那么如何对败诉方进行救济,现在只有申请再审,所以这样的规定从程序保障来看是存在问题的。因为从设立小额程序的国家来看,或多或少都提供了比较便利的救济方式。例如日本,虽然也限制上诉,但是采用的是选择适用,原告选择适用小额程序的时候必须经过被告的同意,否则法院必须将程序转入一般程序中,另外,法院还可以依照职权进行程序的转换,也就是说即使当事人双方都同意适用小额程序,但是法院在审理过程中发现本案需要鉴定、不能够一次开庭审结等情况,法院就可以依照职权进行程序的转换,转回到普通程序。在日本,当事人还可以对判决提出异议,对于同一级法院提出异议之后,法院还是要进行审判的。而从我国现行的规定来看,就是一审终审。我国草案对小额程序的规定较为简单,就是一个条文,不像日本、"台湾地区"的"民事诉讼法",针对小额程序的特点进行了充分的规定,例如必须要一次开庭就能解决,能够当庭判决,证据仅限于即时调查,不可以鉴定或者勘验。

对于如何救济,最高人民法院提出了三种方案。第一种方案是一审终审;第二种方案是虽然不能上诉,但是允许在一审程序内提出异议,也就是判下来之后当事人不服有权提出异议,一旦提出,法院必须另行指派审判员进行审查;第三种方案更加慎重,对于异议是由一个合议庭来审查,如果异议不成立,则裁定驳回异议,如果异议成立那么就要撤销原判,该案件转为普通程序审理。从草案规定来看,规定的数额是5000元,是全国统一的规定,没有考虑到其他因素。这样的规定对于败诉人的程序保障是不够的,因为事先不允许当事人选择,只要低于5000元的话法院就依照职权适用小额诉讼程序,事后又不允许当事人上诉,而只允许申请再审。再审作为一种特殊的程序,小额案件来启动谈何容易。不像上诉,只要提出,上诉程序就启动,而再审必须要有法定的事由还要经过再审的审查,最后才有可能进入再审,不足以保护当事人。另外,是公益诉讼程序。这些年来社会的公共利益受到侵害又不能得到处理已经成为一个突出的问题。我国经济发展的同时也带来一些问题,环境问题越发严重,仅仅靠政府的行政管理是不够的,要寄希望于公益诉讼。起诉的目的是为了维护不特定多数人的利益就是公益诉讼,提起诉讼的人很难符合民事诉讼法第一百零八条有直接利害关系的规定。要设立公益诉讼,首先要解决哪些主体能够提起公益诉讼的问题。现在草案规定是有关国家机关和具有公益性质的社会团体。到底指哪些机关,是不是包括最高人民检察院,对于这个问题,在检察院内部就有不同的认识,有人认为检察机关是法律的监督机关,那么不能既当裁判员又当运动员,不能提起公益诉讼,也有同志认为检察机关为了维护国家和社会的利益,可以提起。也许是考虑到这些认识,在草案中没有明确哪些机关可以提出公益诉讼,但是有些机关是可以排除的,例如立法机关、法院都不能提。所以有关机关应该解读为有关的行政机关和检察机关。公民能不能作为提起公益诉讼的主体也是有很大的争议的,有人认为是可以的,因为事实上公民往往最有积极性打这样的官司,此前发生的一些著名的案例也是由公民来提起的。也有人认为环境污染方面的公益诉讼,涉及大量的事实需要调查取证,公民没有能力来做这件事情,收集证据以及参加诉讼进行辩论要花大量的精力。从草案来看没有把公民纳入主体的范围,受到了很多批评的意见。我个人认为,不应该太惧怕公民,不要认为将主体地位给了公民之后就会出现状况,毕竟提起公益诉讼还是有很多条件的。公共利益的界分也很困难,草案采取举例加“等”字来解决,也是迫不得已的做法。原告在提起公益诉讼的时候能够提出什么样的诉讼请求?除了停止侵害、恢复原状,能不能提出赔偿的请求?在我看来,如果有具体的受害人,最好不要采取公益诉讼寻求赔偿,例如海上排污使得渔民受到损失,因为个体受到的损害是有差异的,而要求一个公共利益的代表来确定赔偿的数额是不容易的。所以有明确受害人的情况下最好用诉讼代表人制度来处理。

这次修正还设置了实现担保物权的程序。在修改后的草案的第一百四十九条这样规定:实现担保物权由担保人依照物权法等法律向担保财产所在地的基层人民法院提出。第一百九十五条规定审理的程序是,符合规定的可以直接裁定拍卖或者变卖。假如对方不履行,根据裁定可以进入强制执行,经过审查如果不符合条件的,驳回申请,如果当事人不服,可以通过诉讼程序解决。这是一个特别程序,可以迅速实现担保物权。

第二,关于立案的修正。如何解决立案难的问题,按照学术界的观点,可以采用登记立案的方法，当事人到法院起诉，法院进行登记，这个案件就立起来了，之后法院还要就其程序要件进行审查，符合的才会进入实体程序审理。其实还是要经过一系列的程序的，但是草案规定可以通过登记就将案件立起来，而不像现在立案阶段法院要对起诉的实质性条件进行审查。从草案的规定来看，这样的建议没有被吸收，但是针对立案难，在民事诉讼法中也有相应的规定，修正案的第一百一十八条规定对于符合起诉条件的应当受理，不符合的应当在7日内作出裁定书。现在的规定没有要求法院以裁定书的形式告诉当事人不予受理，于是在实践中出现有的法院既不受理也不给当事人裁定书，而是采用口头通知的方法。口头通知的问题在于当事人没有办法上诉，这次法律上就改善了，给了当事人不服之后的上诉机会，因为民事诉讼法本就规定不予受理的裁定可以上诉。

第三，关于调解问题的修正。首先规定当事人起诉到人民法院的民事案件适宜调解的先行调解。这里的先行调解既包括委托人民调解组织进行调解也包括人民法院自己进行调解。委托妇联、工会以及其他调解组织进行调解其实是这些年来法院调解在立法中的体现，因为这种调解包括委托调解。法院有时候是先立再调或者先调后立，有些法院的调解率特别高，采取的方法就是先调后立，调不成就不立案，对当事人的诉权造成严重的损害。调解在审理案件的时候，相比于审判确实有自身的优越性，例如自愿性、非对抗性以及程序的简易性、保密性以及低成本性。但问题在于这些年来，有些法院喊出了零判决的口号，就配不上法院的称号了。律师对此意见很大，强烈反对诉前调解的规定，建议废除强制性调解的规定，学习我国台湾地区的做法，改为自愿限时的调解，如果要调解，要求当事人书面一致同意调解，而且还要有时间限制从而防止久调不决，10天内调解不成就应该进入普通程序。律协的理由是最高人民法院推出的先行调解是变相的强制调解，在很多情况下导致立案越发困难，如果先行调解入法，司法腐败和司法不公会更加严重。对调解的第二个修改是在审前程序中增加了调解的规定，当事人没有争议的采用督促程序，小额程序都不用，因为涉及的金额可能会比较大，争议不大的采用调解等方式，然后再根据案件的不同性质来确定是用一般程序还是普通程序，需要开庭的，要进行证据交换从而决定争议的重点。第三处修改是对调解书的抗诉和提出司法建议。对于调解书是否能抗诉，“两高”长期以来是有不同认识的。最高人民法院曾经对调解书进行过抗诉，但是最高人民法院认为没有法律依据而没有受理，尽管最高人民检察院认为调解书应该纳入到法律监督的范围，但是决定是否受理的权利在法院手中，除非人大干预。后来情况出现变化，和这些年来虚假诉讼、被调解有关系。虚假诉讼就是原被告虚构一个案件,然后手拉手去打官司。这样的案件中原告的代理人往往是由被告出钱的,虚假案件大多数是由调解方式解决的,这样的话调解书再不纳入检察机关的监督范围就说不过去了。2011 年 3 月份,“两高”签了一份纪要,同意检察院可以以抗诉或者检察建议的方式对调解书进行监督。在这样的背景下,草案明确了检察机关可以对调解书进行监督,监督的方式有抗诉还有检察建议,因为现在抗诉的形式是上抗下,如果南京市人民检察院发现南京市中级人民法院的判决有问题,就不能走抗诉,但可以采用检察建议来监督。

第四,关于证据制度的修改。证据在诉讼里面作用是非常大的,完善证据制度一直是理论和学术界关心的问题。从草案来看,一是增加了证据的种类,增加到 8 种,多了一种电子数字,原来是放在视听资料里面的。二是增加了当事人必须及时提供证据的义务,考虑到为了使诉讼顺利进行,对当事人的诉讼行为也要提出要求,但是从草案来看对当事人不及时提供证据的法律后果规定得比较宽泛,就是对于当事人不及时提供证据的,人民法院应当责令他提供理由,理由不成立的法院根据不同情形进行训诫、罚款和赔偿推延诉讼造成的损失、不采纳该证据的做法。意图是想设立一个举证的期限,这个问题在最高人民法院的证据规则中已经加以规定,过去以证据失权为中心的举证制度在实践中被证明是不成功的,如果让那些关键性的证据失权的话会让案件不好裁判,裁判的公正性将要受到挑战。所以这条是要谨慎对待的,即使将来这条通过了,那么失权也只能用来对待那些最严重的推延审判的情形。三是增加了法院对收到的证据应当出具收条的规定。这是一条非常具体和细致的规定,修正案的第六十六条规定,人民法院收到当事人提交的证据应当出具收据,写明证据名称、页数、份数以及收到的时间,并由经办人签名和盖章。为什么要规定得这么具体呢?因为在审判实务中有粗心大意的审判人员将当事人关键的证据弄丢了,或者有的审判员为了帮一方当事人故意将另一方当事人的证据弄丢,因为没有收条当事人也不好说清楚,所以这次规定得很细。四是关于证人证言的修正,这不仅是民事诉讼中的关键证据,同时也是审判实务中的老大难问题,难在相当多的证人不愿意出庭作证,使得法院无法使用证言,而出庭作证的证人往往会欺骗法院,因为这是一方当事人找来的,做了他的工作,法院不敢用,很尴尬。其他国家都规定了证人强制出庭作证的义务,不出庭作证可以对他进行罚款或者采取强制手段,最高人民法院一度想规定强制措施促使证人出庭,但是后来讨论认为即便规定了这些措施,对于那些不出庭作证的人还是没有办法使用或者即使证人到庭了也会告诉法官当时没有看到,那么法官也没有办法。所以法律没有在这方面作规定，仅仅是规定了哪些情况下可以不出庭，采用视频的方式提供证据。五是鉴定结论的修正，因为鉴定结论表述有问题，好像鉴定机关提供的意见就是一个结论性的意见，法官就一定要按照结论判案，其实并非如此，鉴定人的意见并不能拘束法院，所以修改为鉴定意见，另外还增加了鉴定人出庭的规定，有时候会对鉴定意见进行质证，相比之下鉴定人出庭会比证人出庭容易，更何况鉴定机构是收费的，如果鉴定人不出庭作证，法官会因为鉴定意见没有经过质证而不予采用，这样当事人会因为鉴定人不出庭使得鉴定意见不能成为定案的依据而找鉴定机关，所以鉴定机关要想收鉴定费用就要出庭作证。对鉴定的启动方式规定了两种，一种是当事人申请，还有是法院依职权来决定，并不是只要当事人不申请，即便需要鉴定，法院都不能依职权来作出鉴定决定，不是这样的。六是增加诉前证据保全制度，以后做得好的话，不仅将来发生诉讼案件事实容易被查明，而且还能过滤掉一定的诉讼，因为关键证据保全到手了，对方当事人将会愿意协商而放弃诉讼。

第五，关于再审程序的修正。民事诉讼法 2007 年修正的程序之一就是再审程序，这次再次修正的原因是 2007 年的修正采用的是向原审人民法院的上一级人民法院申请再审，其目的是解决申请再审难的问题，由原审法院来审查的话，会由于原审法院护短而不愿意纠正自己的错误导致再审难。所以当时采用向上级申请再审的方式，上级发现的错误也是由上级再审的而不是由原审法院再审。这样的修正遇到的问题是，大量的申请再审案件会集中到高级人民法院甚至最高人民法院，因为申请再审的案件肯定是下了裁判的，这样的裁判往往是经过了上诉的，一旦申请再审就会到高级人民法院，如果案件是由中级人民法院受理的，就会到最高人民法院。这样做不符合将矛盾纠纷化解在基层的政策，高级人民法院和最高人民法院主张改回去。民事诉讼法修改之后，2008 年 2 月份最高人民法院出台了一个关于级别管辖的司法解释，将大量的一审案件都放在了基层人民法院和中级人民法院，这样减少了案件会积压到最高人民法院的可能性。

从草案的修正来看，一是再审事由的修正，2007 年修正前，再审申请的事由是 5 种，修正后规定了 15 种，而且检察院抗诉的事由和当事人抗诉的事由完全相同，这次修正主要是将 2007 年增加的违反管辖规定、管辖错误的事由去掉了，不再将管辖错误作为再审事由，因为对于管辖错误已经在程序上作出了比较充分的保障。可以提管辖异议，不服的还可以提出上诉，没有必要再弄到再审环节。但是全国律协认为管辖错误的，当事人可以申请再审的人民法院应当再审。他们的理由是 2007 年刚把这个理由加进来，现在又匆忙拿掉,显得不够慎重,另外管辖问题同司法中的地方保护主义密切相关,当事人为什么向没有管辖权的法院起诉以及法院为什么知道自己没有管辖权还要去受理,这个和地方保护主义是相关的,律师认为管辖意味着案件判决的成败,一个案件一开始就由不具有法定管辖权的法院来受理,那么结果往往会出现问题。以其他事由申请再审会比以管辖错误申请再审更为困难,所以律师界不同意将管辖错误这样的原因去掉。

二是取消了兜底条款,2007 年在 14 种原因之外还开了一个口子,只要是严重违反程序并且导致严重后果的就可以成为申请再审的原因,此次草案中去掉了这个条款,如果被通过的话意味着申请再审的理由将进一步缩减,再审事由越少,判决的既判力越稳定,怎么设,是很有讲究的。针对法院提出的要求改回去的呼声,全国人大常委会法工委的草案中做了某种妥协,认为发生在公民中的纠纷也可以由一审法院申请再审,其理由是法院有这样的要求而且对于当事人这样做也是比较方便的。有人也批评这样的规定,为什么偏偏挑公民?法人就不能向一审法院提出再审呢?这是不是对公民的歧视?而全国人大常委会法工委的解释恰恰是为了公民的方便。在我看来,这样的规定并没有什么问题,因为公民向哪一个法院申请再审是一种选择权,可以向原审法院也可以向上一级法院。还有草案重构的抗诉监督的模式,其规定有下列情形之一的可以申请检察建议或者抗诉:(1)人民法院驳回再审申请的,第二审人民法院逾期未对再审申请作出裁定的;(2)再审的判决、裁定有明显错误的。这样的规定意味着当事人应该先向人民法院申请再审,法院如果驳回或者超过审查期限没有作出裁定或者决定再审,但是再审的裁定和判决有错误的情况下,当事人才能够要求检察院介入。如果这个条款能够通过,意味着检察院抗诉的模式就会发生改变,因为按照现在的规定,当事人既可以向法院申请再审也可以向检察院申请抗诉,没有先后的关系,在实践中也有当事人一面申请再审一面申请抗诉,甚至在法院受理再审的情况下当事人不告诉检察院,导致法院已经将再审案件作出判决之后还收到了检察院就原来判决制作的抗诉书,这导致了司法资源的浪费,所以作出了这样的修正。

第六,关于检察监督。首先是增加了监督的方式,将检察建议写到了草案里,其次是扩大了监督的范围,原来规定对民事审判活动进行监督,现在规定是对民事诉讼活动进行监督,差别在于诉讼活动包含了执行程序,意味着检察院可以对执行活动进行监督。以前检察院频频对执行活动进行监督,而法院认为这是于法无据的。另外,如果仅仅是对民事审判活动进行监督,说明检察院对于当事人也是不好监督的,因为审判是法院的活动。改为诉讼活动意味着检察院也可以对当事人进行监督，因为当事人是诉讼的主体，这个问题之所以会被提出来要归功于虚假诉讼，它使得立法机关意识到有必要动用检察权来遏制虚假诉讼，仅仅靠利益受到侵害的一方当事人很难去把虚假诉讼的事实和证据查实，所以这些规定都是为了回应民事诉讼中新的司法需求。而且，执行中的消极执行和违法执行情况很严重，也有必要实行监督。

简单地对这次修改进行评价，这次修正对于完善我国的民事诉讼制度是有积极意义的，但是也应当理性地看到，尽管这次的修正会被定位为全面修正，但是修改的条款还是相当少的，有些应该规定的没有进行规定，例如诚信原则。再如证明妨碍，这是一项相当成熟的制度，在最高人民法院的证据规则里面就有规定，这些年来实行也比较顺利，但是我国仍然没有规定。另外，对于一些问题规定得很原则，例如公益诉讼和小额程序，只用一个条文规定，将来肯定会出现问题，这将细致的工作交给了最高人民法院，使得最高人民法院拥有了很大权力的同时也承载了很大的压力。

这一刻，我们共同聚焦民事诉讼法修改

徐　灿[①]

这是吾侪前所未见的一个场面——上百名来自全国各地的资深律师齐聚一堂，围绕一部法律的修改，竞相发表意见，上台发言队伍排成了长龙；然后，在分组讨论的基础上，大家逐条表决，赞同与反对的观点激烈交锋！但《罗勃特议事规则》仍被律师们以令人钦佩的专业精神严格地遵守下来；最后，在热烈的掌声中，与会成员代表全国22万律师通过了全国律协对民事诉讼法修正案草案的法律意见。彼时，窗外已是华灯初上。

岁末的北京，冬寒料峭。中央财经大学会议中心二层最大的会议室内，一个重大的会议正在举行。鉴于民事诉讼法第一次大修已经正式提上全国人大议事日程，为契合民事诉讼法再修改的进程，推进民事诉讼法立法进步，促进民事司法公正，在立法机关、司法机关和法学界均已全面介入立法讨论并提出各自系统立法建议的当下，在此重要的程序法全面修改中代表当事人和社会公众发出律师实务界的声音，以使此次民事诉讼法大修全面吸收不同利益群体的意见，充分反映律师的建议和民意；由中华全国律师协会主办，全国律协宪法与人权专业委员会与民事专业委员会共同承办、包括北京律协在内全国二十多个省（直辖市）的律师协会协办的"民事诉讼法再修改的律师视角"研讨会正式举行。

本人作为全国律协宪法与人权专业委员会委员并代表北京市律协宪法专业委员会参加了此次重要的会议，并提交了名为《民事诉讼法修改应确立律师取证权》的论文。

我对民事诉讼法修正案草案的第十条建议提出了我的意见，发言如下：

---

① 徐灿：男，中国人民大学法律硕士，因病于2014年10月7日去世，享年52岁。生前任中华全国律师协会宪法与人权专业委员会委员、北京市律师协会宪法专业委员会主任。

“大家好！我认为民事诉讼法修正案草案第十条建议事实上提出了一个非常不当的制度，其原文是：‘第六十五条 当事人对自己提出的主张应当及时提供证据，未及时提供证据的，人民法院应当责令其说明理由。理由不成立的，人民法院根据不同情形予以训诫、罚款、赔偿拖延诉讼造成的损失、不予采纳该证据。’

我认为这条非常不当。因为：第一，它将当事人的提交证据的诉讼权利设定为一种义务；第二，它没有考虑到自己的地位，如此，法院自己居间、中立的地位到哪儿去了？

因此，我认为该第六十五条可修改成：‘当事人对对方有证据或有证据线索证明其掌握对其不利的证据未及时提供的，人民法院应当责令其说明理由。理由不成立的，人民法院根据不同情形予以训诫、罚款、赔偿对方因诉讼被拖延造成的损失、推定对方当事人的主张的相关事实成立。’这样，就成了对当事人取证权的一种保障制度了。

另外，我同意刚才有一位律师提出的问题：上级人民法院决定重审的不应该再发回原审人民法院再审，否则我认为就是走过场。我遇到过很多这样的情况，原审法院结果仍是维护其错误的原审判决。

还有现有的陪审员制度，必须要改革成英美法系的陪审团制度才行，刑事诉讼也有这个问题，只有这样才能对司法活动进行有效的制衡。谢谢大家！”

下午，我按大会安排辅助辽宁律协副会长田维桢律师作为整理人共同主持了第三组的讨论。负责民事诉讼法修正案草案第十章至第十四章的讨论，随后我们将第三组律师意见整理上报大会。

就这样，在与会上百名律师的共同智慧和严守程序的专业精神下，会议最终形成了有较大立法参考价值的民事诉讼法修正案草案律师建议稿。之后的几天内，本人又登录全国人大官方网站，在民事诉讼法修改的征集意见框中逐一地提交了我的意见。

当我在网上按下提交键将最后一条意见线上提交时，我的心若止水般宁静，一周来为参与全国律协这部重大法律的修改而激荡的心此刻已平复下来。“位卑未敢忘忧国”，我作为一名普通律师，代表我的当事人、代表我所在的北京律协宪法专业委员会、代表委托我的志同道合的公益律师们，尽到了我的一份神圣的职责！而我认为，这就是历史，是中国法治的历史，也是我个人的历史；而历史，我认为，是过程，而不单是结果。

评中国律师参与民事诉讼法修改的历史意义

慧　哲[1]

2011年11月27日，注定是中国现代法治史上一个重要的日子。中国律师有组织、成规模地举办国家法律修改研讨会，并向国家立法机关提交法律修改案。

科学、完善的民事诉讼法对推进中国法治，建设公平、正义的社会秩序，保护弱者、受害人的权益，在民事层面建立人民满意的法治社会极为重要。为此，全国人大常委会法工委对民事诉讼法提出了54条修改意见。当然，作为经常为老百姓做代理人和提供大量法律咨询的律师来说，对于1991年和2007年的民事诉讼法的局限性感受最深，由于属于法律人，也更知道如何修改才能满足公民的需要。为此，强烈希望这次修改，最好是全面的、彻底的修改，以满足人民群众对于民事诉讼法的需要。

这次民事诉讼法修改研讨会在李轩、吴革等有识律师的大力推动下举行。尽管时间仓促，但各省律师界非常踊跃，紧锣密鼓地组织地方研讨会，将地方形成的修改意见带到北京进一步研讨。有的律师事务所，还自己组织全体律师研讨，形成意见，提交全国律师研讨会。同时还有律师界的部分积极分子，独自携带建议稿赶赴北京参加会议。

与会律师们带着多年法律实践的感受，带着对创建完美法治社会的憧憬，激烈地进行讨论。本次会议开创了排队限时自由发言模式，任何与会者，无论身份高低都有权通过排队轮流上主席台发表自己的见解，若超过三分钟自动下台，重新排队等候继续发言，因此研讨会听取了最广泛的意见。本次会议还开创了逐条表决的模式，在最后对研讨的全部条款改变打包表决形式，而是采取逐条表决，凡是无半数以上同意的，听取主张者的意见，再

---

① 慧哲：执业律师，民事诉讼法再修改研讨会发言人之一。

次表决，如果仍然未能通过，一律暂缓提交。凡是半数以上同意的，在时间允许的情况下，还倾听反对者的意见，进行辩论，然后再次表决，半数以上通过后才予提交。最终形成了一本厚厚的立法修改建议书。

民事诉讼法修改研讨会得到了国家的高度重视，全国人大常委会法工委派了代表莅临会议，听取来自全国各地的律师代表的意见。会后主动打电话给律协，要求将讨论稿多复制一些，报全国人大常委会有关领导参阅。

笔者认为，这次大会的意义，还远不止其形成了比较有价值的建议案，其最大的意义在于开创了中国律师界参与国家立法的先河。当律师、当老百姓成规模地参与国家立法时，法律就会更多地体现公民的意志，中国的法治必定能走向最终的完美。

民事诉讼法修正案草案律师建议稿：着眼于解决民事诉讼实践难题

林　燕[①]

据从中华全国律师协会了解到，由全国律协征集全国律师意见形成的民事诉讼法修正案草案律师建议稿在征求意见截止日提交到了全国人大常委会法工委。

2012年11月27日，由中华全国律师协会主办的“民事诉讼法再修改的律师视角研讨会”在京举行。研讨中，律师界充分肯定了目前民事诉讼法修正案草案的主要内容，认为现行草案总体可行但过于稳健，忽视了修改的全面性和一些重大问题的迫切性，一些新类型的制度规定，包括交叉诉讼、无因回避、调查令等新理念、新内容还没纳入草案的范畴。

本着切实反映当事人和律师需求的立场，律师们就“立案调解”的弊端和“自愿诉前调解模式”的构建，建立起诉预登记制度以缓解当事人起诉难，建立当事人资格异议制度以完善当事人甄别程序机制，规定交叉诉讼制度以优化共同诉讼与第三人诉讼机制，确立调查令制度以缓解当事人及代理律师调查举证难等一系列重大制度创新和制度修正问题展开了讨论。

与会人员分别逐条进行审议表决，通过了民事诉讼法修正案草案律师建议稿，其中完全赞同法工委草案37条，赞同并附补充意见12条，修改5条，另行提出修改建议29条。该建议稿在充分尊重和认同全国人大常委会法工委民事诉讼法修正案草案主要内容的基础上，从切实维护当事人合法权益和诉讼权利出发提出意见和建议。

该建议稿主要内容有三个方面：一是着眼于解决立案难、回避难、取证难、保全难、执行难等民事诉讼实践难题；二是着眼于解决司法不作为（消极职权主义）问题；三是着眼于程序调整和制度创新，建议对第一审程序中的

① 林燕：法制网记者。

法庭调查(举证质证)程序和法庭辩论程序按照司法解释和司法实践做法进行调整;对第二审程序可能导致变相书面审理(径行裁判)的提法建议废除;对特别程序中的宣告公民失踪、宣告公民死亡和认定公民无行为能力或限制行为能力等程序,要求所有利害关系人尤其是近亲属和配偶必须参加诉讼并进行开庭审理;主张实行当事人资格异议、无因回避、合议庭成员电脑随机选定、交叉诉讼、调查令、强制答辩、举证次序与质证归纳、辩论权保障等行之有效的制度机制。

此次会议采取律师集体审议表决的方式逐条通过形成了民事诉讼法修正案草案律师建议稿。据介绍,采取这种形式也开创了律师参与立法的先河。

《中国律师》:从律师的视角看民事诉讼法修改

秋　天[①]

民事诉讼法是国家的基本法律,是规范民事诉讼程序的基本规则,它与每个公民的利益息息相关。我国现行民事诉讼法是1991年通过的,2007年全国人大常委会曾对民事诉讼法审判监督程序和执行程序的部分规范作了修改。虽然民事诉讼法对保证人民法院依法审理民事案件,保护当事人合法权益,维护社会和谐稳定发挥了重要作用。但是,随着经济社会快速发展,民事案件数量持续增多,新的案件类型不断出现,现行民事诉讼法的规定在某些方面有待完善。

2011年,民事诉讼法的再次修改已进入实质阶段。修改的指导思想是要根据我国民事诉讼的现实,满足社会对公正、效率、迅捷解决民事纠纷的诉求,按照民事诉讼运行的规律对现行的民事诉讼制度进行调整,以完善我国的民事诉讼法。

2011年10月24日,民事诉讼法修正案草案首次提请十一届全国人大常委会第二十三次会议审议,民事诉讼法的全面修改已经正式提上全国人大议事日程。为契合民事诉讼法再修改的进程,推进民事诉讼法立法进步,促进民事司法公正,在立法机关、司法机关和法学界均已全面介入立法讨论,并提出立法建议的前提下,律师界代表公众发出自己的声音,已刻不容缓。

2011年11月27日,"民事诉讼法再修改的律师视角"研讨会在北京召开。研讨会由中华全国律师协会主办,全国律协宪法与人权委员会、民事专业委员会、中央财经大学法律援助中心承办,上海、浙江等22个省、市地方律协协办。全国人大常委会法工委民法室副主任扈纪华、全国律协副会长吕

① 秋天:《中国律师》记者。

红兵、全国律协副会长副秘书长里红、全国律协宪法与人权委员会、民事专业委员会的委员及媒体记者150余人参加了会议。

研讨会的主题是:(1)研讨全国人大常委会法工委民事诉讼法修正案草案;(2)讨论并形成民事诉讼法修正案草案律师修改建议稿。

此前,为积极响应和落实全国人大常委会法工委关于征求民事诉讼法修正案草案意见的要求,加强广大律师对民事诉讼法修改过程的参与和交流,全国律协专门发文组织各地律协开展各种形式的研讨和征求意见活动。全国各地律协和广大律师积极响应,分别提交了各种意见、建议和论文。全国律协组织宪法与人权委员会和民事专业委员会部分资深律师并结合各地律师的有关立法建议,从当事人和代理律师的立场出发,起草了民事诉讼法修正案草案律师修改建议稿(草拟稿),供会议交流和审议表决。会议将在此基础上结合研讨意见形成民事诉讼法修正案草案律师修改建议稿,提交全国人大常委会法工委等有关方面供决策参考。

研讨会开幕式由全国律协宪法与人权委员会主任吴革主持,全国律协副会长吕红兵致开幕词。他指出,民事诉讼法的修改很重要,律师战斗在法制建设的第一线、最前沿,律师有责任、有能力参与法律的修改完善,推动国家的法制建设。全国人大常委会法工委民法室副主任扈纪华在讲话中对律师积极参与立法修改表示感谢,并介绍了律师特别关注的民事诉讼法修改的有关问题。

研讨会分为三个单元进行。

第一单元首先是与会人员自由发言,研讨全国人大常委会法工委民事诉讼法修正案草案;其后由全国律协宪法与人权委员会秘书长李轩作关于民事诉讼法修正案草案律师修改建议稿(草拟稿)说明。

第二单元为分组讨论民事诉讼法修正案(草案)律师修改建议稿(草拟稿)。

第三单元为各组汇报分组讨论意见,与会律师分别对各组意见整体表决,形成民事诉讼法修正案(草案)律师修改建议稿。

研讨会上,与会律师畅所欲言,各抒己见,对民事诉讼法修正案草案律师修改建议稿(草拟稿),有的从法理基础去探索;有的从实务角度去审视;也有的指出我国司法实践中的缺陷……会场气氛热烈、活跃。自由发言阶段,竟出现了律师排队等待上台的盛况。由此,不难看出广大律师对参与立法修法的热忱,更彰显了广大律师对推动国家法制建设的赤诚之心和责任感。

研讨会在民事诉讼法修正案草案律师修改建议稿(草拟稿)的基础上,

结合研讨意见，以大会逐条审议和表决通过的方式，形成了民事诉讼法修正案（草案）律师建议稿（其中完全赞同法工委草案 37 条；赞同并附补充意见 12 条；修改 5 条；另行提出修改建议 29 条），提交全国人大常委会法工委等有关方面供决策参考。

该建议稿在充分尊重和认同全国人大常委会法工委民事诉讼法修正案（草案）的基础上，从切实维护当事人合法权益和诉讼权利出发，提出意见和建议。主要内容包括以下几个方面。

一是着眼于解决立案难、回避难、保全难、执行难等民事诉讼实践难题。

二是着眼于解决司法不作为（消极职权主义）问题。

三是着眼于程序调整和制度创新。

——对第一审程序中的法庭调查（举证质证）程序和法庭辩论程序按照司法解释和司法实践做法进行调整；对第二审程序可能导致变相书面审理（径行裁判）的提法建议废除；对特别程序中的宣告公民失踪、宣告公民死亡和认定公民无行为能力或限制行为能力等程序，要求所有利害关系人尤其是近亲属和配偶必须参加诉讼并进行开庭审理。

——主张实行当事人资格异议、无因回避、合议庭成员电脑随机选定、交叉诉讼、调查令、强制答辩、举证次序与质证归纳、辩论权保障等行之有效的制度机制。

……

民事诉讼法的修改完善是一项巨大的工程，需要立法界、司法界的共同努力！

律师，作为法律前沿的践行者，正在为推进民事诉讼法立法的进步而呐喊！

律师，作为法律前沿的探索者，正在为国家的民主与法制建设而努力！

《民主与法制》:民事诉讼修法,律师界发出的声音

黎伟华[①]

正如同刑事诉讼修法一般,律师界再次成了民事诉讼法修改的积极参与者与热情建言者。

作为一名资深记者,我从来没有见过这种会议发言形式:在主席台的右侧,等待发言的律师排成了一条长龙,每人限时2分钟,自己的观点没有表达完全的,2分钟结束后下台去重新排队,等待再次发言的机会。2011年11月27日,在全国律师协会举办、中央财经大学法学院承办的“民事诉讼法再修改的律师视角研讨会”上,自费来自全国各地的律师朋友对于民事诉讼法修改所表现出来的热情,令人感动。

记者得知,2011年11月30日,在全国人大常委会法制工作委员会民事诉讼法网上征集意见截止日当天,全国律协网上提交了民事诉讼法修正案草案律师建议稿(以下简称为律师建议稿),并于12月1日上午派专人将正式文字版呈送全国人大常委会法工委。立法机关有关领导对广大律师积极参与民事诉讼法修改活动给予高度肯定,认为这是一份较为清晰的立法建议稿。

这份凝聚着广大律师同仁辛勤努力的建议稿能够在不到一个月的时间里顺利完成,得益于民事专业委员会和宪法与人权专业委员会的精心策划和积极推动,得益于各地律师协会的高度重视和通力合作,得益于各地律师的大力响应与参与。

早在2011年11月9日,全国律协发出通知,就律师参与民事诉讼法修改工作在行业内进行了动员。各地律协和广大律师积极响应,积极为民事诉讼法修法建言献策,或召开专题研讨会,或组建专门课题组,围绕民事诉

① 黎伟华:《民主与法制》记者。

讼法修正案草案，汇集了大量修改意见和建议。

有的律师事务所，还自己组织全体律师研讨，形成意见，提交全国律师协会。会议召开前，上海、浙江、新疆、湖南、辽宁、云南、山西、宁夏、广东、甘肃等地律师协会提交了书面意见；各地律师提交给会务组的立法建议和相关论文达数十篇。

更有律师界的部分积极分子，独自携带建议稿自费赴北京参加会议。

“告状难”仍是最大问题

此次律师建议稿完全赞同民事诉讼法修正案草案的有 37 条，赞同并附补充意见的 12 条，另行提出修改建议 29 条。律师们在充分尊重和认同民事诉讼法修正案草案主要内容的基础上，从切实维护当事人合法权益和诉讼权利出发提出了意见和建议。

其中律师们普遍反映，“告状难”仍然是当前民事诉讼司法实践中最为困惑的问题。集中表现在：司法不作为现象非常突出，某些法院或者法官似乎拥有无限的自由裁量权。有些地方法院千方百计地拒绝立案，不予立案也拒绝出具书面裁定；轻易不做财产保全、证据保全，很少接受当事人调查取证申请；第二审程序极少改判，“两审终审”几乎形同虚设。就是胜诉方申请强制执行时也往往推三阻四，动辄要求当事人提供对方银行账号等细致而微的财产线索。

律师们普遍感到，此次民事诉讼法修正案草案虽然已经注意到立案难的问题，并提出法院不予立案的应当出具不予受理的裁定书，但是这仍然难以解决立案法官滥用自由裁量权，随意拒不立案的问题。为保障当事人的基本诉权，律师建议稿提出应改现行立案规定的“实质审查制”为“形式审查制”，建议将现行民事诉讼法第一百零八条中规定的起诉条件“原告是与本案有直接利害关系的公民、法人和其他组织”修改为“原告具有民事权利能力”，将“有具体的诉讼请求和事实、理由”修改为“有具体的诉讼请求和事实陈述”，以避免立案时的实质审查，切实保障当事人起诉的权利。

律师建议稿还对民事诉讼法修正案草案关于“当事人起诉到人民法院的民事纠纷，适宜调解的，先行调解”的“诉调对接”新规定修改为当事人起诉到人民法院的民事纠纷，适宜调解的，经当事人一致书面同意调解的，先行调解。调解期限为十日，不能达成调解协议的应进入审理程序，以防止“久调不立”。

此外，律师建议稿还主张实行无因回避机制和扩大回避理由以缓解回避难问题，确立调查令制度（委托调查制度）以缓解当事人及代理律师调查取证难、举证难问题，降低担保条件以缓解财产保全、证据保全难问题，建议限制不履行生效裁判义务人的高消费行为以缓解执行难问题。

着眼程序调整与制度创新

有专家评论说，此次全国律协正式提交全国人大常委会法工委的律师建议稿站在律师和当事人的立场，重在关注最普通人的权利和民事诉讼中立案难、回避难、取证难、保全难、执行难等民事诉讼实践难题，着眼于克服或解决司法不作为问题，表达了当事人的普遍心声，具有较高的立法参考价值。

仔细阅读这份律师建议稿，其中确实亮点纷呈。

例如，对于随机选定法官，律师建议稿提出，当前，随机选定法官制已成国际通例，借鉴此制度有助于在一定程度上防止因行政指定制而导致关系案、人情案的发生。公开法官的姓名、个人基本情况、学习工作简历则在一定程度上有助于有因回避制度的落实。

由此建议，民事诉讼法应该增加一条“合议庭成员的随机选定”，即由当事人到立案庭并在立案法官的主持下共同随机选定审理案件的合议庭成员。

又如，对于无因回避制度，律师建议稿提出，所谓无因回避，是指法律赋予当事人不附加任何理由的回避申请权，对于这种回避申请法院在必要的限度范围之内应当无条件同意。无因回避制度在很多国家实行，我国应借鉴这一机制，允许任何一方当事人在一个诉讼当中行使三次无因回避申请权。因为我国现行的回避制度效果不十分理想，几乎形同虚设，其主要弊端是回避事由范围偏窄，当事人举证难，本院复议制度形同虚设。立法应当降低当事人申请回避的举证难度，当事人申请回避的只要求其提供表面证据证明回避事由的可能存在即可，而不能苛刻地要求当事人充分举证。

再如，对于交叉诉讼制度，律师建议稿提出，所谓交叉诉讼，是指在包含多个被告的共同诉讼中，由其中一个被告向其他被告提起的诉讼。在同一诉讼程序中对相互关联的争议案件进行合并审理，既可以最大限度地节约司法资源，又可以彻底地解决相关当事人之间存在的或潜在的全部民事争议，避免将来发生更多的纠纷或诉讼，这在美国等发达国家民事诉讼制度中都有相应规定且行之有效。我国因为缺乏相应的制度,一个简单的案件可能必须分两个独立的诉讼进行,甚至同一合同关系分不同的诉讼或仲裁,甚至可能导致不同的法院或不同的审判组织就同一事件作出相互矛盾的判决,这显然不仅不利于全面解决基于同一事件或诉因引起的各利害相关方的权利义务争议,也不利于提高诉讼效率和维护司法权威。

以上例举的只是此次律师建议稿中的几个亮点,类似的亮点不胜枚举,诸如"公益诉讼主体开放和预交诉讼费的豁免""调查令制度""提供担保即应保全""律师费等合理费用由败诉一方当事人负担""强制答辩义务""辩论权的保障""案外人可以申请再审""限制不履行义务人的高消费行为"等。

记者了解到,以上律师建议稿的全部条款,不是采用打包表决的形式,而是开创了逐条表决的模式,凡是无半数以上同意的,听取主张者的意见,再次表决,如果仍然未能通过,一律暂缓提交。凡是半数以上同意的,在时间允许的情况下,还倾听反对者的意见,进行辩论,然后再次表决,半数以上仍然通过才提交。最终形成了一本厚厚的立法修改建议。

我们感谢这些为了中国民事诉讼立法工作付出了心血的律师们,因为当代表着百姓利益的律师能够更多地参与到国家立法工作中时,法律才能更多地体现公民的意志,一部科学、完善的民事诉讼法也才能够出台,公平正义的社会秩序才能够实现。

《法制晚报》:民事诉讼法修改征民意,律师费由败诉方当事人承担

温如军①

2011 年 11 月 27 日,中华全国律师协会组织全国各省律协、上百名代表召开“民事诉讼法再修改的律师视角研讨会”,并表决通过了由全国律协牵头起草的民事诉讼法修正案草案律师建议稿(以下简称为律师建议稿)。

通过后的律师建议稿将正式提交全国人大常委会,对民事诉讼法修改提出建议。律师建议稿建议应将公民个人纳入公益诉讼主体,另外,还建议律师费等合理费用由败诉一方当事人承担。

律协负责人表示,此次研讨会旨在充分反映律师的建议和民意,为民事诉讼法大修全面吸收不同利益群体的意见,契合民事诉讼法再修改的进程,推进民事诉讼法立法进步,促进民事司法公正。

建议一:合议庭成员随机选定

律师建议稿建议增加一条“合议庭成员的随机选定”,立案庭应当在答辩期限届满之日起五日内,通知当事人到立案庭并在立案法官的主持下共同随机选定审理案件的合议庭成员。

当事人共同选定合议庭成员之前,有权了解相关审判庭备选法官的基本情况。法院应当公开法官的姓名、个人基本情况、学习工作简历。

解读:可防止“关系案”发生

全国律协认为,当前,随机选定法官已成为国际通例,借鉴此制度有助

① 温如军:《法制晚报》记者。

于在一定程度上防止因行政指定制而导致的关系案、人情案的发生。公开法官的姓名、个人基本情况、学习工作简历则在一定程度上有助于有因回避制度的落实。

建议二:律师费由败诉一方承担

律师建议稿建议,应增加一条:“原告可以请求被告支付律师费用等合理费用,被告败诉的应当赔偿;部分胜诉、部分败诉的,按照败诉比例赔偿。”

解读:可加重违约和违法成本

全国律协认为,明确律师费等合理费用由败诉一方当事人承担有助于增加违约、违法当事人的成本,减少恶意诉讼,节约司法成本,提高社会守约、守法意识,有助于建设法制、诚信社会。

律师代理费由败诉方当事人承担写入民事诉讼法不仅不会导致滥诉,反而可以遏制恶意诉讼的发生。因为败诉当事人除了要支付本方律师费用外,还需承担对方的律师费用,因此,当事人会在充分地权衡利弊后才提起诉讼,抑或是潜在的被告也有可能与对方协商、和解以解决争端。

民事诉讼法修正案草案部分条文吸收律师建议稿意见

罗　洁　刘海琴[1]

2012年4月24日，民事诉讼法修正案草案提交全国人大常委会二次审议。作为老百姓上法院打官司的行动指南，草案二审稿对整个民事诉讼程序作了进一步细化，对民事检察监督、公益诉讼、抑制恶意诉讼等学术界、实务界呼吁的问题都作了回应和创新性的规定，把一些先进的理念通过制度加以落实。全国律协民事专业委员会和宪法与人权委员会负责起草并提交全国律协"民事诉讼法再修改的律师视角研讨会"表决通过的民事诉讼法修正案草案律师建议稿(2011年11月30日正式发布)(以下简称为律师建议稿)中的部分意见在草案二审稿中有所反应。兹将主要内容列举如下，以呼吁全国律师进一步以各种方式关注民事诉讼法大修，争取在民事诉讼法修正案草案再次审议时能有更多合理化建议最终被立法机关吸收采纳。

第一，明确立案调解应尊重当事人意愿。

民事诉讼法修正案草案一审稿建议增加规定，"当事人起诉到人民法院的民事纠纷，适宜调解的，先行调解"。有的常委会委员和专家提出，在民事诉讼过程中强调先行调解是对的，但调解应当建立在当事人自愿的基础上，草案这一条规定还不够明确。

律师建议稿认为由最高人民法院推行的现行立案调解是一种变相强制调解，在很多情况下违背了调解自愿的基本原则，导致立案难上加难，且与该法第九条的规定自相矛盾。一旦强制调解入法，司法腐败、司法不公将会更加严重，故建议将本条修改如下【废除强制性立案调解，改为自愿诉前限时调解】："当事人起诉到人民法院的民事纠纷，适宜调解的，经当事人一致书面同意调解的，先行调解。调解期限为十日，不能达成调解协议的应进入

---

[1] 罗洁：中央财经大学法学硕士研究生；刘海琴：中央财经大学法律硕士(法学)研究生。

审理程序。”

对此,全国人大法律委员会经同有关方面研究,在二审稿中建议将这一条修改为:“当事人起诉到人民法院的民事纠纷,适宜调解的,先行调解,但当事人拒绝调解的除外。”

第二,明确二审原则上应开庭审理,并明确了不开庭审理的条件。

现行民事诉讼法第一百五十二条规定,第二审人民法院对上诉案件,应当组成合议庭,开庭审理。经过阅卷和调查,询问当事人,在事实核对清楚后,合议庭认为不需要开庭审理的,也可以径行判决、裁定。草案一审稿没有涉及第二审开庭审理方式问题。

律师建议稿认为,民事诉讼法第一百五十二条规定了二审可以阅卷询问式审理(径行判决),法律和司法政策关于审理方式的这种含糊规定导致变相书面审理的普遍存在,审判过程出现程序展开不充分,实践中绝大多数案件均以所谓“谈话”方式进行,可改可不改的坚决不改;绝大多数案件维持原判,很少改判或被发回重审,哪怕一审裁判存在严重问题。在审理方式上,第二审法院拥有无须开庭而径行判决的权力,也往往导致第二审程序不过走走过场而已,很难实现第二审程序纠错和监督的功能,导致所谓的两审终审制蜕变为事实上的一审终审制,建议删除“经过阅卷和调查,询问当事人,在事实核对清楚后,合议庭认为不需要开庭审理的,也可以径行判决、裁定”【废除变相书面审理】。

对此,全国人大法律委员会经同有关方面研究,在二审稿中建议将第一百五十二条修改为:第二审人民法院对上诉案件,应当组成合议庭,开庭审理。经过阅卷、调查和询问当事人,对没有提出新的事实、证据或者理由,合议庭认为不需要开庭审理的,可以不开庭审理。

第三,与仲裁法的有关规定相互衔接,统一撤销仲裁裁决和不予执行仲裁裁决的审查标准。

现行民事诉讼法第二百一十三条规定了不予执行仲裁裁决的审查条件,其中规定有“认定事实的主要证据不足的”“适用法律确有错误的”。仲裁法第五十八条规定了申请撤销仲裁裁决的审查条件,其中规定“裁决所根据的证据是伪造的”“对方当事人隐瞒了足以影响公正裁决的证据的”。草案一审稿没有涉及这一问题。

本会考虑到在仲裁实践中,经常遇到的立法矛盾是仲裁法第五十八条的规定与民事诉讼法第二百一十三条的规定条件不一致,在仲裁裁决后经常出现当事人既申请撤销裁决,又申请不予执行,而受理的法院又不是同一个,因此产生了很多司法混乱。在执行这两条规定时,又出现涉外仲裁与国内仲裁的申请和审理标准不一，引起了相应的矛盾。有的当事人又对法院作出的不予执行或予以撤销裁决的裁定，认为不正确而提出上诉或申诉，建议在第二白一十三条中增加一款“仲裁裁决被人民法院裁定不予撤销的，申请人不得另行申请不予执行”。

对此，全国人大法律委员会指出，最高人民法院、仲裁委员会和有的专家、律师提出，人民法院对不予执行仲裁裁决申请的审查比撤销仲裁裁决申请的审查更为宽泛，不尽合理，应当根据我国仲裁的实际情况，统一审查标准。经同有关方面研究，在二审稿中建议根据仲裁法的有关规定，对民事诉讼法作出相应修改，统一了人民法院对申请撤销和不予执行仲裁裁决的审查标准。

第四，明确诉讼代理人范围。

诉讼实践中，有些个人以诉讼代理人的名义长期包揽诉讼，甚至滥用诉讼的情况时有发生，草案一审稿没有涉及这一问题。

律师建议稿认为，现行民事诉讼法将代理人人数限制为一至二人在某些情况下不利于当事人尤其是作为法人或其他组织的当事人安排代理人选，调整为一至三人更加方便当事人行使诉讼权利。公安、司法机关工作人员作为诉讼代理人容易与其本职工作发生冲突，有时可能妨害司法公正，不宜作为诉讼代理人。在担任未成年人的法定代理人互相推诿或者争议的情况下，为了确保未成年人在诉讼中能够获得有效代理，应规定通过人民法院指定其中一人代为诉讼。建议将第五十八条修改如下【诉讼代理人的人数和身份限制】：“当事人、法定代理人可以委托一至三人作为诉讼代理人。

律师、当事人的近亲属、有关的社会团体或者所在单位推荐的人、经人民法院许可的其他公民，都可以被委托为诉讼代理人，但公安、司法机关工作人员除外。

未成年人的监护人互相推诿代理责任或者均要承担代理责任发生争执时，由人民法院指定其中一人代为诉讼。一方监护人与未成年人有利益冲突的，人民法院应当指定另外一方监护人作为未成年人的法定代理人，代为诉讼。

因知识产权确权纠纷提起的诉讼，当事人、法定代理人只能委托律师、当事人的近亲属作为诉讼代理人。”

对此，全国人大法律委员会指出，司法部、有的地方人大和专家提出，应在民事诉讼法中进一步明确哪些人可以担任诉讼代理人。经同有关方面研究认为，诉讼代理制度既要满足当事人的法律服务要求，也要有利于维护诉讼秩序。因此，民事诉讼法修正案草案二审稿建议将民事诉讼法第五十八条第二款修改为：“下列人员可以被委托为诉讼代理人：（一）律师、基层法律服务工作者;(二)当事人的近亲属;(三)当事人所在社区、单位或者有关社会团体推荐的人。"

第五,明确规定人民法院收取当事人证据材料出具收据时必须具明原件或复印件。

考虑到实践中存在法院收取当事人证据材料但不出具收据的情形,民事诉讼法修正案草案一审稿第十条建议增加规定"人民法院收到当事人提交的证据材料,应当出具收据,写明证据名称、页数、份数以及收到时间,并由经办人员签名或者盖章。"

我们赞同上述修改意见,但考虑到证据原件作为原始证据在诉讼中具有关键性作用,而司法实践中经常发生法院收取当事人证据原件却事后不知去向的情况,在收据中具明法院收到的证据材料是否原件有助于提高法院责任心,保障当事人合法权益,因而建议进一步修改为"人民法院收到当事人提交的证据材料,应当出具收据,写明证据名称、页数、份数、是否原件,以及收到时间,并由经办人员签名或者盖章"。

对此,法工委基本予以采纳,草案二审稿将草案一审稿的第十条修改为:"人民法院收到当事人提交的证据材料,应当出具收据,写明证据名称、页数、份数、原件或者复印件以及收到时间等,并由经办人员签名或者盖章。"

第六,删除要求起诉状列举被告详细自然情况的规定。

考虑到民事诉讼法对起诉状应当载明的事项规定不够详细,草案一审稿建议将第一百二十条第(一)项修改为"起诉状应当记明下列事项:当事人的姓名、性别、年龄、民族、职业、工作单位、住所、身份号码、联系方式,法人或者其他组织的名称、住所和法定代表人或者主要负责人的姓名、职务、联系方式。"

我们赞同草案一审稿的上述修改意见,但考虑到诉讼实践中部分原告在起诉的时候很难获悉被告的身份证号码等详细信息,公安部门亦不配合当事人的调查,如果民事诉讼法规定起诉状必须载明这些深度信息,恐将进一步增加立案难的程度,故建议删除民族、职业、工作单位、身份证号码这四个信息。

对此,草案二审稿将草案一审稿第一百二十条改为第一百二十一条,并将其第一项改为二项,作为第一项、第二项,修改如下:

"(一)原告的姓名、性别、年龄、民族、职业、工作单位、住所、身份号码、联系方式;法人或者其他组织的名称、住所和法定代表人或者主要负责人的姓名、职务、联系方式;

"(二)被告的姓名、性别、工作单位、住所等能够确定其身份的信息。"

《法制日报》:全国律协再提八项民事诉讼法修改建议

蒋安杰[1]

民事诉讼法大修即将三审定谳之时,全国律协宪法与人权委员会和民事专业委员会近日再次提出八项建议,其中"建议确立调查令制度"引起热议。

据了解,现行民事诉讼法确立了"谁主张,谁举证"的基本原则,最高人民法院2001年发布的关于民事诉讼证据的若干规定,将举证义务负担更多地归于当事人,并将法院调查取证或证据保全范围作了更加严格的限制,导致当事人尤其是原告一方及其诉讼代理人的取证权利缺乏起码的程序保障。

全国律协民事专业委员会主任朱树英表示,有些掌握在政府机关等单位的证据,当事人取证无门,而法院又因为种种原因不依职权调查,由法院给律师调查令调取证据是一种应对取证难的制度。

"说白了,就是法官太忙,没有时间依职权取证,让律师替法官跑跑腿。"北京德恒律师事务所律师王建平说。

对于该条建议,北京航空航天大学法学院教授肖建华表示反对。认为有些地方法院的调查令是"新鲜事物的新鲜效果",没有必要制度化。

表示支持的北京大学法学院教授傅郁林则认为,我国的举证责任早已从法院转到当事人,但法律一直没有给当事人相应的手段,导致取证成为老大难问题。

据悉,上海、北京等地方法院数年前便已经尝试推行调查令制度。即在当事人调查取证困难的情况下,可以向法院申请调查令,经法院审查,以法院名义签署委托当事人或其代理人调查取证的调查令;当事人或其代理人持调查令向有关单位和个人调查取证,有关单位和个人必须予以配合,否则应当承担法律责任。司法实践中,调查令制度有力解决了举证难。

中央财经大学副教授李轩认为,这一制度一方面有助于在一定程度上缓解当事人及其代理律师调查取证的难度,解决举证不能问题;另一方面,有助于减轻法院依职权调查取证的压力,减轻其工作负担。

---

① 蒋安杰:《法制日报》记者。

《人民法院报》："民事诉讼法再修改的二次建议圆桌论坛"再提十条建议

韩　芳①

2012年6月16日下午，由中华全国律师协会、中国民事诉讼法学研究会共同主办的"民事诉讼法再修改的二次建议圆桌论坛"在清华大学召开。

民事诉讼法修正案草案二审稿形成后，为配合该法的修正工作，中华全国律师协会把从实践中归纳的十个亟待立法解决的问题带到此次圆桌论坛上，向中国民事诉讼法学研究会的专家学者征求意见。

这十条建议包括：确立调查令制度，代理律师有权向法院申请调查令；确立律师费等合理费用由败诉一方当事人负担；确立交叉诉讼制度，共同诉讼中共同被告可在本诉进行中提起交叉诉讼；确立被告有权在答辩期内提出当事人不适格要求驳回起诉的当事人资格异议制度；确立限定财产保全、行为保全中担保金额、降低保全难度；确立对拒不履行裁判义务的被执行人限制高消费的执行措施；完善宣告失踪、宣告死亡案件和认定公民无民事行为能力、限制民事行为能力案件的审理程序；确立举证次序机制，免除后举证义务一方当事人同时举证义务；取消法院可以判决第三人承担民事责任的规定；限定适用简易程序案件的金额标准、防止简易程序滥用。

论坛针对当前诉讼实践中的议题展开热烈讨论，将形成集合理论界与实务界智慧的再修改建议稿，并将提交全国人大常委会法工委审议。

① 韩芳：《人民法院报》记者。

《检察日报》:全国律协提出民事诉讼法修正案草案修改建议

谢文英①

继2011年11月27日中华全国律师协会宪法与人权委员会和民事专业委员会向最高立法机关递交民事诉讼法修正案草案律师修改建议稿后,2012年6月,中华全国律师协会与中国民事诉讼法学研究会结合司法实践,围绕民事诉讼法修正案草案二次审议稿中存在的遗漏进行探讨。最终,通过逐条审议和表决通过的方式形成民事诉讼法修正案草案律师再修改建议稿。律师们建议,在民事诉讼法中确立调查令制度,以解决取证难。

我国现行民事诉讼法确立了“谁主张,谁举证”的基本原则,最高人民法院2001年发布的关于民事诉讼证据的若干规定更是将举证义务更多地赋予当事人,并将法院调查取证或证据保全的范围限制得更加严格,导致当事人尤其是原告一方及其诉讼代理人的取证权利缺乏起码的程序保障。

实践中,由于官本位文化的影响,一般国家机关和企事业单位只配合司法机关的调查,不认同其有配合当事人或代理律师调查取证的责任或义务。加之一般公民、法人和其他组织的畏讼、厌讼心理,面对诉讼双方激烈的利益冲突,往往采取“事不关己、高高挂起”的明哲保身的态度。因此,当事人及其代理律师自行调查取证十分困难,而当事人向法院申请调查取证或者证据保全也难以得到响应。

针对这种情况,2001年6月13日,上海市高级人民法院公布实行了《上海法院调查令实施规则》,在全市范围内推行调查令制度;北京市高级人民法院也于2004年8月16日发布《关于委托调查制度的若干意见(试行)》,其中第一条规定:“执行程序中的委托调查制度,是指在案件执行阶段,经申请执行人申请,由人民法院签发调查令,指定申请执行人的代理律师持调查

① 谢文英:《检察日报》记者。

令向有关单位或个人调查收集特定证据。”

地方法院的做法得到了最高人民法院和全国人大常委会的肯定。2005年8月25日发布的《全国人大常委会执法检查组关于检查〈中华人民共和国律师法〉实施情况的报告》指出:“一些地方正在试行刑事案件证据展示、民事案件双方当事人交换证据、人民法院根据代理民事案件律师的取证申请签发调查令等制度,以缓解律师调查取证的困难。经过有关部门的共同努力,律师依法执业条件有明显改善”,建议“可继续试行庭审前证据展示、证据交换、民事案件调查令等做法,认真研究相关问题,逐步加以完善”。2006年3月13日,《最高人民法院关于认真贯彻〈中华人民共和国律师法〉依法保障律师在诉讼中执业权利的通知》强调:“根据十届全国人大常委会第十七次会议审议的《全国人大常委会执法检查组关于检查〈中华人民共和国律师法〉实施情况的报告》的要求,人民法院可以在民事诉讼中积极探索和试行证据调查令做法,并认真研究相关问题,总结经验。”

事实证明,调查令制度在司法实践中已取得了明显效果,有力解决了举证难的问题。委托调查制度的实质是特殊情况下司法权的合理转移,旨在通过当事人及其代理人对司法权的分享,以实现其调查取证的目的。这一制度可以实现双重目的:一方面,它有助于在一定程度上缓解当事人及其代理律师调查取证的难度,解决其举证不能的问题;另一方面,又有助于减轻法院依职权调查取证的压力,减轻其工作负担。

建议在现行民事诉讼法第六章“证据”中第六十四条第二款后增加两款:“代理诉讼和执行的律师可以向人民法院申请签发调查令,人民法院根据案件情况,作出是否准许的决定。”“代理律师持法院签发的调查令调查案件情况时,有关单位和个人应当予以配合;拒绝配合执行调查令的单位和个人,人民法院应当视情节以妨害民事诉讼采取相应的强制措施。”

全国律协建言增办调查令制度：让律师替法官跑腿取证

王殿学①

导读：全国律师协会再次发出民事诉讼法修正案的修改建议，建议授权律师向法院申请调查令制度，让律师替法院“跑腿”，以应对民事诉讼中的取证难问题。

取证难影响打官司

2012年6月16日下午，全国律协和中国民事诉讼法学研究会举办民事诉讼法修改再建议论坛。全国律协民事专业委员会主任朱树英表示，打官司就是打证据，但是有些掌握在政府机关等单位的证据，当事人取证无门，而法院又因为种种原因不依职权调查，所以，由法院给律师调查令，让律师持调查令调取证据是一种应对取证难的制度。“实际上，上海高院和北京高院已有了调查令制度的规定，效果很不错。”朱树英说。

北京德勤律师事务所律师徐灿表示，当事人或律师向一些事业机关取证，人家直接说让司法机关来，更别说向政府部门取证，现行法律制度没有给律师和当事人取证的制度保障，导致当事人根本无法履行取证责任，一些当事人因主要证据取不到而败诉。

该条建议引起法学专家的热议，北航法学院教授肖建华表示反对，他认为有些地方法院的调查令是“新鲜事物的新鲜效果”，没有必要制度化。北京大学法学院教授傅郁林则表示支持，他认为中国的举证责任早已从法院转到当事人，但法律一直没有给当事人相应的手段，导致取证难成为民事诉讼的老大难问题。

---

① 王殿学：《南方都市报》记者。

败诉方承担律师费有争议

全国律协还建议,应规定民事诉讼胜诉方可请求对方支付律师费等合理费用,以减少恶意诉讼,增加违约、违法当事人的成本。但对于该条建议,一些律师和学者意见不一,展开了激烈争论。

中国政法大学法学院副教授纪格非表示反对,她称有关数据显示,一审民事案件中,83%的原告是胜诉的,这说明原告起诉是非常谨慎的,如果再规定律师费由败诉方承担,那么一些原告可能更不会打官司,因为一旦败诉还要承担对方的律师费。

北大法学院教授傅郁林也表示,不是每个国家都规定律师费由败诉方承担,一些规定败诉方承担律师费的国家也有一些限制,不会全额支持律师费。而且商事案件和民事案件有很大的差别,不能把知识产权案件和商事案件中的律师费,扩大到普通的民事案件。

北京德恒律师事务所律师王建平表示,中国的律师费是由各地价格主管部门和司法局审定的,而且公益诉讼还有上限,即使在一些知识产权案件中,律师费也不会全部由败诉方承担,法院是会打个折的。“我认为律师费的问题,可以不过多考虑法理上的基础,而是更多考虑司法实务,这一条实际上对大律师的收费是有影响的。”

全国律协建言民事诉讼法修改增加调查令制度

任重远①

随着民事诉讼法修正案的审议时间愈加临近，2012 年 6 月 16 日，中华全国律师协会联合中国民事诉讼法研究会再次召开研讨会，就调查令制度、败诉方律师费承担等修改意见，进行最后讨论。

此前的 2011 年 10 月和 2012 年 4 月，全国人大常委会就本次民事诉讼法修正案进行了两次审议。此番修法主要涉及检察院的法律监督、公益诉讼制度、专家参与诉讼、先行调解、小额诉讼制度、第二审程序的开庭审理、申请再审的期限，以及法院对申请撤销和不予执行仲裁裁决的审查条件等问题。

对于此前北京、上海等经济发达地区普遍试点的调查令制度，律协建议能写入民事诉讼法修正案。所谓调查令制度，是指在取证过程中，“代理诉讼的律师可以向人民法院申请签发调查令，人民法院根据案件情况，作出是否准许的决定。代理律师持法院签发的调查令调查案件情况时，有关单位和个人应当予以配合；拒绝配合执行调查令的单位和个人，人民法院应当以妨害民事诉讼采取相应的强制措施”。

这一制度，旨在解决实践中普遍存在的“取证难”问题，尤其是国家机关拒绝提供证据文件的情况。其原理在于，中国的民事诉讼举证责任已经从法院转移到当事人，理应在制度设计方面，给当事人相应的手段以实现举证。

对此，绝大部分学者都表示了支持，虽然就具体细节，仍有各自的不同意见。如对拒绝提供证据者是否可以采取强制措施，调查令申请主体是否仅限于律师，以及可以提起调查令的阶段等。

---

① 任重远：财新网记者。

会议讨论的另一个焦点，主要围绕败诉方承担律师费的规定。其目的，旨在解决滥诉问题。北京理工大学法学院教授徐昕介绍，就败诉方承担律师费的具体规定，各国立法例的差别很大，即便在实施了这一制度的国家，费用的承担范围和计算方式，也有较大差异。但是，多数的意见，依然支持确立这一制度。

同时，对于其他利害关系人参与诉讼制度的问题，会议也进行了讨论。这涉及与精神卫生法草案的衔接，对于解决“被精神病”问题，可以提供相应的制度保障。

“其他国家的民事法律制度改革，律师的声音都非常大，主要是他们在和法院辩论。但在中国，律师却集体沉默。现在，他们终于自己发声。”就全国律协对于本次民事诉讼法修改而展开的积极行动，北京大学法学院教授傅郁林进行了充分肯定，在她看来，律师们接触大量的一手案件，拥有远超过学术界的实践经验和素材，理应在法律修改的过程中充分发挥作用。

清华大学法学院教授王亚新也认为，虽然在民事诉讼法修改的问题上，律师是一个利益主体，并非完全立场中立，但其中很多都是正当利益，是在代表当事人利益。所以，不需因此进行回避。

公益诉讼立法还需更多共识

崔　丽[①]

人物档案

李轩，中央财经大学法学院副教授，中华全国律师协会宪法与人权委员会秘书长。曾参与影响性诉讼评选，曾荣膺中国质量万里行“挑战垄断行业十大维权人物”称号。

对话背景

日前，由民主与法制网主办，北京理工大学司法高等研究所、中央财经大学法律援助中心、北京市资略律师事务所协办，中国公益诉讼网承办的2011年“中国十大公益诉讼”揭晓。

这些案例包括刘云诉湖南省地质矿产勘探开发局因色盲被拒录公务员案；杨某诉中国电信股份有限公司广东分公司垃圾短信侵权案；刘家辉诉南方航空股份有限公司打折票不能退改签案；李燕诉国土资源部、教育部和科技部政府信息公开案；林莉红诉深圳海关收缴其境外所购图书具体行政行为违法案；深圳市宝安区人民检察院诉深燃石油气有限公司环境污染责任纠纷案；郑卫宁、刘海军诉深圳航空有限公司拒载残疾人侵犯平等权及人格尊严案等。

《中国青年报》：为什么选择这个时候评选“中国十大公益诉讼”？

李轩：2010年10月，全国人大常委会拟对民事诉讼法进行修改，民事诉讼法修正案草案第一次写入了公益诉讼条款，规定“对污染环境、侵害众多消费者合法权益等损害社会公共利益的行为，有关机关、社会团体可以向人

① 崔丽：《中国青年报》记者。

民法院提起诉讼”,这是中国法制史上的一件大事。在公益诉讼即将入法的背景下,我们启动年度“中国十大公益诉讼”评选活动,有助于梳理过去一年来中国公益诉讼的发展过程,有助于加强对公益诉讼制度合理构建的论证,推动公益诉讼立法进程。

《中国青年报》:评选出来的这十大案件,你认为有哪些特点?目前,人们对公益诉讼的概念与范围是否有清晰、统一的认识?

李轩:此次评选出来的十大案件首先具有典型性,几乎都是在公共利益被侵犯而公权力不作为的情况下,相关机构和公民个人被迫进行维权、社会影响较大的案例。其次,这些案件主要集中于消费者权利保护、环境污染索赔、平等权保障等方面,与当前我国存在的普遍性社会问题密切相关,在一定程度上反映出社会公益维权意识已经觉醒并在逐步加强。

目前,社会各界对公益诉讼还没有清晰、统一的认识。公益诉讼不是一个严格的专业术语,将来立法也不会直接表述公益诉讼的概念和范围。多数学者倾向于宽泛地界定公益诉讼,即凡属涉及不特定多数人公共利益的民事诉讼或行政诉讼都可以理解为公益诉讼。

《中国青年报》:如何评价公益诉讼在我国的发展过程?

李轩:20 世纪 90 年代中后期,因几起普通公民挑战垄断行业不正当经营行为的案件,“公益诉讼”这一概念开始引起我国社会公众和法学界关注。进入新世纪以来,一批热心公益的律师陆续加入到推动公益诉讼的队伍中。2005 年,以全国律协发布《公益诉讼苏州宣言》为标志,公益诉讼掀起了一个小高潮,如郝劲松状告铁道部拒开发票案、李刚状告全国牙防组虚假认证案等影响广泛的公益诉讼案例,都是在这一时期涌现的。

最近几年来,随着公权力机关侵害弱势群体合法权益、垄断行业侵害消费者利益、食品安全失范和环境污染侵害社会公共利益等社会问题日益突出,越来越多的机构和个人自发地参与发起公益诉讼,在一定程度上起到促进依法行政、维护社会公正的作用,鼓励、支持、发展公益诉讼正成为社会普遍共识。

《中国青年报》:正在进行的民事诉讼法修改,首次将公益诉讼制度纳入法制层面,这是否意味着公益诉讼立法在我国开始破冰?

李轩:毋庸讳言,我国公益诉讼实践走在了立法前面。一直以来,由于缺乏立法支持,公益诉讼发展步履艰难,司法实践中主要表现为立案难、取证难、胜诉难,偶尔胜诉也因为缺乏配套机制而难以将诉讼成果推而广之,惠及更多的非起诉受害人或潜在受害人。将公益诉讼纳入修改后的民事诉讼法,无疑将在制度层面化解实践难题,不仅有助于消除法院在立案方面的顾虑,还会更好地引导当事人和司法机关开展公益诉讼,更好地促进公益诉讼,发挥应有的社会功能。

《中国青年报》:我们知道,民事诉讼法修正案草案对公益诉讼的规定较为简单、原则,自草案向社会征求意见以来,争论较多,你认为目前争议主要体现在哪些方面?

李轩:目前,社会各界关于公益诉讼立法的争议主要体现在以下几个方面:一是公益诉讼主体资格问题。草案虽然规定了“有关机关、社会团体”可以提起公益诉讼,但更多专家学者希望同时赋予公民个人提起公益诉讼的主体资格,而且“有关机关”用语含糊,一般认为主要包括检察机关和行政机关,但对于行政机关提起公益诉讼,很多学者和律师担心会与其行政职责相冲突。二是公益诉讼的案件范围问题。草案明确列举了环境污染和侵害消费者权益两类可以提起公益诉讼的事由,有人对这种列举方式表示疑惑,没有列举的领域是否意味着不能提起公益诉讼?三是公益诉讼的请求权问题,草案对此没有规定。有人主张公益诉讼的原告可以全面提出诉讼请求;有人则表示反对,认为公益诉讼主要应该诉请禁止侵权行为而不应涉及损失赔偿问题。四是公益诉讼的程序设计和配套机制问题,草案对此也没有规定。

《中国青年报》:中华全国律师协会宪法与人权委员会向全国人大常委会法工委专门提交了一份公益诉讼立法建议稿,请问其主要内容和建议是哪些?

李轩:在全国人大常委会法工委公开征求民事诉讼法修正案草案修改意见期间,全国律协宪法与人权委员会专门提交了一份公益诉讼立法建议稿,其主要内容包括:调整公益诉讼主体范围,允许公民个人提起公益诉讼,限制行政机关提起公益诉讼;特别建议可能广泛接触社会公共利益的村民委员会、居民委员会、业主委员会等基层群众性组织有权向人民法院提起公益诉讼;增加公益诉讼的审理程序准用现行代表人诉讼(集团诉讼)规范的规定,允许未起诉的利害关系人事后申请适用公益诉讼的生效判决;强调公益诉讼中人民法院有调查取证的义务;建议人民法院对提起公益诉讼的原告免收诉讼费用。这些建议基本体现了律师界对公益诉讼立法的期许,希望能够得到立法机关的重视和采纳。

《中国青年报》:你认为未来公益诉讼制度在立法和司法层面面临的主要挑战是什么?

李轩:就目前来看,公益诉讼制度在立法层面一直面临着来自于某些部门的阻力。有些行政机关在参与立法讨论时不仅强烈希望获取公益诉讼主体资格，而且反对赋予社会团体和普通公民提起公益诉讼的权利。公益诉讼立法是顺应历史潮流采取更加开放的立场，还是需要平衡各种因素，值得关注。

在司法层面，公益诉讼制度面临的主要挑战仍然是司法机关的态度与作为，比如立案难能否有效解决？我们期待未来有了制度支撑之后，司法机关能够践行能动司法和司法为民的精神，以更加积极的姿态介入公益诉讼，对公权力不作为或垄断行业滥用垄断地位等侵犯公共利益的行为，作出相应制裁或者纠正，成为公众权利保障的最后堡垒。

《法制日报》:公益诉讼入法迈出制度破冰第一步[①]

李　娜　蒋　皓[②]

8月31日,十一届全国人大常委会第二十八次会议审议通过关于修改民事诉讼法的决定。修改后的民事诉讼法主要围绕完善调解与诉讼相衔接的机制;进一步保障当事人诉讼权利;完善当事人举证制度;完善简易程序;强化法律监督;完善审判监督程序;完善执行程序7个方面内容进行了调整。

从9月5日起,本报将连续刊发"新修正的民事诉讼法看点"系列报道,结合基层司法实践的试点探索情况,对修改后民事诉讼法的新增内容进行详细解读。

云南曲靖铬渣污染、渤海湾蓬莱19－3油田大面积溢油、山西近百名儿童接种高温变质疫苗死亡……近年来,每当发生由环境污染和食品安全等问题引发的侵害公共利益事件,公益诉讼都会成为全社会关注的焦点。

针对司法实践中的情况,本次民事诉讼法大修首次写入公益诉讼内容,被视为最大亮点。

"尽管一些地方已先行试水,但全国范围内公益诉讼获胜的案例之所以少之又少,立法缺失是重要原因。"接受《法制日报》记者采访的多名司法实务界人士均表示,新规定使中国公益诉讼制度迈出了法律制度破冰的一大步。

不直接受害也能起诉

新修正的民事诉讼法规定:对污染环境、侵害众多消费者合法权益等损害社会公共利益的行为,法律规定的机关和有关组织可以向人民法院提起

---

① 本文载于《法制日报》2012年9月5日。

② 李娜,蒋皓:《法制日报》记者。

诉讼。

2009年，江苏省无锡市中级人民法院受理了一起粉尘污染案，该案后来被称为“社团环保公益诉讼第一案”。当时，原告中华环保联合会由于来自北京，主体资格遭到质疑：江苏的港口污染和你有什么关系？

“事实上，这样的质疑一直存在。”江苏省无锡市锡山区人民法院环保合议庭负责人、曾承办过江苏省首起由检察机关提起公益诉讼案件的法官姚坚告诉记者，因为修正前的民事诉讼法规定“原告必须是与本案有直接利害关系的公民、法人和其他组织”，因此将大量有公益诉讼需求的主体拒之门外。

虽然只有比较笼统的法律依据，但是由于意识到“不开展公益诉讼，环境司法保护就难以取得实效”，贵阳、无锡、昆明等地的法院先后义无反顾地开始了艰难的探索。

“由于缺乏立法支持，我们遇到的最大尴尬是‘无米下锅’。”姚坚透露，成立4年来，无锡中院环保法庭受理的公益诉讼案件屈指可数，且基本是由检察机关提起；基层法院环保合议庭收案更少，如锡山法院只受理了两起。

对于此次公益诉讼入法，姚坚表现得十分高兴：“以往办案只能依靠侵权责任法与环境保护法的零散规定，民事诉讼法新增公益诉讼条款，无疑提供了明确的法律依据。”

云南省人民检察院民行处处长张迅也认为，“新条款虽然仅仅是制度建立的开始，但这项制度慢慢地会建立健全，民行检察也将有更大作为。”

中华全国律师协会宪法与人权委员会秘书长李轩表示，公益诉讼入法，不仅有助于完善民事诉讼制度体系，促进社会公共利益的有效维护，遏制针对不特定多数人的相关违法侵权行为，而且有助于在消费者维权、反垄断、食品安全、环境保护等众多公共领域形成公民积极参与社会管理的可喜局面，进而从根本上促进现代公民社会的培育、建构和养成。

适宜主体仍是未知数

公益诉讼虽然被视为本次修法的最大亮点，但仍有一些人特别是环保界人士认为，新修正的民事诉讼法对于启动公益诉讼主体的表述依然不够明确。

全国人大常委会对此的解释是：可以在制订相关法律时进一步明确规定，还可以在司法实践中逐步探索。这意味着，新的司法解释出台之前，主体还是未知数。

记者所采访的各位司法实务界人士均认为,“法律规定的机关和有关组织”应当作狭义理解,仅指现行法律直接、明确规定可以就某一领域提起公益诉讼的机关或组织。那么,目前只有海洋环境保护法中明确规定,海洋行政主管部门可以就海洋环境污染事件提起公益诉讼。如此一来,此前业界普遍认为最为适宜提起公益诉讼的检察机关,甚至都被排除在“法律规定的机关”之外。

“可以预见,未来5年至10年内新增加的法律规定不会太多。这种限制无疑有些保守,将会使公益诉讼制度的实际功能打折扣。”李轩担心,在司法解释出台前,甚至暂时可能出现法官以无法律认定诉讼主体为由,拒绝检察机关及其他组织提起公益诉讼而出现“青黄不接”的局面。

让李轩感觉有些“意犹未尽”的还有,此次公益诉讼立法将公民个人排除在诉讼主体范围之外。在他看来,公民个人参与发起公益诉讼,在较大程度上能够起到纠正违法行为、促进依法行政、维护社会公共利益的作用。

“为了切实保障社会公共利益和培育公民社会,应开放和鼓励公民参与公益诉讼。”李轩表示,对于有关方面担心公民可能滥用、误用公益诉讼的问题,可以考虑设置前置程序加以解决。

落地生根需规则跟进

此次虽然以立法形式明确承认了公益诉讼概念和制度,但是接受采访的司法实务界人士不约而同地告诉记者:要让这个概念真正走入司法实践,打开公益诉讼的方便之门,还需要细化有关规范,制定配套的执行细则。

“最高法可能即将启动相关司法解释的制订工作。”姚坚期望,司法解释能够在条款执行的落实上进一步作出规定,以增加司法实践的可操作性。

张迅则希望,司法解释能够明确检察机关作为公益诉讼主体的地位。他表示,检察机关作为法律监督机关,代表的是国家利益和社会公共利益。不仅具有较高的法律地位和独立性,而且跟社会团体和公民个人相比,人财物等方面更具优势,同时还没有滥用诉权等问题,因此代表社会公益提起公益诉讼更为适宜。

李轩期待有了立法依据后,司法机关能够以更加积极的姿态介入公益诉讼,对公权力不作为或垄断行业滥用优势地位等侵犯公共利益的行为,作出相应制裁或者纠正,成为公众权利保障的最后堡垒。

他还建议，在主体方面，最高人民法院可适当作出从宽解释并允许各级法院进行进一步探索；在程序方面，应当在准用普通诉讼程序之外就特殊事项作出特别规定；在举证方面，适当引入举证责任倒置规则，合理平衡原告与被告之间的举证负担，并适当强化人民法院的调查取证义务，甚至引入“专门调查委员会”机制；在判决执行方面，应建立未起诉的利害关系人申请适用判决机制。

“公益诉讼是保护公共利益的最后途径，并非唯一路径和最佳路径，社会也不宜寄予太高期望。”姚坚解释说，事先预防才是保护环境的最佳方式，公权力机关在作出公共决策时就应该充分考虑保护公共利益。

公益诉讼程序制度有待独立

专家观点

“公民能否提起公益诉讼，是衡量公益诉讼制度是否完善的重要标准。但是在公益诉讼程序和裁判制度从私益诉讼中独立出来之前，即使赋予公民提起公益诉讼的资格，也会在司法实践中遇到诸多无法处理的问题。”中国政法大学诉讼法学研究院副教授谭秋桂接受《法制日报》记者采访时表示，新修正的民事诉讼法在这一问题上采取谨慎的态度可以理解和接受。

谭秋桂认为，修正后的民事诉讼法对公益诉讼的原告主体资格作出了原则性规定，为法律规定的机关和有关组织提起公益诉讼提供了法律依据，这是公益诉讼立法上的重大进步，对于维护社会公共利益具有重要意义，也是立法适应社会需要的体现。

“当然，诉讼主体资格的特殊性只是公益诉讼区别于私益诉讼的一个方面，公益诉讼的程序和裁判制度仍有待独立与完善。”谭秋桂说，应当通过试点积累经验，在条件成熟时构建区别于私益诉讼、系统而完善的公益诉讼程序和裁判制度，进而将公民纳入到公益诉讼主体中来。

精神卫生法草案难防“被精神病”

王　茜[①]

国务院法制办网站消息显示，精神卫生法草案（以下简称草案）意见征求已于近日结束，国务院法制办向媒体表示，目前正在进行征求意见的整理工作。

如何防止“被精神病”，是草案公开征集意见过程当中争论最多的话题。而在草案中，关于防止“被精神病”而进行制度构建的内容也是比重最大的章节。但在诸多专业学者看来，仍有诸多环节需要进一步完善。

焦点一：精神障碍诊治属于医学范畴还是司法范畴？

草案将精神障碍的诊治归入医学范畴，规定疑似精神障碍患者的监护人、近亲属可以将其送往医疗机构进行精神障碍诊断；根据医疗机构的诊断结论，决定是否对患者实施非自愿住院医疗；当事人或者其监护人对非自愿住院医疗结论有异议的，也由具有合法资质的医疗机构进行复诊。

据《21世纪经济报道》报道，这意味着此前讨论颇多的司法程序前置：即由法院决定是否应该让患者入院治疗的程序，没有被草案采纳。

同时，虽然草案确定谁有资格送人到精神病院的条文中，监护人、近亲属以及民政部门在不同情况下，都可以将疑似精神病患者送到医疗机构进行精神障碍诊断。但在这一过程当中，患者本人的意思并没有得到充分体现。

据《新京报》报道，中华全国律师协会宪法与人权专业委员会秘书长、中央财经大学法学院副教授李轩就认为，精神障碍的认定以及精神障碍患者的强制住院或者非住院治疗在程序操作上都应当实行严格的司法化和去行政化，目前草案规定送治程序是行政化的思路，排除了司法的介入。

公益律师黄雪涛认为，“由医生肩负社会伦理判断和司法判断，这是一

① 王茜：《南方周末》记者。

个结构性错误”。这在事实上形成了由医生替代法官宣告自然人的行为能力限制。

卫生部医学伦理专家委员会委员邱仁宗也认为,草案能否从根本上保护精神障碍患者权利并杜绝收治过程中的权力滥用值得思考,精神科医生只能提供专业的诊断和建议,至于当事人是不是应该被强制收治,应该有相应的法律进行程序上的规定。

焦点二:监护人判定及权限存缺陷

在很大程度上,监护人将影响到疑似精神病患者是否会被送入精神病院。监护人既可以决定是否将疑似精神病患者送到医疗机构,也有权再对复诊结论提出异议。此前,民法通则中有三个条款规定被宣告为精神病人的监护人选任方法,但对有关监护人制度的设计上存在不足。

例如,民法通则规定了精神病人的监护人包括配偶、父母、成年子女及其他近亲属。但配偶、父母和成年子女之间发生争议时,法律却没有提供必要的解决手段。而一旦争议出现,可能需要精神病医生做出选择。

同时,由于草案采用监护人主导原则,监护人有权将疑似患者送医院进行精神障碍诊断,若诊断结论表明需要对精神障碍患者实施非自愿住院医疗的,由患者监护人办理住院手续。

对此,有观点认为,诊断监护人权力过大易引发对成年公民自决权的侵犯,在早前发生的“深圳邹宜均案”“广州何锦荣案”“南通朱金红案”和“福建陈国明案”中,当事人都因家庭财产纠纷,被近亲属以绑架方式送往精神病院。

此类案件中,邹宜均、何锦荣、朱金红等非自愿住院“患者”均有能力自主委托代理人,却因“监护人”阻拦,代理权被粗暴否定,使其自救措施不断激化成为公共关注事件。

焦点三:“扰乱公共秩序”易被滥用

草案规定,当精神障碍患者不能辨认或者不能控制自己行为,且有伤害自身、危害公共安全或者他人人身安全、扰乱公共秩序危险的,对患者实施非自愿住院医疗。

对此，据《京华时报》报道，公益律师黄雪涛表示，“扰乱公共秩序”内容相当宽泛，刑法确定的“扰乱公共秩序罪”包含“妨害公务罪”“招摇撞骗罪”等28个罪名，治安管理处罚法确定的“扰乱公共秩序行为”则包含“破坏选举”“追逐拦截他人”等20种行为。

如果将“扰乱公共秩序”作为非自愿住院医疗措施的适用条件，无疑存在被滥用的可能。

中央财经大学法学院副教授李轩表示，由于“扰乱公共秩序”词义的开放性和模糊性，常常被滥用为限制公民人身自由和给予治安、刑事处罚的借口，如将“扰乱公共秩序”作为非自愿住院医疗措施的适用条件，应对这一概念予以细化。

北大附属第六医院副院长唐宏宇指出：第一，判断不能辨认或不能控制自己的行为，是法官的事情；第二，有伤害自身、危害公共安全或他人人身安全、扰乱公共秩序危险的，这是公安部门来判断的。但在之前的法条中，又把精神障碍患者的诊断治疗归于医学范畴，这中间是矛盾的，必须解决，要么把前面推翻，规定精神障碍患者的住院治疗诊断，是法庭的事，要么把非自愿住院治疗的现有两条标准推翻，以医学可以做到的判断标准去做一个限定。

精神卫生法草案征求意见结束，“被精神病”仍然防不胜防

李秋萌①

导读：2012年6月10日，备受关注的精神卫生法草案历经26年漫长孕育终于艰难面世，国务院法制办就草案向社会开展的首次意见征集已截止，社会各界通过不同方式参与讨论，另有多家专业机构递交了修改建议书。

除了精神障碍患者的非自愿住院医疗制度，社会各界关注焦点还包括如何加大投入，建立和完善精神卫生服务体系、如何保护患者合法权益等问题。

在此期间，我们多方采访精神卫生障碍患者及其家属、精神科医生、法律界人士和草案起草人，听取他们对上述焦点问题的看法。

如何设置非自愿住院医疗制度，是精神卫生立法的重中之重，也是难点中的难点。

究竟什么样的人应该强制收治？谁有权力把人送进精神病院？有病没病谁说了算？强制收治属于医学范畴还是司法范畴？相关各方暗战犹酣。

在递交给国务院法制办的修改建议书中，民间公益组织“精神病与社会观察”和“衡平机构”提出，作为强制收治的适用条件，“扰乱公共秩序”容易被滥用，应予删除；中华全国律师协会宪法与人权专业委员会则认为，这个概念过于宽泛，应予细化；来自中国医师协会精神科医师分会的专家则认为，草案确定的强制收治适用条件过窄，可能导致很多需要治疗的患者得不到及时治疗。

① 李秋萌：《京华时报》记者。

争议1:什么样的患者应该强制收治?

草案明确规定非自愿住院医疗措施的适用条件,即只有精神障碍患者不能辨认或者不能控制自己行为,且有伤害自身、危害公共安全或者他人人身安全、扰乱公共秩序危险的,才能对患者实施非自愿住院医疗。

“扰乱公共秩序”容易被滥用

著名公益律师、深圳“衡平机构”负责人、《中国精神病收治制度法律分析报告》主笔人黄雪涛表示,“扰乱公共秩序”内容相当宽泛,刑法确定的“扰乱公共秩序罪”包含“妨害公务罪”“招摇撞骗罪”等28个罪名,治安管理处罚法确定的“扰乱公共秩序行为”则包含“破坏选举”“追逐拦截他人”等20种行为。如果将“扰乱公共秩序”作为非自愿住院医疗措施的适用条件,无疑存在被滥用的可能。

国际标准无“扰乱公共秩序”

中华全国律师协会宪法与人权专业委员会秘书长、中央财经大学法学院副教授李轩表示,由于“扰乱公共秩序”词义的开放性和模糊性,常常被滥用为限制公民人身自由和给予治安、刑事处罚的借口,如将“扰乱公共秩序”作为非自愿住院医疗措施的适用条件,应对这一概念予以细化。在有关精神障碍患者强制收治的国际标准中,并没有“扰乱公共秩序”或“扰乱公共秩序的危险”这样的条款。

采用“危险性标准”存在隐患

曾经参与起草精神卫生法的北京大学附属第六医院副院长唐宏宇认为,草案对非自愿住院患者采用的完全是“危险性标准”,即只有当患者有伤害自身、危害公共安全或者他人人身安全、扰乱公共秩序的行为时,才能强制收治。其实精神病患者中有极端行为的并不多,我国现有1600多万重性精神病患者,只有10%左右有“危险行为”,大部分是胡言乱语、不吃不喝、裸露、妄想等。现在的规定有可能导致这些实际上需要治疗的患者得不到及时治疗。

争议2:谁有权力把人送进精神病院?

草案规定,疑似精神障碍患者发生或者将要发生伤害自身、危害公共安全或者他人人身安全、扰乱公共秩序行为的，其监护人、近亲属应当将其送往医疗机构进行精神障碍诊断。

监护人权力过大易出现恶果

黄雪涛认为，草案对非自愿住院医疗制度设计了监护人主导的原则，导致监护人权力过大。一旦进入收治程序，送治的近亲属就自动被视为监护人行使监护权。

这种亲权对成年公民自决权的侵犯，不仅在法理上存在严重漏洞，现实中也出现了恶劣的社会后果。“深圳邹宜均案”“广州何锦荣案”“南通朱金红案”和“福建陈国明案”都因家庭财产纠纷，当事人被近亲属以绑架方式送往精神病院。黄雪涛建议，非自愿住院治疗的患者，有权委托监护人以外的代理人，行使诉讼及异议权利。

医生有时候无法认定监护人

唐宏宇表示，虽然监护人在民法中的定义已经非常明确，但在操作上确实存在一些问题，这也是此次草案中的难点。“患者被送过来，我们作为医生，有时无法确认送他来的就是监护人。”唐宏宇说，民法通则规定精神病人的监护人包括配偶、父母、成年子女及其他近亲属，但如果配偶、父母和成年子女之间存在意见分歧，法律没有提供必要的解决手段。一旦争议出现，就需要医生做出选择，这存在一定困难。

争议3：强制收治归属医疗还是司法？

目前，我国立法将精神障碍患者的诊治归于医学范畴，没有把它归于社会或是司法范畴，这与欧美一些国家的法律有区别。对于这一点，各方争议非常大。

强制收治应当获得法院准许

黄雪涛认为，草案规定精神障碍患者的民事行为能力由精神科医生诊断确定，且在确定患者“不能辨认或者不能控制自己行为”的民事行为能力、设定监护人的环节上，采取去司法程序化的制度设计，由医生肩负社会伦理判断和司法判断，这是一个结构性错误。

黄雪涛建议建立异议审查机制，即住院患者就非自愿住院治疗问题，可委托代表人向第三方机构获得司法授权。医院对患者实行非自愿住院治疗,应当在非自愿住院后一定时间内向法院提出申请,由法院作出是否准许的决定。精神科医生可以作为专家证人参加庭审。

卫生部医学伦理专家委员会委员邱仁宗认为,草案能否从根本上保护精神障碍患者权利并杜绝收治过程中的权力滥用值得思考,精神科医生只能提供专业的诊断和建议,至于当事人是不是应该被强制收治,应该有相应的法律进行程序上的规定。

建议设立独立的审核委员会

唐宏宇认为,精神病作为一种疾病,不论是自愿收治还是非自愿收治,其鉴定结果都是由精神科医生做出的。从目前草案可以看出,对非自愿住院患者实行的是司法后置,即先治疗,但有三道防止“被精神病”的关卡:如果经过医院诊断不是精神病的,任何人不得限制其离开,原来是谁送谁接,这是最大的亮点;如果经过治疗无须继续在院内进行治疗的,任何人也不得限制其离开;患者或者家属本人对诊断结果提出异议,经过司法鉴定,是则继续治,不是就放人。

唐宏宇建议设立独立的审核委员会专门处理异议,这个审核委员会应由法律界人士、患者及家属、一般公众、专业人士等组成,其重点任务是审查执行收治的程序。

《法制日报》:民事诉讼法司法解释统一标准亮点多,权威专家肯定同时也有担忧①

刘子阳　李　娜②

变立案审查制为登记制、微博网聊记录可做呈堂证供、庭审私自录音录像法院可强删……2月4日,最高人民法院发布《最高人民法院关于适用〈中华人民共和国民事诉讼法〉的解释》亮点颇多。

多位民事诉讼法专家接受《法制日报》采访时表示,司法解释对确保新修正的民事诉讼法的正确、统一、严格、有效实施,更有力地保障当事人的诉讼权利,更加积极地维护司法公正、促进经济社会发展、维护社会和谐稳定,将发挥其应有的重要作用。

法院受案量短期将爆棚

此次民事诉讼法司法解释明确,实行立案登记制。中国民事诉讼法学研究会理事李轩告诉记者,各级法院尤其是基层法院受案量短期内会增多甚至爆棚,这是司法机关为实现司法公正必须承担的阶段性负担。"相比改革带来的阵痛,有案必立、有诉必理,切实保障当事人诉权更加重要。"

中国人民大学民商事法律科学研究中心民事诉讼法研究室主任汤维建坦言:"立案审查制像个阀门,过滤了相当一部分案件,可以调控案件量。但当事人的诉权被牺牲,法院信誉和权威性也将下降,得不偿失。"

面对案件数量增多带来的压力,汤维建认为应完善机制,向优化诉讼程序要效率。同时根据案件实际情况,实行将案件分流至诉讼中和诉讼外的多元化机制。

---

① 本文载于《法制日报》2015年2月13日。

② 刘子阳、李娜:《法制日报》记者。

采信电子数据须辨真伪

2012年民事诉讼法修改后将电子证据增列为法定证据，解决其形式合法问题，但司法实践中能否将其直接作为证据使用，仍有不同理解。

民事诉讼法司法解释规定，通过电子邮件、微博、博客、网上聊天记录等形成或者存储在电子介质中的信息，可以作为民事案件的证据，增加举证证明责任分配原则规定。

“司法解释并未要求电子数据证据材料必须经过公证才能采纳，意味着法院可以直接采信电子数据作为证据。”李轩表示，此举将极大地方便当事人运用电子证据，节省诉讼成本和社会资源。

“由于电子证据具有易变动性等特点，实际操作中仍要注意结合其他证据识别真伪、判定效力，尤其是有异议时，法院还是以要求当事人进行公证书转化或进行专业性技术鉴定为妥。”李轩说。

庭审禁录不悖审判公开

司法解释规定，未经准许进行录音、录像、摄影的，未经准许以移动通信等方式现场传播审判活动的，法院可以暂扣诉讼参与人或者其他人器材，并责令其删除有关内容；拒不删除的，法院可以采取必要手段强制删除。

中国民事诉讼法学研究会常务理事、中国政法大学教授谭秋桂认为，法庭应当是一个庄严、肃穆甚至带有神秘色彩的地方。禁止未经法庭许可录音、录像或者通过微博、微信等新媒体手段传播法庭审理内容，目的在于维护正常的法庭审理秩序，与审判公开并不矛盾。

“形式上，审判公开是指法院的审判活动应当依法允许群众旁听、允许新闻媒体报道、应当公开宣判，而不是法庭审理应当现场直播。实质上，审判公开是指法庭据以认定事实的证据、法官的推理过程、适用的法律依据等都应当通过判决公开，接受当事人和社会的监督。”谭秋桂告诉记者，未经法庭允许私发微博、微信传播审判，既不是真正意义上的法庭直播，与审判公开也毫无关系，是对法庭审理秩序的破坏。

公益诉讼需解决立案难

司法解释对公益诉讼提出更高要求，明确任何机关和组织提起公益诉讼不仅要载明事实和理由，还要提供初步证据。汤维建认为，这抬高了公益诉讼的门槛。

“相比于普通民事诉讼，公益诉讼的入门标准应当更低，何况公益诉讼往往实行举证责任倒置，被告需要承担更重的举证责任。起诉时就要求原告提供实质性初步证据，无疑会使本来就艰难的公益诉讼更加难以立案受理。”汤维建坦言。

李轩表示，符合法定条件却不敢立案，体现了目前有些司法机关对公益诉讼谨小慎微的心理和不惹麻烦的惯性思维，显然与公益诉讼制度设计的初衷以及党的十八届四中全会精神相悖。“应进一步完善相关立法，扩大公益诉讼主体和范围，以便更好地维护公共利益，动员社会力量加强维护公共利益，有效监督公权力运行。”

失信黑名单应当扩充范围

2012 年新修正的民事诉讼法首次将诚实信用原则规定为民事诉讼基本原则，但实践中，当事人不诚信问题依然严重。诉讼阶段表现为虚假诉讼，执行阶段表现为有履行能力但拒绝履行。

民事诉讼法司法解释规定，对被执行人不履行法律文书确定的义务的，人民法院除对被执行人予以处罚外，还可以根据情节将其纳入失信被执行人名单，将被执行人不履行或者不完全履行义务的信息向其所在单位、征信机构以及其他相关机构通报。

谭秋桂表示，明确虚假诉讼将被惩处，增设失信被执行人名单制度，对于落实诚实信用原则，打击和预防虚假诉讼，防止规避执行具有重要现实意义。

“最高法可以列举一些典型虚假诉讼行为，统一虚假诉讼认定标准，明确有利于甄别虚假诉讼的特殊举证责任分配规则。”谭秋桂建议，应当将失信被执行人名单制度扩充为被执行人名单制度，只要债务人没有履行生效法律文书确定的义务，就可公布其名单信息，这既符合民事诉讼法规定，也可加大促使债务人自动履行义务的力度。

《法治周末》:消法领域公益诉讼未走出低谷[1]

蒲晓磊[2]

导读:"十大公益诉讼评选应当承担起一个任务,就是通过对这四届案例的收集,围绕环境和消费领域进行分析,指出实践中遇到什么问题、有哪些规律性的经验、制度层面如何落实等问题,进而推动法律的修订。"中国民事诉讼法学研究会副会长、全国人大法工委民法室原主任姚红建议。

2015 年 2 月 10 日下午,在中央财经大学法学院会议室,法学专家们投票选出了 2014 年十大公益诉讼案件。江苏泰州亿元环境公益诉讼案、福建仙游县全国撤销父母监护权案、律师联手诉讼转基因食用油标识不清案等在 2014 年引起广泛关注的案件都名列其中。

这次由法治周末报社、中国案例法学研究会和中国公益诉讼网主办的十大公益诉讼评选活动,至今已是第四届。与第二届、第三届一样,法治周末报社仍然是主办方之一。

候选案例"多点开花"

"2013 年十大公益诉讼案件评选时,案例陷入了乏善可陈的困境,这种现象在 2014 年出现了一个重大的反转,随着消费者权益保护法还有环境保护法的修改,公益诉讼范围在不断扩大,大量的可圈可点的公益诉讼案件也得以出现。"中国案例法学研究会秘书长、中央财经大学法律硕士教育中心主任李轩说。

与 2013 年相比,2014 年候选案件的类型更加多样化。

---

① 本文载于《法治周末》2015 年 2 月 11 日。

② 蒲晓磊:《法治周末》记者。

在2013年，环境公益诉讼几乎占据了候选案例的半壁江山。而在2014年的候选案例中，虽然环境公益诉讼仍是重点，但也呈现出“多点开花”的局面，候选案例覆盖了环境污染、消费者权益保护、信息公开、行政机关不作为等多个方面。

但在案例选择的标准上，法学专家却产生了一些分歧。

李轩在介绍案例选择标准时表示，此次案例的选择采用了广义上的公益诉讼标准。

“没有限定有权提起公益诉讼的主体范围，也不限于法律规定的公益诉讼案件，更多是倾向于考虑这个案件在司法实践当中，有较大影响，并且既有个人诉求，又涉及公共利益。”李轩对《法治周末》记者说。

但在姚红看来，这样的标准有不合理之处。

“这些候选案件中，有不少是不属于民事诉讼法或者行政诉讼法规定的。例如，个人能不能提起公益诉讼，检察机关能不能提起公益诉讼都是应该考虑的，这些都没有规定。”姚红说。

在候选案例中，徐为诉上海青春精神病康复医院非法限制人身自由案、邹宗利诉全国社保基金理事会拒不履行法定职责案、董正伟就公开火车票退票费成本信息诉国家铁路局案等案例都是以个人为主体，而在金沙县检察院诉金沙县环保局不履行职责案中检察院作为原告。

新修正的民事诉讼法第五十五条规定，对污染环境、侵害众多消费者合法权益等损害社会公共利益的行为，法律规定的机关和有关组织可以向人民法院提起诉讼。

“公益诉讼没有一个特定的主体，但是对涉及公共利益的行为，限定了两个主体，一类是机关、一个是组织。”姚红特别强调了民事诉讼法中对于公益诉讼起诉主体的规定。

“法律对公益诉讼有规定，我们在评选时的标准应当契合法律规定。”中华环保联合会法律事务中心诉讼部部长马勇对姚红的观点表示赞同。

中国社科院法学所研究员、法理学研究室副主任贺海仁的观点则是与李轩相同，应当采用广义上的公益诉讼标准，从而推动公益诉讼能够更好地发展。

“就公益诉讼这个角度而言，法律确实赋予了有关机关起诉的权利，但是并没有排斥其他的公民和组织。所以我希望公益诉讼发展能有更多人参与，而不仅限于这些机构。金沙县检察院诉金沙县环保局不履行职责案就开了很好的先例。对于真正为公共利益服务的主体，应该是越多越好，而不是有所限制。”贺海仁说。

最高法细化公益诉讼

2015年2月4日,《最高人民法院关于适用〈中华人民共和国民事诉讼法〉的解释》正式实施。其中,对于就公益诉讼受案条件、管辖等问题作出了详细规定。

2012年修改的民事诉讼法增加了公益诉讼制度,但仅有第五十五条这一个条文。

民事诉讼法关于公益诉讼的这一规定,不但没能有效推动公益诉讼的发展,反而由于可操作性不强而使公益诉讼陷入了低潮。

环保部下属的中华环保联合会,曾经在2013年向法院提起了八起诉讼,但没有一件被受理。

贺海仁在2013年的十大公益诉讼评选活动上对《法治周末》记者表示,公益诉讼在2013年没能摆脱低潮的困境,与这条规定有很大的关系。"这个标准极大地限制了公益诉讼的发展。规定中的'等损害社会公共利益的行为''法律规定的机关'和'有关组织'三个部分,这种抽象而又有待解释的描述,最后成为一些机关任意解释的依据。从这一点来看,我认为民事诉讼法在公益诉讼的修改上是失败的。"

此次司法解释的出台,对民事诉讼法中的规则进行了细化,对公益诉讼的规定多达八个条文。

司法解释对于民事诉讼法第五十五条作了更加具体的规定,细化了提起公益诉讼的四种具体受理条件:有明确的被告,有具体的诉讼请求,有社会公共利益受到损害的初步证据,属于法院受理民事诉讼的范围和受诉法院管辖。

同时,公益诉讼管辖级别上升。

司法解释规定,公益诉讼案件由侵权行为地或者被告住所地中级法院管辖,但法律、司法解释另有规定的除外。

中国民事诉讼法学研究会会长、清华大学法学院教授张卫平认为,将公益诉讼交由中级法院管辖,有利于破除地方保护主义,对公益诉讼的审理也会更加谨慎。

消法领域公益诉讼期待司法解释

民事诉讼法对于公益诉讼的规定中,明确列出了两个领域:污染环境和侵害众多消费者合法权益。

但在公益诉讼领域中，环境公益诉讼占据了绝大部分，而涉及消费者权益保护的公益诉讼少之又少，能够胜诉的更是凤毛麟角。

修改后的民事诉讼法实施后，在环境污染领域，环境保护法规定了环保公益诉讼主体资格，最高法院对环境公益诉讼的司法解释出台后，细化了环境公益诉讼规则。

“对环保社会力量参与环境保护的需要，现在是空前的明确和强烈，环境公益诉讼的案例也会快速增长。”环保部政策研究中心主任夏光表示。

与此形成鲜明对比的是，消费者保护领域的公益诉讼一直未能走出低谷。2014 年 3 月 15 日生效的消费者权益保护法规定，对侵害众多消费者合法权益的行为，省级以上消费者协会可向法院提起诉讼。除此之外，消费者权益保护法未对该领域公益诉讼给出更多规定。

中国人民大学法学院教授刘俊海在接受《法治周末》记者采访时表示，消费者权益保护领域的公益诉讼陷入了误区：地方法院在等最高法院出台消费者权益保护公益诉讼的司法解释，而最高法院则希望地方法院能够提供相应的判例来制定司法解释。

没有细化规则进行明确，消费者权益保护领域的公益诉讼的发展也陷入低谷。

2014 年 12 月 30 日，浙江省消费者权益保护委员会（以下简称浙江消保委）向上海铁路运输法院提起民事公益诉讼，请求判令上海铁路局立即停止“强制实名制购票乘车后遗失车票的消费者另行购票”的行为。

2015 年 1 月 30 日，上海铁路运输法院以“未能提供符合法律规定的相应起诉证明材料”为由，裁定此案“不予受理”。当天，浙江省消保委向上海铁路运输中级法院提起上诉，并向上海市高级人民法院递交了《关于请求对全国第一例消费公益诉讼进行立案监督的报告》。

该案例也是 2014 年的候选案例，评委的推荐理由在对浙江消保委行为予以肯定和支持外，也坦承“立案难显然还是公益诉讼的老大难问题，期待四中全会决定和最高法院刚刚颁布的司法解释规定的立案登记制有助于解决这一难题”。

中国消费者权益保护法研究会常务理事、中国政法大学副教授吴景明认为，新修正的消费者权益保护法生效近一年，消费者权益保护领域公益诉讼仅浙江省消协诉上海铁路局一例，这与公益诉讼法律规则的缺失关系紧密。

“没有相应的法律规定，各地消协并不知道该如何提起公益诉讼。日常生活中，垄断行业通过各种方式损害消费者利益的情况并不少见，公益诉讼是减少和杜绝这些行业长期侵犯消费者行为的有效途径。”吴景明对《法治周末》记者说。

吴景明认为，民事诉讼法司法解释给消费者权益保护类公益诉讼提供了一系列法律规则，但该领域内的很多具体情况和问题的解决，仍需更有针对性的司法规则出台。

跋

借力司法改革，助推民事诉讼立法与司法完善

李　轩

在书稿行将付梓之际，以党的十八届四中全会决定为标志性纲领的第三轮司法改革拉开了帷幕。四中全会决定第四部分以"保证公正司法，提高司法公信力"为题，特别强调"公正是法治的生命线。司法公正对社会公正具有重要引领作用，司法不公对社会公正具有致命破坏作用。必须完善司法管理体制和司法权力运行机制，规范司法行为，加强对司法活动的监督，努力让人民群众在每一个司法案件中感受到公平正义。"此番论述无疑是今后一段时期民事诉讼立法和司法的原则指引。民事诉讼法的修改属于广义民事司法改革的范畴，民事司法改革的成果部分也为民事诉讼立法所吸纳；或者说，民事诉讼法的修改与民事司法改革必然趋同或至少存在某种良性互动关系。笔者思考的是，能否借力当下新一轮司法改革，助推民事诉讼制度的立法和司法完善？

一、"周强之问"与对司法改革的期待

日前，据人民网报道，在北京举行的全国高级法院院长会议上，最高人民法院院长、首席大法官周强表示，在网上经常能看到某某地方法庭把律师赶出法庭，"坦率讲，我百思不得其解，法官老把律师赶出法庭，如果是违反法庭的秩序，不行你可以休庭，也有录音录像，你公布出来就完了，这个确实要提高庭审能力和转变审判观念。当然问题在哪里我们也知道，都协调好了要怎么判，（但是）律师打乱了原来的程序。这个恰恰是要改革的对象。"①

① 参见《南方都市报》2015 年 1 月 25 日发表的社论：《"把律师赶出法庭"，法治将百思不得解》。

对周强院长所称的“百思不得其解”，笔者称之为“周强之问”。它表明，在某些案件中，在某些法庭上，“辩审冲突”成了当前困扰司法审判的重要难题。无论是周强院长的讲话，还是媒体披露的个案，都清楚地表明“辩审冲突”产生的主要原因在于法官对律师不够尊重、不愿倾听，而不够尊重、不愿倾听的主要原因在于“先定后审”，其实质是司法不公。

笔者认为，“周强之问”反映的是局部地方、部分案件尤其是刑事案件中的司法人员与律师关系的常态，折射出的是当前中国“法律职业共同体”的深层危机。如果司法人员对律师缺乏起码的尊重，动辄将律师赶出法庭，何来“法律职业共同体”可言？没有“法律职业共同体”意识，又何来司法公正？所以，“周强之问”看系庭审表象问题，实则深入司法核心，关系司法改革长远。

诚如周强院长坦言，“问题在哪里我们也知道，都协调好了要怎么判”。所谓“都协调好了”，指的便是刑事诉讼中公检法三机关基于“互相配合”的关系属性而导致的庭审角色越位，法官不再中立，甚至成了第二公诉人，导致庭审虚化。虽然周强院长“百思不得其解”的主要是刑事诉讼乃至行政诉讼中的“审辩冲突”问题，但是毋庸讳言，类似问题在民商事诉讼中同样存在，只不过由于民商事案件的特殊性，代理律师们和法庭的冲突不像辩护律师们和法庭的冲突那么激烈罢了。

虽然目前从党的十八届四中全会的决定和最高法院有关司法解释或者司法政策性文件规定中，我们看到了司法改革的强烈信号，包括强调审判独立和法院去地方化、去行政化，但所有这一切还需要更多的立法努力和配套措施予以跟进，为此这个过程令人充满期待。

二、借力司法改革助推民事诉讼制度的立法、司法完善

结合对当前我国正在进行的各种司法改革思路和地方试点做法的反思与探究，笔者认为，最近几年有关方面必须抓住时代机遇，借力司法改革助推民事诉讼制度的立法完善，以逐步改变当前不利于民事司法公正的局面，最终通过良性司法实现普遍正义。当然，司法改革一是必须于法有据，突破现行法律框架的改革应当经由全国人大常委会作出决定才能试点或推行；二是必须经过理性设计、科学评估，防止形式主义或急于求成。反思当前正在如火如荼推行的司法改革试点，笔者认为助推民事诉讼制度的立法、司法完善的可行的做法包括但不限于以下措施。

(一)科学设置司法官遴选制度,奠定司法公正的人力资源基础

四中全会决定要求:“推进法治专门队伍正规化、专业化、职业化,提高职业素养和专业水平,建立法官、检察官逐级遴选制度。初任法官、检察官由高级人民法院、省级人民检察院统一招录,一律在基层法院、检察院任职。上级人民法院、人民检察院的法官、检察官一般从下一级人民法院、人民检察院的优秀法官、检察官中遴选。”①这一决定无疑是正确的,有助于完善司法职业准入制度,促进司法人员专业化、职业化,保障司法人员的整体素质。但是,如何具体建立法官、检察官遴选制度,是否设立专门的遴选机构,如何实现遴选程序的公正性和遴选结果的有效性,决定没有提及。中央全面深化改革领导小组第三次会议审议通过的《关于司法体制改革试点若干问题的框架意见》,也明确提出要在省一级设立法官遴选委员会,作为省以下法院人员省级统管之后的法官遴选机构。对于这一机构的人员组成与运作方式,中央司改办负责人的解读是:“遴选委员会的组成,应当具有广泛代表性,既有经验丰富的法官代表,又有律师和法学学者等社会人士代表。”遴选委员会“从专业角度提出法官人选,由组织人事、纪检监察部门在政治素养、廉洁自律等方面考察把关,人大依照法律程序任免。”②

从几个司法改革试点地方的情况看来,社会各界普遍认为成立省一级的司法官遴选委员会是非常必要的,但遴选委员会是设在省高级人民法院、省级人民检察院各自内部,抑或同级人大或同级政法委员会,尚存不少争议。据报道,2014 年 10 月 25 日,全国法院系统首个法官遴选委员会在北京试水。这个遴选委员会由法官、学者、律师代表共同组成,从北京市首批选任了 25 名知识产权法院法官,从事知识产权审判平均年限为 10 年。广东高院政治部主任周玲介绍,广州知识产权法院法官遴选委员会首次采取面向全省法院公开遴选的方式,选配首批 10 名主审法官。③ 看来,在没有法律规定的情况下,各地“先行先试”,比较倾向于省高级人民法院、省级人民检察院分别设立法官遴选委员会、检察官遴选委员会。

但是,在笔者看来,省高级人民法院、省级人民检察院分别设立法官遴选委员会、检察官遴选委员会这种各自为政的做法显然是不妥的,有违遴选制度公平、公正、公开的基本原则。揆诸各国司法官遴选制度,其遴选委员会的设置与构成莫不强调中立性、权威性、专业性、多元化和透明化。法院、检察院自设遴选委员会,无论吸收多少专家学者和律师参加,都有失中立

① 参见《中共中央关于全面推进依法治国若干重大问题的决定》。

② 参见何帆:《法官遴选委员会的五个关键词》,载于《人民法院报》2014 年 7 月 28 日第五版。

③ 全国法院系统首个法官遴选委员会在北京试水。

性、权威性和透明性。所以，笔者建议，与我国现行宪法和人民法院组织法、人民检察院组织法由省一级人大决定法官任免的规定相一致，最恰当的选择是在省一级人大常委会设立法官检察官遴选委员会。为保证这一机构的权威性，全国人大常委会必须以“决定”的方式立法，授权省一级人大常委会设立法官检察官遴选委员会，由省一级人大常委会负责法官检察官遴选委员会的组织工作。法官检察官遴选委员会实行委员会制，但必须在省级人大常设办事机构。法官检察官遴选委员会不仅负责初任法官检察官的遴选，而且负责法官检察官的晋级、任免、弹劾、考评等事务，加强职业道德和职业伦理方面的考核，以便使过去流于形式的任免机制落到实处。笔者强调，法官检察官遴选委员会在任何环节的遴选、考评过程中，实行法官负面清单机制，一旦核实拟任或在任法官存在有违职业道德的行为，就应拒绝录用或启动推出弹劾机制，以确保法官检察官保有司法良知和人格独立。

（二）推进以庭审为中心的民事庭审制度改革，重申正当程序原则

四中全会决定在阐述“推进严格司法”相关内容时强调“坚持以事实为根据、以法律为准绳，健全事实认定符合客观真相、办案结果符合实体公正、办案过程符合程序公正的法律制度”，要求“推进以审判为中心的诉讼制度改革，确保侦查、审查起诉的案件事实证据经得起法律的检验。全面贯彻证据裁判规则，严格依法收集、固定、保存、审查、运用证据，完善证人、鉴定人出庭制度，保证庭审在查明事实、认定证据、保护诉权、公正裁判中发挥决定性作用”。根据这一司法改革要求，在民商事司法领域，我们必须推进以庭审为中心的民事庭审制度改革，重申正当程序原则。对前一轮司法改革过度强调“调解优先”的现象，我们必须加以反思和规范，坚持根据自愿与合法的原则进行调解，能调则调，当判则判，坚决制止河南等地曾经盛行一时的违背司法规律的所谓“零判决竞赛”。最高法院也应适时修改2009年发布的《关于建立健全诉讼与非诉讼相衔接的矛盾纠纷解决机制的若干意见》和2010年发布的《关于进一步贯彻“调解优先、调判结合”工作原则的若干意见》两个司法政策性文件，将立案强制调解改为诉前自愿申请调解，纠正“过度调解”导向对正当程序理念的破坏。

在推进以庭审为中心的民事庭审制度改革的过程中，我们还要适当强化法院、法官的职权行为和作为义务，注意防止那种相反的所谓“当事人主义”，即出于法院部门本位主义而弱化甚至推卸法院、法官的法定义务，将调查取证等义务全部一推了之的做法。作为过渡措施，笔者强烈建议暂以司法解释的方式明确“调查令”的地位和效力，赋予代理律师通过法院调查令调查取证的特权，以缓解因当事人或代理律师“举证不能”而造成的司法不公。

（三）加强法官职业保障机制，确保法官保有“司法良知”和“人格独立”

四中全会决定重申了“完善确保依法独立公正行使审判权和检察权的制度”，要求“各级党政机关和领导干部要支持法院、检察院依法独立公正行使职权。建立领导干部干预司法活动、插手具体案件处理的记录、通报和责任追究制度。任何党政机关和领导干部都不得让司法机关做违反法定职责、有碍司法公正的事情，任何司法机关都不得执行党政机关和领导干部违法干预司法活动的要求。对干预司法机关办案的，给予党纪政纪处分；造成冤假错案或者其他严重后果的，依法追究刑事责任。”这一要求无疑是至关重要的，只有加强法官职业保障机制，才能真正减少外来干预，确保法官秉诸良心依法办案，做到“让审理者裁判，让裁判者负责”。决定还提出“建立健全司法人员履行法定职责保护机制。非因法定事由，非经法定程序，不得将法官、检察官调离、辞退或者作出免职、降级等处分”，笔者建议将这一要求通过立法落实为前述司法官遴选委员会的法定权限和职责，即法院本身及其院长、庭长不得享有调离、辞退法官或者对法官作出免职、降级处分，如有类似需要只能提交司法官遴选委员会议决，同时实行法官终身制。只有“内外兼修”，全面加强法官职业保障机制，确保法官保有“司法良知”和“人格独立”，才能从根本上解决当前司法不公的现象。

（四）严格实行民事错案责任追究制，倒逼民事司法公正

四中全会决定强调：“明确各类司法人员工作职责、工作流程、工作标准，实行办案质量终身负责制和错案责任倒查问责制，确保案件处理经得起法律和历史检验。”随着司法改革试点工作的推进和各地法院司法改革的全面展开，笔者认为，与刑事冤案责任追究制同步，民事错案责任追究制也必须尽快提上议事日程。只要查实在司法过程中存在徇私枉法或吃请受礼等不当行为并导致二审或再审改判的（当然，基于自由裁量权行使而导致的非过错性改判除外），必须追究相关办案人员和责任人员的法律责任，直至由前述遴选委员会提出罢免建议，由同级人大作出决定清理出司法队伍。通过民事错案责任追究制的反面示范效应，或能在较大程度上倒逼民事司法公正。

（五）尝试“高薪养廉”，实行司法人员“倍薪”制

作为司法改革的一个重要配套机制，笔者认为，“高薪养廉”也是司法改革的当务之急。只有让法官、检察官衣食无忧、不为斗米折腰，才能在一般意义上保障其司法良知和独立人格不受金钱、权力所左右。鉴于法治发达国家法官的薪金通常是普通公务员的三倍甚至更多，考虑到我国实际国情，笔者建议实行司法人员“倍薪”制：其中原有相当于公务员工资的部分用以保障其基本生活需要，另行增加一倍工资以便保证其相当优越的物资生活。

总之,展望远景,笔者对司法改革充满期待。民事诉讼是整个司法活动的重要组成部分,民事司法公正与否,事关新一轮司法改革的成败。我们必须在司法改革过程中始终关注并不断促进民事立法和司法的完善,促进司法公正。惟其如此,我们才能逐步实现司法公正的改革目标,才能让每一个公民在每一个具体案件中感受到公平正义。

附　录

民事诉讼法修正案及关联法律、司法解释选编

全国人民代表大会常务委员会关于修改《中华人民共和国民事诉讼法》的决定

（2012 年 8 月 31 日第十一届全国人民代表大会常务委员会第二十八次会议通过）

第十一届全国人民代表大会常务委员会第二十八次会议决定对《中华人民共和国民事诉讼法》作如下修改：

一、第十三条增加一款，作为第一款："民事诉讼应当遵循诚实信用原则。"

二、将第十四条修改为："人民检察院有权对民事诉讼实行法律监督。"

三、删去第十六条。

四、将第二十五条改为第三十四条，修改为："合同或者其他财产权益纠纷的当事人可以书面协议选择被告住所地、合同履行地、合同签订地、原告住所地、标的物所在地等与争议有实际联系的地点的人民法院管辖，但不得违反本法对级别管辖和专属管辖的规定。"

五、增加一条，作为第二十六条："因公司设立、确认股东资格、分配利润、解散等纠纷提起的诉讼，由公司住所地人民法院管辖。"

六、将第三十八条改为第一百二十七条，增加一款，作为第二款："当事人未提出管辖异议，并应诉答辩的，视为受诉人民法院有管辖权，但违反级别管辖和专属管辖规定的除外。"

七、将第三十九条改为第三十八条，第一款修改为："上级人民法院有权审理下级人民法院管辖的第一审民事案件；确有必要将本院管辖的第一审民事案件交下级人民法院审理的，应当报请其上级人民法院批准。"

八、将第四十五条改为第四十四条，修改为："审判人员有下列情形之一的，应当自行回避，当事人有权用口头或者书面方式申请他们回避：

"（一）是本案当事人或者当事人、诉讼代理人近亲属的；

"（二）与本案有利害关系的；

"（三）与本案当事人、诉讼代理人有其他关系，可能影响对案件公正审理的。

"审判人员接受当事人、诉讼代理人请客送礼，或者违反规定会见当事人、诉讼代理人的，当事人有权要求他们回避。

"审判人员有前款规定的行为的，应当依法追究法律责任。

"前三款规定，适用于书记员、翻译人员、鉴定人、勘验人。"

九、增加一条，作为第五十五条："对污染环境、侵害众多消费者合法权益等损害社会公共利益的行为,法律规定的机关和有关组织可以向人民法院提起诉讼。"

十、第五十六条增加一款,作为第三款:"前两款规定的第三人,因不能归责于本人的事由未参加诉讼,但有证据证明发生法律效力的判决、裁定、调解书的部分或者全部内容错误,损害其民事权益的,可以自知道或者应当知道其民事权益受到损害之日起六个月内,向作出该判决、裁定、调解书的人民法院提起诉讼。人民法院经审理,诉讼请求成立的,应当改变或者撤销原判决、裁定、调解书;诉讼请求不成立的,驳回诉讼请求。"

十一、将第五十八条第二款修改为:"下列人员可以被委托为诉讼代理人:

"(一)律师、基层法律服务工作者;

"(二)当事人的近亲属或者工作人员;

"(三)当事人所在社区、单位以及有关社会团体推荐的公民。"

十二、将第六十三条修改为:"证据包括:

"(一)当事人的陈述;

"(二)书证;

"(三)物证;

"(四)视听资料;

"(五)电子数据;

"(六)证人证言;

"(七)鉴定意见;

"(八)勘验笔录。

"证据必须查证属实,才能作为认定事实的根据。"

相应地将第一百二十四条、第一百七十一条中的"鉴定结论"修改为"鉴定意见"。

十三、增加二条,作为第六十五条、第六十六条:

"第六十五条　当事人对自己提出的主张应当及时提供证据。

"人民法院根据当事人的主张和案件审理情况,确定当事人应当提供的证据及其期限。当事人在该期限内提供证据确有困难的,可以向人民法院申请延长期限,人民法院根据当事人的申请适当延长。当事人逾期提供证据的,人民法院应当责令其说明理由;拒不说明理由或者理由不成立的,人民法院根据不同情形可以不予采纳该证据,或者采纳该证据但予以训诫、罚款。

"第六十六条　人民法院收到当事人提交的证据材料,应当出具收据,写明证据名称、页数、份数、原件或者复印件以及收到时间等,并由经办人员签名或者盖章。"

十四、将第六十七条改为第六十九条,修改为:"经过法定程序公证证明的法律事实和文书,人民法院应当作为认定事实的根据,但有相反证据足以推翻公证证明的除外。"

十五、将第七十条改为三条,作为第七十二条、第七十三条、第七十四条,修改为:

"第七十二条　凡是知道案件情况的单位和个人,都有义务出庭作证。有关单位的负责人应当支持证人作证。

"不能正确表达意思的人,不能作证。

"第七十三条　经人民法院通知,证人应当出庭作证。有下列情形之一的,经人民法院许可,可以通过书面证言、视听传输技术或者视听资料等方式作证:

"(一)因健康原因不能出庭的;

"(二)因路途遥远,交通不便不能出庭的;

“（三）因自然灾害等不可抗力不能出庭的；

“（四）其他有正当理由不能出庭的。

“第七十四条　证人因履行出庭作证义务而支出的交通、住宿、就餐等必要费用以及误工损失，由败诉一方当事人负担。当事人申请证人作证的，由该当事人先行垫付；当事人没有申请，人民法院通知证人作证的，由人民法院先行垫付。”

相应地将第六十二条中的“意志”修改为“意思”。

十六、将第七十二条改为三条，作为第七十六条、第七十七条、第七十八条，修改为：

“第七十六条　当事人可以就查明事实的专门性问题向人民法院申请鉴定。当事人申请鉴定的，由双方当事人协商确定具备资格的鉴定人；协商不成的，由人民法院指定。

“当事人未申请鉴定，人民法院对专门性问题认为需要鉴定的，应当委托具备资格的鉴定人进行鉴定。

“第七十七条　鉴定人有权了解进行鉴定所需要的案件材料，必要时可以询问当事人、证人。

“鉴定人应当提出书面鉴定意见，在鉴定书上签名或者盖章。

“第七十八条　当事人对鉴定意见有异议或者人民法院认为鉴定人有必要出庭的，鉴定人应当出庭作证。经人民法院通知，鉴定人拒不出庭作证的，鉴定意见不得作为认定事实的根据；支付鉴定费用的当事人可以要求返还鉴定费用。”

增加一条，作为第七十九条：“当事人可以申请人民法院通知有专门知识的人出庭，就鉴定人作出的鉴定意见或者专业问题提出意见。”

十七、将第七十四条改为第八十一条，修改为：“在证据可能灭失或者以后难以取得的情况下，当事人可以在诉讼过程中向人民法院申请保全证据，人民法院也可以主动采取保全措施。

“因情况紧急，在证据可能灭失或者以后难以取得的情况下，利害关系人可以在提起诉讼或者申请仲裁前向证据所在地、被申请人住所地或者对案件有管辖权的人民法院申请保全证据。

“证据保全的其他程序，参照适用本法第九章保全的有关规定。”

十八、将第七十九条改为第八十六条，修改为：“受送达人或者他的同住成年家属拒绝接收诉讼文书的，送达人可以邀请有关基层组织或者所在单位的代表到场，说明情况，在送达回证上记明拒收事由和日期，由送达人、见证人签名或者盖章，把诉讼文书留在受送达人的住所；也可以把诉讼文书留在受送达人的住所，并采用拍照、录像等方式记录送达过程，即视为送达。”

增加一条，作为第八十七条：“经受送达人同意，人民法院可以采用传真、电子邮件等能够确认其收悉的方式送达诉讼文书，但判决书、裁定书、调解书除外。

“采用前款方式送达的，以传真、电子邮件等到达受送达人特定系统的日期为送达日期。”

十九、将第八十二条改为第九十条，修改为：“受送达人被监禁的，通过其所在监所转交。

“受送达人被采取强制性教育措施的，通过其所在强制性教育机构转交。”

相应地将第二十三条第三项修改为：“（三）对被采取强制性教育措施的人提起的诉讼”。

二十、将第九章的章名、第九十六条、第九十九条、第一百四十条、第二百五十六条中的“财产保全”修改为“保全”。

二十一、将第九十二条改为第一百条，修改为：“人民法院对于可能因当事人一方的行为或者其他原因，使判决难以执行或者造成当事人其他损害的案件，根据对方当事人的申请，可以裁定对其财产进行保全、责令其作出一定行为或者禁止其作出一定行为；当事人没有提出申请的，人民法院在必要时也可以裁定采取保全措施。

“人民法院采取保全措施，可以责令申请人提供担保，申请人不提供担保的，裁定驳回申请。

“人民法院接受申请后，对情况紧急的，必须在四十八小时内作出裁定；裁定采取保全措施的，应当立即开始执行。”

二十二、将第九十三条改为第一百零一条，修改为：“利害关系人因情况紧急，不立即申请保全将会使其合法权益受到难以弥补的损害的，可以在提起诉讼或者申请仲裁前向被保全财产所在地、被申请人住所地或者对案件有管辖权的人民法院申请采取保全措施。申请人应当提供担保，不提供担保的，裁定驳回申请。

“人民法院接受申请后，必须在四十八小时内作出裁定；裁定采取保全措施的，应当立即开始执行。

“申请人在人民法院采取保全措施后三十日内不依法提起诉讼或者申请仲裁的，人民法院应当解除保全。”

二十三、将第九十四条改为二条，作为第一百零二条、第一百零三条，修改为：

“第一百零二条　保全限于请求的范围，或者与本案有关的财物。

“第一百零三条　财产保全采取查封、扣押、冻结或者法律规定的其他方法。人民法院保全财产后，应当立即通知被保全财产的人。

“财产已被查封、冻结的，不得重复查封、冻结。”

将第九十五条改为第一百零四条，修改为：“财产纠纷案件，被申请人提供担保的，人民法院应当裁定解除保全。”

二十四、增加二条，作为第一百一十二条、第一百一十三条：

“第一百一十二条　当事人之间恶意串通，企图通过诉讼、调解等方式侵害他人合法权益的，人民法院应当驳回其请求，并根据情节轻重予以罚款、拘留；构成犯罪的，依法追究刑事责任。

“第一百一十三条　被执行人与他人恶意串通，通过诉讼、仲裁、调解等方式逃避履行法律文书确定的义务的，人民法院应当根据情节轻重予以罚款、拘留；构成犯罪的，依法追究刑事责任。”

二十五、将第一百零三条改为第一百一十四条，第一款第二项修改为：“（二）有关单位接到人民法院协助执行通知书后，拒不协助查询、扣押、冻结、划拨、变价财产的”。

将第一百零四条改为第一百一十五条，第一款修改为：“对个人的罚款金额，为人民币十万元以下。对单位的罚款金额，为人民币五万元以上一百万元以下。”

二十六、将第一百一十条改为第一百二十一条，第一项改为二项，作为第一项、第二项，修改为：

“（一）原告的姓名、性别、年龄、民族、职业、工作单位、住所、联系方式，法人或者其他组织的名称、住所和法定代表人或者主要负责人的姓名、职务、联系方式；

“（二）被告的姓名、性别、工作单位、住所等信息，法人或者其他组织的名称、住所等信息”。

将第一百一十三条改为第一百二十五条，修改为：“人民法院应当在立案之日起五日内将起诉状副本发送被告，被告应当在收到之日起十五日内提出答辩状。答辩状应当记明被告的姓名、性别、年龄、民族、职业、工作单位、住所、联系方式；法人或者其他组织的名称、住所和法定代表人或者主要负责人的姓名、职务、联系方式。人民法院应当在收到答辩状之日起五日内将答辩状副本发送原告。

“被告不提出答辩状的，不影响人民法院审理。”

二十七、增加一条，作为第一百二十二条：“当事人起诉到人民法院的民事纠纷，适宜调解的，先行调解，但当事人拒绝调解的除外。”

二十八、将第一百一十一条改为第一百二十四条，其中的“人民法院对符合本法第一百零八条的起诉，必须受理；对下列起诉，分别情形，予以处理：”修改为：“人民法院对下列起诉，分别情形，予以处理：”。

第二项修改为：“（二）依照法律规定，双方当事人达成书面仲裁协议申请仲裁、不得向人民法院起诉的，告知原告向仲裁机构申请仲裁”。

第五项修改为：“（五）对判决、裁定、调解书已经发生法律效力的案件，当事人又起诉的，告知原告申请再审，但人民法院准许撤诉的裁定除外”。

二十九、将第一百一十二条改为第一百二十三条，修改为：“人民法院应当保障当事人依照法律规定享有的起诉权利。对符合本法第一百一十九条的起诉，必须受理。符合起诉条件的，应当在七日内立案，并通知当事人；不符合起诉条件的，应当在七日内作出裁定书，不予受理；原告对裁定不服的，可以提起上诉。”

三十、增加一条，作为第一百三十三条：“人民法院对受理的案件，分别情形，予以处理：

“（一）当事人没有争议，符合督促程序规定条件的，可以转入督促程序；

“（二）开庭前可以调解的，采取调解方式及时解决纠纷；

“（三）根据案件情况，确定适用简易程序或者普通程序；

“（四）需要开庭审理的，通过要求当事人交换证据等方式，明确争议焦点。”

三十一、将第一百二十四条改为第一百三十八条，第三项修改为：“（三）出示书证、物证、视听资料和电子数据”。

三十二、将第一百三十八条改为第一百五十二条，第一款中的“判决书应当写明：”修改为：“判决书应当写明判决结果和作出该判决的理由。判决书内容包括：”。

第一款第二项修改为：“（二）判决认定的事实和理由、适用的法律和理由”。

三十三、将第一百四十条改为第一百五十四条，第一款第九项修改为：“（九）撤销或者不予执行仲裁裁决”。

第二款修改为：“对前款第一项至第三项裁定，可以上诉。”

第三款修改为：“裁定书应当写明裁定结果和作出该裁定的理由。裁定书由审判人员、书记员署名，加盖人民法院印章。口头裁定的，记入笔录。”

三十四、增加一条，作为第一百五十六条：“公众可以查阅发生法律效力的判决书、裁定书，但涉及国家秘密、商业秘密和个人隐私的内容除外。”

三十五、将第一百四十二条改为第一百五十七条，增加一款，作为第二款：“基层人民法院和它派出的法庭审理前款规定以外的民事案件,当事人双方也可以约定适用简易程序。"

三十六、将第一百四十四条改为第一百五十九条,修改为:"基层人民法院和它派出的法庭审理简单的民事案件,可以用简便方式传唤当事人和证人、送达诉讼文书、审理案件,但应当保障当事人陈述意见的权利。"

三十七、增加一条,作为第一百六十二条:"基层人民法院和它派出的法庭审理符合本法第一百五十七条第一款规定的简单的民事案件,标的额为各省、自治区、直辖市上年度就业人员年平均工资百分之三十以下的,实行一审终审。"

三十八、增加一条,作为第一百六十三条:"人民法院在审理过程中,发现案件不宜适用简易程序的,裁定转为普通程序。"

三十九、将第一百五十二条改为第一百六十九条,第一款修改为:"第二审人民法院对上诉案件,应当组成合议庭,开庭审理。经过阅卷、调查和询问当事人,对没有提出新的事实、证据或者理由,合议庭认为不需要开庭审理的,可以不开庭审理。"

四十、将第一百五十三条改为第一百七十条,修改为:"第二审人民法院对上诉案件,经过审理,按照下列情形,分别处理:

"(一)原判决、裁定认定事实清楚,适用法律正确的,以判决、裁定方式驳回上诉,维持原判决、裁定;

"(二)原判决、裁定认定事实错误或者适用法律错误的,以判决、裁定方式依法改判、撤销或者变更;

"(三)原判决认定基本事实不清的,裁定撤销原判决,发回原审人民法院重审,或者查清事实后改判;

"(四)原判决遗漏当事人或者违法缺席判决等严重违反法定程序的,裁定撤销原判决,发回原审人民法院重审。

"原审人民法院对发回重审的案件作出判决后,当事人提起上诉的,第二审人民法院不得再次发回重审。"

四十一、将第一百六十条改为第一百七十七条,修改为:"人民法院审理选民资格案件、宣告失踪或者宣告死亡案件、认定公民无民事行为能力或者限制民事行为能力案件、认定财产无主案件、确认调解协议案件和实现担保物权案件,适用本章规定。本章没有规定的,适用本法和其他法律的有关规定。"

四十二、在第十五章第五节后增加二节,作为第六节、第七节:

"第六节　确认调解协议案件

"第一百九十四条　申请司法确认调解协议,由双方当事人依照人民调解法等法律,自调解协议生效之日起三十日内,共同向调解组织所在地基层人民法院提出。

"第一百九十五条　人民法院受理申请后,经审查,符合法律规定的,裁定调解协议有效,一方当事人拒绝履行或者未全部履行的,对方当事人可以向人民法院申请执行;不符合法律规定的,裁定驳回申请,当事人可以通过调解方式变更原调解协议或者达成新的调解协议,也可以向人民法院提起诉讼。

"第七节　实现担保物权案件

"第一百九十六条　申请实现担保物权,由担保物权人以及其他有权请求实现担保物权的人依照物权法等法律,向担保财产所在地或者担保物权登记地基层人民法院提出。

“第一百九十七条　人民法院受理申请后，经审查，符合法律规定的，裁定拍卖、变卖担保财产，当事人依据该裁定可以向人民法院申请执行；不符合法律规定的，裁定驳回申请，当事人可以向人民法院提起诉讼。”

四十三、将第一百七十八条改为第一百九十九条，修改为：“当事人对已经发生法律效力的判决、裁定，认为有错误的，可以向上一级人民法院申请再审；当事人一方人数众多或者当事人双方为公民的案件，也可以向原审人民法院申请再审。当事人申请再审的，不停止判决、裁定的执行。”

四十四、将第一百七十九条改为第二百条，第一款第五项修改为：“（五）对审理案件需要的主要证据，当事人因客观原因不能自行收集，书面申请人民法院调查收集，人民法院未调查收集的”。

删去第一款第七项。

将第二款作为第十三项，修改为：“（十三）审判人员审理该案件时有贪污受贿，徇私舞弊，枉法裁判行为的。”

四十五、将第一百八十一条改为第二百零四条，修改为：“人民法院应当自收到再审申请书之日起三个月内审查，符合本法规定的，裁定再审；不符合本法规定的，裁定驳回申请。有特殊情况需要延长的，由本院院长批准。

“因当事人申请裁定再审的案件由中级人民法院以上的人民法院审理，但当事人依照本法第一百九十九条的规定选择向基层人民法院申请再审的除外。最高人民法院、高级人民法院裁定再审的案件，由本院再审或者交其他人民法院再审，也可以交原审人民法院再审。”

四十六、将第一百八十二条改为第二百零一条。将第一百七十七条、第一百八十三条、第一百八十五条、第一百八十九条改为第一百九十八条、第二百零二条、第二百零六条、第二百一十二条，修改为：

“第一百九十八条　各级人民法院院长对本院已经发生法律效力的判决、裁定、调解书，发现确有错误，认为需要再审的，应当提交审判委员会讨论决定。

“最高人民法院对地方各级人民法院已经发生法律效力的判决、裁定、调解书，上级人民法院对下级人民法院已经发生法律效力的判决、裁定、调解书，发现确有错误的，有权提审或者指令下级人民法院再审。

“第二百零二条　当事人对已经发生法律效力的解除婚姻关系的判决、调解书，不得申请再审。

“第二百零六条　按照审判监督程序决定再审的案件，裁定中止原判决、裁定、调解书的执行，但追索赡养费、扶养费、抚育费、抚恤金、医疗费用、劳动报酬等案件，可以不中止执行。

“第二百一十二条　人民检察院决定对人民法院的判决、裁定、调解书提出抗诉的，应当制作抗诉书。”

四十七、将第一百八十四条改为第二百零五条，修改为：“当事人申请再审，应当在判决、裁定发生法律效力后六个月内提出；有本法第二百条第一项、第三项、第十二项、第十三项规定情形的，自知道或者应当知道之日起六个月内提出。”

四十八、将第一百八十七条改为第二百零八条，修改为：“最高人民检察院对各级人民法院已经发生法律效力的判决、裁定,上级人民检察院对下级人民法院已经发生法律效力的判决、裁定,发现有本法第二百条规定情形之一的,或者发现调解书损害国家利益、社会公共利益的,应当提出抗诉。

"地方各级人民检察院对同级人民法院已经发生法律效力的判决、裁定,发现有本法第二百条规定情形之一的,或者发现调解书损害国家利益、社会公共利益的,可以向同级人民法院提出检察建议,并报上级人民检察院备案;也可以提请上级人民检察院向同级人民法院提出抗诉。

"各级人民检察院对审判监督程序以外的其他审判程序中审判人员的违法行为,有权向同级人民法院提出检察建议。"

四十九、增加二条,作为第二百零九条、第二百一十条:

"第二百零九条　有下列情形之一的,当事人可以向人民检察院申请检察建议或者抗诉:

"(一)人民法院驳回再审申请的;

"(二)人民法院逾期未对再审申请作出裁定的;

"(三)再审判决、裁定有明显错误的。

"人民检察院对当事人的申请应当在三个月内进行审查,作出提出或者不予提出检察建议或者抗诉的决定。当事人不得再次向人民检察院申请检察建议或者抗诉。

"第二百一十条　人民检察院因履行法律监督职责提出检察建议或者抗诉的需要,可以向当事人或者案外人调查核实有关情况。"

五十、将第一百八十八条改为第二百一十一条,修改为:"人民检察院提出抗诉的案件,接受抗诉的人民法院应当自收到抗诉书之日起三十日内作出再审的裁定;有本法第二百条第一项至第五项规定情形之一的,可以交下一级人民法院再审,但经该下一级人民法院再审的除外。"

五十一、将第一百九十四条改为第二百一十七条,修改为:"人民法院收到债务人提出的书面异议后,经审查,异议成立的,应当裁定终结督促程序,支付令自行失效。

"支付令失效的,转入诉讼程序,但申请支付令的一方当事人不同意提起诉讼的除外。"

五十二、将第二百零七条改为第二百三十条,第二款修改为:"申请执行人因受欺诈、胁迫与被执行人达成和解协议,或者当事人不履行和解协议的,人民法院可以根据当事人的申请,恢复对原生效法律文书的执行。"

五十三、增加一条,作为第二百三十五条:"人民检察院有权对民事执行活动实行法律监督。"

五十四、将第二百一十三条改为第二百三十七条,第二款第四项、第五项修改为:

"(四)裁决所根据的证据是伪造的;

"(五)对方当事人向仲裁机构隐瞒了足以影响公正裁决的证据的"。

五十五、将第二百一十六条改为第二百四十条,修改为:"执行员接到申请执行书或者移交执行书,应当向被执行人发出执行通知,并可以立即采取强制执行措施。"

五十六、将第二百一十八条改为第二百四十二条,修改为:"被执行人未按执行通知履行法律文书确定的义务,人民法院有权向有关单位查询被执行人的存款、债券、股票、基金份额等财产情况。人民法院有权根据不同情形扣押、冻结、划拨、变价被执行人的财产。人民法院查询、扣押、冻结、划拨、变价的财产不得超出被执行人应当履行义务的范围。

“人民法院决定扣押、冻结、划拨、变价财产,应当作出裁定,并发出协助执行通知书,有关单位必须办理。”

五十七、将第二百二十三条改为第二百四十七条,修改为:“财产被查封、扣押后,执行员应当责令被执行人在指定期间履行法律文书确定的义务。被执行人逾期不履行的,人民法院应当拍卖被查封、扣押的财产;不适于拍卖或者当事人双方同意不进行拍卖的,人民法院可以委托有关单位变卖或者自行变卖。国家禁止自由买卖的物品,交有关单位按照国家规定的价格收购。”

五十八、删去第二百四十二条、第二百四十三条。

五十九、将第二百四十五条改为第二百六十七条,第六项修改为:“(六)受送达人所在国的法律允许邮寄送达的,可以邮寄送达,自邮寄之日起满三个月,送达回证没有退回,但根据各种情况足以认定已经送达的,期间届满之日视为送达”。

增加一项,作为第七项:“(七)采用传真、电子邮件等能够确认受送达人收悉的方式送达”。

第七项改为第八项,修改为:“(八)不能用上述方式送达的,公告送达,自公告之日起满三个月,即视为送达。”

六十、删去第二十六章“财产保全”。

民事诉讼法的有关章节序号及条文序号根据本决定作相应调整。

本决定自2013年1月1日起施行。

《中华人民共和国民事诉讼法》根据本决定作相应修改,重新公布。

中华人民共和国消费者权益保护法(节录)

(1993年10月31日第八届全国人民代表大会常务委员会第四次会议通过　根据2009年8月27日第十一届全国人民代表大会常务委员会第十次会议《关于修改部分法律的决定》第一次修正　根据2013年10月25日第十二届全国人民代表大会常务委员会第五次会议《关于修改〈中华人民共和国消费者权益保护法〉的决定》第二次修正)

第三十五条　人民法院应当采取措施,方便消费者提起诉讼。对符合《中华人民共和国民事诉讼法》起诉条件的消费者权益争议,必须受理,及时审理。

第三十七条　消费者协会履行下列公益性职责:

(一)向消费者提供消费信息和咨询服务,提高消费者维护自身合法权益的能力,引导文明、健康、节约资源和保护环境的消费方式;

(二)参与制定有关消费者权益的法律、法规、规章和强制性标准;

(三)参与有关行政部门对商品和服务的监督、检查;

(四)就有关消费者合法权益的问题,向有关部门反映、查询,提出建议;

(五)受理消费者的投诉,并对投诉事项进行调查、调解;

(六)投诉事项涉及商品和服务质量问题的,可以委托具备资格的鉴定人鉴定,鉴定人应当告知鉴定意见;

(七)就损害消费者合法权益的行为,支持受损害的消费者提起诉讼或者依照本法提起诉讼;

(八)对损害消费者合法权益的行为,通过大众传播媒介予以揭露、批评。

各级人民政府对消费者协会履行职责应当予以必要的经费等支持。

消费者协会应当认真履行保护消费者合法权益的职责,听取消费者的意见和建议,接受社会监督。

依法成立的其他消费者组织依照法律、法规及其章程的规定,开展保护消费者合法权益的活动。

第四十七条　对侵害众多消费者合法权益的行为,中国消费者协会以及在省、自治区、直辖市设立的消费者协会,可以向人民法院提起诉讼。

第五十五条　经营者提供商品或者服务有欺诈行为的,应当按照消费者的要求增加赔偿其受到的损失,增加赔偿的金额为消费者购买商品的价款或者接受服务的费用的3倍;增加赔偿的金额不足500元的,为500元。法律另有规定的,依照其规定。

经营者明知商品或者服务存在缺陷,仍然向消费者提供,造成消费者或者其他受害人死亡或者健康严重损害的,受害人有权要求经营者依照本法第四十九条、第五十一条等法律规定赔偿损失,并有权要求所受损失二倍以下的惩罚性赔偿。

中华人民共和国环境保护法(节录)

(1989 年 12 月 26 日第七届全国人民代表大会常务委员会第十一次会议通过　2014 年 4 月 24 日第十二届全国人民代表大会常务委员会第八次会议修订)

第五十八条　对污染环境、破坏生态，损害社会公共利益的行为，符合下列条件的社会组织可以向人民法院提起诉讼：

(一)依法在设区的市级以上人民政府民政部门登记；

(二)专门从事环境保护公益活动连续五年以上且无违法记录。

符合前款规定的社会组织向人民法院提起诉讼，人民法院应当依法受理。

提起诉讼的社会组织不得通过诉讼牟取经济利益。

第六十六条　提起环境损害赔偿诉讼的时效期间为三年，从当事人知道或者应当知道其受到损害时起计算。

最高人民法院关于适用《中华人民共和国民事诉讼法》的解释

（2014 年 12 月 18 日最高人民法院审判委员会第 1636 次会议通过 法释〔2015〕5 号）

2012 年 8 月 31 日，第十一届全国人民代表大会常务委员会第二十八次会议审议通过了《关于修改〈中华人民共和国民事诉讼法〉的决定》。根据修改后的民事诉讼法，结合人民法院民事审判和执行工作实际，制定本解释。

一、管　　辖

第一条　民事诉讼法第十八条第一项规定的重大涉外案件，包括争议标的额大的案件、案情复杂的案件，或者一方当事人人数众多等具有重大影响的案件。

第二条　专利纠纷案件由知识产权法院、最高人民法院确定的中级人民法院和基层人民法院管辖。

海事、海商案件由海事法院管辖。

第三条　公民的住所地是指公民的户籍所在地，法人或者其他组织的住所地是指法人或者其他组织的主要办事机构所在地。

法人或者其他组织的主要办事机构所在地不能确定的，法人或者其他组织的注册地或者登记地为住所地。

第四条　公民的经常居住地是指公民离开住所地至起诉时已连续居住一年以上的地方，但公民住院就医的地方除外。

第五条　对没有办事机构的个人合伙、合伙型联营体提起的诉讼，由被告注册登记地人民法院管辖。没有注册登记，几个被告又不在同一辖区的，被告住所地的人民法院都有管辖权。

第六条　被告被注销户籍的，依照民事诉讼法第二十二条规定确定管辖；原告、被告均被注销户籍的，由被告居住地人民法院管辖。

第七条　当事人的户籍迁出后尚未落户，有经常居住地的，由该地人民法院管辖；没有经常居住地的，由其原户籍所在地人民法院管辖。

第八条　双方当事人都被监禁或者被采取强制性教育措施的，由被告原住所地人民法院管辖。被告被监禁或者被采取强制性教育措施一年以上的，由被告被监禁地或者被采取强制性教育措施地人民法院管辖。

第九条　追索赡养费、抚育费、扶养费案件的几个被告住所地不在同一辖区的，可以由原告住所地人民法院管辖。

第十条　不服指定监护或者变更监护关系的案件，可以由被监护人住所地人民法院管辖。

第十一条　双方当事人均为军人或者军队单位的民事案件由军事法院管辖。

第十二条　夫妻一方离开住所地超过一年，另一方起诉离婚的案件，可以由原告住所地人民法院管辖。

夫妻双方离开住所地超过一年，一方起诉离婚的案件，由被告经常居住地人民法院管辖；没有经常居住地的，由原告起诉时被告居住地人民法院管辖。

第十三条　在国内结婚并定居国外的华侨，如定居国法院以离婚诉讼须由婚姻缔结地法院管辖为由不予受理，当事人向人民法院提出离婚诉讼的，由婚姻缔结地或者一方在国内的最后居住地人民法院管辖。

第十四条　在国外结婚并定居国外的华侨，如定居国法院以离婚诉讼须由国籍所属国法院管辖为由不予受理，当事人向人民法院提出离婚诉讼的，由一方原住所地或者在国内的最后居住地人民法院管辖。

第十五条　中国公民一方居住在国外，一方居住在国内，不论哪一方向人民法院提起离婚诉讼，国内一方住所地人民法院都有权管辖。国外一方在居住国法院起诉，国内一方向人民法院起诉的，受诉人民法院有权管辖。

第十六条　中国公民双方在国外但未定居，一方向人民法院起诉离婚的，应由原告或者被告原住所地人民法院管辖。

第十七条　已经离婚的中国公民，双方均定居国外，仅就国内财产分割提起诉讼的，由主要财产所在地人民法院管辖。

第十八条　合同约定履行地点的，以约定的履行地点为合同履行地。

合同对履行地点没有约定或者约定不明确，争议标的为给付货币的，接收货币一方所在地为合同履行地；交付不动产的，不动产所在地为合同履行地；其他标的，履行义务一方所在地为合同履行地。即时结清的合同，交易行为地为合同履行地。

合同没有实际履行，当事人双方住所地都不在合同约定的履行地的，由被告住所地人民法院管辖。

第十九条　财产租赁合同、融资租赁合同以租赁物使用地为合同履行地。合同对履行地有约定的，从其约定。

第二十条　以信息网络方式订立的买卖合同，通过信息网络交付标的的，以买受人住所地为合同履行地；通过其他方式交付标的的，收货地为合同履行地。合同对履行地有约定的，从其约定。

第二十一条　因财产保险合同纠纷提起的诉讼，如果保险标的物是运输工具或者运输中的货物，可以由运输工具登记注册地、运输目的地、保险事故发生地人民法院管辖。

因人身保险合同纠纷提起的诉讼，可以由被保险人住所地人民法院管辖。

第二十二条　因股东名册记载、请求变更公司登记、股东知情权、公司决议、公司合并、公司分立、公司减资、公司增资等纠纷提起的诉讼，依照民事诉讼法第二十六条规定确定管辖。

第二十三条　债权人申请支付令，适用民事诉讼法第二十一条规定，由债务人住所地基层人民法院管辖。

第二十四条 民事诉讼法第二十八条规定的侵权行为地,包括侵权行为实施地、侵权结果发生地。

第二十五条 信息网络侵权行为实施地包括实施被诉侵权行为的计算机等信息设备所在地,侵权结果发生地包括被侵权人住所地。

第二十六条 因产品、服务质量不合格造成他人财产、人身损害提起的诉讼,产品制造地、产品销售地、服务提供地、侵权行为地和被告住所地人民法院都有管辖权。

第二十七条 当事人申请诉前保全后没有在法定期间起诉或者申请仲裁,给被申请人、利害关系人造成损失引起的诉讼,由采取保全措施的人民法院管辖。

当事人申请诉前保全后在法定期间内起诉或者申请仲裁,被申请人、利害关系人因保全受到损失提起的诉讼,由受理起诉的人民法院或者采取保全措施的人民法院管辖。

第二十八条 民事诉讼法第三十三条第一项规定的不动产纠纷是指因不动产的权利确认、分割、相邻关系等引起的物权纠纷。

农村土地承包经营合同纠纷、房屋租赁合同纠纷、建设工程施工合同纠纷、政策性房屋买卖合同纠纷,按照不动产纠纷确定管辖。

不动产已登记的,以不动产登记簿记载的所在地为不动产所在地;不动产未登记的,以不动产实际所在地为不动产所在地。

第二十九条 民事诉讼法第三十四条规定的书面协议,包括书面合同中的协议管辖条款或者诉讼前以书面形式达成的选择管辖的协议。

第三十条 根据管辖协议,起诉时能够确定管辖法院的,从其约定;不能确定的,依照民事诉讼法的相关规定确定管辖。

管辖协议约定两个以上与争议有实际联系的地点的人民法院管辖,原告可以向其中一个人民法院起诉。

第三十一条 经营者使用格式条款与消费者订立管辖协议,未采取合理方式提请消费者注意,消费者主张管辖协议无效的,人民法院应予支持。

第三十二条 管辖协议约定由一方当事人住所地人民法院管辖,协议签订后当事人住所地变更的,由签订管辖协议时的住所地人民法院管辖,但当事人另有约定的除外。

第三十三条 合同转让的,合同的管辖协议对合同受让人有效,但转让时受让人不知道有管辖协议,或者转让协议另有约定且原合同相对人同意的除外。

第三十四条 当事人因同居或者在解除婚姻、收养关系后发生财产争议,约定管辖的,可以适用民事诉讼法第三十四条规定确定管辖。

第三十五条 当事人在答辩期间届满后未应诉答辩,人民法院在一审开庭前,发现案件不属于本院管辖的,应当裁定移送有管辖权的人民法院。

第三十六条 两个以上人民法院都有管辖权的诉讼,先立案的人民法院不得将案件移送给另一个有管辖权的人民法院。人民法院在立案前发现其他有管辖权的人民法院已先立案的,不得重复立案;立案后发现其他有管辖权的人民法院已先立案的,裁定将案件移送给先立案的人民法院。

第三十七条 案件受理后,受诉人民法院的管辖权不受当事人住所地、经常居住地变更的影响。

第三十八条 有管辖权的人民法院受理案件后,不得以行政区域变更为由,将案件移送给变更后有管辖权的人民法院。判决后的上诉案件和依审判监督程序提审的案件,由原审人民法院的上级人民法院进行审判;上级人民法院指令再审、发回重审的案件,由原审人民法院再审或者重审。

第三十九条　人民法院对管辖异议审查后确定有管辖权的,不因当事人提起反诉、增加或者变更诉讼请求等改变管辖,但违反级别管辖、专属管辖规定的除外。

人民法院发回重审或者按第一审程序再审的案件,当事人提出管辖异议的,人民法院不予审查。

第四十条　依照民事诉讼法第三十七条第二款规定,发生管辖权争议的两个人民法院因协商不成报请它们的共同上级人民法院指定管辖时,双方为同属一个地、市辖区的基层人民法院的,由该地、市的中级人民法院及时指定管辖;同属一个省、自治区、直辖市的两个人民法院的,由该省、自治区、直辖市的高级人民法院及时指定管辖;双方为跨省、自治区、直辖市的人民法院,高级人民法院协商不成的,由最高人民法院及时指定管辖。

依照前款规定报请上级人民法院指定管辖时,应当逐级进行。

第四十一条　人民法院依照民事诉讼法第三十七条第二款规定指定管辖的,应当作出裁定。

对报请上级人民法院指定管辖的案件,下级人民法院应当中止审理。指定管辖裁定作出前,下级人民法院对案件作出判决、裁定的,上级人民法院应当在裁定指定管辖的同时,一并撤销下级人民法院的判决、裁定。

第四十二条　下列第一审民事案件,人民法院依照民事诉讼法第三十八条第一款规定,可以在开庭前交下级人民法院审理:

(一)破产程序中有关债务人的诉讼案件;

(二)当事人人数众多且不方便诉讼的案件;

(三)最高人民法院确定的其他类型案件。

人民法院交下级人民法院审理前,应当报请其上级人民法院批准。上级人民法院批准后,人民法院应当裁定将案件交下级人民法院审理。

二、回　　避

第四十三条　审判人员有下列情形之一的,应当自行回避,当事人有权申请其回避:

(一)是本案当事人或者当事人近亲属的;

(二)本人或者其近亲属与本案有利害关系的;

(三)担任过本案的证人、鉴定人、辩护人、诉讼代理人、翻译人员的;

(四)是本案诉讼代理人近亲属的;

(五)本人或者其近亲属持有本案非上市公司当事人的股份或者股权的;

(六)与本案当事人或者诉讼代理人有其他利害关系,可能影响公正审理的。

第四十四条　审判人员有下列情形之一的,当事人有权申请其回避:

(一)接受本案当事人及其受托人宴请,或者参加由其支付费用的活动的;

(二)索取、接受本案当事人及其受托人财物或者其他利益的;

(三)违反规定会见本案当事人、诉讼代理人的;

(四)为本案当事人推荐、介绍诉讼代理人,或者为律师、其他人员介绍代理本案的;

(五)向本案当事人及其受托人借用款物的;

（六）有其他不正当行为，可能影响公正审理的。

第四十五条 在一个审判程序中参与过本案审判工作的审判人员，不得再参与该案其他程序的审判。

发回重审的案件，在一审法院作出裁判后又进入第二审程序的，原第二审程序中合议庭组成人员不受前款规定的限制。

第四十六条 审判人员有应当回避的情形，没有自行回避，当事人也没有申请其回避的，由院长或者审判委员会决定其回避。

第四十七条 人民法院应当依法告知当事人对合议庭组成人员、独任审判员和书记员等人员有申请回避的权利。

第四十八条 民事诉讼法第四十四条所称的审判人员，包括参与本案审理的人民法院院长、副院长、审判委员会委员、庭长、副庭长、审判员、助理审判员和人民陪审员。

第四十九条 书记员和执行员适用审判人员回避的有关规定。

三、诉讼参加人

第五十条 法人的法定代表人以依法登记的为准，但法律另有规定的除外。依法不需要办理登记的法人，以其正职负责人为法定代表人；没有正职负责人的，以其主持工作的副职负责人为法定代表人。

法定代表人已经变更，但未完成登记，变更后的法定代表人要求代表法人参加诉讼的，人民法院可以准许。

其他组织，以其主要负责人为代表人。

第五十一条 在诉讼中，法人的法定代表人变更的，由新的法定代表人继续进行诉讼，并应向人民法院提交新的法定代表人身份证明书。原法定代表人进行的诉讼行为有效。

前款规定，适用于其他组织参加的诉讼。

第五十二条 民事诉讼法第四十八条规定的其他组织是指合法成立、有一定的组织机构和财产，但又不具备法人资格的组织，包括：

（一）依法登记领取营业执照的个人独资企业；

（二）依法登记领取营业执照的合伙企业；

（三）依法登记领取我国营业执照的中外合作经营企业、外资企业；

（四）依法成立的社会团体的分支机构、代表机构；

（五）依法设立并领取营业执照的法人的分支机构；

（六）依法设立并领取营业执照的商业银行、政策性银行和非银行金融机构的分支机构；

（七）经依法登记领取营业执照的乡镇企业、街道企业；

（八）其他符合本条规定条件的组织。

第五十三条 法人非依法设立的分支机构，或者虽依法设立，但没有领取营业执照的分支机构，以设立该分支机构的法人为当事人。

第五十四条 以挂靠形式从事民事活动，当事人请求由挂靠人和被挂靠人依法承担民事责任的，该挂靠人和被挂靠人为共同诉讼人。

第五十五条 在诉讼中，一方当事人死亡，需要等待继承人表明是否参加诉讼的，裁定中止诉讼。人民法院应当及时通知继承人作为当事人承担诉讼,被继承人已经进行的诉讼行为对承担诉讼的继承人有效。

第五十六条　法人或者其他组织的工作人员执行工作任务造成他人损害的,该法人或者其他组织为当事人。

第五十七条　提供劳务一方因劳务造成他人损害,受害人提起诉讼的,以接受劳务一方为被告。

第五十八条　在劳务派遣期间,被派遣的工作人员因执行工作任务造成他人损害的,以接受劳务派遣的用工单位为当事人。当事人主张劳务派遣单位承担责任的,该劳务派遣单位为共同被告。

第五十九条　在诉讼中,个体工商户以营业执照上登记的经营者为当事人。有字号的,以营业执照上登记的字号为当事人,但应同时注明该字号经营者的基本信息。

营业执照上登记的经营者与实际经营者不一致的,以登记的经营者和实际经营者为共同诉讼人。

第六十条　在诉讼中,未依法登记领取营业执照的个人合伙的全体合伙人为共同诉讼人。个人合伙有依法核准登记的字号的,应在法律文书中注明登记的字号。全体合伙人可以推选代表人;被推选的代表人,应由全体合伙人出具推选书。

第六十一条　当事人之间的纠纷经人民调解委员会调解达成协议后,一方当事人不履行调解协议,另一方当事人向人民法院提起诉讼的,应以对方当事人为被告。

第六十二条　下列情形,以行为人为当事人:

(一)法人或者其他组织应登记而未登记,行为人即以该法人或者其他组织名义进行民事活动的;

(二)行为人没有代理权、超越代理权或者代理权终止后以被代理人名义进行民事活动的,但相对人有理由相信行为人有代理权的除外;

(三)法人或者其他组织依法终止后,行为人仍以其名义进行民事活动的。

第六十三条　企业法人合并的,因合并前的民事活动发生的纠纷,以合并后的企业为当事人;企业法人分立的,因分立前的民事活动发生的纠纷,以分立后的企业为共同诉讼人。

第六十四条　企业法人解散的,依法清算并注销前,以该企业法人为当事人;未依法清算即被注销的,以该企业法人的股东、发起人或者出资人为当事人。

第六十五条　借用业务介绍信、合同专用章、盖章的空白合同书或者银行账户的,出借单位和借用人为共同诉讼人。

第六十六条　因保证合同纠纷提起的诉讼,债权人向保证人和被保证人一并主张权利的,人民法院应当将保证人和被保证人列为共同被告。保证合同约定为一般保证,债权人仅起诉保证人的,人民法院应当通知被保证人作为共同被告参加诉讼;债权人仅起诉被保证人的,可以只列被保证人为被告。

第六十七条　无民事行为能力人、限制民事行为能力人造成他人损害的,无民事行为能力人、限制民事行为能力人和其监护人为共同被告。

第六十八条　村民委员会或者村民小组与他人发生民事纠纷的,村民委员会或者有独立财产的村民小组为当事人。

第六十九条　对侵害死者遗体、遗骨以及姓名、肖像、名誉、荣誉、隐私等行为提起诉讼的,死者的近亲属为当事人。

第七十条 在继承遗产的诉讼中,部分继承人起诉的,人民法院应通知其他继承人作为共同原告参加诉讼;被通知的继承人不愿意参加诉讼又未明确表示放弃实体权利的,人民法院仍应将其列为共同原告。

第七十一条 原告起诉被代理人和代理人,要求承担连带责任的,被代理人和代理人为共同被告。

第七十二条 共有财产权受到他人侵害,部分共有权人起诉的,其他共有权人为共同诉讼人。

第七十三条 必须共同进行诉讼的当事人没有参加诉讼的,人民法院应当依照民事诉讼法第一百三十二条的规定,通知其参加;当事人也可以向人民法院申请追加。人民法院对当事人提出的申请,应当进行审查,申请理由不成立的,裁定驳回;申请理由成立的,书面通知被追加的当事人参加诉讼。

第七十四条 人民法院追加共同诉讼的当事人时,应当通知其他当事人。应当追加的原告,已明确表示放弃实体权利的,可不予追加;既不愿意参加诉讼,又不放弃实体权利的,仍应追加为共同原告,其不参加诉讼,不影响人民法院对案件的审理和依法作出判决。

第七十五条 民事诉讼法第五十三条、第五十四条和第一百九十九条规定的人数众多,一般指十人以上。

第七十六条 依照民事诉讼法第五十三条规定,当事人一方人数众多在起诉时确定的,可以由全体当事人推选共同的代表人,也可以由部分当事人推选自己的代表人;推选不出代表人的当事人,在必要的共同诉讼中可以自己参加诉讼,在普通的共同诉讼中可以另行起诉。

第七十七条 根据民事诉讼法第五十四条规定,当事人一方人数众多在起诉时不确定的,由当事人推选代表人。当事人推选不出的,可以由人民法院提出人选与当事人协商;协商不成的,也可以由人民法院在起诉的当事人中指定代表人。

第七十八条 民事诉讼法第五十三条和第五十四条规定的代表人为二至五人,每位代表人可以委托一至二人作为诉讼代理人。

第七十九条 依照民事诉讼法第五十四条规定受理的案件,人民法院可以发出公告,通知权利人向人民法院登记。公告期间根据案件的具体情况确定,但不得少于三十日。

第八十条 根据民事诉讼法第五十四条规定向人民法院登记的权利人,应当证明其与对方当事人的法律关系和所受到的损害。证明不了的,不予登记,权利人可以另行起诉。人民法院的裁判在登记的范围内执行。未参加登记的权利人提起诉讼,人民法院认定其请求成立的,裁定适用人民法院已作出的判决、裁定。

第八十一条 根据民事诉讼法第五十六条的规定,有独立请求权的第三人有权向人民法院提出诉讼请求和事实、理由,成为当事人;无独立请求权的第三人,可以申请或者由人民法院通知参加诉讼。

第一审程序中未参加诉讼的第三人,申请参加第二审程序的,人民法院可以准许。

第八十二条 在一审诉讼中,无独立请求权的第三人无权提出管辖异议,无权放弃、变更诉讼请求或者申请撤诉,被判决承担民事责任的,有权提起上诉。

第八十三条 在诉讼中,无民事行为能力人、限制民事行为能力人的监护人是他的法定代理人。事先没有确定监护人的,可以由有监护资格的人协商确定;协商不成的,由人民法院在他们之中指定诉讼中的法定代理人。当事人没有民法通则第十六条第一款、第二款或者第十七条第一款规定的监护人的,可以指定该法第十六条第四款或者第十七条第三款规定的有关组织担任诉讼中的法定代理人。

第八十四条 无民事行为能力人、限制民事行为能力人以及其他依法不能作为诉讼代理人的,当事人不得委托其作为诉讼代理人。

第八十五条 根据民事诉讼法第五十八条第二款第二项规定,与当事人有夫妻、直系血亲、三代以内旁系血亲、近姻亲关系以及其他有抚养、赡养关系的亲属,可以当事人近亲属的名义作为诉讼代理人。

第八十六条 根据民事诉讼法第五十八条第二款第二项规定,与当事人有合法劳动人事关系的职工,可以当事人工作人员的名义作为诉讼代理人。

第八十七条 根据民事诉讼法第五十八条第二款第三项规定,有关社会团体推荐公民担任诉讼代理人的,应当符合下列条件:

(一)社会团体属于依法登记设立或者依法免予登记设立的非营利性法人组织;

(二)被代理人属于该社会团体的成员,或者当事人一方住所地位于该社会团体的活动地域;

(三)代理事务属于该社会团体章程载明的业务范围;

(四)被推荐的公民是该社会团体的负责人或者与该社会团体有合法劳动人事关系的工作人员。

专利代理人经中华全国专利代理人协会推荐,可以在专利纠纷案件中担任诉讼代理人。

第八十八条 诉讼代理人除根据民事诉讼法第五十九条规定提交授权委托书外,还应当按照下列规定向人民法院提交相关材料:

(一)律师应当提交律师执业证、律师事务所证明材料;

(二)基层法律服务工作者应当提交法律服务工作者执业证、基层法律服务所出具的介绍信以及当事人一方位于本辖区内的证明材料;

(三)当事人的近亲属应当提交身份证件和与委托人有近亲属关系的证明材料;

(四)当事人的工作人员应当提交身份证件和与当事人有合法劳动人事关系的证明材料;

(五)当事人所在社区、单位推荐的公民应当提交身份证件、推荐材料和当事人属于该社区、单位的证明材料;

(六)有关社会团体推荐的公民应当提交身份证件和符合本解释第八十七条规定条件的证明材料。

第八十九条 当事人向人民法院提交的授权委托书,应当在开庭审理前送交人民法院。授权委托书仅写"全权代理"而无具体授权的,诉讼代理人无权代为承认、放弃、变更诉讼请求,进行和解,提出反诉或者提起上诉。

适用简易程序审理的案件,双方当事人同时到庭并径行开庭审理的,可以当场口头委托诉讼代理人,由人民法院记入笔录。

四、证　　据

第九十条 当事人对自己提出的诉讼请求所依据的事实或者反驳对方诉讼请求所

依据的事实，应当提供证据加以证明，但法律另有规定的除外。

在作出判决前，当事人未能提供证据或者证据不足以证明其事实主张的，由负有举证证明责任的当事人承担不利的后果。

第九十一条 人民法院应当依照下列原则确定举证证明责任的承担，但法律另有规定的除外：

（一）主张法律关系存在的当事人，应当对产生该法律关系的基本事实承担举证证明责任；

（二）主张法律关系变更、消灭或者权利受到妨害的当事人，应当对该法律关系变更、消灭或者权利受到妨害的基本事实承担举证证明责任。

第九十二条 一方当事人在法庭审理中，或者在起诉状、答辩状、代理词等书面材料中，对于己不利的事实明确表示承认的，另一方当事人无需举证证明。

对于涉及身份关系、国家利益、社会公共利益等应当由人民法院依职权调查的事实，不适用前款自认的规定。

自认的事实与查明的事实不符的，人民法院不予确认。

第九十三条 下列事实，当事人无须举证证明：

（一）自然规律以及定理、定律；

（二）众所周知的事实；

（三）根据法律规定推定的事实；

（四）根据已知的事实和日常生活经验法则推定出的另一事实；

（五）已为人民法院发生法律效力的裁判所确认的事实；

（六）已为仲裁机构生效裁决所确认的事实；

（七）已为有效公证文书所证明的事实。

前款第二项至第四项规定的事实，当事人有相反证据足以反驳的除外；第五项至第七项规定的事实，当事人有相反证据足以推翻的除外。

第九十四条 民事诉讼法第六十四条第二款规定的当事人及其诉讼代理人因客观原因不能自行收集的证据包括：

（一）证据由国家有关部门保存，当事人及其诉讼代理人无权查阅调取的；

（二）涉及国家秘密、商业秘密或者个人隐私的；

（三）当事人及其诉讼代理人因客观原因不能自行收集的其他证据。

当事人及其诉讼代理人因客观原因不能自行收集的证据，可以在举证期限届满前书面申请人民法院调查收集。

第九十五条 当事人申请调查收集的证据，与待证事实无关联、对证明待证事实无意义或者其他无调查收集必要的，人民法院不予准许。

第九十六条 民事诉讼法第六十四条第二款规定的人民法院认为审理案件需要的证据包括：

（一）涉及可能损害国家利益、社会公共利益的；

（二）涉及身份关系的；

（三）涉及民事诉讼法第五十五条规定诉讼的；

（四）当事人有恶意串通损害他人合法权益可能的；

（五）涉及依职权追加当事人、中止诉讼、终结诉讼、回避等程序性事项的。

除前款规定外，人民法院调查收集证据，应当依照当事人的申请进行。

第九十七条 人民法院调查收集证据，应当由两人以上共同进行。调查材料要由调查人、被调查人、记录人签名、捺印或者盖章。

第九十八条 当事人根据民事诉讼法第八十一条第一款规定申请证据保全的，可以在举证期限届满前书面提出。

证据保全可能对他人造成损失的，人民法院应当责令申请人提供相应的担保。

第九十九条 人民法院应当在审理前的准备阶段确定当事人的举证期限。举证期限可以由当事人协商，并经人民法院准许。

人民法院确定举证期限，第一审普通程序案件不得少于十五日，当事人提供新的证据的第二审案件不得少于十日。

举证期限届满后，当事人对已经提供的证据，申请提供反驳证据或者对证据来源、形式等方面的瑕疵进行补正的，人民法院可以酌情再次确定举证期限，该期限不受前款规定的限制。

第一百条 当事人申请延长举证期限的，应当在举证期限届满前向人民法院提出书面申请。

申请理由成立的，人民法院应当准许，适当延长举证期限，并通知其他当事人。延长的举证期限适用于其他当事人。

申请理由不成立的，人民法院不予准许，并通知申请人。

第一百零一条 当事人逾期提供证据的，人民法院应当责令其说明理由，必要时可以要求其提供相应的证据。

当事人因客观原因逾期提供证据，或者对方当事人对逾期提供证据未提出异议的，视为未逾期。

第一百零二条 当事人因故意或者重大过失逾期提供的证据，人民法院不予采纳。但该证据与案件基本事实有关的，人民法院应当采纳，并依照民事诉讼法第六十五条、第一百一十五条第一款的规定予以训诫、罚款。

当事人非因故意或者重大过失逾期提供的证据，人民法院应当采纳，并对当事人予以训诫。

当事人一方要求另一方赔偿因逾期提供证据致使其增加的交通、住宿、就餐、误工、证人出庭作证等必要费用的，人民法院可予支持。

第一百零三条 证据应当在法庭上出示，由当事人互相质证。未经当事人质证的证据，不得作为认定案件事实的根据。

当事人在审理前的准备阶段认可的证据，经审判人员在庭审中说明后，视为质证过的证据。

涉及国家秘密、商业秘密、个人隐私或者法律规定应当保密的证据，不得公开质证。

第一百零四条 人民法院应当组织当事人围绕证据的真实性、合法性以及与待证事实的关联性进行质证，并针对证据有无证明力和证明力大小进行说明和辩论。

能够反映案件真实情况、与待证事实相关联、来源和形式符合法律规定的证据，应当作为认定案件事实的根据。

第一百零五条 人民法院应当按照法定程序，全面、客观地审核证据，依照法律规定，运用逻辑推理和日常生活经验法则，对证据有无证明力和证明力大小进行判断，并公开判断的理由和结果。

第一百零六条 对以严重侵害他人合法权益、违反法律禁止性规定或者严重违背公序良俗的方法形成或者获取的证据，不得作为认定案件事实的根据。

第一百零七条 在诉讼中，当事人为达成调解协议或者和解协议作出妥协而认可的事实，不得在后续的诉讼中作为对其不利的根据，但法律另有规定或者当事人均同意的除外。

第一百零八条 对负有举证证明责任的当事人提供的证据，人民法院经审查并结合相关事实，确信待证事实的存在具有高度可能性的，应当认定该事实存在。

对一方当事人为反驳负有举证证明责任的当事人所主张事实而提供的证据，人民法院经审查并结合相关事实，认为待证事实真伪不明的，应当认定该事实不存在。

法律对于待证事实所应达到的证明标准另有规定的，从其规定。

第一百零九条 当事人对欺诈、胁迫、恶意串通事实的证明，以及对口头遗嘱或者赠与事实的证明，人民法院确信该待证事实存在的可能性能够排除合理怀疑的，应当认定该事实存在。

第一百一十条 人民法院认为有必要的，可以要求当事人本人到庭，就案件有关事实接受询问。在询问当事人之前，可以要求其签署保证书。

保证书应当载明据实陈述、如有虚假陈述愿意接受处罚等内容。当事人应当在保证书上签名或者捺印。

负有举证证明责任的当事人拒绝到庭、拒绝接受询问或者拒绝签署保证书，待证事实又欠缺其他证据证明的，人民法院对其主张的事实不予认定。

第一百一十一条 民事诉讼法第七十条规定的提交书证原件确有困难，包括下列情形：

（一）书证原件遗失、灭失或者毁损的；

（二）原件在对方当事人控制之下，经合法通知提交而拒不提交的；

（三）原件在他人控制之下，而其有权不提交的；

（四）原件因篇幅或者体积过大而不便提交的；

（五）承担举证证明责任的当事人通过申请人民法院调查收集或者其他方式无法获得书证原件的。

前款规定情形，人民法院应当结合其他证据和案件具体情况，审查判断书证复制品等能否作为认定案件事实的根据。

第一百一十二条 书证在对方当事人控制之下的，承担举证证明责任的当事人可以在举证期限届满前书面申请人民法院责令对方当事人提交。

申请理由成立的，人民法院应当责令对方当事人提交，因提交书证所产生的费用，由申请人负担。对方当事人无正当理由拒不提交的，人民法院可以认定申请人所主张的书证内容为真实。

第一百一十三条 持有书证的当事人以妨碍对方当事人使用为目的，毁灭有关书证或者实施其他致使书证不能使用行为的，人民法院可以依照民事诉讼法第一百一十一条规定，对其处以罚款、拘留。

第一百一十四条 国家机关或者其他依法具有社会管理职能的组织，在其职权范围内制作的文书所记载的事项推定为真实，但有相反证据足以推翻的除外。必要时，人民法院可以要求制作文书的机关或者组织对文书的真实性予以说明。

第一百一十五条　单位向人民法院提出的证明材料，应当由单位负责人及制作证明材料的人员签名或者盖章，并加盖单位印章。人民法院就单位出具的证明材料，可以向单位及制作证明材料的人员进行调查核实。必要时，可以要求制作证明材料的人员出庭作证。

单位及制作证明材料的人员拒绝人民法院调查核实，或者制作证明材料的人员无正当理由拒绝出庭作证的，该证明材料不得作为认定案件事实的根据。

第一百一十六条　视听资料包括录音资料和影像资料。

电子数据是指通过电子邮件、电子数据交换、网上聊天记录、博客、微博客、手机短信、电子签名、域名等形成或者存储在电子介质中的信息。

存储在电子介质中的录音资料和影像资料，适用电子数据的规定。

第一百一十七条　当事人申请证人出庭作证的，应当在举证期限届满前提出。

符合本解释第九十六条第一款规定情形的，人民法院可以依职权通知证人出庭作证。

未经人民法院通知，证人不得出庭作证，但双方当事人同意并经人民法院准许的除外。

第一百一十八条　民事诉讼法第七十四条规定的证人因履行出庭作证义务而支出的交通、住宿、就餐等必要费用，按照机关事业单位工作人员差旅费用和补贴标准计算；误工损失按照国家上年度职工日平均工资标准计算。

人民法院准许证人出庭作证申请的，应当通知申请人预缴证人出庭作证费用。

第一百一十九条　人民法院在证人出庭作证前应当告知其如实作证的义务以及作伪证的法律后果，并责令其签署保证书，但无民事行为能力人和限制民事行为能力人除外。

证人签署保证书适用本解释关于当事人签署保证书的规定。

第一百二十条　证人拒绝签署保证书的，不得作证，并自行承担相关费用。

第一百二十一条　当事人申请鉴定，可以在举证期限届满前提出。申请鉴定的事项与待证事实无关联，或者对证明待证事实无意义的，人民法院不予准许。

人民法院准许当事人鉴定申请的，应当组织双方当事人协商确定具备相应资格的鉴定人。当事人协商不成的，由人民法院指定。

符合依职权调查收集证据条件的，人民法院应当依职权委托鉴定，在询问当事人的意见后，指定具备相应资格的鉴定人。

第一百二十二条　当事人可以依照民事诉讼法第七十九条的规定，在举证期限届满前申请一至二名具有专门知识的人出庭，代表当事人对鉴定意见进行质证，或者对案件事实所涉及的专业问题提出意见。

具有专门知识的人在法庭上就专业问题提出的意见，视为当事人的陈述。

人民法院准许当事人申请的，相关费用由提出申请的当事人负担。

第一百二十三条　人民法院可以对出庭的具有专门知识的人进行询问。经法庭准许，当事人可以对出庭的具有专门知识的人进行询问，当事人各自申请的具有专门知识的人可以就案件中的有关问题进行对质。

具有专门知识的人不得参与专业问题之外的法庭审理活动。

第一百二十四条　人民法院认为有必要的，可以根据当事人的申请或者依职权对物证或者现场进行勘验。勘验时应当保护他人的隐私和尊严。

人民法院可以要求鉴定人参与勘验。必要时，可以要求鉴定人在勘验中进行鉴定。

五、期间和送达

第一百二十五条 依照民事诉讼法第八十二条第二款规定，民事诉讼中以时起算的期间从次时起算；以日、月、年计算的期间从次日起算。

第一百二十六条 民事诉讼法第一百二十三条规定的立案期限，因起诉状内容欠缺通知原告补正的，从补正后交人民法院的次日起算。由上级人民法院转交下级人民法院立案的案件，从受诉人民法院收到起诉状的次日起算。

第一百二十七条 民事诉讼法第五十六条第三款、第二百零五条以及本解释第三百七十四条、第三百八十四条、第四百零一条、第四百二十二条、第四百二十三条规定的六个月，民事诉讼法第二百二十三条规定的一年，为不变期间，不适用诉讼时效中止、中断、延长的规定。

第一百二十八条 再审案件按照第一审程序或者第二审程序审理的，适用民事诉讼法第一百四十九条、第一百七十六条规定的审限。审限自再审立案的次日起算。

第一百二十九条 对申请再审案件，人民法院应当自受理之日起三个月内审查完毕，但公告期间、当事人和解期间等不计入审查期限。有特殊情况需要延长的，由本院院长批准。

第一百三十条 向法人或者其他组织送达诉讼文书，应当由法人的法定代表人、该组织的主要负责人或者办公室、收发室、值班室等负责收件的人签收或者盖章，拒绝签收或者盖章的，适用留置送达。

民事诉讼法第八十六条规定的有关基层组织和所在单位的代表，可以是受送达人住所地的居民委员会、村民委员会的工作人员以及受送达人所在单位的工作人员。

第一百三十一条 人民法院直接送达诉讼文书的，可以通知当事人到人民法院领取。当事人到达人民法院，拒绝签署送达回证的，视为送达。审判人员、书记员应当在送达回证上注明送达情况并签名。

人民法院可以在当事人住所地以外向当事人直接送达诉讼文书。当事人拒绝签署送达回证的，采用拍照、录像等方式记录送达过程即视为送达。审判人员、书记员应当在送达回证上注明送达情况并签名。

第一百三十二条 受送达人有诉讼代理人的，人民法院既可以向受送达人送达，也可以向其诉讼代理人送达。受送达人指定诉讼代理人为代收人的，向诉讼代理人送达时，适用留置送达。

第一百三十三条 调解书应当直接送达当事人本人，不适用留置送达。当事人本人因故不能签收的，可由其指定的代收人签收。

第一百三十四条 依照民事诉讼法第八十八条规定，委托其他人民法院代为送达的，委托法院应当出具委托函，并附需要送达的诉讼文书和送达回证，以受送达人在送达回证上签收的日期为送达日期。

委托送达的，受委托人民法院应当自收到委托函及相关诉讼文书之日起十日内代为送达。

第一百三十五条　电子送达可以采用传真、电子邮件、移动通信等即时收悉的特定系统作为送达媒介。

民事诉讼法第八十七条第二款规定的到达受送达人特定系统的日期，为人民法院对应系统显示发送成功的日期，但受送达人证明到达其特定系统的日期与人民法院对应系统显示发送成功的日期不一致的，以受送达人证明到达其特定系统的日期为准。

第一百三十六条　受送达人同意采用电子方式送达的，应当在送达地址确认书中予以确认。

第一百三十七条　当事人在提起上诉、申请再审、申请执行时未书面变更送达地址的，其在第一审程序中确认的送达地址可以作为第二审程序、审判监督程序、执行程序的送达地址。

第一百三十八条　公告送达可以在法院的公告栏和受送达人住所地张贴公告，也可以在报纸、信息网络等媒体上刊登公告，发出公告日期以最后张贴或者刊登的日期为准。对公告送达方式有特殊要求的，应当按要求的方式进行。公告期满，即视为送达。

人民法院在受送达人住所地张贴公告的，应当采取拍照、录像等方式记录张贴过程。

第一百三十九条　公告送达应当说明公告送达的原因；公告送达起诉状或者上诉状副本的，应当说明起诉或者上诉要点，受送达人答辩期限及逾期不答辩的法律后果；公告送达传票，应当说明出庭的时间和地点及逾期不出庭的法律后果；公告送达判决书、裁定书的，应当说明裁判主要内容，当事人有权上诉的，还应当说明上诉权利、上诉期限和上诉的人民法院。

第一百四十条　适用简易程序的案件，不适用公告送达。

第一百四十一条　人民法院在定期宣判时，当事人拒不签收判决书、裁定书的，应视为送达，并在宣判笔录中记明。

六、调　　解

第一百四十二条　人民法院受理案件后，经审查，认为法律关系明确、事实清楚，在征得当事人双方同意后，可以径行调解。

第一百四十三条　适用特别程序、督促程序、公示催告程序的案件，婚姻等身份关系确认案件以及其他根据案件性质不能进行调解的案件，不得调解。

第一百四十四条　人民法院审理民事案件，发现当事人之间恶意串通，企图通过和解、调解方式侵害他人合法权益的，应当依照民事诉讼法第一百一十二条的规定处理。

第一百四十五条　人民法院审理民事案件，应当根据自愿、合法的原则进行调解。当事人一方或者双方坚持不愿调解的，应当及时裁判。

人民法院审理离婚案件，应当进行调解，但不应久调不决。

第一百四十六条　人民法院审理民事案件，调解过程不公开，但当事人同意公开的除外。

调解协议内容不公开，但为保护国家利益、社会公共利益、他人合法权益，人民法院认为确有必要公开的除外。

主持调解以及参与调解的人员，对调解过程以及调解过程中获悉的国家秘密、商业秘密、个人隐私和其他不宜公开的信息，应当保守秘密，但为保护国家利益、社会公共利益、他人合法权益的除外。

第一百四十七条 人民法院调解案件时,当事人不能出庭的,经其特别授权,可由其委托代理人参加调解,达成的调解协议,可由委托代理人签名。

离婚案件当事人确因特殊情况无法出庭参加调解的,除本人不能表达意志的以外,应当出具书面意见。

第一百四十八条 当事人自行和解或者调解达成协议后,请求人民法院按照和解协议或者调解协议的内容制作判决书的,人民法院不予准许。

无民事行为能力人的离婚案件,由其法定代理人进行诉讼。法定代理人与对方达成协议要求发给判决书的,可根据协议内容制作判决书。

第一百四十九条 调解书需经当事人签收后才发生法律效力的,应当以最后收到调解书的当事人签收的日期为调解书生效日期。

第一百五十条 人民法院调解民事案件,需由无独立请求权的第三人承担责任的,应当经其同意。该第三人在调解书送达前反悔的,人民法院应当及时裁判。

第一百五十一条 根据民事诉讼法第九十八条第一款第四项规定,当事人各方同意在调解协议上签名或者盖章后即发生法律效力的,经人民法院审查确认后,应当记入笔录或者将调解协议附卷,并由当事人、审判人员、书记员签名或者盖章后即具有法律效力。

前款规定情形,当事人请求制作调解书的,人民法院审查确认后可以制作调解书送交当事人。当事人拒收调解书的,不影响调解协议的效力。

七、保全和先予执行

第一百五十二条 人民法院依照民事诉讼法第一百条、第一百零一条规定,在采取诉前保全、诉讼保全措施时,责令利害关系人或者当事人提供担保的,应当书面通知。

利害关系人申请诉前保全的,应当提供担保。申请诉前财产保全的,应当提供相当于请求保全数额的担保;情况特殊的,人民法院可以酌情处理。申请诉前行为保全的,担保的数额由人民法院根据案件的具体情况决定。

在诉讼中,人民法院依申请或者依职权采取保全措施的,应当根据案件的具体情况,决定当事人是否应当提供担保以及担保的数额。

第一百五十三条 人民法院对季节性商品、鲜活、易腐烂变质以及其他不宜长期保存的物品采取保全措施时,可以责令当事人及时处理,由人民法院保存价款;必要时,人民法院可予以变卖,保存价款。

第一百五十四条 人民法院在财产保全中采取查封、扣押、冻结财产措施时,应当妥善保管被查封、扣押、冻结的财产。不宜由人民法院保管的,人民法院可以指定被保全人负责保管;不宜由被保全人保管的,可以委托他人或者申请保全人保管。

查封、扣押、冻结担保物权人占有的担保财产,一般由担保物权人保管;由人民法院保管的,质权、留置权不因采取保全措施而消灭。

第一百五十五条 由人民法院指定被保全人保管的财产,如果继续使用对该财产的价值无重大影响,可以允许被保全人继续使用;由人民法院保管或者委托他人、申请保全人保管的财产,人民法院和其他保管人不得使用。

第一百五十六条 人民法院采取财产保全的方法和措施,依照执行程序相关规定办理。

第一百五十七条　人民法院对抵押物、质押物、留置物可以采取财产保全措施，但不影响抵押权人、质权人、留置权人的优先受偿权。

第一百五十八条　人民法院对债务人到期应得的收益，可以采取财产保全措施，限制其支取，通知有关单位协助执行。

第一百五十九条　债务人的财产不能满足保全请求，但对他人有到期债权的，人民法院可以依债权人的申请裁定该他人不得对本案债务人清偿。该他人要求偿付的，由人民法院提存财物或者价款。

第一百六十条　当事人向采取诉前保全措施以外的其他有管辖权的人民法院起诉的，采取诉前保全措施的人民法院应当将保全手续移送受理案件的人民法院。诉前保全的裁定视为受移送人民法院作出的裁定。

第一百六十一条　对当事人不服一审判决提起上诉的案件，在第二审人民法院接到报送的案件之前，当事人有转移、隐匿、出卖或者毁损财产等行为，必须采取保全措施的，由第一审人民法院依当事人申请或者依职权采取。第一审人民法院的保全裁定，应当及时报送第二审人民法院。

第一百六十二条　第二审人民法院裁定对第一审人民法院采取的保全措施予以续保或者采取新的保全措施的，可以自行实施，也可以委托第一审人民法院实施。

再审人民法院裁定对原保全措施予以续保或者采取新的保全措施的，可以自行实施，也可以委托原审人民法院或者执行法院实施。

第一百六十三条　法律文书生效后，进入执行程序前，债权人因对方当事人转移财产等紧急情况，不申请保全将可能导致生效法律文书不能执行或者难以执行的，可以向执行法院申请采取保全措施。债权人在法律文书指定的履行期间届满后五日内不申请执行的，人民法院应当解除保全。

第一百六十四条　对申请保全人或者他人提供的担保财产，人民法院应当依法办理查封、扣押、冻结等手续。

第一百六十五条　人民法院裁定采取保全措施后，除作出保全裁定的人民法院自行解除或者其上级人民法院决定解除外，在保全期限内，任何单位不得解除保全措施。

第一百六十六条　裁定采取保全措施后，有下列情形之一的，人民法院应当作出解除保全裁定：

（一）保全错误的；

（二）申请人撤回保全申请的；

（三）申请人的起诉或者诉讼请求被生效裁判驳回的；

（四）人民法院认为应当解除保全的其他情形。

解除以登记方式实施的保全措施的，应当向登记机关发出协助执行通知书。

第一百六十七条　财产保全的被保全人提供其他等值担保财产且有利于执行的，人民法院可以裁定变更保全标的物为被保全人提供的担保财产。

第一百六十八条　保全裁定未经人民法院依法撤销或者解除，进入执行程序后，自动转为执行中的查封、扣押、冻结措施，期限连续计算，执行法院无需重新制作裁定书，但查封、扣押、冻结期限届满的除外。

第一百六十九条　民事诉讼法规定的先予执行，人民法院应当在受理案件后终审判决作出前采取。先予执行应当限于当事人诉讼请求的范围，并以当事人的生活、生产经营的急需为限。

第一百七十条 民事诉讼法第一百零六条第三项规定的情况紧急，包括：

（一）需要立即停止侵害、排除妨碍的；

（二）需要立即制止某项行为的；

（三）追索恢复生产、经营急需的保险理赔费的；

（四）需要立即返还社会保险金、社会救助资金的；

（五）不立即返还款项，将严重影响权利人生活和生产经营的。

第一百七十一条 当事人对保全或者先予执行裁定不服的，可以自收到裁定书之日起五日内向作出裁定的人民法院申请复议。人民法院应当在收到复议申请后十日内审查。裁定正确的，驳回当事人的申请；裁定不当的，变更或者撤销原裁定。

第一百七十二条 利害关系人对保全或者先予执行的裁定不服申请复议的，由作出裁定的人民法院依照民事诉讼法第一百零八条规定处理。

第一百七十三条 人民法院先予执行后，根据发生法律效力的判决，申请人应当返还因先予执行所取得的利益的，适用民事诉讼法第二百三十三条的规定。

八、对妨害民事诉讼的强制措施

第一百七十四条 民事诉讼法第一百零九条规定的必须到庭的被告，是指负有赡养、抚育、扶养义务和不到庭就无法查清案情的被告。

人民法院对必须到庭才能查清案件基本事实的原告，经两次传票传唤，无正当理由拒不到庭的，可以拘传。

第一百七十五条 拘传必须用拘传票，并直接送达被拘传人；在拘传前，应当向被拘传人说明拒不到庭的后果，经批评教育仍拒不到庭的，可以拘传其到庭。

第一百七十六条 诉讼参与人或者其他人有下列行为之一的，人民法院可以适用民事诉讼法第一百一十条规定处理：

（一）未经准许进行录音、录像、摄影的；

（二）未经准许以移动通信等方式现场传播审判活动的；

（三）其他扰乱法庭秩序，妨害审判活动进行的。

有前款规定情形的，人民法院可以暂扣诉讼参与人或者其他人进行录音、录像、摄影、传播审判活动的器材，并责令其删除有关内容；拒不删除的，人民法院可以采取必要手段强制删除。

第一百七十七条 训诫、责令退出法庭由合议庭或者独任审判员决定。训诫的内容、被责令退出法庭者的违法事实应当记入庭审笔录。

第一百七十八条 人民法院依照民事诉讼法第一百一十条至第一百一十四条的规定采取拘留措施的，应经院长批准，作出拘留决定书，由司法警察将被拘留人送交当地公安机关看管。

第一百七十九条 被拘留人不在本辖区的，作出拘留决定的人民法院应当派员到被拘留人所在地的人民法院，请该院协助执行，受委托的人民法院应当及时派员协助执行。被拘留人申请复议或者在拘留期间承认并改正错误，需要提前解除拘留的，受委托人民法院应当向委托人民法院转达或者提出建议，由委托人民法院审查决定。

第一百八十条 人民法院对被拘留人采取拘留措施后，应当在二十四小时内通知其家属;确实无法按时通知或者通知不到的,应当记录在案。

第一百八十一条 因哄闹、冲击法庭,用暴力、威胁等方法抗拒执行公务等紧急情况,必须立即采取拘留措施的,可在拘留后,立即报告院长补办批准手续。院长认为拘留不当的,应当解除拘留。

第一百八十二条 被拘留人在拘留期间认错悔改的,可以责令其具结悔过,提前解除拘留。提前解除拘留,应报经院长批准,并作出提前解除拘留决定书,交负责看管的公安机关执行。

第一百八十三条 民事诉讼法第一百一十条至第一百一十三条规定的罚款、拘留可以单独适用,也可以合并适用。

第一百八十四条 对同一妨害民事诉讼行为的罚款、拘留不得连续适用。发生新的妨害民事诉讼行为的,人民法院可以重新予以罚款、拘留。

第一百八十五条 被罚款、拘留的人不服罚款、拘留决定申请复议的,应当自收到决定书之日起三日内提出。上级人民法院应当在收到复议申请后五日内作出决定,并将复议结果通知下级人民法院和当事人。

第一百八十六条 上级人民法院复议时认为强制措施不当的,应当制作决定书,撤销或者变更下级人民法院作出的拘留、罚款决定。情况紧急的,可以在口头通知后三日内发出决定书。

第一百八十七条 民事诉讼法第一百一十一条第一款第五项规定的以暴力、威胁或者其他方法阻碍司法工作人员执行职务的行为,包括:

(一)在人民法院哄闹、滞留,不听从司法工作人员劝阻的;

(二)故意毁损、抢夺人民法院法律文书、查封标志的;

(三)哄闹、冲击执行公务现场,围困、扣押执行或者协助执行公务人员的;

(四)毁损、抢夺、扣留案件材料、执行公务车辆、其他执行公务器械、执行公务人员服装和执行公务证件的;

(五)以暴力、威胁或者其他方法阻碍司法工作人员查询、查封、扣押、冻结、划拨、拍卖、变卖财产的;

(六)以暴力、威胁或者其他方法阻碍司法工作人员执行职务的其他行为。

第一百八十八条 民事诉讼法第一百一十一条第一款第六项规定的拒不履行人民法院已经发生法律效力的判决、裁定的行为,包括:

(一)在法律文书发生法律效力后隐藏、转移、变卖、毁损财产或者无偿转让财产、以明显不合理的价格交易财产、放弃到期债权、无偿为他人提供担保等,致使人民法院无法执行的;

(二)隐藏、转移、毁损或者未经人民法院允许处分已向人民法院提供担保的财产的;

(三)违反人民法院限制高消费令进行消费的;

(四)有履行能力而拒不按照人民法院执行通知履行生效法律文书确定的义务的;

(五)有义务协助执行的个人接到人民法院协助执行通知书后,拒不协助执行的。

第一百八十九条 诉讼参与人或者其他人有下列行为之一的,人民法院可以适用民事诉讼法第一百一十一条的规定处理:

(一)冒充他人提起诉讼或者参加诉讼的;

(二)证人签署保证书后作虚假证言,妨碍人民法院审理案件的;

（三）伪造、隐藏、毁灭或者拒绝交出有关被执行人履行能力的重要证据，妨碍人民法院查明被执行人财产状况的；

（四）擅自解冻已被人民法院冻结的财产的；

（五）接到人民法院协助执行通知书后，给当事人通风报信，协助其转移、隐匿财产的。

第一百九十条 民事诉讼法第一百一十二条规定的他人合法权益，包括案外人的合法权益、国家利益、社会公共利益。

第三人根据民事诉讼法第五十六条第三款规定提起撤销之诉，经审查，原案当事人之间恶意串通进行虚假诉讼的，适用民事诉讼法第一百一十二条规定处理。

第一百九十一条 单位有民事诉讼法第一百一十二条或者第一百一十三条规定行为的，人民法院应当对该单位进行罚款，并可以对其主要负责人或者直接责任人员予以罚款、拘留；构成犯罪的，依法追究刑事责任。

第一百九十二条 有关单位接到人民法院协助执行通知书后，有下列行为之一的，人民法院可以适用民事诉讼法第一百一十四条规定处理：

（一）允许被执行人高消费的；

（二）允许被执行人出境的；

（三）拒不停止办理有关财产权证照转移手续、权属变更登记、规划审批等手续的；

（四）以需要内部请示、内部审批，有内部规定等为由拖延办理的。

第一百九十三条 人民法院对个人或者单位采取罚款措施时，应当根据其实施妨害民事诉讼行为的性质、情节、后果，当地的经济发展水平，以及诉讼标的额等因素，在民事诉讼法第一百一十五条第一款规定的限额内确定相应的罚款金额。

九、诉讼费用

第一百九十四条 依照民事诉讼法第五十四条审理的案件不预交案件受理费，结案后按照诉讼标的额由败诉方交纳。

第一百九十五条 支付令失效后转入诉讼程序的，债权人应当按照《诉讼费用交纳办法》补交案件受理费。

支付令被撤销后，债权人另行起诉的，按照《诉讼费用交纳办法》交纳诉讼费用。

第一百九十六条 人民法院改变原判决、裁定、调解结果的，应当在裁判文书中对原审诉讼费用的负担一并作出处理。

第一百九十七条 诉讼标的物是证券的，按照证券交易规则并根据当事人起诉之日前最后一个交易日的收盘价、当日的市场价或者其载明的金额计算诉讼标的金额。

第一百九十八条 诉讼标的物是房屋、土地、林木、车辆、船舶、文物等特定物或者知识产权，起诉时价值难以确定的，人民法院应当向原告释明主张过高或者过低的诉讼风险，以原告主张的价值确定诉讼标的金额。

第一百九十九条 适用简易程序审理的案件转为普通程序的，原告自接到人民法院交纳诉讼费用通知之日起七日内补交案件受理费。

原告无正当理由未按期足额补交的，按撤诉处理，已经收取的诉讼费用退还一半。

第二百条 破产程序中有关债务人的民事诉讼案件，按照财产案件标准交纳诉讼费，但劳动争议案件除外。

第二百零一条　既有财产性诉讼请求，又有非财产性诉讼请求的，按照财产性诉讼请求的标准交纳诉讼费。

有多个财产性诉讼请求的，合并计算交纳诉讼费；诉讼请求中有多个非财产性诉讼请求的，按一件交纳诉讼费。

第二百零二条　原告、被告、第三人分别上诉的，按照上诉请求分别预交二审案件受理费。

同一方多人共同上诉的，只预交一份二审案件受理费；分别上诉的，按照上诉请求分别预交二审案件受理费。

第二百零三条　承担连带责任的当事人败诉的，应当共同负担诉讼费用。

第二百零四条　实现担保物权案件，人民法院裁定拍卖、变卖担保财产的，申请费由债务人、担保人负担；人民法院裁定驳回申请的，申请费由申请人负担。

申请人另行起诉的，其已经交纳的申请费可以从案件受理费中扣除。

第二百零五条　拍卖、变卖担保财产的裁定作出后，人民法院强制执行的，按照执行金额收取执行申请费。

第二百零六条　人民法院决定减半收取案件受理费的，只能减半一次。

第二百零七条　判决生效后，胜诉方预交但不应负担的诉讼费用，人民法院应当退还，由败诉方向人民法院交纳，但胜诉方自愿承担或者同意败诉方直接向其支付的除外。

当事人拒不交纳诉讼费用的，人民法院可以强制执行。

十、第一审普通程序

第二百零八条　人民法院接到当事人提交的民事起诉状时，对符合民事诉讼法第一百一十九条的规定，且不属于第一百二十四条规定情形的，应当登记立案；对当场不能判定是否符合起诉条件的，应当接收起诉材料，并出具注明收到日期的书面凭证。

需要补充必要相关材料的，人民法院应当及时告知当事人。在补齐相关材料后，应当在七日内决定是否立案。

立案后发现不符合起诉条件或者属于民事诉讼法第一百二十四条规定情形的，裁定驳回起诉。

第二百零九条　原告提供被告的姓名或者名称、住所等信息具体明确，足以使被告与他人相区别的，可以认定为有明确的被告。

起诉状列写被告信息不足以认定明确的被告的，人民法院可以告知原告补正。原告补正后仍不能确定明确的被告的，人民法院裁定不予受理。

第二百一十条　原告在起诉状中有谩骂和人身攻击之辞的，人民法院应当告知其修改后提起诉讼。

第二百一十一条　对本院没有管辖权的案件，告知原告向有管辖权的人民法院起诉；原告坚持起诉的，裁定不予受理；立案后发现本院没有管辖权的，应当将案件移送有管辖权的人民法院。

第二百一十二条　裁定不予受理、驳回起诉的案件，原告再次起诉，符合起诉条件且不属于民事诉讼法第一百二十四条规定情形的，人民法院应予受理。

第二百一十三条　原告应当预交而未预交案件受理费，人民法院应当通知其预交，通知后仍不预交或者申请减、缓、免未获批准而仍不预交的，裁定按撤诉处理。

第二百一十四条 原告撤诉或者人民法院按撤诉处理后，原告以同一诉讼请求再次起诉的，人民法院应予受理。

原告撤诉或者按撤诉处理的离婚案件，没有新情况、新理由，六个月内又起诉的，比照民事诉讼法第一百二十四条第七项的规定不予受理。

第二百一十五条 依照民事诉讼法第一百二十四条第二项的规定，当事人在书面合同中订有仲裁条款，或者在发生纠纷后达成书面仲裁协议，一方向人民法院起诉的，人民法院应当告知原告向仲裁机构申请仲裁，其坚持起诉的，裁定不予受理，但仲裁条款或者仲裁协议不成立、无效、失效、内容不明确无法执行的除外。

第二百一十六条 在人民法院首次开庭前，被告以有书面仲裁协议为由对受理民事案件提出异议的，人民法院应当进行审查。

经审查符合下列情形之一的，人民法院应当裁定驳回起诉：

（一）仲裁机构或者人民法院已经确认仲裁协议有效的；

（二）当事人没有在仲裁庭首次开庭前对仲裁协议的效力提出异议的；

（三）仲裁协议符合仲裁法第十六条规定且不具有仲裁法第十七条规定情形的。

第二百一十七条 夫妻一方下落不明，另一方诉至人民法院，只要求离婚，不申请宣告下落不明人失踪或者死亡的案件，人民法院应当受理，对下落不明人公告送达诉讼文书。

第二百一十八条 赡养费、扶养费、抚育费案件，裁判发生法律效力后，因新情况、新理由，一方当事人再行起诉要求增加或者减少费用的，人民法院应作为新案受理。

第二百一十九条 当事人超过诉讼时效期间起诉的，人民法院应予受理。受理后对方当事人提出诉讼时效抗辩，人民法院经审理认为抗辩事由成立的，判决驳回原告的诉讼请求。

第二百二十条 民事诉讼法第六十八条、第一百三十四条、第一百五十六条规定的商业秘密，是指生产工艺、配方、贸易联系、购销渠道等当事人不愿公开的技术秘密、商业情报及信息。

第二百二十一条 基于同一事实发生的纠纷，当事人分别向同一人民法院起诉的，人民法院可以合并审理。

第二百二十二条 原告在起诉状中直接列写第三人的，视为其申请人民法院追加该第三人参加诉讼。是否通知第三人参加诉讼，由人民法院审查决定。

第二百二十三条 当事人在提交答辩状期间提出管辖异议，又针对起诉状的内容进行答辩的，人民法院应当依照民事诉讼法第一百二十七条第一款的规定，对管辖异议进行审查。

当事人未提出管辖异议，就案件实体内容进行答辩、陈述或者反诉的，可以认定为民事诉讼法第一百二十七条第二款规定的应诉答辩。

第二百二十四条 依照民事诉讼法第一百三十三条第四项规定，人民法院可以在答辩期届满后，通过组织证据交换、召集庭前会议等方式，作好审理前的准备。

第二百二十五条 根据案件具体情况，庭前会议可以包括下列内容：

（一）明确原告的诉讼请求和被告的答辩意见；

（二）审查处理当事人增加、变更诉讼请求的申请和提出的反诉，以及第三人提出的与本案有关的诉讼请求；

（三）根据当事人的申请决定调查收集证据，委托鉴定，要求当事人提供证据，进行勘验，进行证据保全；

（四）组织交换证据；

（五）归纳争议焦点；

（六）进行调解。

第二百二十六条 人民法院应当根据当事人的诉讼请求、答辩意见以及证据交换的情况，归纳争议焦点，并就归纳的争议焦点征求当事人的意见。

第二百二十七条 人民法院适用普通程序审理案件，应当在开庭三日前用传票传唤当事人。对诉讼代理人、证人、鉴定人、勘验人、翻译人员应当用通知书通知其到庭。当事人或者其他诉讼参与人在外地的，应当留有必要的在途时间。

第二百二十八条 法庭审理应当围绕当事人争议的事实、证据和法律适用等焦点问题进行。

第二百二十九条 当事人在庭审中对其在审理前的准备阶段认可的事实和证据提出不同意见的，人民法院应当责令其说明理由。必要时，可以责令其提供相应证据。人民法院应当结合当事人的诉讼能力、证据和案件的具体情况进行审查。理由成立的，可以列入争议焦点进行审理。

第二百三十条 人民法院根据案件具体情况并征得当事人同意，可以将法庭调查和法庭辩论合并进行。

第二百三十一条 当事人在法庭上提出新的证据的，人民法院应当依照民事诉讼法第六十五条第二款规定和本解释相关规定处理。

第二百三十二条 在案件受理后，法庭辩论结束前，原告增加诉讼请求，被告提出反诉，第三人提出与本案有关的诉讼请求，可以合并审理的，人民法院应当合并审理。

第二百三十三条 反诉的当事人应当限于本诉的当事人的范围。

反诉与本诉的诉讼请求基于相同法律关系、诉讼请求之间具有因果关系，或者反诉与本诉的诉讼请求基于相同事实的，人民法院应当合并审理。

反诉应由其他人民法院专属管辖，或者与本诉的诉讼标的及诉讼请求所依据的事实、理由无关联的，裁定不予受理，告知另行起诉。

第二百三十四条 无民事行为能力人的离婚诉讼，当事人的法定代理人应当到庭；法定代理人不能到庭的，人民法院应当在查清事实的基础上，依法作出判决。

第二百三十五条 无民事行为能力的当事人的法定代理人，经传票传唤无正当理由拒不到庭，属于原告方的，比照民事诉讼法第一百四十三条的规定，按撤诉处理；属于被告方的，比照民事诉讼法第一百四十四条的规定，缺席判决。必要时，人民法院可以拘传其到庭。

第二百三十六条 有独立请求权的第三人经人民法院传票传唤，无正当理由拒不到庭的，或者未经法庭许可中途退庭的，比照民事诉讼法第一百四十三条的规定，按撤诉处理。

第二百三十七条 有独立请求权的第三人参加诉讼后，原告申请撤诉，人民法院在准许原告撤诉后，有独立请求权的第三人作为另案原告，原案原告、被告作为另案被告，诉讼继续进行。

第二百三十八条 当事人申请撤诉或者依法可以按撤诉处理的案件，如果当事人有违反法律的行为需要依法处理的，人民法院可以不准许撤诉或者不按撤诉处理。

法庭辩论终结后原告申请撤诉，被告不同意的，人民法院可以不予准许。

第二百三十九条 人民法院准许本诉原告撤诉的，应当对反诉继续审理；被告申请撤回反诉的，人民法院应予准许。

第二百四十条 无独立请求权的第三人经人民法院传票传唤，无正当理由拒不到庭，或者未经法庭许可中途退庭的，不影响案件的审理。

第二百四十一条 被告经传票传唤无正当理由拒不到庭，或者未经法庭许可中途退庭的，人民法院应当按期开庭或者继续开庭审理，对到庭的当事人诉讼请求、双方的诉辩理由以及已经提交的证据及其他诉讼材料进行审理后，可以依法缺席判决。

第二百四十二条 一审宣判后，原审人民法院发现判决有错误，当事人在上诉期内提出上诉的，原审人民法院可以提出原判决有错误的意见，报送第二审人民法院，由第二审人民法院按照第二审程序进行审理；当事人不上诉的，按照审判监督程序处理。

第二百四十三条 民事诉讼法第一百四十九条规定的审限，是指从立案之日起至裁判宣告、调解书送达之日止的期间，但公告期间、鉴定期间、双方当事人和解期间、审理当事人提出的管辖异议以及处理人民法院之间的管辖争议期间不应计算在内。

第二百四十四条 可以上诉的判决书、裁定书不能同时送达双方当事人的，上诉期从各自收到判决书、裁定书之日计算。

第二百四十五条 民事诉讼法第一百五十四条第一款第七项规定的笔误是指法律文书误写、误算，诉讼费用漏写、误算和其他笔误。

第二百四十六条 裁定中止诉讼的原因消除，恢复诉讼程序时，不必撤销原裁定，从人民法院通知或者准许当事人双方继续进行诉讼时起，中止诉讼的裁定即失去效力。

第二百四十七条 当事人就已经提起诉讼的事项在诉讼过程中或者裁判生效后再次起诉，同时符合下列条件的，构成重复起诉：

（一）后诉与前诉的当事人相同；

（二）后诉与前诉的诉讼标的相同；

（三）后诉与前诉的诉讼请求相同，或者后诉的诉讼请求实质上否定前诉裁判结果。

当事人重复起诉的，裁定不予受理；已经受理的，裁定驳回起诉，但法律、司法解释另有规定的除外。

第二百四十八条 裁判发生法律效力后，发生新的事实，当事人再次提起诉讼的，人民法院应当依法受理。

第二百四十九条 在诉讼中，争议的民事权利义务转移的，不影响当事人的诉讼主体资格和诉讼地位。人民法院作出的发生法律效力的判决、裁定对受让人具有拘束力。

受让人申请以无独立请求权的第三人身份参加诉讼的，人民法院可予准许。受让人申请替代当事人承担诉讼的，人民法院可以根据案件的具体情况决定是否准许；不予准许的，可以追加其为无独立请求权的第三人。

第二百五十条 依照本解释第二百四十九条规定，人民法院准许受让人替代当事人承担诉讼的，裁定变更当事人。

变更当事人后，诉讼程序以受让人为当事人继续进行，原当事人应当退出诉讼。原当事人已经完成的诉讼行为对受让人具有拘束力。

第二百五十一条　二审裁定撤销一审判决发回重审的案件，当事人申请变更、增加诉讼请求或者提出反诉，第三人提出与本案有关的诉讼请求的，依照民事诉讼法第一百四十条规定处理。

第二百五十二条　再审裁定撤销原判决、裁定发回重审的案件，当事人申请变更、增加诉讼请求或者提出反诉，符合下列情形之一的，人民法院应当准许：

（一）原审未合法传唤缺席判决，影响当事人行使诉讼权利的；

（二）追加新的诉讼当事人的；

（三）诉讼标的物灭失或者发生变化致使原诉讼请求无法实现的；

（四）当事人申请变更、增加的诉讼请求或者提出的反诉，无法通过另诉解决的。

第二百五十三条　当庭宣判的案件，除当事人当庭要求邮寄发送裁判文书的外，人民法院应当告知当事人或者诉讼代理人领取裁判文书的时间和地点以及逾期不领取的法律后果。上述情况，应当记入笔录。

第二百五十四条　公民、法人或者其他组织申请查阅发生法律效力的判决书、裁定书的，应当向作出该生效裁判的人民法院提出。申请应当以书面形式提出，并提供具体的案号或者当事人姓名、名称。

第二百五十五条　对于查阅判决书、裁定书的申请，人民法院根据下列情形分别处理：

（一）判决书、裁定书已经通过信息网络向社会公开的，应当引导申请人自行查阅；

（二）判决书、裁定书未通过信息网络向社会公开，且申请符合要求的，应当及时提供便捷的查阅服务；

（三）判决书、裁定书尚未发生法律效力，或者已失去法律效力的，不提供查阅并告知申请人；

（四）发生法律效力的判决书、裁定书不是本院作出的，应当告知申请人向作出生效裁判的人民法院申请查阅；

（五）申请查阅的内容涉及国家秘密、商业秘密、个人隐私的，不予准许并告知申请人。

十一、简易程序

第二百五十六条　民事诉讼法第一百五十七条规定的简单民事案件中的事实清楚，是指当事人对争议的事实陈述基本一致，并能提供相应的证据，无须人民法院调查收集证据即可查明事实；权利义务关系明确是指能明确区分谁是责任的承担者，谁是权利的享有者；争议不大是指当事人对案件的是非、责任承担以及诉讼标的争执无原则分歧。

第二百五十七条　下列案件，不适用简易程序：

（一）起诉时被告下落不明的；

（二）发回重审的；

（三）当事人一方人数众多的；

（四）适用审判监督程序的；

（五）涉及国家利益、社会公共利益的；

（六）第三人起诉请求改变或者撤销生效判决、裁定、调解书的；

（七）其他不宜适用简易程序的案件。

第二百五十八条 适用简易程序审理的案件,审理期限到期后,双方当事人同意继续适用简易程序的,由本院院长批准,可以延长审理期限。延长后的审理期限累计不得超过六个月。

人民法院发现案情复杂,需要转为普通程序审理的,应当在审理期限届满前作出裁定并将合议庭组成人员及相关事项书面通知双方当事人。

案件转为普通程序审理的,审理期限自人民法院立案之日计算。

第二百五十九条 当事人双方可就开庭方式向人民法院提出申请,由人民法院决定是否准许。经当事人双方同意,可以采用视听传输技术等方式开庭。

第二百六十条 已经按照普通程序审理的案件,在开庭后不得转为简易程序审理。

第二百六十一条 适用简易程序审理案件,人民法院可以采取捎口信、电话、短信、传真、电子邮件等简便方式传唤双方当事人、通知证人和送达裁判文书以外的诉讼文书。

以简便方式送达的开庭通知,未经当事人确认或者没有其他证据证明当事人已经收到的,人民法院不得缺席判决。

适用简易程序审理案件,由审判员独任审判,书记员担任记录。

第二百六十二条 人民法庭制作的判决书、裁定书、调解书,必须加盖基层人民法院印章,不得用人民法庭的印章代替基层人民法院的印章。

第二百六十三条 适用简易程序审理案件,卷宗中应当具备以下材料:

(一)起诉状或者口头起诉笔录;

(二)答辩状或者口头答辩笔录;

(三)当事人身份证明材料;

(四)委托他人代理诉讼的授权委托书或者口头委托笔录;

(五)证据;

(六)询问当事人笔录;

(七)审理(包括调解)笔录;

(八)判决书、裁定书、调解书或者调解协议;

(九)送达和宣判笔录;

(十)执行情况;

(十一)诉讼费收据;

(十二)适用民事诉讼法第一百六十二条规定审理的,有关程序适用的书面告知。

第二百六十四条 当事人双方根据民事诉讼法第一百五十七条第二款规定约定适用简易程序的,应当在开庭前提出。口头提出的,记入笔录,由双方当事人签名或者捺印确认。

本解释第二百五十七条规定的案件,当事人约定适用简易程序的,人民法院不予准许。

第二百六十五条 原告口头起诉的,人民法院应当将当事人的姓名、性别、工作单位、住所、联系方式等基本信息,诉讼请求,事实及理由等准确记入笔录,由原告核对无误后签名或者捺印。对当事人提交的证据材料,应当出具收据。

第二百六十六条 适用简易程序案件的举证期限由人民法院确定,也可以由当事人协商一致并经人民法院准许,但不得超过十五日。被告要求书面答辩的,人民法院可在征得其同意的基础上,合理确定答辩期间。

人民法院应当将举证期限和开庭日期告知双方当事人，并向当事人说明逾期举证以及拒不到庭的法律后果，由双方当事人在笔录和开庭传票的送达回证上签名或者捺印。

当事人双方均表示不需要举证期限、答辩期间的，人民法院可以立即开庭审理或者确定开庭日期。

第二百六十七条 适用简易程序审理案件，可以简便方式进行审理前的准备。

第二百六十八条 对没有委托律师、基层法律服务工作者代理诉讼的当事人，人民法院在庭审过程中可以对回避、自认、举证证明责任等相关内容向其作必要的解释或者说明，并在庭审过程中适当提示当事人正确行使诉讼权利、履行诉讼义务。

第二百六十九条 当事人就案件适用简易程序提出异议，人民法院经审查，异议成立的，裁定转为普通程序；异议不成立的，口头告知当事人，并记入笔录。

转为普通程序的，人民法院应当将合议庭组成人员及相关事项以书面形式通知双方当事人。

转为普通程序前，双方当事人已确认的事实，可以不再进行举证、质证。

第二百七十条 适用简易程序审理的案件，有下列情形之一的，人民法院在制作判决书、裁定书、调解书时，对认定事实或者裁判理由部分可以适当简化：

（一）当事人达成调解协议并需要制作民事调解书的；

（二）一方当事人明确表示承认对方全部或者部分诉讼请求的；

（三）涉及商业秘密、个人隐私的案件，当事人一方要求简化裁判文书中的相关内容，人民法院认为理由正当的；

（四）当事人双方同意简化的。

十二、简易程序中的小额诉讼

第二百七十一条 人民法院审理小额诉讼案件，适用民事诉讼法第一百六十二条的规定，实行一审终审。

第二百七十二条 民事诉讼法第一百六十二条规定的各省、自治区、直辖市上年度就业人员年平均工资，是指已经公布的各省、自治区、直辖市上一年度就业人员年平均工资。在上一年度就业人员年平均工资公布前，以已经公布的最近年度就业人员年平均工资为准。

第二百七十三条 海事法院可以审理海事、海商小额诉讼案件。案件标的额应当以实际受理案件的海事法院或者其派出法庭所在的省、自治区、直辖市上年度就业人员年平均工资百分之三十为限。

第二百七十四条 下列金钱给付的案件，适用小额诉讼程序审理：

（一）买卖合同、借款合同、租赁合同纠纷；

（二）身份关系清楚，仅在给付的数额、时间、方式上存在争议的赡养费、抚育费、扶养费纠纷；

（三）责任明确，仅在给付的数额、时间、方式上存在争议的交通事故损害赔偿和其他人身损害赔偿纠纷；

（四）供用水、电、气、热力合同纠纷；

（五）银行卡纠纷；

（六）劳动关系清楚，仅在劳动报酬、工伤医疗费、经济补偿金或者赔偿金给付数额、时间、方式上存在争议的劳动合同纠纷；

（七）劳务关系清楚，仅在劳务报酬给付数额、时间、方式上存在争议的劳务合同纠纷；

（八）物业、电信等服务合同纠纷；

（九）其他金钱给付纠纷。

第二百七十五条 下列案件，不适用小额诉讼程序审理：

（一）人身关系、财产确权纠纷；

（二）涉外民事纠纷；

（三）知识产权纠纷；

（四）需要评估、鉴定或者对诉前评估、鉴定结果有异议的纠纷；

（五）其他不宜适用一审终审的纠纷。

第二百七十六条 人民法院受理小额诉讼案件，应当向当事人告知该类案件的审判组织、一审终审、审理期限、诉讼费用交纳标准等相关事项。

第二百七十七条 小额诉讼案件的举证期限由人民法院确定，也可以由当事人协商一致并经人民法院准许，但一般不超过七日。

被告要求书面答辩的，人民法院可以在征得其同意的基础上合理确定答辩期间，但最长不得超过十五日。

当事人到庭后表示不需要举证期限和答辩期间的，人民法院可立即开庭审理。

第二百七十八条 当事人对小额诉讼案件提出管辖异议的，人民法院应当作出裁定。裁定一经作出即生效。

第二百七十九条 人民法院受理小额诉讼案件后，发现起诉不符合民事诉讼法第一百一十九条规定的起诉条件的，裁定驳回起诉。裁定一经作出即生效。

第二百八十条 因当事人申请增加或者变更诉讼请求、提出反诉、追加当事人等，致使案件不符合小额诉讼案件条件的，应当适用简易程序的其他规定审理。

前款规定案件，应当适用普通程序审理的，裁定转为普通程序。

适用简易程序的其他规定或者普通程序审理前，双方当事人已确认的事实，可以不再进行举证、质证。

第二百八十一条 当事人对按照小额诉讼案件审理有异议的，应当在开庭前提出。人民法院经审查，异议成立的，适用简易程序的其他规定审理；异议不成立的，告知当事人，并记入笔录。

第二百八十二条 小额诉讼案件的裁判文书可以简化，主要记载当事人基本信息、诉讼请求、裁判主文等内容。

第二百八十三条 人民法院审理小额诉讼案件，本解释没有规定的，适用简易程序的其他规定。

十三、公益诉讼

第二百八十四条 环境保护法、消费者权益保护法等法律规定的机关和有关组织对污染环境、侵害众多消费者合法权益等损害社会公共利益的行为，根据民事诉讼法第五十五条规定提起公益诉讼，符合下列条件的，人民法院应当受理：

（一）有明确的被告；

（二）有具体的诉讼请求；

（三）有社会公共利益受到损害的初步证据；

（四）属于人民法院受理民事诉讼的范围和受诉人民法院管辖。

第二百八十五条　公益诉讼案件由侵权行为地或者被告住所地中级人民法院管辖，但法律、司法解释另有规定的除外。

因污染海洋环境提起的公益诉讼，由污染发生地、损害结果地或者采取预防污染措施地海事法院管辖。

对同一侵权行为分别向两个以上人民法院提起公益诉讼的，由最先立案的人民法院管辖，必要时由它们的共同上级人民法院指定管辖。

第二百八十六条　人民法院受理公益诉讼案件后，应当在十日内书面告知相关行政主管部门。

第二百八十七条　人民法院受理公益诉讼案件后，依法可以提起诉讼的其他机关和有关组织，可以在开庭前向人民法院申请参加诉讼。人民法院准许参加诉讼的，列为共同原告。

第二百八十八条　人民法院受理公益诉讼案件，不影响同一侵权行为的受害人根据民事诉讼法第一百一十九条规定提起诉讼。

第二百八十九条　对公益诉讼案件，当事人可以和解，人民法院可以调解。

当事人达成和解或者调解协议后，人民法院应当将和解或者调解协议进行公告。公告期间不得少于三十日。

公告期满后，人民法院经审查，和解或者调解协议不违反社会公共利益的，应当出具调解书；和解或者调解协议违反社会公共利益的，不予出具调解书，继续对案件进行审理并依法作出裁判。

第二百九十条　公益诉讼案件的原告在法庭辩论终结后申请撤诉的，人民法院不予准许。

第二百九十一条　公益诉讼案件的裁判发生法律效力后，其他依法具有原告资格的机关和有关组织就同一侵权行为另行提起公益诉讼的，人民法院裁定不予受理，但法律、司法解释另有规定的除外。

十四、第三人撤销之诉

第二百九十二条　第三人对已经发生法律效力的判决、裁定、调解书提起撤销之诉的，应当自知道或者应当知道其民事权益受到损害之日起六个月内，向作出生效判决、裁定、调解书的人民法院提出，并应当提供存在下列情形的证据材料：

（一）因不能归责于本人的事由未参加诉讼；

（二）发生法律效力的判决、裁定、调解书的全部或者部分内容错误；

（三）发生法律效力的判决、裁定、调解书内容错误损害其民事权益。

第二百九十三条　人民法院应当在收到起诉状和证据材料之日起五日内送交对方当事人，对方当事人可以自收到起诉状之日起十日内提出书面意见。

人民法院应当对第三人提交的起诉状、证据材料以及对方当事人的书面意见进行审查。必要时，可以询问双方当事人。

经审查，符合起诉条件的，人民法院应当在收到起诉状之日起三十日内立案。不符合起诉条件的，应当在收到起诉状之日起三十日内裁定不予受理。

第二百九十四条 人民法院对第三人撤销之诉案件，应当组成合议庭开庭审理。

第二百九十五条 民事诉讼法第五十六条第三款规定的因不能归责于本人的事由未参加诉讼，是指没有被列为生效判决、裁定、调解书当事人，且无过错或者无明显过错的情形。包括：

（一）不知道诉讼而未参加的；

（二）申请参加未获准许的；

（三）知道诉讼，但因客观原因无法参加的；

（四）因其他不能归责于本人的事由未参加诉讼的。

第二百九十六条 民事诉讼法第五十六条第三款规定的判决、裁定、调解书的部分或者全部内容，是指判决、裁定的主文，调解书中处理当事人民事权利义务的结果。

第二百九十七条 对下列情形提起第三人撤销之诉的，人民法院不予受理：

（一）适用特别程序、督促程序、公示催告程序、破产程序等非讼程序处理的案件；

（二）婚姻无效、撤销或者解除婚姻关系等判决、裁定、调解书中涉及身份关系的内容；

（三）民事诉讼法第五十四条规定的未参加登记的权利人对代表人诉讼案件的生效裁判；

（四）民事诉讼法第五十五条规定的损害社会公共利益行为的受害人对公益诉讼案件的生效裁判。

第二百九十八条 第三人提起撤销之诉，人民法院应当将该第三人列为原告，生效判决、裁定、调解书的当事人列为被告，但生效判决、裁定、调解书中没有承担责任的无独立请求权的第三人列为第三人。

第二百九十九条 受理第三人撤销之诉案件后，原告提供相应担保，请求中止执行的，人民法院可以准许。

第三百条 对第三人撤销或者部分撤销发生法律效力的判决、裁定、调解书内容的请求，人民法院经审理，按下列情形分别处理：

（一）请求成立且确认其民事权利的主张全部或部分成立的，改变原判决、裁定、调解书内容的错误部分；

（二）请求成立，但确认其全部或部分民事权利的主张不成立，或者未提出确认其民事权利请求的，撤销原判决、裁定、调解书内容的错误部分；

（三）请求不成立的，驳回诉讼请求。

对前款规定裁判不服的，当事人可以上诉。

原判决、裁定、调解书的内容未改变或者未撤销的部分继续有效。

第三百零一条 第三人撤销之诉案件审理期间，人民法院对生效判决、裁定、调解书裁定再审的，受理第三人撤销之诉的人民法院应当裁定将第三人的诉讼请求并入再审程序。但有证据证明原审当事人之间恶意串通损害第三人合法权益的，人民法院应当先行审理第三人撤销之诉案件，裁定中止再审诉讼。

第三百零二条 第三人诉讼请求并入再审程序审理的,按照下列情形分别处理:

(一)按照第一审程序审理的,人民法院应当对第三人的诉讼请求一并审理,所作的判决可以上诉;

(二)按照第二审程序审理的,人民法院可以调解,调解达不成协议的,应当裁定撤销原判决、裁定、调解书,发回一审法院重审,重审时应当列明第三人。

第三百零三条 第三人提起撤销之诉后,未中止生效判决、裁定、调解书执行的,执行法院对第三人依照民事诉讼法第二百二十七条规定提出的执行异议,应予审查。第三人不服驳回执行异议裁定,申请对原判决、裁定、调解书再审的,人民法院不予受理。

案外人对人民法院驳回其执行异议裁定不服,认为原判决、裁定、调解书内容错误损害其合法权益的,应当根据民事诉讼法第二百二十七条规定申请再审,提起第三人撤销之诉的,人民法院不予受理。

十五、执行异议之诉

第三百零四条 根据民事诉讼法第二百二十七条规定,案外人、当事人对执行异议裁定不服,自裁定送达之日起十五日内向人民法院提起执行异议之诉的,由执行法院管辖。

第三百零五条 案外人提起执行异议之诉,除符合民事诉讼法第一百一十九条规定外,还应当具备下列条件:

(一)案外人的执行异议申请已经被人民法院裁定驳回;

(二)有明确的排除对执行标的执行的诉讼请求,且诉讼请求与原判决、裁定无关;

(三)自执行异议裁定送达之日起十五日内提起。

人民法院应当在收到起诉状之日起十五日内决定是否立案。

第三百零六条 申请执行人提起执行异议之诉,除符合民事诉讼法第一百一十九条规定外,还应当具备下列条件:

(一)依案外人执行异议申请,人民法院裁定中止执行;

(二)有明确的对执行标的继续执行的诉讼请求,且诉讼请求与原判决、裁定无关;

(三)自执行异议裁定送达之日起十五日内提起。

人民法院应当在收到起诉状之日起十五日内决定是否立案。

第三百零七条 案外人提起执行异议之诉的,以申请执行人为被告。被执行人反对案外人异议的,被执行人为共同被告;被执行人不反对案外人异议的,可以列被执行人为第三人。

第三百零八条 申请执行人提起执行异议之诉的,以案外人为被告。被执行人反对申请执行人主张的,以案外人和被执行人为共同被告;被执行人不反对申请执行人主张的,可以列被执行人为第三人。

第三百零九条 申请执行人对中止执行裁定未提起执行异议之诉,被执行人提起执行异议之诉的,人民法院告知其另行起诉。

第三百一十条 人民法院审理执行异议之诉案件,适用普通程序。

第三百一十一条 案外人或者申请执行人提起执行异议之诉的,案外人应当就其对执行标的享有足以排除强制执行的民事权益承担举证证明责任。

第三百一十二条 对案外人提起的执行异议之诉,人民法院经审理,按照下列情形分别处理:

(一)案外人就执行标的享有足以排除强制执行的民事权益的,判决不得执行该执行标的;

(二)案外人就执行标的不享有足以排除强制执行的民事权益的,判决驳回诉讼请求。

案外人同时提出确认其权利的诉讼请求的,人民法院可以在判决中一并作出裁判。

第三百一十三条 对申请执行人提起的执行异议之诉,人民法院经审理,按照下列情形分别处理:

(一)案外人就执行标的不享有足以排除强制执行的民事权益的,判决准许执行该执行标的;

(二)案外人就执行标的享有足以排除强制执行的民事权益的,判决驳回诉讼请求。

第三百一十四条 对案外人执行异议之诉,人民法院判决不得对执行标的执行的,执行异议裁定失效。

对申请执行人执行异议之诉,人民法院判决准许对该执行标的执行的,执行异议裁定失效,执行法院可以根据申请执行人的申请或者依职权恢复执行。

第三百一十五条 案外人执行异议之诉审理期间,人民法院不得对执行标的进行处分。申请执行人请求人民法院继续执行并提供相应担保的,人民法院可以准许。

被执行人与案外人恶意串通,通过执行异议、执行异议之诉妨害执行的,人民法院应当依照民事诉讼法第一百一十三条规定处理。申请执行人因此受到损害的,可以提起诉讼要求被执行人、案外人赔偿。

第三百一十六条 人民法院对执行标的裁定中止执行后,申请执行人在法律规定的期间内未提起执行异议之诉的,人民法院应当自起诉期限届满之日起七日内解除对该执行标的采取的执行措施。

十六、第二审程序

第三百一十七条 双方当事人和第三人都提起上诉的,均列为上诉人。人民法院可以依职权确定第二审程序中当事人的诉讼地位。

第三百一十八条 民事诉讼法第一百六十六条、第一百六十七条规定的对方当事人包括被上诉人和原审其他当事人。

第三百一十九条 必要共同诉讼人的一人或者部分人提起上诉的,按下列情形分别处理:

(一)上诉仅对与对方当事人之间权利义务分担有意见,不涉及其他共同诉讼人利益的,对方当事人为被上诉人,未上诉的同一方当事人依原审诉讼地位列明;

(二)上诉仅对共同诉讼人之间权利义务分担有意见,不涉及对方当事人利益的,未上诉的同一方当事人为被上诉人,对方当事人依原审诉讼地位列明;

(三)上诉对双方当事人之间以及共同诉讼人之间权利义务承担有意见的,未提起上诉的其他当事人均为被上诉人。

第三百二十条 一审宣判时或者判决书、裁定书送达时,当事人口头表示上诉的,人民法院应告知其必须在法定上诉期间内递交上诉状。未在法定上诉期间内递交上诉状的，视为未提起上诉。虽递交上诉状，但未在指定的期限内交纳上诉费的，按自动撤回上诉处理。

第三百二十一条 无民事行为能力人、限制民事行为能力人的法定代理人，可以代理当事人提起上诉。

第三百二十二条 上诉案件的当事人死亡或者终止的，人民法院依法通知其权利义务承继者参加诉讼。

需要终结诉讼的，适用民事诉讼法第一百五十一条规定。

第三百二十三条 第二审人民法院应当围绕当事人的上诉请求进行审理。

当事人没有提出请求的，不予审理，但一审判决违反法律禁止性规定，或者损害国家利益、社会公共利益、他人合法权益的除外。

第三百二十四条 开庭审理的上诉案件，第二审人民法院可以依照民事诉讼法第一百三十三条第四项规定进行审理前的准备。

第三百二十五条 下列情形，可以认定为民事诉讼法第一百七十条第一款第四项规定的严重违反法定程序：

（一）审判组织的组成不合法的；

（二）应当回避的审判人员未回避的；

（三）无诉讼行为能力人未经法定代理人代为诉讼的；

（四）违法剥夺当事人辩论权利的。

第三百二十六条 对当事人在第一审程序中已经提出的诉讼请求，原审人民法院未作审理、判决的，第二审人民法院可以根据当事人自愿的原则进行调解；调解不成的，发回重审。

第三百二十七条 必须参加诉讼的当事人或者有独立请求权的第三人，在第一审程序中未参加诉讼，第二审人民法院可以根据当事人自愿的原则予以调解；调解不成的，发回重审。

第三百二十八条 在第二审程序中，原审原告增加独立的诉讼请求或者原审被告提出反诉的，第二审人民法院可以根据当事人自愿的原则就新增加的诉讼请求或者反诉进行调解；调解不成的，告知当事人另行起诉。

双方当事人同意由第二审人民法院一并审理的，第二审人民法院可以一并裁判。

第三百二十九条 一审判决不准离婚的案件，上诉后，第二审人民法院认为应当判决离婚的，可以根据当事人自愿的原则，与子女抚养、财产问题一并调解；调解不成的，发回重审。

双方当事人同意由第二审人民法院一并审理的，第二审人民法院可以一并裁判。

第三百三十条 人民法院依照第二审程序审理案件，认为依法不应由人民法院受理的，可以由第二审人民法院直接裁定撤销原裁判，驳回起诉。

第三百三十一条 人民法院依照第二审程序审理案件，认为第一审人民法院受理案件违反专属管辖规定的，应当裁定撤销原裁判并移送有管辖权的人民法院。

第三百三十二条 第二审人民法院查明第一审人民法院作出的不予受理裁定有错误的，应当在撤销原裁定的同时，指令第一审人民法院立案受理；查明第一审人民法院作出的驳回起诉裁定有错误的，应当在撤销原裁定的同时，指令第一审人民法院审理。

第三百三十三条 第二审人民法院对下列上诉案件，依照民事诉讼法第一百六十九条规定可以不开庭审理：

（一）不服不予受理、管辖权异议和驳回起诉裁定的；

（二）当事人提出的上诉请求明显不能成立的；

（三）原判决、裁定认定事实清楚，但适用法律错误的；

（四）原判决严重违反法定程序，需要发回重审的。

第三百三十四条 原判决、裁定认定事实或者适用法律虽有瑕疵，但裁判结果正确的，第二审人民法院可以在判决、裁定中纠正瑕疵后，依照民事诉讼法第一百七十条第一款第一项规定予以维持。

第三百三十五条 民事诉讼法第一百七十条第一款第三项规定的基本事实，是指用以确定当事人主体资格、案件性质、民事权利义务等对原判决、裁定的结果有实质性影响的事实。

第三百三十六条 在第二审程序中，作为当事人的法人或者其他组织分立的，人民法院可以直接将分立后的法人或者其他组织列为共同诉讼人；合并的，将合并后的法人或者其他组织列为当事人。

第三百三十七条 在第二审程序中，当事人申请撤回上诉，人民法院经审查认为一审判决确有错误，或者当事人之间恶意串通损害国家利益、社会公共利益、他人合法权益的，不应准许。

第三百三十八条 在第二审程序中，原审原告申请撤回起诉，经其他当事人同意，且不损害国家利益、社会公共利益、他人合法权益的，人民法院可以准许。准许撤诉的，应当一并裁定撤销一审裁判。

原审原告在第二审程序中撤回起诉后重复起诉的，人民法院不予受理。

第三百三十九条 当事人在第二审程序中达成和解协议的，人民法院可以根据当事人的请求，对双方达成的和解协议进行审查并制作调解书送达当事人；因和解而申请撤诉，经审查符合撤诉条件的，人民法院应予准许。

第三百四十条 第二审人民法院宣告判决可以自行宣判，也可以委托原审人民法院或者当事人所在地人民法院代行宣判。

第三百四十一条 人民法院审理对裁定的上诉案件，应当在第二审立案之日起三十日内作出终审裁定。有特殊情况需要延长审限的，由本院院长批准。

第三百四十二条 当事人在第一审程序中实施的诉讼行为，在第二审程序中对该当事人仍具有拘束力。

当事人推翻其在第一审程序中实施的诉讼行为时，人民法院应当责令其说明理由。理由不成立的，不予支持。

十七、特别程序

第三百四十三条 宣告失踪或者宣告死亡案件，人民法院可以根据申请人的请求，清理下落不明人的财产，并指定案件审理期间的财产管理人。公告期满后，人民法院判决宣告失踪的，应当同时依照民法通则第二十一条第一款的规定指定失踪人的财产代管人。

第三百四十四条 失踪人的财产代管人经人民法院指定后,代管人申请变更代管的,比照民事诉讼法特别程序的有关规定进行审理。申请理由成立的,裁定撤销申请人的代管人身份,同时另行指定财产代管人;申请理由不成立的,裁定驳回申请。

失踪人的其他利害关系人申请变更代管的,人民法院应当告知其以原指定的代管人为被告起诉,并按普通程序进行审理。

第三百四十五条 人民法院判决宣告公民失踪后,利害关系人向人民法院申请宣告失踪人死亡,自失踪之日起满四年的,人民法院应当受理,宣告失踪的判决即是该公民失踪的证明,审理中仍应依照民事诉讼法第一百八十五条规定进行公告。

第三百四十六条 符合法律规定的多个利害关系人提出宣告失踪、宣告死亡申请的,列为共同申请人。

第三百四十七条 寻找下落不明人的公告应当记载下列内容:

(一)被申请人应当在规定期间内向受理法院申报其具体地址及其联系方式。否则,被申请人将被宣告失踪、宣告死亡;

(二)凡知悉被申请人生存现状的人,应当在公告期间内将其所知道情况向受理法院报告。

第三百四十八条 人民法院受理宣告失踪、宣告死亡案件后,作出判决前,申请人撤回申请的,人民法院应当裁定终结案件,但其他符合法律规定的利害关系人加入程序要求继续审理的除外。

第三百四十九条 在诉讼中,当事人的利害关系人提出该当事人患有精神病,要求宣告该当事人无民事行为能力或者限制民事行为能力的,应由利害关系人向人民法院提出申请,由受诉人民法院按照特别程序立案审理,原诉讼中止。

第三百五十条 认定财产无主案件,公告期间有人对财产提出请求的,人民法院应当裁定终结特别程序,告知申请人另行起诉,适用普通程序审理。

第三百五十一条 被指定的监护人不服指定,应当自接到通知之日起三十日内向人民法院提出异议。经审理,认为指定并无不当的,裁定驳回异议;指定不当的,判决撤销指定,同时另行指定监护人。判决书应当送达异议人、原指定单位及判决指定的监护人。

第三百五十二条 申请认定公民无民事行为能力或者限制民事行为能力的案件,被申请人没有近亲属的,人民法院可以指定其他亲属为代理人。被申请人没有亲属的,人民法院可以指定经被申请人所在单位或者住所地的居民委员会、村民委员会同意,且愿意担任代理人的关系密切的朋友为代理人。

没有前款规定的代理人的,由被申请人所在单位或者住所地的居民委员会、村民委员会或者民政部门担任代理人。

代理人可以是一人,也可以是同一顺序中的两人。

第三百五十三条 申请司法确认调解协议的,双方当事人应当本人或者由符合民事诉讼法第五十八条规定的代理人向调解组织所在地基层人民法院或者人民法庭提出申请。

第三百五十四条 两个以上调解组织参与调解的,各调解组织所在地基层人民法院均有管辖权。

双方当事人可以共同向其中一个调解组织所在地基层人民法院提出申请;双方当事人共同向两个以上调解组织所在地基层人民法院提出申请的,由最先立案的人民法院管辖。

第三百五十五条 当事人申请司法确认调解协议,可以采用书面形式或者口头形式。当事人口头申请的,人民法院应当记入笔录,并由当事人签名、捺印或者盖章。

第三百五十六条 当事人申请司法确认调解协议,应当向人民法院提交调解协议、调解组织主持调解的证明,以及与调解协议相关的财产权利证明等材料,并提供双方当事人的身份、住所、联系方式等基本信息。

当事人未提交上述材料的,人民法院应当要求当事人限期补交。

第三百五十七条 当事人申请司法确认调解协议,有下列情形之一的,人民法院裁定不予受理:

(一)不属于人民法院受理范围的;

(二)不属于收到申请的人民法院管辖的;

(三)申请确认婚姻关系、亲子关系、收养关系等身份关系无效、有效或者解除的;

(四)涉及适用其他特别程序、公示催告程序、破产程序审理的;

(五)调解协议内容涉及物权、知识产权确权的。

人民法院受理申请后,发现有上述不予受理情形的,应当裁定驳回当事人的申请。

第三百五十八条 人民法院审查相关情况时,应当通知双方当事人共同到场对案件进行核实。

人民法院经审查,认为当事人的陈述或者提供的证明材料不充分、不完备或者有疑义的,可以要求当事人限期补充陈述或者补充证明材料。必要时,人民法院可以向调解组织核实有关情况。

第三百五十九条 确认调解协议的裁定作出前,当事人撤回申请的,人民法院可以裁定准许。

当事人无正当理由未在限期内补充陈述、补充证明材料或者拒不接受询问的,人民法院可以按撤回申请处理。

第三百六十条 经审查,调解协议有下列情形之一的,人民法院应当裁定驳回申请:

(一)违反法律强制性规定的;

(二)损害国家利益、社会公共利益、他人合法权益的;

(三)违背公序良俗的;

(四)违反自愿原则的;

(五)内容不明确的;

(六)其他不能进行司法确认的情形。

第三百六十一条 民事诉讼法第一百九十六条规定的担保物权人,包括抵押权人、质权人、留置权人;其他有权请求实现担保物权的人,包括抵押人、出质人、财产被留置的债务人或者所有权人等。

第三百六十二条 实现票据、仓单、提单等有权利凭证的权利质权案件,可以由权利凭证持有人住所地人民法院管辖;无权利凭证的权利质权,由出质登记地人民法院管辖。

第三百六十三条 实现担保物权案件属于海事法院等专门人民法院管辖的,由专门人民法院管辖。

第三百六十四条 同一债权的担保物有多个且所在地不同,申请人分别向有管辖权的人民法院申请实现担保物权的,人民法院应当依法受理。

第三百六十五条　依照物权法第一百七十六条的规定，被担保的债权既有物的担保又有人的担保，当事人对实现担保物权的顺序有约定，实现担保物权的申请违反该约定的，人民法院裁定不予受理；没有约定或者约定不明的，人民法院应当受理。

第三百六十六条　同一财产上设立多个担保物权，登记在先的担保物权尚未实现的，不影响后顺位的担保物权人向人民法院申请实现担保物权。

第三百六十七条　申请实现担保物权，应当提交下列材料：

（一）申请书。申请书应当记明申请人、被申请人的姓名或者名称、联系方式等基本信息，具体的请求和事实、理由；

（二）证明担保物权存在的材料，包括主合同、担保合同、抵押登记证明或者他项权利证书，权利质权的权利凭证或者质权出质登记证明等；

（三）证明实现担保物权条件成就的材料；

（四）担保财产现状的说明；

（五）人民法院认为需要提交的其他材料。

第三百六十八条　人民法院受理申请后，应当在五日内向被申请人送达申请书副本、异议权利告知书等文书。

被申请人有异议的，应当在收到人民法院通知后的五日内向人民法院提出，同时说明理由并提供相应的证据材料。

第三百六十九条　实现担保物权案件可以由审判员一人独任审查。担保财产标的额超过基层人民法院管辖范围的，应当组成合议庭进行审查。

第三百七十条　人民法院审查实现担保物权案件，可以询问申请人、被申请人、利害关系人，必要时可以依职权调查相关事实。

第三百七十一条　人民法院应当就主合同的效力、期限、履行情况，担保物权是否有效设立、担保财产的范围、被担保的债权范围、被担保的债权是否已届清偿期等担保物权实现的条件，以及是否损害他人合法权益等内容进行审查。

被申请人或者利害关系人提出异议的，人民法院应当一并审查。

第三百七十二条　人民法院审查后，按下列情形分别处理：

（一）当事人对实现担保物权无实质性争议且实现担保物权条件成就的，裁定准许拍卖、变卖担保财产；

（二）当事人对实现担保物权有部分实质性争议的，可以就无争议部分裁定准许拍卖、变卖担保财产；

（三）当事人对实现担保物权有实质性争议的，裁定驳回申请，并告知申请人向人民法院提起诉讼。

第三百七十三条　人民法院受理申请后，申请人对担保财产提出保全申请的，可以按照民事诉讼法关于诉讼保全的规定办理。

第三百七十四条　适用特别程序作出的判决、裁定，当事人、利害关系人认为有错误的，可以向作出该判决、裁定的人民法院提出异议。人民法院经审查，异议成立或者部分成立的，作出新的判决、裁定撤销或者改变原判决、裁定；异议不成立的，裁定驳回。

对人民法院作出的确认调解协议、准许实现担保物权的裁定，当事人有异议的，应当自收到裁定之日起十五日内提出；利害关系人有异议的，自知道或者应当知道其民事权益受到侵害之日起六个月内提出。

十八、审判监督程序

第三百七十五条 当事人死亡或者终止的,其权利义务承继者可以根据民事诉讼法第一百九十九条、第二百零一条的规定申请再审。

判决、调解书生效后,当事人将判决、调解书确认的债权转让,债权受让人对该判决、调解书不服申请再审的,人民法院不予受理。

第三百七十六条 民事诉讼法第一百九十九条规定的人数众多的一方当事人,包括公民、法人和其他组织。

民事诉讼法第一百九十九条规定的当事人双方为公民的案件,是指原告和被告均为公民的案件。

第三百七十七条 当事人申请再审,应当提交下列材料:

(一)再审申请书,并按照被申请人和原审其他当事人的人数提交副本;

(二)再审申请人是自然人的,应当提交身份证明;再审申请人是法人或者其他组织的,应当提交营业执照、组织机构代码证书、法定代表人或者主要负责人身份证明书。委托他人代为申请的,应当提交授权委托书和代理人身份证明;

(三)原审判决书、裁定书、调解书;

(四)反映案件基本事实的主要证据及其他材料。

前款第二项、第三项、第四项规定的材料可以是与原件核对无异的复印件。

第三百七十八条 再审申请书应当记明下列事项:

(一)再审申请人与被申请人及原审其他当事人的基本信息;

(二)原审人民法院的名称,原审裁判文书案号;

(三)具体的再审请求;

(四)申请再审的法定情形及具体事实、理由。

再审申请书应当明确申请再审的人民法院,并由再审申请人签名、捺印或者盖章。

第三百七十九条 当事人一方人数众多或者当事人双方为公民的案件,当事人分别向原审人民法院和上一级人民法院申请再审且不能协商一致的,由原审人民法院受理。

第三百八十条 适用特别程序、督促程序、公示催告程序、破产程序等非讼程序审理的案件,当事人不得申请再审。

第三百八十一条 当事人认为发生法律效力的不予受理、驳回起诉的裁定错误的,可以申请再审。

第三百八十二条 当事人就离婚案件中的财产分割问题申请再审,如涉及判决中已分割的财产,人民法院应当依照民事诉讼法第二百条的规定进行审查,符合再审条件的,应当裁定再审;如涉及判决中未作处理的夫妻共同财产,应当告知当事人另行起诉。

第三百八十三条 当事人申请再审,有下列情形之一的,人民法院不予受理:

(一)再审申请被驳回后再次提出申请的;

(二)对再审判决、裁定提出申请的;

(三)在人民检察院对当事人的申请作出不予提出再审检察建议或者抗诉决定后又提出申请的。

前款第一项、第二项规定情形,人民法院应当告知当事人可以向人民检察院申请再审检察建议或者抗诉,但因人民检察院提出再审检察建议或者抗诉而再审作出的判决、裁定除外。

第三百八十四条 当事人对已经发生法律效力的调解书申请再审,应当在调解书发生法律效力后六个月内提出。

第三百八十五条 人民法院应当自收到符合条件的再审申请书等材料之日起五日内向再审申请人发送受理通知书,并向被申请人及原审其他当事人发送应诉通知书、再审申请书副本等材料。

第三百八十六条 人民法院受理申请再审案件后,应当依照民事诉讼法第二百条、第二百零一条、第二百零四条等规定,对当事人主张的再审事由进行审查。

第三百八十七条 再审申请人提供的新的证据,能够证明原判决、裁定认定基本事实或者裁判结果错误的,应当认定为民事诉讼法第二百条第一项规定的情形。

对于符合前款规定的证据,人民法院应当责令再审申请人说明其逾期提供该证据的理由;拒不说明理由或者理由不成立的,依照民事诉讼法第六十五条第二款和本解释第一百零二条的规定处理。

第三百八十八条 再审申请人证明其提交的新的证据符合下列情形之一的,可以认定逾期提供证据的理由成立:

(一)在原审庭审结束前已经存在,因客观原因于庭审结束后才发现的;

(二)在原审庭审结束前已经发现,但因客观原因无法取得或者在规定的期限内不能提供的;

(三)在原审庭审结束后形成,无法据此另行提起诉讼的。

再审申请人提交的证据在原审中已经提供,原审人民法院未组织质证且未作为裁判根据的,视为逾期提供证据的理由成立,但原审人民法院依照民事诉讼法第六十五条规定不予采纳的除外。

第三百八十九条 当事人对原判决、裁定认定事实的主要证据在原审中拒绝发表质证意见或者质证中未对证据发表质证意见的,不属于民事诉讼法第二百条第四项规定的未经质证的情形。

第三百九十条 有下列情形之一,导致判决、裁定结果错误的,应当认定为民事诉讼法第二百条第六项规定的原判决、裁定适用法律确有错误:

(一)适用的法律与案件性质明显不符的;

(二)确定民事责任明显违背当事人约定或者法律规定的;

(三)适用已经失效或者尚未施行的法律的;

(四)违反法律溯及力规定的;

(五)违反法律适用规则的;

(六)明显违背立法原意的。

第三百九十一条 原审开庭过程中有下列情形之一的,应当认定为民事诉讼法第二百条第九项规定的剥夺当事人辩论权利:

(一)不允许当事人发表辩论意见的;

(二)应当开庭审理而未开庭审理的;

(三)违反法律规定送达起诉状副本或者上诉状副本,致使当事人无法行使辩论权利的;

（四）违法剥夺当事人辩论权利的其他情形。

第三百九十二条 民事诉讼法第二百条第十一项规定的诉讼请求，包括一审诉讼请求、二审上诉请求，但当事人未对一审判决、裁定遗漏或者超出诉讼请求提起上诉的除外。

第三百九十三条 民事诉讼法第二百条第十二项规定的法律文书包括：

（一）发生法律效力的判决书、裁定书、调解书；

（二）发生法律效力的仲裁裁决书；

（三）具有强制执行效力的公证债权文书。

第三百九十四条 民事诉讼法第二百条第十三项规定的审判人员审理该案件时有贪污受贿、徇私舞弊、枉法裁判行为，是指已经由生效刑事法律文书或者纪律处分决定所确认的行为。

第三百九十五条 当事人主张的再审事由成立，且符合民事诉讼法和本解释规定的申请再审条件的，人民法院应当裁定再审。

当事人主张的再审事由不成立，或者当事人申请再审超过法定申请再审期限、超出法定再审事由范围等不符合民事诉讼法和本解释规定的申请再审条件的，人民法院应当裁定驳回再审申请。

第三百九十六条 人民法院对已经发生法律效力的判决、裁定、调解书依法决定再审，依照民事诉讼法第二百零六条规定，需要中止执行的，应当在再审裁定中同时写明中止原判决、裁定、调解书的执行；情况紧急的，可以将中止执行裁定口头通知负责执行的人民法院，并在通知后十日内发出裁定书。

第三百九十七条 人民法院根据审查案件的需要决定是否询问当事人。新的证据可能推翻原判决、裁定的，人民法院应当询问当事人。

第三百九十八条 审查再审申请期间，被申请人及原审其他当事人依法提出再审申请的，人民法院应当将其列为再审申请人，对其再审事由一并审查，审查期限重新计算。经审查，其中一方再审申请人主张的再审事由成立的，应当裁定再审。各方再审申请人主张的再审事由均不成立的，一并裁定驳回再审申请。

第三百九十九条 审查再审申请期间，再审申请人申请人民法院委托鉴定、勘验的，人民法院不予准许。

第四百条 审查再审申请期间，再审申请人撤回再审申请的，是否准许，由人民法院裁定。

再审申请人经传票传唤，无正当理由拒不接受询问的，可以按撤回再审申请处理。

第四百零一条 人民法院准许撤回再审申请或者按撤回再审申请处理后，再审申请人再次申请再审的，不予受理，但有民事诉讼法第二百条第一项、第三项、第十二项、第十三项规定情形，自知道或者应当知道之日起六个月内提出的除外。

第四百零二条 再审申请审查期间，有下列情形之一的，裁定终结审查：

（一）再审申请人死亡或者终止，无权利义务承继者或者权利义务承继者声明放弃再审申请的；

（二）在给付之诉中，负有给付义务的被申请人死亡或者终止，无可供执行的财产，也没有应当承担义务的人的；

（三）当事人达成和解协议且已履行完毕的，但当事人在和解协议中声明不放弃申请再审权利的除外；

（四）他人未经授权以当事人名义申请再审的；

（五）原审或者上一级人民法院已经裁定再审的。

（六）有本解释第三百八十三条第一款规定情形的。

第四百零三条 人民法院审理再审案件应当组成合议庭开庭审理，但按照第二审程序审理，有特殊情况或者双方当事人已经通过其他方式充分表达意见，且书面同意不开庭审理的除外。

符合缺席判决条件的，可以缺席判决。

第四百零四条 人民法院开庭审理再审案件，应当按照下列情形分别进行：

（一）因当事人申请再审的，先由再审申请人陈述再审请求及理由，后由被申请人答辩、其他原审当事人发表意见；

（二）因抗诉再审的，先由抗诉机关宣读抗诉书，再由申请抗诉的当事人陈述，后由被申请人答辩、其他原审当事人发表意见；

（三）人民法院依职权再审，有申诉人的，先由申诉人陈述再审请求及理由，后由被申诉人答辩、其他原审当事人发表意见；

（四）人民法院依职权再审，没有申诉人的，先由原审原告或者原审上诉人陈述，后由原审其他当事人发表意见。

对前款第一项至第三项规定的情形，人民法院应当要求当事人明确其再审请求。

第四百零五条 人民法院审理再审案件应当围绕再审请求进行。当事人的再审请求超出原审诉讼请求的，不予审理；符合另案诉讼条件的，告知当事人可以另行起诉。

被申请人及原审其他当事人在庭审辩论结束前提出的再审请求，符合民事诉讼法第二百零五条规定的，人民法院应当一并审理。

人民法院经再审，发现已经发生法律效力的判决、裁定损害国家利益、社会公共利益、他人合法权益的，应当一并审理。

第四百零六条 再审审理期间，有下列情形之一的，可以裁定终结再审程序：

（一）再审申请人在再审期间撤回再审请求，人民法院准许的；

（二）再审申请人经传票传唤，无正当理由拒不到庭的，或者未经法庭许可中途退庭，按撤回再审请求处理的；

（三）人民检察院撤回抗诉的；

（四）有本解释第四百零二条第一项至第四项规定情形的。

因人民检察院提出抗诉裁定再审的案件，申请抗诉的当事人有前款规定的情形，且不损害国家利益、社会公共利益或者他人合法权益的，人民法院应当裁定终结再审程序。

再审程序终结后，人民法院裁定中止执行的原生效判决自动恢复执行。

第四百零七条 人民法院经再审审理认为，原判决、裁定认定事实清楚、适用法律正确的，应予维持；原判决、裁定认定事实、适用法律虽有瑕疵，但裁判结果正确的，应当在再审判决、裁定中纠正瑕疵后予以维持。

原判决、裁定认定事实、适用法律错误，导致裁判结果错误的，应当依法改判、撤销或者变更。

第四百零八条 按照第二审程序再审的案件，人民法院经审理认为不符合民事诉讼法规定的起诉条件或者符合民事诉讼法第一百二十四条规定不予受理情形的，应当裁定撤销一、二审判决，驳回起诉。

第四百零九条 人民法院对调解书裁定再审后，按照下列情形分别处理：

（一）当事人提出的调解违反自愿原则的事由不成立，且调解书的内容不违反法律强制性规定的，裁定驳回再审申请；

（二）人民检察院抗诉或者再审检察建议所主张的损害国家利益、社会公共利益的理由不成立的，裁定终结再审程序。

前款规定情形，人民法院裁定中止执行的调解书需要继续执行的，自动恢复执行。

第四百一十条 一审原告在再审审理程序中申请撤回起诉，经其他当事人同意，且不损害国家利益、社会公共利益、他人合法权益的，人民法院可以准许。裁定准许撤诉的，应当一并撤销原判决。

一审原告在再审审理程序中撤回起诉后重复起诉的，人民法院不予受理。

第四百一十一条 当事人提交新的证据致使再审改判，因再审申请人或者申请检察监督当事人的过错未能在原审程序中及时举证，被申请人等当事人请求补偿其增加的交通、住宿、就餐、误工等必要费用的，人民法院应予支持。

第四百一十二条 部分当事人到庭并达成调解协议，其他当事人未作出书面表示的，人民法院应当在判决中对该事实作出表述；调解协议内容不违反法律规定，且不损害其他当事人合法权益的，可以在判决主文中予以确认。

第四百一十三条 人民检察院依法对损害国家利益、社会公共利益的发生法律效力的判决、裁定、调解书提出抗诉，或者经人民检察院检察委员会讨论决定提出再审检察建议的，人民法院应予受理。

第四百一十四条 人民检察院对已经发生法律效力的判决以及不予受理、驳回起诉的裁定依法提出抗诉的，人民法院应予受理，但适用特别程序、督促程序、公示催告程序、破产程序以及解除婚姻关系的判决、裁定等不适用审判监督程序的判决、裁定除外。

第四百一十五条 人民检察院依照民事诉讼法第二百零九条第一款第三项规定对有明显错误的再审判决、裁定提出抗诉或者再审检察建议的，人民法院应予受理。

第四百一十六条 地方各级人民检察院依当事人的申请对生效判决、裁定向同级人民法院提出再审检察建议，符合下列条件的，应予受理：

（一）再审检察建议书和原审当事人申请书及相关证据材料已经提交；

（二）建议再审的对象为依照民事诉讼法和本解释规定可以进行再审的判决、裁定；

（三）再审检察建议书列明该判决、裁定有民事诉讼法第二百零八条第二款规定情形；

（四）符合民事诉讼法第二百零九条第一款第一项、第二项规定情形；

（五）再审检察建议经该人民检察院检察委员会讨论决定。

不符合前款规定的，人民法院可以建议人民检察院予以补正或者撤回；不予补正或者撤回的，应当函告人民检察院不予受理。

第四百一十七条 人民检察院依当事人的申请对生效判决、裁定提出抗诉，符合下列条件的，人民法院应当在三十日内裁定再审：

（一）抗诉书和原审当事人申请书及相关证据材料已经提交；

（二）抗诉对象为依照民事诉讼法和本解释规定可以进行再审的判决、裁定；

（三）抗诉书列明该判决、裁定有民事诉讼法第二百零八条第一款规定情形；

（四）符合民事诉讼法第二百零九条第一款第一项、第二项规定情形。

不符合前款规定的，人民法院可以建议人民检察院予以补正或者撤回；不予补正或者撤回的，人民法院可以裁定不予受理。

第四百一十八条 当事人的再审申请被上级人民法院裁定驳回后，人民检察院对原判决、裁定、调解书提出抗诉，抗诉事由符合民事诉讼法第二百条第一项至第五项规定情形之一的，受理抗诉的人民法院可以交由下一级人民法院再审。

第四百一十九条 人民法院收到再审检察建议后，应当组成合议庭，在三个月内进行审查，发现原判决、裁定、调解书确有错误，需要再审的，依照民事诉讼法第一百九十八条规定裁定再审，并通知当事人；经审查，决定不予再审的，应当书面回复人民检察院。

第四百二十条 人民法院审理因人民检察院抗诉或者检察建议裁定再审的案件，不受此前已经作出的驳回当事人再审申请裁定的影响。

第四百二十一条 人民法院开庭审理抗诉案件，应当在开庭三日前通知人民检察院、当事人和其他诉讼参与人。同级人民检察院或者提出抗诉的人民检察院应当派员出庭。

人民检察院因履行法律监督职责向当事人或者案外人调查核实的情况，应当向法庭提交并予以说明，由双方当事人进行质证。

第四百二十二条 必须共同进行诉讼的当事人因不能归责于本人或者其诉讼代理人的事由未参加诉讼的，可以根据民事诉讼法第二百条第八项规定，自知道或者应当知道之日起六个月内申请再审，但符合本解释第四百二十三条规定情形的除外。

人民法院因前款规定的当事人申请而裁定再审，按照第一审程序再审的，应当追加其为当事人，作出新的判决、裁定；按照第二审程序再审，经调解不能达成协议的，应当撤销原判决、裁定，发回重审，重审时应追加其为当事人。

第四百二十三条 根据民事诉讼法第二百二十七条规定，案外人对驳回其执行异议的裁定不服，认为原判决、裁定、调解书内容错误损害其民事权益的，可以自执行异议裁定送达之日起六个月内，向作出原判决、裁定、调解书的人民法院申请再审。

第四百二十四条 根据民事诉讼法第二百二十七条规定，人民法院裁定再审后，案外人属于必要的共同诉讼当事人的，依照本解释第四百二十二条第二款规定处理。

案外人不是必要的共同诉讼当事人的，人民法院仅审理原判决、裁定、调解书对其民事权益造成损害的内容。经审理，再审请求成立的，撤销或者改变原判决、裁定、调解书；再审请求不成立的，维持原判决、裁定、调解书。

第四百二十五条 本解释第三百四十条规定适用于审判监督程序。

第四百二十六条 对小额诉讼案件的判决、裁定，当事人以民事诉讼法第二百条规定的事由向原审人民法院申请再审的，人民法院应当受理。申请再审事由成立的，应当裁定再审，组成合议庭进行审理。作出的再审判决、裁定，当事人不得上诉。

当事人以不应按小额诉讼案件审理为由向原审人民法院申请再审的，人民法院应当受理。理由成立的，应当裁定再审，组成合议庭审理。作出的再审判决、裁定，当事人可以上诉。

十九、督促程序

第四百二十七条 两个以上人民法院都有管辖权的，债权人可以向其中一个基层人民法院申请支付令。

债权人向两个以上有管辖权的基层人民法院申请支付令的，由最先立案的人民法院管辖。

第四百二十八条 人民法院收到债权人的支付令申请书后，认为申请书不符合要求的，可以通知债权人限期补正。人民法院应当自收到补正材料之日起五日内通知债权人是否受理。

第四百二十九条 债权人申请支付令，符合下列条件的，基层人民法院应当受理，并在收到支付令申请书后五日内通知债权人：

（一）请求给付金钱或者汇票、本票、支票、股票、债券、国库券、可转让的存款单等有价证券；

（二）请求给付的金钱或者有价证券已到期且数额确定，并写明了请求所根据的事实、证据；

（三）债权人没有对待给付义务；

（四）债务人在我国境内且未下落不明；

（五）支付令能够送达债务人；

（六）收到申请书的人民法院有管辖权；

（七）债权人未向人民法院申请诉前保全。

不符合前款规定的，人民法院应当在收到支付令申请书后五日内通知债权人不予受理。

基层人民法院受理申请支付令案件，不受债权金额的限制。

第四百三十条 人民法院受理申请后，由审判员一人进行审查。经审查，有下列情形之一的，裁定驳回申请：

（一）申请人不具备当事人资格的；

（二）给付金钱或者有价证券的证明文件没有约定逾期给付利息或者违约金、赔偿金，债权人坚持要求给付利息或者违约金、赔偿金的；

（三）要求给付的金钱或者有价证券属于违法所得的；

（四）要求给付的金钱或者有价证券尚未到期或者数额不确定的。

人民法院受理支付令申请后，发现不符合本解释规定的受理条件的，应当在受理之日起十五日内裁定驳回申请。

第四百三十一条 向债务人本人送达支付令，债务人拒绝接收的，人民法院可以留置送达。

第四百三十二条 有下列情形之一的，人民法院应当裁定终结督促程序，已发出支付令的，支付令自行失效：

（一）人民法院受理支付令申请后，债权人就同一债权债务关系又提起诉讼的；

（二）人民法院发出支付令之日起三十日内无法送达债务人的；

（三）债务人收到支付令前，债权人撤回申请的。

第四百三十三条 债务人在收到支付令后，未在法定期间提出书面异议，而向其他人民法院起诉的，不影响支付令的效力。

债务人超过法定期间提出异议的，视为未提出异议。

第四百三十四条 债权人基于同一债权债务关系，在同一支付令申请中向债务人提出多项支付请求，债务人仅就其中一项或者几项请求提出异议的，不影响其他各项请求的效力。

第四百三十五条 债权人基于同一债权债务关系，就可分之债向多个债务人提出支付请求，多个债务人中的一人或者几人提出异议的，不影响其他请求的效力。

第四百三十六条 对设有担保的债务的主债务人发出的支付令，对担保人没有拘束力。

债权人就担保关系单独提起诉讼的，支付令自人民法院受理案件之日起失效。

第四百三十七条 经形式审查，债务人提出的书面异议有下列情形之一的，应当认定异议成立，裁定终结督促程序，支付令自行失效：

（一）本解释规定的不予受理申请情形的；

（二）本解释规定的裁定驳回申请情形的；

（三）本解释规定的应当裁定终结督促程序情形的；

（四）人民法院对是否符合发出支付令条件产生合理怀疑的。

第四百三十八条 债务人对债务本身没有异议，只是提出缺乏清偿能力、延缓债务清偿期限、变更债务清偿方式等异议的，不影响支付令的效力。

人民法院经审查认为异议不成立的，裁定驳回。

债务人的口头异议无效。

第四百三十九条 人民法院作出终结督促程序或者驳回异议裁定前，债务人请求撤回异议的，应当裁定准许。

债务人对撤回异议反悔的，人民法院不予支持。

第四百四十条 支付令失效后，申请支付令的一方当事人不同意提起诉讼的，应当自收到终结督促程序裁定之日起七日内向受理申请的人民法院提出。

申请支付令的一方当事人不同意提起诉讼的，不影响其向其他有管辖权的人民法院提起诉讼。

第四百四十一条 支付令失效后，申请支付令的一方当事人自收到终结督促程序裁定之日起七日内未向受理申请的人民法院表明不同意提起诉讼的，视为向受理申请的人民法院起诉。

债权人提出支付令申请的时间，即为向人民法院起诉的时间。

第四百四十二条 债权人向人民法院申请执行支付令的期间，适用民事诉讼法第二百三十九条的规定。

第四百四十三条 人民法院院长发现本院已经发生法律效力的支付令确有错误，认为需要撤销的，应当提交本院审判委员会讨论决定后，裁定撤销支付令，驳回债权人的申请。

二十、公示催告程序

第四百四十四条 民事诉讼法第二百一十八条规定的票据持有人，是指票据被盗、遗失或者灭失前的最后持有人。

第四百四十五条 人民法院收到公示催告的申请后，应当立即审查，并决定是否受理。经审查认为符合受理条件的，通知予以受理，并同时通知支付人停止支付；认为不符合受理条件的，七日内裁定驳回申请。

第四百四十六条 因票据丧失,申请公示催告的,人民法院应结合票据存根、丧失票据的复印件、出票人关于签发票据的证明、申请人合法取得票据的证明、银行挂失止付通知书、报案证明等证据,决定是否受理。

第四百四十七条 人民法院依照民事诉讼法第二百一十九条规定发出的受理申请的公告,应当写明下列内容:

(一)公示催告申请人的姓名或者名称;

(二)票据的种类、号码、票面金额、出票人、背书人、持票人、付款期限等事项以及其他可以申请公示催告的权利凭证的种类、号码、权利范围、权利人、义务人、行权日期等事项;

(三)申报权利的期间;

(四)在公示催告期间转让票据等权利凭证,利害关系人不申报的法律后果。

第四百四十八条 公告应当在有关报纸或者其他媒体上刊登,并于同日公布于人民法院公告栏内。人民法院所在地有证券交易所的,还应当同日在该交易所公布。

第四百四十九条 公告期间不得少于六十日,且公示催告期间届满日不得早于票据付款日后十五日。

第四百五十条 在申报期届满后、判决作出之前,利害关系人申报权利的,应当适用民事诉讼法第二百二十一条第二款、第三款规定处理。

第四百五十一条 利害关系人申报权利,人民法院应当通知其向法院出示票据,并通知公示催告申请人在指定的期间查看该票据。公示催告申请人申请公示催告的票据与利害关系人出示的票据不一致的,应当裁定驳回利害关系人的申报。

第四百五十二条 在申报权利的期间无人申报权利,或者申报被驳回的,申请人应当自公示催告期间届满之日起一个月内申请作出判决。逾期不申请判决的,终结公示催告程序。

裁定终结公示催告程序的,应当通知申请人和支付人。

第四百五十三条 判决公告之日起,公示催告申请人有权依据判决向付款人请求付款。

付款人拒绝付款,申请人向人民法院起诉,符合民事诉讼法第一百一十九条规定的起诉条件的,人民法院应予受理。

第四百五十四条 适用公示催告程序审理案件,可由审判员一人独任审理;判决宣告票据无效的,应当组成合议庭审理。

第四百五十五条 公示催告申请人撤回申请,应在公示催告前提出;公示催告期间申请撤回的,人民法院可以径行裁定终结公示催告程序。

第四百五十六条 人民法院依照民事诉讼法第二百二十条规定通知支付人停止支付,应当符合有关财产保全的规定。支付人收到停止支付通知后拒不止付的,除可依照民事诉讼法第一百一十一条、第一百一十四条规定采取强制措施外,在判决后,支付人仍应承担付款义务。

第四百五十七条 人民法院依照民事诉讼法第二百二十一条规定终结公示催告程序后,公示催告申请人或者申报人向人民法院提起诉讼,因票据权利纠纷提起的,由票据支付地或者被告住所地人民法院管辖;因非票据权利纠纷提起的,由被告住所地人民法院管辖。

第四百五十八条 依照民事诉讼法第二百二十一条规定制作的终结公示催告程序的裁定书,由审判员、书记员署名,加盖人民法院印章。

第四百五十九条 依照民事诉讼法第二百二十三条的规定,利害关系人向人民法院起诉的,人民法院可按票据纠纷适用普通程序审理。

第四百六十条 民事诉讼法第二百二十三条规定的正当理由,包括:

(一)因发生意外事件或者不可抗力致使利害关系人无法知道公告事实的;

(二)利害关系人因被限制人身自由而无法知道公告事实,或者虽然知道公告事实,但无法自己或者委托他人代为申报权利的;

(三)不属于法定申请公示催告情形的;

(四)未予公告或者未按法定方式公告的;

(五)其他导致利害关系人在判决作出前未能向人民法院申报权利的客观事由。

第四百六十一条 根据民事诉讼法第二百二十三条的规定,利害关系人请求人民法院撤销除权判决的,应当将申请人列为被告。

利害关系人仅诉请确认其为合法持票人的,人民法院应当在裁判文书中写明,确认利害关系人为票据权利人的判决作出后,除权判决即被撤销。

二十一、执行程序

第四百六十二条 发生法律效力的实现担保物权裁定、确认调解协议裁定、支付令,由作出裁定、支付令的人民法院或者与其同级的被执行财产所在地的人民法院执行。

认定财产无主的判决,由作出判决的人民法院将无主财产收归国家或者集体所有。

第四百六十三条 当事人申请人民法院执行的生效法律文书应当具备下列条件:

(一)权利义务主体明确;

(二)给付内容明确。

法律文书确定继续履行合同的,应当明确继续履行的具体内容。

第四百六十四条 根据民事诉讼法第二百二十七条规定,案外人对执行标的提出异议的,应当在该执行标的执行程序终结前提出。

第四百六十五条 案外人对执行标的提出的异议,经审查,按照下列情形分别处理:

(一)案外人对执行标的不享有足以排除强制执行的权益的,裁定驳回其异议;

(二)案外人对执行标的享有足以排除强制执行的权益的,裁定中止执行。

驳回案外人执行异议裁定送达案外人之日起十五日内,人民法院不得对执行标的进行处分。

第四百六十六条 申请执行人与被执行人达成和解协议后请求中止执行或者撤回执行申请的,人民法院可以裁定中止执行或者终结执行。

第四百六十七条 一方当事人不履行或者不完全履行在执行中双方自愿达成的和解协议,对方当事人申请执行原生效法律文书的,人民法院应当恢复执行,但和解协议已履行的部分应当扣除。和解协议已经履行完毕的,人民法院不予恢复执行。

第四百六十八条 申请恢复执行原生效法律文书,适用民事诉讼法第二百三十九条申请执行期间的规定。申请执行期间因达成执行中的和解协议而中断,其期间自和解协议约定履行期限的最后一日起重新计算。

第四百六十九条 人民法院依照民事诉讼法第二百三十一条规定决定暂缓执行的，如果担保是有期限的，暂缓执行的期限应当与担保期限一致，但最长不得超过一年。被执行人或者担保人对担保的财产在暂缓执行期间有转移、隐藏、变卖、毁损等行为的，人民法院可以恢复强制执行。

第四百七十条 根据民事诉讼法第二百三十一条规定向人民法院提供执行担保的，可以由被执行人或者他人提供财产担保，也可以由他人提供保证。担保人应当具有代为履行或者代为承担赔偿责任的能力。

他人提供执行保证的，应当向执行法院出具保证书，并将保证书副本送交申请执行人。被执行人或者他人提供财产担保的，应当参照物权法、担保法的有关规定办理相应手续。

第四百七十一条 被执行人在人民法院决定暂缓执行的期限届满后仍不履行义务的，人民法院可以直接执行担保财产，或者裁定执行担保人的财产，但执行担保人的财产以担保人应当履行义务部分的财产为限。

第四百七十二条 依照民事诉讼法第二百三十二条规定，执行中作为被执行人的法人或者其他组织分立、合并的，人民法院可以裁定变更后的法人或者其他组织为被执行人；被注销的，如果依照有关实体法的规定有权利义务承受人的，可以裁定该权利义务承受人为被执行人。

第四百七十三条 其他组织在执行中不能履行法律文书确定的义务的，人民法院可以裁定执行对该其他组织依法承担义务的法人或者公民个人的财产。

第四百七十四条 在执行中，作为被执行人的法人或者其他组织名称变更的，人民法院可以裁定变更后的法人或者其他组织为被执行人。

第四百七十五条 作为被执行人的公民死亡，其遗产继承人没有放弃继承的，人民法院可以裁定变更被执行人，由该继承人在遗产的范围内偿还债务。继承人放弃继承的，人民法院可以直接执行被执行人的遗产。

第四百七十六条 法律规定由人民法院执行的其他法律文书执行完毕后，该法律文书被有关机关或者组织依法撤销的，经当事人申请，适用民事诉讼法第二百三十三条规定。

第四百七十七条 仲裁机构裁决的事项，部分有民事诉讼法第二百三十七条第二款、第三款规定情形的，人民法院应当裁定对该部分不予执行。

应当不予执行部分与其他部分不可分的，人民法院应当裁定不予执行仲裁裁决。

第四百七十八条 依照民事诉讼法第二百三十七条第二款、第三款规定，人民法院裁定不予执行仲裁裁决后，当事人对该裁定提出执行异议或者复议的，人民法院不予受理。当事人可以就该民事纠纷重新达成书面仲裁协议申请仲裁，也可以向人民法院起诉。

第四百七十九条 在执行中，被执行人通过仲裁程序将人民法院查封、扣押、冻结的财产确权或者分割给案外人的，不影响人民法院执行程序的进行。

案外人不服的，可以根据民事诉讼法第二百二十七条规定提出异议。

第四百八十条 有下列情形之一的，可以认定为民事诉讼法第二百三十八条第二款规定的公证债权文书确有错误：

（一）公证债权文书属于不得赋予强制执行效力的债权文书的；

（二）被执行人一方未亲自或者未委托代理人到场公证等严重违反法律规定的公证程序的；

（三）公证债权文书的内容与事实不符或者违反法律强制性规定的；

（四）公证债权文书未载明被执行人不履行义务或者不完全履行义务时同意接受强制执行的。

人民法院认定执行该公证债权文书违背社会公共利益的，裁定不予执行。

公证债权文书被裁定不予执行后，当事人、公证事项的利害关系人可以就债权争议提起诉讼。

第四百八十一条 当事人请求不予执行仲裁裁决或者公证债权文书的，应当在执行终结前向执行法院提出。

第四百八十二条 人民法院应当在收到申请执行书或者移交执行书后十日内发出执行通知。

执行通知中除应责令被执行人履行法律文书确定的义务外，还应通知其承担民事诉讼法第二百五十三条规定的迟延履行利息或者迟延履行金。

第四百八十三条 申请执行人超过申请执行时效期间向人民法院申请强制执行的，人民法院应予受理。被执行人对申请执行时效期间提出异议，人民法院经审查异议成立的，裁定不予执行。

被执行人履行全部或者部分义务后，又以不知道申请执行时效期间届满为由请求执行回转的，人民法院不予支持。

第四百八十四条 对必须接受调查询问的被执行人、被执行人的法定代表人、负责人或者实际控制人，经依法传唤无正当理由拒不到场的，人民法院可以拘传其到场。

人民法院应当及时对被拘传人进行调查询问，调查询问的时间不得超过八小时；情况复杂，依法可能采取拘留措施的，调查询问的时间不得超过二十四小时。

人民法院在本辖区以外采取拘传措施时，可以将被拘传人拘传到当地人民法院，当地人民法院应予协助。

第四百八十五条 人民法院有权查询被执行人的身份信息与财产信息，掌握相关信息的单位和个人必须按照协助执行通知书办理。

第四百八十六条 对被执行的财产，人民法院非经查封、扣押、冻结不得处分。对银行存款等各类可以直接扣划的财产，人民法院的扣划裁定同时具有冻结的法律效力。

第四百八十七条 人民法院冻结被执行人的银行存款的期限不得超过一年，查封、扣押动产的期限不得超过两年，查封不动产、冻结其他财产权的期限不得超过三年。

申请执行人申请延长期限的，人民法院应当在查封、扣押、冻结期限届满前办理续行查封、扣押、冻结手续，续行期限不得超过前款规定的期限。

人民法院也可以依职权办理续行查封、扣押、冻结手续。

第四百八十八条 依照民事诉讼法第二百四十七条规定，人民法院在执行中需要拍卖被执行人财产的，可以由人民法院自行组织拍卖，也可以交由具备相应资质的拍卖机构拍卖。

交拍卖机构拍卖的，人民法院应当对拍卖活动进行监督。

第四百八十九条 拍卖评估需要对现场进行检查、勘验的，人民法院应当责令被执行人、协助义务人予以配合。被执行人、协助义务人不予配合的，人民法院可以强制进行。

第四百九十条 人民法院在执行中需要变卖被执行人财产的，可以交有关单位变卖，也可以由人民法院直接变卖。

对变卖的财产，人民法院或者其工作人员不得买受。

第四百九十一条 经申请执行人和被执行人同意，且不损害其他债权人合法权益和社会公共利益的，人民法院可以不经拍卖、变卖，直接将被执行人的财产作价交申请执行人抵偿债务。对剩余债务，被执行人应当继续清偿。

第四百九十二条 被执行人的财产无法拍卖或者变卖的，经申请执行人同意，且不损害其他债权人合法权益和社会公共利益的，人民法院可以将该项财产作价后交付申请执行人抵偿债务，或者交付申请执行人管理；申请执行人拒绝接收或者管理的，退回被执行人。

第四百九十三条 拍卖成交或者依法定程序裁定以物抵债的，标的物所有权自拍卖成交裁定或者抵债裁定送达买受人或者接受抵债物的债权人时转移。

第四百九十四条 执行标的物为特定物的，应当执行原物。原物确已毁损或者灭失的，经双方当事人同意，可以折价赔偿。

双方当事人对折价赔偿不能协商一致的，人民法院应当终结执行程序。申请执行人可以另行起诉。

第四百九十五条 他人持有法律文书指定交付的财物或者票证，人民法院依照民事诉讼法第二百四十九条第二款、第三款规定发出协助执行通知后，拒不转交的，可以强制执行，并可依照民事诉讼法第一百一十四条、第一百一十五条规定处理。

他人持有期间财物或者票证毁损、灭失的，参照本解释第四百九十四条规定处理。

他人主张合法持有财物或者票证的，可以根据民事诉讼法第二百二十七条规定提出执行异议。

第四百九十六条 在执行中，被执行人隐匿财产、会计账簿等资料的，人民法院除可依照民事诉讼法第一百一十一条第一款第六项规定对其处理外，还应责令被执行人交出隐匿的财产、会计账簿等资料。被执行人拒不交出的，人民法院可以采取搜查措施。

第四百九十七条 搜查人员应当按规定着装并出示搜查令和工作证件。

第四百九十八条 人民法院搜查时禁止无关人员进入搜查现场；搜查对象是公民的，应当通知被执行人或者他的成年家属以及基层组织派员到场；搜查对象是法人或者其他组织的，应当通知法定代表人或者主要负责人到场。拒不到场的，不影响搜查。

搜查妇女身体，应当由女执行人员进行。

第四百九十九条 搜查中发现应当依法采取查封、扣押措施的财产，依照民事诉讼法第二百四十五条第二款和第二百四十七条规定办理。

第五百条 搜查应当制作搜查笔录，由搜查人员、被搜查人及其他在场人签名、捺印或者盖章。拒绝签名、捺印或者盖章的，应当记入搜查笔录。

第五百零一条 人民法院执行被执行人对他人的到期债权，可以作出冻结债权的裁定，并通知该他人向申请执行人履行。

该他人对到期债权有异议，申请执行人请求对异议部分强制执行的，人民法院不予支持。利害关系人对到期债权有异议的，人民法院应当按照民事诉讼法第二百二十七条规定处理。

对生效法律文书确定的到期债权，该他人予以否认的，人民法院不予支持。

第五百零二条 人民法院在执行中需要办理房产证、土地证、林权证、专利证书、商标证书、车船执照等有关财产权证照转移手续的，可以依照民事诉讼法第二百五十一条规定办理。

第五百零三条 被执行人不履行生效法律文书确定的行为义务，该义务可由他人完成的，人民法院可以选定代履行人；法律、行政法规对履行该行为义务有资格限制的，应当从有资格的人中选定。必要时，可以通过招标的方式确定代履行人。

申请执行人可以在符合条件的人中推荐代履行人，也可以申请自己代为履行，是否准许，由人民法院决定。

第五百零四条 代履行费用的数额由人民法院根据案件具体情况确定，并由被执行人在指定期限内预先支付。被执行人未预付的，人民法院可以对该费用强制执行。

代履行结束后，被执行人可以查阅、复制费用清单以及主要凭证。

第五百零五条 被执行人不履行法律文书指定的行为，且该项行为只能由被执行人完成的，人民法院可以依照民事诉讼法第一百一十一条第一款第六项规定处理。

被执行人在人民法院确定的履行期间内仍不履行的，人民法院可以依照民事诉讼法第一百一十一条第一款第六项规定再次处理。

第五百零六条 被执行人迟延履行的，迟延履行期间的利息或者迟延履行金自判决、裁定和其他法律文书指定的履行期间届满之日起计算。

第五百零七条 被执行人未按判决、裁定和其他法律文书指定的期间履行非金钱给付义务的，无论是否已给申请执行人造成损失，都应当支付迟延履行金。已经造成损失的，双倍补偿申请执行人已经受到的损失；没有造成损失的，迟延履行金可以由人民法院根据具体案件情况决定。

第五百零八条 被执行人为公民或者其他组织，在执行程序开始后，被执行人的其他已经取得执行依据的债权人发现被执行人的财产不能清偿所有债权的，可以向人民法院申请参与分配。

对人民法院查封、扣押、冻结的财产有优先权、担保物权的债权人，可以直接申请参与分配，主张优先受偿权。

第五百零九条 申请参与分配，申请人应当提交申请书。申请书应当写明参与分配和被执行人不能清偿所有债权的事实、理由，并附有执行依据。

参与分配申请应当在执行程序开始后，被执行人的财产执行终结前提出。

第五百一十条 参与分配执行中，执行所得价款扣除执行费用，并清偿应当优先受偿的债权后，对于普通债权，原则上按照其占全部申请参与分配债权数额的比例受偿。清偿后的剩余债务，被执行人应当继续清偿。债权人发现被执行人有其他财产的，可以随时请求人民法院执行。

第五百一十一条 多个债权人对执行财产申请参与分配的，执行法院应当制作财产分配方案，并送达各债权人和被执行人。债权人或者被执行人对分配方案有异议的，应当自收到分配方案之日起十五日内向执行法院提出书面异议。

第五百一十二条 债权人或者被执行人对分配方案提出书面异议的，执行法院应当通知未提出异议的债权人、被执行人。

未提出异议的债权人、被执行人自收到通知之日起十五日内未提出反对意见的，执行法院依异议人的意见对分配方案审查修正后进行分配;提出反对意见的,应当通知异议人。异议人可以自收到通知之日起十五日内,以提出反对意见的债权人、被执行人为被告,向执行法院提起诉讼;异议人逾期未提起诉讼的,执行法院按照原分配方案进行分配。

诉讼期间进行分配的,执行法院应当提存与争议债权数额相应的款项。

第五百一十三条 在执行中,作为被执行人的企业法人符合企业破产法第二条第一款规定情形的,执行法院经申请执行人之一或者被执行人同意,应当裁定中止对该被执行人的执行,将执行案件相关材料移送被执行人住所地人民法院。

第五百一十四条 被执行人住所地人民法院应当自收到执行案件相关材料之日起三十日内,将是否受理破产案件的裁定告知执行法院。不予受理的,应当将相关案件材料退回执行法院。

第五百一十五条 被执行人住所地人民法院裁定受理破产案件的,执行法院应当解除对被执行人财产的保全措施。被执行人住所地人民法院裁定宣告被执行人破产的,执行法院应当裁定终结对该被执行人的执行。

被执行人住所地人民法院不受理破产案件的,执行法院应当恢复执行。

第五百一十六条 当事人不同意移送破产或者被执行人住所地人民法院不受理破产案件的,执行法院就执行变价所得财产,在扣除执行费用及清偿优先受偿的债权后,对于普通债权,按照财产保全和执行中查封、扣押、冻结财产的先后顺序清偿。

第五百一十七条 债权人根据民事诉讼法第二百五十四条规定请求人民法院继续执行的,不受民事诉讼法第二百三十九条规定申请执行时效期间的限制。

第五百一十八条 被执行人不履行法律文书确定的义务的,人民法院除对被执行人予以处罚外,还可以根据情节将其纳入失信被执行人名单,将被执行人不履行或者不完全履行义务的信息向其所在单位、征信机构以及其他相关机构通报。

第五百一十九条 经过财产调查未发现可供执行的财产,在申请执行人签字确认或者执行法院组成合议庭审查核实并经院长批准后,可以裁定终结本次执行程序。

依照前款规定终结执行后,申请执行人发现被执行人有可供执行财产的,可以再次申请执行。再次申请不受申请执行时效期间的限制。

第五百二十条 因撤销申请而终结执行后,当事人在民事诉讼法第二百三十九条规定的申请执行时效期间内再次申请执行的,人民法院应当受理。

第五百二十一条 在执行终结六个月内,被执行人或者其他人对已执行的标的有妨害行为的,人民法院可以依申请排除妨害,并可以依照民事诉讼法第一百一十一条规定进行处罚。因妨害行为给执行债权人或者其他人造成损失的,受害人可以另行起诉。

二十二、涉外民事诉讼程序的特别规定

第五百二十二条 有下列情形之一,人民法院可以认定为涉外民事案件:

(一)当事人一方或者双方是外国人、无国籍人、外国企业或者组织的;

(二)当事人一方或者双方的经常居所地在中华人民共和国领域外的;

(三)标的物在中华人民共和国领域外的;

(四)产生、变更或者消灭民事关系的法律事实发生在中华人民共和国领域外的;

（五）可以认定为涉外民事案件的其他情形。

第五百二十三条 外国人参加诉讼，应当向人民法院提交护照等用以证明自己身份的证件。

外国企业或者组织参加诉讼，向人民法院提交的身份证明文件，应当经所在国公证机关公证，并经中华人民共和国驻该国使领馆认证，或者履行中华人民共和国与该所在国订立的有关条约中规定的证明手续。

代表外国企业或者组织参加诉讼的人，应当向人民法院提交其有权作为代表人参加诉讼的证明，该证明应当经所在国公证机关公证，并经中华人民共和国驻该国使领馆认证，或者履行中华人民共和国与该所在国订立的有关条约中规定的证明手续。

本条所称的"所在国"，是指外国企业或者组织的设立登记地国，也可以是办理了营业登记手续的第三国。

第五百二十四条 依照民事诉讼法第二百六十四条以及本解释第五百二十三条规定，需要办理公证、认证手续，而外国当事人所在国与中华人民共和国没有建立外交关系的，可以经该国公证机关公证，经与中华人民共和国有外交关系的第三国驻该国使领馆认证，再转由中华人民共和国驻该第三国使领馆认证。

第五百二十五条 外国人、外国企业或者组织的代表人在人民法院法官的见证下签署授权委托书，委托代理人进行民事诉讼的，人民法院应予认可。

第五百二十六条 外国人、外国企业或者组织的代表人在中华人民共和国境内签署授权委托书，委托代理人进行民事诉讼，经中华人民共和国公证机构公证的，人民法院应予认可。

第五百二十七条 当事人向人民法院提交的书面材料是外文的，应当同时向人民法院提交中文翻译件。

当事人对中文翻译件有异议的，应当共同委托翻译机构提供翻译文本；当事人对翻译机构的选择不能达成一致的，由人民法院确定。

第五百二十八条 涉外民事诉讼中的外籍当事人，可以委托本国人为诉讼代理人，也可以委托本国律师以非律师身份担任诉讼代理人；外国驻华使领馆官员，受本国公民的委托，可以以个人名义担任诉讼代理人，但在诉讼中不享有外交或者领事特权和豁免。

第五百二十九条 涉外民事诉讼中，外国驻华使领馆授权其本馆官员，在作为当事人的本国国民不在中华人民共和国领域内的情况下，可以以外交代表身份为其本国国民在中华人民共和国聘请中华人民共和国律师或者中华人民共和国公民代理民事诉讼。

第五百三十条 涉外民事诉讼中，经调解双方达成协议，应当制发调解书。当事人要求发给判决书的，可以依协议的内容制作判决书送达当事人。

第五百三十一条 涉外合同或者其他财产权益纠纷的当事人，可以书面协议选择被告住所地、合同履行地、合同签订地、原告住所地、标的物所在地、侵权行为地等与争议有实际联系地点的外国法院管辖。

根据民事诉讼法第三十三条和第二百六十六条规定，属于中华人民共和国法院专属管辖的案件，当事人不得协议选择外国法院管辖，但协议选择仲裁的除外。

第五百三十二条 涉外民事案件同时符合下列情形的，人民法院可以裁定驳回原告的起诉，告知其向更方便的外国法院提起诉讼：

（一）被告提出案件应由更方便外国法院管辖的请求，或者提出管辖异议；

（二）当事人之间不存在选择中华人民共和国法院管辖的协议；

（三）案件不属于中华人民共和国法院专属管辖；

（四）案件不涉及中华人民共和国国家、公民、法人或者其他组织的利益；

（五）案件争议的主要事实不是发生在中华人民共和国境内，且案件不适用中华人民共和国法律，人民法院审理案件在认定事实和适用法律方面存在重大困难；

（六）外国法院对案件享有管辖权，且审理该案件更加方便。

第五百三十三条 中华人民共和国法院和外国法院都有管辖权的案件，一方当事人向外国法院起诉，而另一方当事人向中华人民共和国法院起诉的，人民法院可予受理。判决后，外国法院申请或者当事人请求人民法院承认和执行外国法院对本案作出的判决、裁定的，不予准许；但双方共同缔结或者参加的国际条约另有规定的除外。

外国法院判决、裁定已经被人民法院承认，当事人就同一争议向人民法院起诉的，人民法院不予受理。

第五百三十四条 对在中华人民共和国领域内没有住所的当事人，经用公告方式送达诉讼文书，公告期满不应诉，人民法院缺席判决后，仍应当将裁判文书依照民事诉讼法第二百六十七条第八项规定公告送达。自公告送达裁判文书满三个月之日起，经过三十日的上诉期当事人没有上诉的，一审判决即发生法律效力。

第五百三十五条 外国人或者外国企业、组织的代表人、主要负责人在中华人民共和国领域内的，人民法院可以向该自然人或者外国企业、组织的代表人、主要负责人送达。

外国企业、组织的主要负责人包括该企业、组织的董事、监事、高级管理人员等。

第五百三十六条 受送达人所在国允许邮寄送达的，人民法院可以邮寄送达。

邮寄送达时应当附有送达回证。受送达人未在送达回证上签收但在邮件回执上签收的，视为送达，签收日期为送达日期。

自邮寄之日起满三个月，如果未收到送达的证明文件，且根据各种情况不足以认定已经送达的，视为不能用邮寄方式送达。

第五百三十七条 人民法院一审时采取公告方式向当事人送达诉讼文书的，二审时可径行采取公告方式向其送达诉讼文书，但人民法院能够采取公告方式之外的其他方式送达的除外。

第五百三十八条 不服第一审人民法院判决、裁定的上诉期，对在中华人民共和国领域内有住所的当事人，适用民事诉讼法第一百六十四条规定的期限；对在中华人民共和国领域内没有住所的当事人，适用民事诉讼法第二百六十九条规定的期限。当事人的上诉期均已届满没有上诉的，第一审人民法院的判决、裁定即发生法律效力。

第五百三十九条 人民法院对涉外民事案件的当事人申请再审进行审查的期间，不受民事诉讼法第二百零四条规定的限制。

第五百四十条 申请人向人民法院申请执行中华人民共和国涉外仲裁机构的裁决，应当提出书面申请，并附裁决书正本。如申请人为外国当事人，其申请书应当用中文文本提出。

第五百四十一条 人民法院强制执行涉外仲裁机构的仲裁裁决时，被执行人以有民事诉讼法第二百七十四条第一款规定的情形为由提出抗辩的，人民法院应当对被执行人的抗辩进行审查，并根据审查结果裁定执行或者不予执行。

第五百四十二条　依照民事诉讼法第二百七十二条规定，中华人民共和国涉外仲裁机构将当事人的保全申请提交人民法院裁定的，人民法院可以进行审查，裁定是否进行保全。裁定保全的，应当责令申请人提供担保，申请人不提供担保的，裁定驳回申请。

当事人申请证据保全，人民法院经审查认为无需提供担保的，申请人可以不提供担保。

第五百四十三条　申请人向人民法院申请承认和执行外国法院作出的发生法律效力的判决、裁定，应当提交申请书，并附外国法院作出的发生法律效力的判决、裁定正本或者经证明无误的副本以及中文译本。外国法院判决、裁定为缺席判决、裁定的，申请人应当同时提交该外国法院已经合法传唤的证明文件，但判决、裁定已经对此予以明确说明的除外。

中华人民共和国缔结或者参加的国际条约对提交文件有规定的，按照规定办理。

第五百四十四条　当事人向中华人民共和国有管辖权的中级人民法院申请承认和执行外国法院作出的发生法律效力的判决、裁定的，如果该法院所在国与中华人民共和国没有缔结或者共同参加国际条约，也没有互惠关系的，裁定驳回申请，但当事人向人民法院申请承认外国法院作出的发生法律效力的离婚判决的除外。

承认和执行申请被裁定驳回的，当事人可以向人民法院起诉。

第五百四十五条　对临时仲裁庭在中华人民共和国领域外作出的仲裁裁决，一方当事人向人民法院申请承认和执行的，人民法院应当依照民事诉讼法第二百八十三条规定处理。

第五百四十六条　对外国法院作出的发生法律效力的判决、裁定或者外国仲裁裁决，需要中华人民共和国法院执行的，当事人应当先向人民法院申请承认。人民法院经审查，裁定承认后，再根据民事诉讼法第三编的规定予以执行。

当事人仅申请承认而未同时申请执行的，人民法院仅对应否承认进行审查并作出裁定。

第五百四十七条　当事人申请承认和执行外国法院作出的发生法律效力的判决、裁定或者外国仲裁裁决的期间，适用民事诉讼法第二百三十九条的规定。

当事人仅申请承认而未同时申请执行的，申请执行的期间自人民法院对承认申请作出的裁定生效之日起重新计算。

第五百四十八条　承认和执行外国法院作出的发生法律效力的判决、裁定或者外国仲裁裁决的案件，人民法院应当组成合议庭进行审查。

人民法院应当将申请书送达被申请人。被申请人可以陈述意见。

人民法院经审查作出的裁定，一经送达即发生法律效力。

第五百四十九条　与中华人民共和国没有司法协助条约又无互惠关系的国家的法院，未通过外交途径，直接请求人民法院提供司法协助的，人民法院应予退回，并说明理由。

第五百五十条　当事人在中华人民共和国领域外使用中华人民共和国法院的判决书、裁定书，要求中华人民共和国法院证明其法律效力的，或者外国法院要求中华人民共和国法院证明判决书、裁定书的法律效力的，作出判决、裁定的中华人民共和国法院，可以本法院的名义出具证明。

第五百五十一条 人民法院审理涉及香港、澳门特别行政区和台湾地区的民事诉讼案件,可以参照适用涉外民事诉讼程序的特别规定。

二十三、附 则

第五百五十二条 本解释公布施行后,最高人民法院于1992年7月14日发布的《关于适用〈中华人民共和国民事诉讼法〉若干问题的意见》同时废止;最高人民法院以前发布的司法解释与本解释不一致的,不再适用。

最高人民法院关于巡回法庭审理案件若干问题的规定

（2015 年 1 月 5 日最高人民法院审判委员会第 1640 次会议通过
自 2015 年 2 月 1 日起施行）

为依法及时公正审理跨行政区域重大行政和民商事等案件，推动审判工作重心下移、就地解决纠纷、方便当事人诉讼，根据《中华人民共和国人民法院组织法》《中华人民共和国行政诉讼法》《中华人民共和国民事诉讼法》《中华人民共和国刑事诉讼法》等法律以及有关司法解释，结合最高人民法院审判工作实际，就最高人民法院巡回法庭（简称巡回法庭）审理案件等问题规定如下。

第一条　最高人民法院设立巡回法庭，受理巡回区内相关案件。第一巡回法庭设在广东省深圳市，巡回区为广东、广西、海南三省区。第二巡回法庭设在辽宁省沈阳市，巡回区为辽宁、吉林、黑龙江三省。

最高人民法院根据有关规定和审判工作需要，可以增设巡回法庭，并调整巡回法庭的巡回区和案件受理范围。

第二条　巡回法庭是最高人民法院派出的常设审判机构。巡回法庭作出的判决、裁定和决定，是最高人民法院的判决、裁定和决定。

第三条　巡回法庭审理或者办理巡回区内应当由最高人民法院受理的以下案件：

（一）全国范围内重大、复杂的第一审行政案件；

（二）在全国有重大影响的第一审民商事案件；

（三）不服高级人民法院作出的第一审行政或者民商事判决、裁定提起上诉的案件；

（四）对高级人民法院作出的已经发生法律效力的行政或者民商事判决、裁定、调解书申请再审的案件；

（五）刑事申诉案件；

（六）依法定职权提起再审的案件；

（七）不服高级人民法院作出的罚款、拘留决定申请复议的案件；

（八）高级人民法院因管辖权问题报请最高人民法院裁定或者决定的案件；

（九）高级人民法院报请批准延长审限的案件；

（十）涉港澳台民商事案件和司法协助案件；

（十一）最高人民法院认为应当由巡回法庭审理或者办理的其他案件。

巡回法庭依法办理巡回区内向最高人民法院提出的来信来访事项。

第四条　知识产权、涉外商事、海事海商、死刑复核、国家赔偿、执行案件和最高人民检察院抗诉的案件暂由最高人民法院本部审理或者办理。

第五条 巡回法庭设立诉讼服务中心,接受并登记属于巡回法庭受案范围的案件材料,为当事人提供诉讼服务。对于依照本规定应当由最高人民法院本部受理案件的材料,当事人要求巡回法庭转交的,巡回法庭应当转交。

巡回法庭对于符合立案条件的案件,应当在最高人民法院办案信息平台统一编号立案。

第六条 当事人不服巡回区内高级人民法院作出的第一审行政或者民商事判决、裁定提起上诉的,上诉状应当通过原审人民法院向巡回法庭提出。当事人直接向巡回法庭上诉的,巡回法庭应当在五日内将上诉状移交原审人民法院。原审人民法院收到上诉状、答辩状,应当在五日内连同全部案卷和证据,报送巡回法庭。

第七条 当事人对巡回区内高级人民法院作出的已经发生法律效力的判决、裁定申请再审或者申诉的,应当向巡回法庭提交再审申请书、申诉书等材料。

第八条 最高人民法院认为巡回法庭受理的案件对统一法律适用有重大指导意义的,可以决定由本部审理。

巡回法庭对于已经受理的案件,认为对统一法律适用有重大指导意义的,可以报请最高人民法院本部审理。

第九条 巡回法庭根据审判工作需要,可以在巡回区内巡回审理案件、接待来访。

第十条 巡回法庭按照让审理者裁判、由裁判者负责原则,实行主审法官、合议庭办案责任制。巡回法庭主审法官由最高人民法院从办案能力突出、审判经验丰富的审判人员中选派。巡回法庭的合议庭由主审法官组成。

第十一条 巡回法庭庭长、副庭长应当参加合议庭审理案件。合议庭审理案件时,由承办案件的主审法官担任审判长。庭长或者副庭长参加合议庭审理案件时,自己担任审判长。巡回法庭作出的判决、裁定,经合议庭成员签署后,由审判长签发。

第十二条 巡回法庭受理的案件,统一纳入最高人民法院审判信息综合管理平台进行管理,立案信息、审判流程、裁判文书面向当事人和社会依法公开。

第十三条 巡回法庭设廉政监察员,负责巡回法庭的日常廉政监督工作。

最高人民法院监察局通过受理举报投诉、查处违纪案件、开展司法巡查和审务督察等方式,对巡回法庭及其工作人员进行廉政监督。

最高人民法院关于审理环境民事公益诉讼案件适用法律若干问题的解释

（2014年12月8日最高人民法院审判委员会第1631次会议通过 自2015年1月7日起施行）

为正确审理环境民事公益诉讼案件，根据《中华人民共和国民事诉讼法》《中华人民共和国侵权责任法》《中华人民共和国环境保护法》等法律的规定，结合审判实践，制定本解释。

第一条 法律规定的机关和有关组织依据民事诉讼法第五十五条、环境保护法第五十八条等法律的规定，对已经损害社会公共利益或者具有损害社会公共利益重大风险的污染环境、破坏生态的行为提起诉讼，符合民事诉讼法第一百一十九条第二项、第三项、第四项规定的，人民法院应予受理。

第二条 依照法律、法规的规定，在设区的市级以上人民政府民政部门登记的社会团体、民办非企业单位以及基金会等，可以认定为环境保护法第五十八条规定的社会组织。

第三条 设区的市，自治州、盟、地区，不设区的地级市，直辖市的区以上人民政府民政部门，可以认定为环境保护法第五十八条规定的“设区的市级以上人民政府民政部门”。

第四条 社会组织章程确定的宗旨和主要业务范围是维护社会公共利益，且从事环境保护公益活动的，可以认定为环境保护法第五十八条规定的“专门从事环境保护公益活动”。

社会组织提起的诉讼所涉及的社会公共利益，应与其宗旨和业务范围具有关联性。

第五条 社会组织在提起诉讼前五年内未因从事业务活动违反法律、法规的规定受过行政、刑事处罚的，可以认定为环境保护法第五十八条规定的“无违法记录”。

第六条 第一审环境民事公益诉讼案件由污染环境、破坏生态行为发生地、损害结果地或者被告住所地的中级以上人民法院管辖。

中级人民法院认为确有必要的，可以在报请高级人民法院批准后，裁定将本院管辖的第一审环境民事公益诉讼案件交由基层人民法院审理。

同一原告或者不同原告对同一污染环境、破坏生态行为分别向两个以上有管辖权的人民法院提起环境民事公益诉讼的，由最先立案的人民法院管辖，必要时由共同上级人民法院指定管辖。

第七条 经最高人民法院批准，高级人民法院可以根据本辖区环境和生态保护的实际情况，在辖区内确定部分中级人民法院受理第一审环境民事公益诉讼案件。

中级人民法院管辖环境民事公益诉讼案件的区域由高级人民法院确定。

第八条 提起环境民事公益诉讼应当提交下列材料：

（一）符合民事诉讼法第一百二十一条规定的起诉状，并按照被告人数提出副本；

（二）被告的行为已经损害社会公共利益或者具有损害社会公共利益重大风险的初步证明材料；

（三）社会组织提起诉讼的，应当提交社会组织登记证书、章程、起诉前连续五年的年度工作报告书或者年检报告书，以及由其法定代表人或者负责人签字并加盖公章的无违法记录的声明。

第九条 人民法院认为原告提出的诉讼请求不足以保护社会公共利益的，可以向其释明变更或者增加停止侵害、恢复原状等诉讼请求。

第十条 人民法院受理环境民事公益诉讼后，应当在立案之日起五日内将起诉状副本发送被告，并公告案件受理情况。

有权提起诉讼的其他机关和社会组织在公告之日起三十日内申请参加诉讼，经审查符合法定条件的，人民法院应当将其列为共同原告；逾期申请的，不予准许。

公民、法人和其他组织以人身、财产受到损害为由申请参加诉讼的，告知其另行起诉。

第十一条 检察机关、负有环境保护监督管理职责的部门及其他机关、社会组织、企业事业单位依据民事诉讼法第十五条的规定，可以通过提供法律咨询、提交书面意见、协助调查取证等方式支持社会组织依法提起环境民事公益诉讼。

第十二条 人民法院受理环境民事公益诉讼后，应当在十日内告知对被告行为负有环境保护监督管理职责的部门。

第十三条 原告请求被告提供其排放的主要污染物名称、排放方式、排放浓度和总量、超标排放情况以及防治污染设施的建设和运行情况等环境信息，法律、法规、规章规定被告应当持有或者有证据证明被告持有而拒不提供，如果原告主张相关事实不利于被告的，人民法院可以推定该主张成立。

第十四条 对于审理环境民事公益诉讼案件需要的证据，人民法院认为必要的，应当调查收集。

对于应当由原告承担举证责任且为维护社会公共利益所必要的专门性问题，人民法院可以委托具备资格的鉴定人进行鉴定。

第十五条 当事人申请通知有专门知识的人出庭，就鉴定人作出的鉴定意见或者就因果关系、生态环境修复方式、生态环境修复费用以及生态环境受到损害至恢复原状期间服务功能的损失等专门性问题提出意见的，人民法院可以准许。

前款规定的专家意见经质证，可以作为认定事实的根据。

第十六条 原告在诉讼过程中承认的对己方不利的事实和认可的证据，人民法院认为损害社会公共利益的，应当不予确认。

第十七条 环境民事公益诉讼案件审理过程中，被告以反诉方式提出诉讼请求的，人民法院不予受理。

第十八条 对污染环境、破坏生态，已经损害社会公共利益或者具有损害社会公共利益重大风险的行为，原告可以请求被告承担停止侵害、排除妨碍、消除危险、恢复原状、赔偿损失、赔礼道歉等民事责任。

第十九条　原告为防止生态环境损害的发生和扩大，请求被告停止侵害、排除妨碍、消除危险的，人民法院可以依法予以支持。

原告为停止侵害、排除妨碍、消除危险采取合理预防、处置措施而发生的费用，请求被告承担的，人民法院可以依法予以支持。

第二十条　原告请求恢复原状的，人民法院可以依法判决被告将生态环境修复到损害发生之前的状态和功能。无法完全修复的，可以准许采用替代性修复方式。

人民法院可以在判决被告修复生态环境的同时，确定被告不履行修复义务时应承担的生态环境修复费用；也可以直接判决被告承担生态环境修复费用。

生态环境修复费用包括制定、实施修复方案的费用和监测、监管等费用。

第二十一条　原告请求被告赔偿生态环境受到损害至恢复原状期间服务功能损失的，人民法院可以依法予以支持。

第二十二条　原告请求被告承担检验、鉴定费用，合理的律师费以及为诉讼支出的其他合理费用的，人民法院可以依法予以支持。

第二十三条　生态环境修复费用难以确定或者确定具体数额所需鉴定费用明显过高的，人民法院可以结合污染环境、破坏生态的范围和程度、生态环境的稀缺性、生态环境恢复的难易程度、防治污染设备的运行成本、被告因侵害行为所获得的利益以及过错程度等因素，并可以参考负有环境保护监督管理职责的部门的意见、专家意见等，予以合理确定。

第二十四条　人民法院判决被告承担的生态环境修复费用、生态环境受到损害至恢复原状期间服务功能损失等款项，应当用于修复被损害的生态环境。

其他环境民事公益诉讼中败诉原告所需承担的调查取证、专家咨询、检验、鉴定等必要费用，可以酌情从上述款项中支付。

第二十五条　环境民事公益诉讼当事人达成调解协议或者自行达成和解协议后，人民法院应当将协议内容公告，公告期间不少于三十日。

公告期满后，人民法院审查认为调解协议或者和解协议的内容不损害社会公共利益的，应当出具调解书。当事人以达成和解协议为由申请撤诉的，不予准许。

调解书应当写明诉讼请求、案件的基本事实和协议内容，并应当公开。

第二十六条　负有环境保护监督管理职责的部门依法履行监管职责而使原告诉讼请求全部实现，原告申请撤诉的，人民法院应予准许。

第二十七条　法庭辩论终结后，原告申请撤诉的，人民法院不予准许，但本解释第二十六条规定的情形除外。

第二十八条　环境民事公益诉讼案件的裁判生效后，有权提起诉讼的其他机关和社会组织就同一污染环境、破坏生态行为另行起诉，有下列情形之一的，人民法院应予受理：

（一）前案原告的起诉被裁定驳回的；

（二）前案原告申请撤诉被裁定准许的，但本解释第二十六条规定的情形除外。

环境民事公益诉讼案件的裁判生效后，有证据证明存在前案审理时未发现的损害，有权提起诉讼的机关和社会组织另行起诉的，人民法院应予受理。

第二十九条　法律规定的机关和社会组织提起环境民事公益诉讼的，不影响因同一污染环境、破坏生态行为受到人身、财产损害的公民、法人和其他组织依据民事诉讼法第一百一十九条的规定提起诉讼。

第三十条 已为环境民事公益诉讼生效裁判认定的事实，因同一污染环境、破坏生态行为依据民事诉讼法第一百一十九条规定提起诉讼的原告、被告均无需举证证明，但原告对该事实有异议并有相反证据足以推翻的除外。

对于环境民事公益诉讼生效裁判就被告是否存在法律规定的不承担责任或者减轻责任的情形、行为与损害之间是否存在因果关系、被告承担责任的大小等所作的认定，因同一污染环境、破坏生态行为依据民事诉讼法第一百一十九条规定提起诉讼的原告主张适用的，人民法院应予支持，但被告有相反证据足以推翻的除外。被告主张直接适用对其有利的认定的，人民法院不予支持，被告仍应举证证明。

第三十一条 被告因污染环境、破坏生态在环境民事公益诉讼和其他民事诉讼中均承担责任，其财产不足以履行全部义务的，应当先履行其他民事诉讼生效裁判所确定的义务，但法律另有规定的除外。

第三十二条 发生法律效力的环境民事公益诉讼案件的裁判，需要采取强制执行措施的，应当移送执行。

第三十三条 原告交纳诉讼费用确有困难，依法申请缓交的，人民法院应予准许。

败诉或者部分败诉的原告申请减交或者免交诉讼费用的，人民法院应当依照《诉讼费用交纳办法》的规定，视原告的经济状况和案件的审理情况决定是否准许。

第三十四条 社会组织有通过诉讼违法收受财物等牟取经济利益行为的，人民法院可以根据情节轻重依法收缴其非法所得、予以罚款；涉嫌犯罪的，依法移送有关机关处理。

社会组织通过诉讼牟取经济利益的，人民法院应当向登记管理机关或者有关机关发送司法建议，由其依法处理。

第三十五条 本解释施行前最高人民法院发布的司法解释和规范性文件，与本解释不一致的，以本解释为准。

人民检察院民事诉讼监督规则(试行)》

(2013年9月23日最高人民检察院第十二届检察委员会第十次会议通过)

目　　录

第一章　总　　则

第一条　为了保障和规范人民检察院依法履行民事检察职责,根据《中华人民共和国民事诉讼法》、《中华人民共和国人民检察院组织法》和其他有关规定,结合人民检察院工作实际,制定本规则。

第二条　人民检察院依法独立行使检察权,通过办理民事诉讼监督案件,维护司法公正和司法权威,维护国家利益和社会公共利益,维护公民、法人和其他组织的合法权益,保障国家法律的统一正确实施。

第三条 人民检察院通过抗诉、检察建议等方式，对民事诉讼活动实行法律监督。

第四条 人民检察院办理民事诉讼监督案件，应当以事实为根据，以法律为准绳，坚持公开、公平、公正和诚实信用原则，尊重和保障当事人的诉讼权利，监督和支持人民法院依法行使审判权和执行权。

第五条 民事诉讼监督案件的受理、办理、管理工作分别由控告检察部门、民事检察部门、案件管理部门负责，各部门互相配合，互相制约。

第六条 人民检察院办理民事诉讼监督案件，实行检察官办案责任制。

第七条 最高人民检察院领导地方各级人民检察院和专门人民检察院的民事诉讼监督工作，上级人民检察院领导下级人民检察院的民事诉讼监督工作。

上级人民检察院对下级人民检察院作出的决定，有权予以撤销或者变更，发现下级人民检察院工作中有错误的，有权指令下级人民检察院纠正。上级人民检察院的决定，下级人民检察院应当执行。下级人民检察院对上级人民检察院的决定有不同意见的，可以在执行的同时向上级人民检察院报告。

第八条 人民检察院检察长在同级人民法院审判委员会讨论民事抗诉案件或者其他与民事诉讼监督工作有关的议题时，可以依照有关规定列席会议。

第九条 人民检察院办理民事诉讼监督案件，实行回避制度。

第十条 检察人员办理民事诉讼监督案件，应当依法秉公办案，自觉接受监督。

检察人员不得接受当事人及其诉讼代理人请客送礼，不得违反规定会见当事人及其诉讼代理人。

检察人员有收受贿赂、徇私枉法等行为的，应当追究法律责任。

第二章　管　　辖

第十一条 对已经发生法律效力的民事判决、裁定、调解书的监督案件，最高人民检察院、作出该生效法律文书的人民法院所在地同级人民检察院和上级人民检察院均有管辖权。

第十二条 对民事审判程序中审判人员违法行为的监督案件，由审理案件的人民法院所在地同级人民检察院管辖。

第十三条 对民事执行活动的监督案件，由执行法院所在地同级人民检察院管辖。

第十四条 人民检察院发现受理的民事诉讼监督案件不属于本院管辖的，应当移送有管辖权的人民检察院，受移送的人民检察院应当受理。受移送的人民检察院认为不属于本院管辖的，应当报请上级人民检察院指定管辖，不得再自行移送。

第十五条 有管辖权的人民检察院由于特殊原因，不能行使管辖权的，由上级人民检察院指定管辖。

人民检察院之间因管辖权发生争议，由争议双方协商解决；协商不能解决的，报请其共同上级人民检察院指定管辖。

第十六条 上级人民检察院认为确有必要的，可以办理下级人民检察院管辖的民事诉讼监督案件。

下级人民检察院对有管辖权的民事诉讼监督案件，认为需要由上级人民检察院办理的，可以报请上级人民检察院办理。

第十七条 军事检察院等专门人民检察院对民事诉讼监督案件的管辖,依照有关规定执行。

第三章 回 避

第十八条 检察人员有《中华人民共和国民事诉讼法》第四十四条规定情形之一的,应当自行回避,当事人有权申请他们回避。

前款规定,适用于书记员、翻译人员、鉴定人、勘验人等。

第十九条 检察人员自行回避的,可以口头或者书面方式提出,并说明理由。口头提出申请的,应当记录在卷。

第二十条 当事人申请回避,应当在人民检察院作出提出抗诉或者检察建议等决定前以口头或者书面方式提出,并说明理由。口头提出申请的,应当记录在卷。根据《中华人民共和国民事诉讼法》第四十四条第二款规定提出回避申请的,应当提供相关证据。

被申请回避的人员在人民检察院作出是否回避的决定前,应当暂停参与本案工作,但案件需要采取紧急措施的除外。

第二十一条 检察长的回避,由检察委员会讨论决定;检察人员和其他人员的回避,由检察长决定。检察委员会讨论检察长回避问题时,由副检察长主持,检察长不得参加。

第二十二条 人民检察院对当事人提出的回避申请,应当在三日内作出决定,并通知申请人。申请人对决定不服的,可以在接到决定时向原决定机关申请复议一次。人民检察院应当在三日内作出复议决定,并通知复议申请人。复议期间,被申请回避的人员不停止参与本案工作。

第四章 受 理

第二十三条 民事诉讼监督案件的来源包括:

(一)当事人向人民检察院申请监督;

(二)当事人以外的公民、法人和其他组织向人民检察院控告、举报;

(三)人民检察院依职权发现。

第二十四条 有下列情形之一的,当事人可以向人民检察院申请监督:

(一)已经发生法律效力的民事判决、裁定、调解书符合《中华人民共和国民事诉讼法》第二百零九条第一款规定的;

(二)认为民事审判程序中审判人员存在违法行为的;

(三)认为民事执行活动存在违法情形的。

第二十五条 当事人向人民检察院申请监督,应当提交监督申请书、身份证明、相关法律文书及证据材料。提交证据材料的,应当附证据清单。

申请监督材料不齐备的,人民检察院应当要求申请人限期补齐,并明确告知应补齐的全部材料。申请人逾期未补齐的,视为撤回监督申请。

第二十六条 本规则第二十五条规定的监督申请书应当记明下列事项:

(一)申请人的姓名、性别、年龄、民族、职业、工作单位、住所、有效联系方式,法人或者其他组织的名称、住所和法定代表人或者主要负责人的姓名、职务、有效联系方式;

（二）其他当事人的姓名、性别、工作单位、住所、有效联系方式等信息，法人或者其他组织的名称、住所、负责人、有效联系方式等信息；

（三）申请监督请求和所依据的事实与理由。

申请人应当按照其他当事人的人数提交监督申请书副本。

第二十七条 本规则第二十五条规定的身份证明包括：

（一）自然人的居民身份证、军官证、士兵证、护照等能够证明本人身份的有效证件；

（二）法人或者其他组织的营业执照副本、组织机构代码证书和法定代表人或者主要负责人的身份证明等有效证照。

对当事人提交的身份证明，人民检察院经核对无误留存复印件。

第二十八条 本规则第二十五条规定的相关法律文书是指人民法院在该案件诉讼过程中作出的全部判决书、裁定书、决定书、调解书等法律文书。

第二十九条 当事人申请监督，可以依照《中华人民共和国民事诉讼法》的规定委托代理人。

第三十条 当事人申请监督符合下列条件的，人民检察院应当受理：

（一）符合本规则第二十四条的规定；

（二）申请人提供的材料符合本规则第二十五条至第二十八条的规定；

（三）本院具有管辖权；

（四）不具有本规则规定的不予受理情形。

第三十一条 当事人根据《中华人民共和国民事诉讼法》第二百零九条第一款的规定向人民检察院申请监督，有下列情形之一的，人民检察院不予受理：

（一）当事人未向人民法院申请再审或者申请再审超过法律规定的期限的；

（二）人民法院正在对民事再审申请进行审查的，但超过三个月未对再审申请作出裁定的除外；

（三）人民法院已经裁定再审且尚未审结的；

（四）判决、调解解除婚姻关系的，但对财产分割部分不服的除外；

（五）人民检察院已经审查终结作出决定的；

（六）民事判决、裁定、调解书是人民法院根据人民检察院的抗诉或者再审检察建议再审后作出的；

（七）其他不应受理的情形。

第三十二条 对人民法院作出的一审民事判决、裁定，当事人依法可以上诉但未提出上诉，而依照《中华人民共和国民事诉讼法》第二百零九条第一款第一项、第二项的规定向人民检察院申请监督的，人民检察院不予受理，但有下列情形之一的除外：

（一）据以作出原判决、裁定的法律文书被撤销或者变更的；

（二）审判人员有贪污受贿、徇私舞弊、枉法裁判等严重违法行为的；

（三）人民法院送达法律文书违反法律规定，影响当事人行使上诉权的；

（四）当事人因自然灾害等不可抗力无法行使上诉权的；

（五）当事人因人身自由被剥夺、限制，或者因严重疾病等客观原因不能行使上诉权的；

（六）有证据证明他人以暴力、胁迫、欺诈等方式阻止当事人行使上诉权的；

（七）因其他不可归责于当事人的原因没有提出上诉的。

第三十三条　当事人认为民事审判程序中审判人员存在违法行为或者民事执行活动存在违法情形，向人民检察院申请监督，有下列情形之一的，人民检察院不予受理：

（一）法律规定可以提出异议、申请复议或者提起诉讼，当事人没有提出异议、申请复议或者提起诉讼的，但有正当理由的除外；

（二）当事人提出异议或者申请复议后，人民法院已经受理并正在审查处理的，但超过法定期间未作出处理的除外；

（三）其他不应受理的情形。

第三十四条　当事人根据《中华人民共和国民事诉讼法》第二百零九条第一款的规定向人民检察院申请检察建议或者抗诉，由作出生效民事判决、裁定、调解书的人民法院所在地同级人民检察院控告检察部门受理。

当事人认为民事审判程序中审判人员存在违法行为或者民事执行活动存在违法情形，向人民检察院申请监督的，由审理、执行案件的人民法院所在地同级人民检察院控告检察部门受理。

第三十五条　人民法院裁定驳回再审申请或者逾期未对再审申请作出裁定，当事人向人民检察院申请监督的，由作出原生效民事判决、裁定、调解书的人民法院所在地同级人民检察院控告检察部门受理。

第三十六条　人民检察院控告检察部门对监督申请，应当根据以下情形作出处理：

（一）符合受理条件的，应当依照本规则规定作出受理决定；

（二）属于人民检察院受理案件范围但不属于本院管辖的，应当告知申请人向有管辖权的人民检察院申请监督；

（三）不属于人民检察院受理案件范围的，应当告知申请人向有关机关反映；

（四）不符合受理条件，且申请人不撤回监督申请的，可以决定不予受理。

应当由下级人民检察院受理的，上级人民检察院应当在七日内将监督申请书及相关材料移交下级人民检察院。

第三十七条　控告检察部门应当在决定受理之日起三日内制作《受理通知书》，发送申请人，并告知其权利义务。

需要通知其他当事人的，应当将《受理通知书》和监督申请书副本发送其他当事人，并告知其权利义务。其他当事人可以在收到监督申请书副本之日起十五日内提出书面意见，不提出意见的不影响人民检察院对案件的审查。

第三十八条　控告检察部门应当在决定受理之日起三日内将案件材料移送本院民事检察部门，同时将《受理通知书》抄送本院案件管理部门。

第三十九条　当事人以外的公民、法人和其他组织认为人民法院民事审判程序中审判人员存在违法行为或者民事执行活动存在违法情形的，可以向同级人民检察院控告、举报。控告、举报由人民检察院控告检察部门受理。

控告检察部门对收到的控告、举报，应当依据《人民检察院信访工作规定》、《人民检察院举报工作规定》等办理。

第四十条　控告检察部门可以依据《人民检察院信访工作规定》，向下级人民检察院交办涉及民事诉讼监督的信访案件。

第四十一条　具有下列情形之一的民事案件，人民检察院应当依职权进行监督：

（一）损害国家利益或者社会公共利益的；

（二）审判、执行人员有贪污受贿、徇私舞弊、枉法裁判等行为的；

（三）依照有关规定需要人民检察院跟进监督的。

第四十二条 下级人民检察院提请抗诉、提请其他监督等案件，由上一级人民检察院案件管理部门受理。

依职权发现的民事诉讼监督案件，民事检察部门应当到案件管理部门登记受理。

第四十三条 案件管理部门接收案件材料后，应当在三日内登记并将案件材料和案件登记表移送民事检察部门；案件材料不符合规定的，应当要求补齐。

案件管理部门登记受理后，需要通知当事人的，民事检察部门应当制作《受理通知书》，并在三日内发送当事人。

第五章 审 查

第一节 一般规定

第四十四条 民事检察部门负责对受理后的民事诉讼监督案件进行审查。

第四十五条 上级人民检察院可以将受理的民事诉讼监督案件交由有管辖权的下级人民检察院办理。交办的案件应当制作《交办通知书》，并将有关材料移送下级人民检察院。下级人民检察院应当依法办理，不得将案件再行交办，作出决定前应当报上级人民检察院审核同意。

交办案件需要通知当事人的，应当制作《通知书》，并发送当事人。

第四十六条 上级人民检察院可以将案件转有管辖权的下级人民检察院办理。转办案件应当制作《转办通知书》，并将有关材料移送下级人民检察院。

转办案件需要通知当事人的，应当制作《通知书》，并发送当事人。

第四十七条 人民检察院审查民事诉讼监督案件，应当围绕申请人的申请监督请求以及发现的其他情形，对人民法院民事诉讼活动是否合法进行审查。其他当事人也申请监督的，应当将其列为申请人，对其申请监督请求一并审查。

第四十八条 申请人或者其他当事人对提出的主张，应当提供证据材料。人民检察院收到当事人提交的证据材料，应当出具收据。

第四十九条 人民检察院应当告知当事人有申请回避的权利，并告知办理案件的检察人员、书记员等的姓名、法律职务。

第五十条 人民检察院审查案件，应当听取当事人意见，必要时可以听证或者调查核实有关情况。

第五十一条 人民检察院审查案件，可以依照有关规定调阅人民法院的诉讼卷宗。

通过拷贝电子卷、查阅、复制、摘录等方式能够满足办案需要的，可以不调阅诉讼卷宗。

第五十二条 承办人审查终结后，应当制作审查终结报告。审查终结报告应当全面、客观、公正地叙述案件事实，依据法律提出处理建议。

承办人通过审查监督申请书等材料即可以认定案件事实的，可以直接制作审查终结报告，提出处理建议。

第五十三条 案件应当经集体讨论，参加集体讨论的人员应当对案件事实、适用法律、处理建议等发表明确意见并说明理由。集体讨论意见应当在全面、客观地归纳讨论意见的基础上形成。

集体讨论形成的处理意见,由民事检察部门负责人提出审核意见后报检察长批准。检察长认为必要的,可以提请检察委员会讨论决定。

第五十四条 人民检察院对审查终结的案件,应当区分情况作出下列决定:

(一)提出再审检察建议;

(二)提请抗诉;

(三)提出抗诉;

(四)提出检察建议;

(五)终结审查;

(六)不支持监督申请。

控告检察部门受理的案件,民事检察部门应当将案件办理结果书面告知控告检察部门。

第五十五条 人民检察院在办理民事诉讼监督案件过程中,当事人有和解意愿的,可以建议当事人自行和解。

第五十六条 人民检察院受理当事人申请对人民法院已经发生法律效力的民事判决、裁定、调解书监督的案件,应当在三个月内审查终结并作出决定。

对民事审判程序中审判人员违法行为监督案件和对民事执行活动监督案件的审查期限,依照前款规定执行。

第二节 听 证

第五十七条 人民检察院审查民事诉讼监督案件,认为确有必要的,可以组织有关当事人听证。

根据案件具体情况,可以邀请与案件没有利害关系的人大代表、政协委员、人民监督员、特约检察员、专家咨询委员、人民调解员或者当事人所在单位、居住地的居民委员会委员以及专家、学者等其他社会人士参加听证。

第五十八条 人民检察院组织听证,由承办该案件的检察人员主持,书记员负责记录。

听证应当在人民检察院专门听证场所内进行。

第五十九条 人民检察院组织听证,应当在听证三日前通知参加听证的当事人,并告知听证的时间、地点。

第六十条 参加听证的当事人和其他相关人员应当按时参加听证,当事人无正当理由缺席或者未经许可中途退席的,不影响听证程序的进行。

第六十一条 听证应当围绕民事诉讼监督案件中的事实认定和法律适用等问题进行。

对当事人提交的证据材料和人民检察院调查取得的证据,应当充分听取各方当事人的意见。

第六十二条 听证应当按照下列顺序进行:

(一)申请人陈述申请监督请求、事实和理由;

(二)其他当事人发表意见;

（三）申请人和其他当事人提交新证据的，应当出示并予以说明；

（四）出示人民检察院调查取得的证据；

（五）案件各方当事人陈述对听证中所出示证据的意见；

（六）申请人和其他当事人发表最后意见。

第六十三条 听证应当制作笔录，经当事人校阅后，由当事人签名或者盖章。拒绝签名盖章的，应当记明情况。

第六十四条 参加听证的人员应当服从听证主持人指挥。

对违反听证秩序的，人民检察院可以予以训诫，责令退出听证场所；对哄闹、冲击听证场所，侮辱、诽谤、威胁、殴打检察人员等严重扰乱听证秩序的，依法追究责任。

第三节 调查核实

第六十五条 人民检察院因履行法律监督职责提出检察建议或者抗诉的需要，有下列情形之一的，可以向当事人或者案外人调查核实有关情况：

（一）民事判决、裁定、调解书可能存在法律规定需要监督的情形，仅通过阅卷及审查现有材料难以认定的；

（二）民事审判程序中审判人员可能存在违法行为的；

（三）民事执行活动可能存在违法情形的；

（四）其他需要调查核实的情形。

第六十六条 人民检察院可以采取以下调查核实措施：

（一）查询、调取、复制相关证据材料；

（二）询问当事人或者案外人；

（三）咨询专业人员、相关部门或者行业协会等对专门问题的意见；

（四）委托鉴定、评估、审计；

（五）勘验物证、现场；

（六）查明案件事实所需要采取的其他措施。

人民检察院调查核实，不得采取限制人身自由和查封、扣押、冻结财产等强制性措施。

第六十七条 人民检察院可以就专门性问题书面或者口头咨询有关专业人员、相关部门或者行业协会的意见。口头咨询的，应当制作笔录，由接受咨询的专业人员签名或者盖章。拒绝签名盖章的，应当记明情况。

第六十八条 人民检察院对专门性问题认为需要鉴定、评估、审计的，可以委托具备资格的机构进行鉴定、评估、审计。

在诉讼过程中已经进行过鉴定、评估、审计的，一般不再委托鉴定、评估、审计。

第六十九条 人民检察院认为确有必要的，可以勘验物证或者现场。勘验人应当出示人民检察院的证件，并邀请当地基层组织或者当事人所在单位派人参加。当事人或者当事人的成年家属应当到场，拒不到场的，不影响勘验的进行。

勘验人应当将勘验情况和结果制作笔录，由勘验人、当事人和被邀参加人签名或者盖章。

第七十条 需要调查核实的，由承办人提出，部门负责人或者检察长批准。

第七十一条 人民检察院调查核实，应当由二人以上共同进行。

调查笔录经被调查人校阅后，由调查人、被调查人签名或者盖章。被调查人拒绝签名盖章的，应当记明情况。

第七十二条　人民检察院可以指令下级人民检察院或者委托外地人民检察院调查核实。

人民检察院指令调查或者委托调查的，应当发送《指令调查通知书》或者《委托调查函》，载明调查核实事项、证据线索及要求。受指令或者受委托人民检察院收到《指令调查通知书》或者《委托调查函》后，应当在十五日内完成调查核实工作并书面回复。因客观原因不能完成调查的，应当在上述期限内书面回复指令或者委托的人民检察院。

人民检察院到外地调查的，当地人民检察院应当配合。

第七十三条　人民检察院调查核实，有关单位和个人应当配合。拒绝或者妨碍人民检察院调查核实的，人民检察院可以向有关单位或者其上级主管部门提出检察建议，责令纠正；涉嫌犯罪的，依照规定移送有关机关处理。

第四节　中止审查和终结审查

第七十四条　有下列情形之一的，人民检察院可以中止审查：

（一）申请监督的自然人死亡，需要等待继承人表明是否继续申请监督的；

（二）申请监督的法人或者其他组织终止，尚未确定权利义务承受人的；

（三）本案必须以另一案的处理结果为依据，而另一案尚未审结的；

（四）其他可以中止审查的情形。

中止审查的，应当制作《中止审查决定书》，并发送当事人。中止审查的原因消除后，应当恢复审查。

第七十五条　有下列情形之一的，人民检察院应当终结审查：

（一）人民法院已经裁定再审或者已经纠正违法行为的；

（二）申请人撤回监督申请或者当事人达成和解协议，且不损害国家利益、社会公共利益或者他人合法权益的；

（三）申请监督的自然人死亡，没有继承人或者继承人放弃申请，且没有发现其他应当监督的违法情形的；

（四）申请监督的法人或者其他组织终止，没有权利义务承受人或者权利义务承受人放弃申请，且没有发现其他应当监督的违法情形的；

（五）发现已经受理的案件不符合受理条件的；

（六）人民检察院依职权发现的案件，经审查不需要采取监督措施的；

（七）其他应当终结审查的情形。

终结审查的，应当制作《终结审查决定书》，需要通知当事人的，发送当事人。

第六章　对生效判决、裁定、调解书的监督

第一节　一般规定

第七十六条　人民检察院发现人民法院已经发生法律效力的民事判决、裁定有《中华人民共和国民事诉讼法》第二百条规定情形之一的，依法向人民法院提出再审检察建

议或者抗诉。

第七十七条 人民检察院发现民事调解书损害国家利益、社会公共利益的，依法向人民法院提出再审检察建议或者抗诉。

第七十八条 下列证据，应当认定为《中华人民共和国民事诉讼法》第二百条第一项规定的“新的证据”：

（一）原审庭审结束前已客观存在但庭审结束后新发现的证据；

（二）原审庭审结束前已经发现，但因客观原因无法取得或者在规定的期限内不能提供的证据；

（三）原审庭审结束后原作出鉴定意见、勘验笔录者重新鉴定、勘验，推翻原意见的证据；

（四）当事人在原审中提供的，原审未予质证、认证，但足以推翻原判决、裁定的主要证据。

第七十九条 有下列情形之一的，应当认定为《中华人民共和国民事诉讼法》第二百条第二项规定的“认定的基本事实缺乏证据证明”：

（一）认定的基本事实没有证据支持，或者认定的基本事实所依据的证据虚假、缺乏证明力的；

（二）认定的基本事实所依据的证据不合法的；

（三）对基本事实的认定违反逻辑推理或者日常生活法则的；

（四）认定的基本事实缺乏证据证明的其他情形。

第八十条 有下列情形之一的，应当认定为《中华人民共和国民事诉讼法》第二百条第六项规定的“适用法律确有错误”：

（一）适用的法律与案件性质明显不符的；

（二）认定法律关系主体、性质或者法律行为效力错误的；

（三）确定民事责任明显违背当事人有效约定或者法律规定的；

（四）适用的法律已经失效或者尚未施行的；

（五）违反法律溯及力规定的；

（六）违反法律适用规则的；

（七）适用法律明显违背立法本意的；

（八）适用诉讼时效规定错误的；

（九）适用法律错误的其他情形。

第八十一条 有下列情形之一的，应当认定为《中华人民共和国民事诉讼法》第二百条第七项规定的“审判组织的组成不合法”：

（一）应当组成合议庭审理的案件独任审判的；

（二）人民陪审员参与第二审案件审理的；

（三）再审、发回重审的案件没有另行组成合议庭的；

（四）审理案件的人员不具有审判资格的；

（五）审判组织或者人员不合法的其他情形。

第八十二条 有下列情形之一的，应当认定为《中华人民共和国民事诉讼法》第二百条第九项规定的“违反法律规定，剥夺当事人辩论权利”：

（一）不允许或者严重限制当事人行使辩论权利的；

（二）应当开庭审理而未开庭审理的；

（三）违反法律规定送达起诉状副本或者上诉状副本，致使当事人无法行使辩论权利的；

（四）违法剥夺当事人辩论权利的其他情形。

第二节 再审检察建议和提请抗诉

第八十三条 地方各级人民检察院发现同级人民法院已经发生法律效力的民事判决、裁定有下列情形之一的，可以向同级人民法院提出再审检察建议：

（一）有新的证据，足以推翻原判决、裁定的；

（二）原判决、裁定认定的基本事实缺乏证据证明的；

（三）原判决、裁定认定事实的主要证据是伪造的；

（四）原判决、裁定认定事实的主要证据未经质证的；

（五）对审理案件需要的主要证据，当事人因客观原因不能自行收集，书面申请人民法院调查收集，人民法院未调查收集的；

（六）审判组织的组成不合法或者依法应当回避的审判人员没有回避的；

（七）无诉讼行为能力人未经法定代理人代为诉讼或者应当参加诉讼的当事人，因不能归责于本人或者其诉讼代理人的事由，未参加诉讼的；

（八）违反法律规定，剥夺当事人辩论权利的；

（九）未经传票传唤，缺席判决的；

（十）原判决、裁定遗漏或者超出诉讼请求的；

（十一）据以作出原判决、裁定的法律文书被撤销或者变更的。

第八十四条 符合本规则第八十三条规定的案件有下列情形之一的，地方各级人民检察院应当提请上一级人民检察院抗诉：

（一）判决、裁定是经同级人民法院再审后作出的；

（二）判决、裁定是经同级人民法院审判委员会讨论作出的；

（三）其他不适宜由同级人民法院再审纠正的。

第八十五条 地方各级人民检察院发现同级人民法院已经发生法律效力的民事判决、裁定具有下列情形之一的，应当提请上一级人民检察院抗诉：

（一）原判决、裁定适用法律确有错误的；

（二）审判人员在审理该案件时有贪污受贿、徇私舞弊、枉法裁判行为的。

第八十六条 地方各级人民检察院发现民事调解书损害国家利益、社会公共利益的，可以向同级人民法院提出再审检察建议，也可以提请上一级人民检察院抗诉。

第八十七条 对人民法院已经采纳再审检察建议进行再审的案件，提出再审检察建议的人民检察院一般不得再向上级人民检察院提请抗诉。

第八十八条 人民检察院提出再审检察建议，应当制作《再审检察建议书》，在决定提出再审检察建议之日起十五日内将《再审检察建议书》连同案件卷宗移送同级人民法院，并制作决定提出再审检察建议的《通知书》，发送当事人。

人民检察院提出再审检察建议，应当经本院检察委员会决定，并将《再审检察建议书》报上一级人民检察院备案。

第八十九条 人民检察院提请抗诉，应当制作《提请抗诉报告书》，在决定提请抗诉之日起十五日内将《提请抗诉报告书》连同案件卷宗报送上一级人民检察院，并制作决定提请抗诉的《通知书》，发送当事人。

第九十条 人民检察院认为当事人的监督申请不符合提出再审检察建议或者提请抗诉条件的，应当作出不支持监督申请的决定，并在决定之日起十五日内制作《不支持监督申请决定书》，发送当事人。

第三节 抗 诉

第九十一条 最高人民检察院对各级人民法院已经发生法律效力的民事判决、裁定、调解书，上级人民检察院对下级人民法院已经发生法律效力的民事判决、裁定、调解书，发现有《中华人民共和国民事诉讼法》第二百条、第二百零八条规定情形的，应当向同级人民法院提出抗诉。

第九十二条 人民检察院提出抗诉，应当制作《抗诉书》，在决定抗诉之日起十五日内将《抗诉书》连同案件卷宗移送同级人民法院，并制作决定抗诉的《通知书》，发送当事人。

第九十三条 人民检察院认为当事人的监督申请不符合抗诉条件的，应当作出不支持监督申请的决定，并在决定之日起十五日内制作《不支持监督申请决定书》，发送当事人。下级人民检察院提请抗诉的案件，上级人民检察院可以委托提请抗诉的人民检察院将《不支持监督申请决定书》发送当事人。

第四节 出 庭

第九十四条 人民检察院提出抗诉的案件，人民法院再审时，人民检察院应当派员出席法庭。

第九十五条 受理抗诉的人民法院将抗诉案件交下级人民法院再审的，提出抗诉的人民检察院可以指令再审人民法院的同级人民检察院派员出庭。

第九十六条 检察人员出席再审法庭的任务是：

（一）宣读抗诉书；

（二）对依职权调查的证据予以出示和说明。

检察人员发现庭审活动违法的，应当待休庭或者庭审结束之后，以人民检察院的名义提出检察建议。

第七章 对审判程序中审判人员违法行为的监督

第九十七条 《中华人民共和国民事诉讼法》第二百零八条第三款规定的审判程序包括：

（一）第一审普通程序；

（二）简易程序；

（三）第二审程序；

（四）特别程序；

（五）审判监督程序；

（六）督促程序；

（七）公示催告程序；

（八）海事诉讼特别程序；

（九）破产程序。

第九十八条 《中华人民共和国民事诉讼法》第二百零八条第三款的规定适用于法官、人民陪审员、书记员。

第九十九条 人民检察院发现同级人民法院民事审判程序中有下列情形之一的，应当向同级人民法院提出检察建议：

（一）判决、裁定确有错误，但不适用再审程序纠正的；

（二）调解违反自愿原则或者调解协议的内容违反法律的；

（三）符合法律规定的起诉和受理条件，应当立案而不立案的；

（四）审理案件适用审判程序错误的；

（五）保全和先予执行违反法律规定的；

（六）支付令违反法律规定的；

（七）诉讼中止或者诉讼终结违反法律规定的；

（八）违反法定审理期限的；

（九）对当事人采取罚款、拘留等妨害民事诉讼的强制措施违反法律规定的；

（十）违反法律规定送达的；

（十一）审判人员接受当事人及其委托代理人请客送礼或者违反规定会见当事人及其委托代理人的；

（十二）审判人员实施或者指使、支持、授意他人实施妨害民事诉讼行为，尚未构成犯罪的；

（十三）其他违反法律规定的情形。

第一百条 人民检察院依照本规则第九十九条提出检察建议的，应当制作《检察建议书》，在决定提出检察建议之日起十五日内将《检察建议书》连同案件卷宗移送同级人民法院，并制作决定提出检察建议的《通知书》，发送申请人。

第一百零一条 人民检察院认为当事人申请监督的审判程序中审判人员违法行为不存在或者不构成的，应当作出不支持监督申请的决定，并在决定之日起十五日内制作《不支持监督申请决定书》，发送申请人。

第八章 对执行活动的监督

第一百零二条 人民检察院对人民法院在民事执行活动中违反法律规定的情形实行法律监督。

第一百零三条 人民检察院对民事执行活动提出检察建议的，应当经检察委员会决定，制作《检察建议书》，在决定之日起十五日内将《检察建议书》连同案件卷宗移送同级人民法院，并制作决定提出检察建议的《通知书》，发送当事人。

第一百零四条 人民检察院认为当事人申请监督的人民法院执行活动不存在违法情形的，应当作出不支持监督申请的决定，并在决定之日起十五日内制作《不支持监督申请决定书》，发送申请人。

第九章　案件管理

第一百零五条　人民检察院案件管理部门对民事诉讼监督案件实行流程监控、案后评查、统计分析、信息查询、综合考评等，对办案期限、办案程序、办案质量等进行管理、监督、预警。

第一百零六条　民事检察部门在办理案件过程中有下列情形之一的，应当在作出决定之日起三日内到本院案件管理部门登记：

（一）决定中止和恢复审查的；

（二）决定终结审查的。

第一百零七条　案件管理部门发现本院办案部门或者办案人员在办理民事诉讼监督案件中有下列情形之一的，应当及时提出纠正意见：

（一）法律文书使用不当或存在明显错漏的；

（二）无正当理由超过法定的办案期限未办结案件的；

（三）侵害当事人、诉讼代理人诉讼权利的；

（四）未依法对民事审判活动以及执行活动中的违法行为履行法律监督职责的；

（五）其他违反规定办理案件的情形。

具有前款规定的情形但情节轻微的，可以向办案部门或者办案人员进行口头提示；情节较重的，应当向办案部门发送《案件流程监控通知书》，提示办案部门及时查明情况并予以纠正；情节严重的，应当向办案部门发送《案件流程监控通知书》，并向检察长报告。

办案部门收到《案件流程监控通知书》后，应当在五日内将核查情况书面回复案件管理部门。

第一百零八条　案件管理部门对以本院名义制发的民事诉讼监督法律文书实施监督管理。

第一百零九条　人民检察院办理的民事诉讼监督案件，办结后需要向其他单位移送案卷材料的，统一由案件管理部门审核移送材料是否规范、齐备。案件管理部门认为材料规范、齐备，符合移送条件的，应当立即由有关部门按照相关规定移送；认为材料不符合要求的，应当及时通知办案部门补送、更正。

第一百一十条　人民法院向人民检察院送达的民事判决书、裁定书或者调解书等法律文书，由案件管理部门负责接收，并即时登记移送民事检察部门。

第一百一十一条　人民检察院在办理民事诉讼监督案件过程中，当事人及其诉讼代理人提出有关申请、要求或者提交有关书面材料的，由案件管理部门负责接收，需要出具相关手续的，案件管理部门应当出具。案件管理部门接收材料后应当及时移送民事检察部门。

第十章　其他规定

第一百一十二条　有下列情形之一的，人民检察院可以提出改进工作的检察建议：

（一）人民法院对民事诉讼中同类问题适用法律不一致的；

(二)人民法院在多起案件中适用法律存在同类错误的;

(三)人民法院在多起案件中有相同违法行为的;

(四)有关单位的工作制度、管理方法、工作程序违法或者不当,需要改正、改进的。

第一百一十三条 民事检察部门在履行职责过程中,发现涉嫌犯罪的行为,应当及时将犯罪线索及相关材料移送本院相关职能部门。

人民检察院相关职能部门在办案工作中,发现人民法院审判人员、执行人员有贪污受贿、徇私舞弊、枉法裁判等违法行为,可能导致原判决、裁定错误的,应当及时向民事检察部门通报。

第一百一十四条 人民检察院向人民法院或者有关机关提出监督意见后,发现监督意见确有错误或者有其他情形确需撤回的,应当经检察长批准或者检察委员会决定予以撤回。

上级人民检察院发现下级人民检察院监督错误或者不当的,应当指令下级人民检察院撤回,下级人民检察院应当执行。

第一百一十五条 人民法院对人民检察院监督行为提出建议的,人民检察院应当在一个月内将处理结果书面回复人民法院。人民法院对回复意见有异议,并通过上一级人民法院向上一级人民检察院提出的,上一级人民检察院认为人民法院建议正确,应当要求下级人民检察院及时纠正。

第一百一十六条 人民法院对民事诉讼监督案件作出再审判决、裁定或者其他处理决定后,提出监督意见的人民检察院应当对处理结果进行审查,并填写《民事诉讼监督案件处理结果审查登记表》。

第一百一十七条 有下列情形之一的,人民检察院应当按照有关规定跟进监督或者提请上级人民检察院监督:

(一)人民法院审理民事抗诉案件作出的判决、裁定、调解书仍符合抗诉条件的;

(二)人民法院对人民检察院提出的检察建议未在规定的期限内作出处理并书面回复的;

(三)人民法院对检察建议的处理结果错误的。

第一百一十八条 地方各级人民检察院对适用法律确属疑难、复杂,本院难以决断的重大民事诉讼监督案件,可以向上一级人民检察院请示。

请示案件依照最高人民检察院关于办理下级人民检察院请示件、下级人民检察院向最高人民检察院报送公文的相关规定办理。

第一百一十九条 制作民事诉讼监督法律文书,应当符合规定的格式。

民事诉讼监督法律文书的格式另行制定。

第一百二十条 人民检察院可以参照《中华人民共和国民事诉讼法》有关规定发送法律文书。

第一百二十一条 人民检察院发现制作的法律文书存在笔误的,应当作出《补正决定书》予以补正。

第一百二十二条 人民检察院办理民事诉讼监督案件,应当按照规定建立民事诉讼监督案卷。

第一百二十三条 人民检察院办理民事诉讼监督案件,不收取案件受理费。申请复印、鉴定、审计、勘验等产生的费用由申请人直接支付给有关机构或者单位,人民检察院不得代收代付。

第十一章　附　　则

第一百二十四条　本规则自发布之日起施行。本院之前公布的其他规定与本规则内容不一致的,以本规则为准。

发布日期:2013 年 11 月 20 日

实施日期:2013 年 11 月 20 日